历史教师专业发展丛书

丛书主编：何成刚

U0854351

史学阅读与微课设计

世界古代史

夏辉辉　唐正才　何成刚◎主编

北京师范大学出版集团
BEIJING NORMAL UNIVERSITY PUBLISHING GROUP
北京师范大学出版社

图书在版编目（CIP）数据

世界古代史/夏辉辉，唐正才，何成刚主编．—北京：北京师范大学出版社，2015.11（2019.10重印）
（历史教师专业发展丛书．第二辑：史学阅读与微课设计）
ISBN 978-7-303-19081-2

Ⅰ．①世…　Ⅱ．①夏…　②唐…　③何…　Ⅲ．①世界史课-教学设计-中学　Ⅳ．①G633.512

中国版本图书馆CIP数据核字（2015）第110193号

SHIJIE GUDAISHI

出版发行：北京师范大学出版社 www.bnup.com
北京市西城区新街口外大街 12-3 号
邮政编码：100088
印　刷：三河市兴达印务有限公司
经　销：全国新华书店
开　本：787mm×1092mm　1/16
印　张：22.75
字　数：365千字
版　次：2015 年 11 月第 1 版
印　次：2019 年 10 月第 3 次印刷
定　价：44.50 元

策划编辑：唐正才　　责任编辑：唐正才
美术编辑：王　蕊　纪　潇　　装帧设计：楠竹文化
责任校对：陈　民　　责任印制：孙文凯

前言

随着基础教育改革的不断发展，中学历史教学改革的深入推进，以及对历史教学专业性与学术性要求的不断提高，历史教师的史学素养就显得更为关键。从整体上看，广大中学历史教师的史学素养现状不容乐观。北京市历史特级教师、中国人民大学附属中学李晓风老师对此深有感触："许多年来，我接触和指导了许多青年教师，我发现，大部分青年教师成长过程中的最大问题，就是在大学毕业以后，就中断了系统的专业学习和知识更新，随着教学年头的增长，知识日益陈旧，知识面日益狭窄，只剩下与中学教材相关的知识。这种情况严重地制约了中学历史教学的水平，制约了素质教育目标的落实。"体现在历史教学实践中，以历史教科书为本的"教教材"现象还比较普遍，知识传授型的浅表层教学还大行其道，教科书中的观点被顶礼膜拜，等等。这些问题的存在，大多与历史教师的史学素养不高有关。换句话说，历史教学的三维目标能否有效实现，学生的史学素养能否得到发展提高，在根本上取决于历史教师史学素养的高低。

提高历史教师的史学素养，最重要的途径，就是要重视和加强史学阅读，努力做到密切关注史学的最新发展，广泛汲取史学研究成果，及时了解史学界关于相关历史教学内容的新观点、新论述、新材料，基于历史课程标准、历史教科书和学生的实际情况，将史学研究成果、优质史学资源与历史教学进行深度融合。这一点，实事求是地说，恰恰是目前中学历史课堂教学和历史教师专业发展过程中最欠缺的。虽然广大历史教师对先进的教育教学理念较为熟悉，但是，如果没有高质量的史学研究成果和有价值的史学资源作支撑，先进的教育教学理念只会给历史教学带来"花拳绣腿"，并可能将历史教学引向形式主义的歧途。其实，这已被大量的课堂实践所证实。

为此，我们依据教育部颁布的历史课程标准，依照北京师范大学出版社修订后的历史教科书，遴选历史教学核心内容，组织北京市，江苏省昆山市、苏州市，广东省东莞市、深圳市，安徽省淮北市、阜阳市、怀远县，陕西省西安市，河北省石家庄市，福建省福州市等地的历史教学专家、优秀教研员和优秀教师，通过分工合作的方式，开展了为期一年多大量有深度的史学阅读。据不完全统计，我们共阅读了700多本著作、2000多篇论文。在此基础上，精选史学研究成果，编撰成“学术引领”，旨在帮助历史教师了解学术研究前沿，提高对教学内容的认知水平，增强驾驭教科书的能力，切实推动历史教学由“教教材”向“用教材教”的根本转变。同时，我们围绕历史教学核心内容，从不同视角进行了基于史料（材料）教学的微课设计，重视将历史研究的思想方法融入历史教学之中，以培养学生的历史思维能力，并希望能为广大历史教师的日常备课和教学提供专业支持。我们还搜集整理了大量有价值的史学资源，特别是史料资源，供历史教师日常教学选用，进而增强历史教师的课程资源意识，树立开放多元的内容观，不断拓展历史教学的视野。

总之，深化历史教学改革，必须重视和加强历史教师的史学阅读，必须坚持史学研究成果与历史教学的深度融合。这是我们从事此项研究的深刻体会，也是我们始终坚持的基本理念。在长期的教学实践中，我们亦以此为指导，并取得了显著成效。在此基础上，承蒙北京师范大学出版社的大力支持，我们编著了这套丛书，以与全国同仁交流，更希望大家不吝指教。

教育部基础教育课程教材发展中心

何成刚

目录

古埃及文明的见证：金字塔的建造

学术引领

古代埃及（Egypt）地理范围大约和今天的埃及国家相当，位于非洲东北部。发源于非洲内陆赤道一带的尼罗河（Nile River）横贯整个埃及，故“古埃及文明”又被称为“尼罗河文明”。古埃及文明是世界上最古老的文明之一，起始可以追溯到公元前4500年左右。大约在公元前32世纪，上埃及、下埃及各自独立的城市国家发展成统一的王国。古埃及文明的兴盛与存续经历了3000多年。公元前30年，埃及成为罗马帝国（The Senate and People of Rome）的一个行省（Egyptian province），古埃及文明逐渐为岁月所湮没，直到19世纪为考古所发现。古埃及文明在科学、文化、农业等方面代表了相当长时期内的世界最高水平。

金字塔（Pyramid）作为古埃及文明的象征之一，既寄托了古埃及人对死后重生的向往，又证明了新一代法老[①]（Pharaoh）王权统治的神圣不可侵犯，充分显示了古埃及人的高度智慧和精湛的建筑技术。

① 埃及的最高统治者叫法老。

一、埃及金字塔的建造者

古希腊伟大的历史学家希罗多德（Herodotus）在《历史（下册）》（王以铸译，166页，北京：商务印书馆，1997）一书中这样描述奴隶们修建金字塔的场景：他们分成十万人的大群来工作，每一个大群要工作三个月。受此记载的影响，长久以来，民众认为修建金字塔的是数量庞大的奴隶。李海峰在《奴隶？工人？金字塔是谁建的？》（载《光明日报》，2011-03-29）一文中指出，1990年，因为马匹意外地被地面上突起的泥砖绊倒，一名正在金字塔附近游览的美国游客从马背上摔了下来，由此引发了世界知名的古物权威和古埃及学家扎西·哈瓦斯（Zahi Hawass）博士带领考古人员从距离金字塔1000米左右的遗址中挖掘出600多座坟墓，其中有大约1000具人骨和建造金字塔所用的工具。哈瓦斯认为："这些墓穴建在法老（即国王）的金字塔旁，说明墓中所葬的这些人绝不是奴隶，因为奴隶的坟墓不可能直接建在法老坟墓的旁边。"他们相信，这些人就是在约4600年前实际建筑金字塔的人。考古人员将遗址中出土的人骨送到位于开罗的国立研究中心进行研究，分析发现，很多骨骼上有接受医学治疗的痕迹。研究人员认为，如果建造金字塔的这些人只是奴隶，那么不太可能为其实施如此费时的手术治疗。研究还发现遗址中的人骨男女比例几乎一致，甚至有孕妇和胎儿的人骨。由此可以推断，这些男人和他们的妻小住在一起，过着自主的生活。他们是平民，而非奴隶。

李海峰还指出，伦敦大英博物馆收藏的一块刻有古埃及象形文字的石板上记载了大约40名工人日常工作的情况，其中包括工人缺席的原因。从记载上看，工人最常见的缺席原因是生病，其他请假原因包括参加宴会、扫墓、为其兄弟的尸体涂香料等。最特别的是有一位工人缺席第二天工作的原因是宿醉。可见，建造金字塔的人们过的是一种相对自由、轻松的生活。在大金字塔西侧发现了一座墓室，墓主是胡夫法老时期的一位祭司。墓室入口处的墓志铭上，刻着保障农民粮食的契约。墓志上记载，这位祭司生前付给农民面包和啤酒，让他们高高兴兴地离开，这些开心的人们以神之名表示非常满意。这说明，金字塔的建造者极有可能是法老雇佣的平民。

二、古埃及金字塔的建筑形式

曹家骧在《超越时空的直播——香港凤凰卫视卫星直播埃及金字塔考古发掘内幕》

（载《新闻记者》，1999年第5期）一文中指出，到目前为止，在埃及已发现的金字塔一共96座，保存相对完好的有80多座，经过埃及文物考古部门正式鉴定的有48座。从建筑形式来说，主要分为角锥式、阶梯式、弯弓式[①]。埃及第三王朝国王左塞尔（Zoser）时期修筑的第一座阶梯式金字塔是世界上最古老的金字塔，位于开罗以南20千米的古城孟菲斯附近的萨卡拉，距今已有四千多年的漫长历史，其设计师是后来成为古埃及圣人的当朝宰相伊姆霍特普（Imhotep）。

方舟子在《埃及金字塔的神话和鬼话》（载《科学世界》，2001年第1期）一文中指出，为第四王朝的第一个国王斯奈夫鲁（Snefru）修筑的金字塔既不是阶梯式的金字塔，也不是角锥式的金字塔，而是处于两者之间的过渡型：下半部的坡度为54度，但是上半部的坡度减少为43度，因此它的斜边是弯曲的，被称为“弯曲式金字塔”。很有可能是因为前一座金字塔改建成角锥式金字塔不成功而坍塌，转而采取了保守的设计。

斯奈夫鲁王的儿子胡夫所建的金字塔原高146米，坡度52度。这是经过古埃及人花了一百多年时间摸索、改进之后建造的具有象征意义的角锥型金字塔。此后的金字塔全部采用了这种角锥式的形式。

三、古埃及金字塔的建造方法

胡夫金字塔被誉为世界七大奇迹之一，而且是目前巍然独存的奇迹。约4500年前，当古埃及人为法老建造这一奇观时，他们并不会使用铁器，也没有车轮或滑轮的知识。胡夫金字塔高146米，在建成之后的3800年里一直是这个星球上最高的建筑。它由大约200万块巨石构成，巨石的平均质量达到2.5吨。于是，胡夫金字塔的存在挑战着后人的智慧：古埃及人究竟是怎样将它建造起来的？千百年来，各种稀奇古怪的答案被人提出，甚至有人认为是外星人帮了忙。

由于埃及人并未留下任何关于金字塔建造方法的记录，现代的考古学家只能在为数不多的古希腊记录中寻找答案。

罗福午在《埃及金字塔》（载《建筑技术》，2001年第9期）一文中指出，按照古希腊历史学家希罗多德的考证，巨石是在采石场开采的。工人们先用金属工具打制木楔插

① 弯弓式，也译作弯曲式。

入切口，用木槌敲打，然后用水浇湿，使木楔膨胀，造成岩石裂缝，劈开成材。至于用都兰石灰岩做成的面石，则由最好的技工操作。他们先用凿子将石块表面凿平，再用石英岩球、砂子和水将表面抛光，使石面像丝织品一样的平整，最后仔细地拼接起来。

公元前450年前后，古希腊历史学家希罗多德在胡夫金字塔建成两千多年后访问埃及，他记录下了当地的传说，认为埃及人建造金字塔的时候使用了某种“机器”。300年后，另一位古希腊历史学家狄奥多洛斯（Diodorus）则记载，“坡道”在建造过程中发挥了作用。

黄永明在《金字塔建造之谜新解》（载《南方周末》，2007-04-12）一文中指出，在考古学界，关于金字塔的建造方法主要有两种观点，它们都源自史书记载。一种观点认为，古埃及人使用了一种类似桔槔的起重设备，将巨大的石块一层层堆砌起来。桔槔是一种现在仍在使用的基于杠杆原理的汲水工具。另一种观点认为，古埃及人建造了一个坡道，这个坡道与金字塔的一个面垂直，巨石是经由坡道运送上去的。现代的考古学修正了有关坡道的设想，认为围绕金字塔修建的是回旋上升的坡道。

周道其翻译的《揭示金字塔建造之谜的新假设》（载《科学时代》，1996年第4期）一文与苗苗在《埃及金字塔由内向外建造》（载《科学大观园》，2014年第2期）一文中都指出，时至今日，这些传统观点受到了来自各个领域的巨大挑战。法国人让-皮埃尔·乌丹（Jean-Pierre Houdin）认为，位于埃及吉萨的胡夫金字塔可能是从内向外建成的。英国纽波特工程师彼得·詹姆斯（Peter James）认为沿着专门建造的坡道向上拖运沉重的花岗岩石块是不可能的。因为如果真的存在这样的坡道需要四分之一英里长（约400多米），否则就会因为过于陡峭而无法拖运这些巨大的石料。他认为，埃及金字塔是由内向外建造的。埃及人先用更小更轻的石块建造内部之字形坡道，然后通过脚手架把更大石头放在外部。这意味着金字塔是一层层建造的，而且顶部是从外面借助脚手架建成的。但诸如此类的繁多假设基本都没有实质的证据支撑，可信度存疑。较为可靠的建造方式可以参考英国BBC制作的纪录片《金字塔》。该片运用最近的研究成果与最新考古学发现为基础，结合现代拍摄与动画技术重现了金字塔建造的场景。

四、古代埃及金字塔与古代美洲印第安人金字塔的区别

陈志强在《古代埃及金字塔和古代美洲印第安人金字塔有何区别？》（载《历史教

学》，1983年第2期）一文中指出，古代埃及金字塔与古代美洲印第安人金字塔虽然名称相同，但两者之间没有任何的历史联系。它们是两个地区劳动人民各自的独立创造，代表了各自的建筑、雕刻、绘画、装潢艺术水平，反映了各自的政治、经济、文化生活状况。

李再强、郑琼在《永恒的历史见证——从金字塔功用的异同，窥视埃及文明与玛雅文明》（载《世界文化》，2004年第5期）一文中指出，由于埃及金字塔与玛雅金字塔在构建上的差异，以及埃及与玛雅的政治、宗教观念的不同，决定了两国的金字塔在功用上也有所区别。从功用的角度上来，两者都有用作陵墓的功能，但埃及金字塔主要用于墓葬，而玛雅金字塔主要用于祭祀和天文观测。陈志强在《古代埃及金字塔和古代美洲印第安人金字塔有何区别？》（载《历史教学》，1983年第2期）一文中认为，除了建造金字塔的目的和用途不同之外，古埃及金字塔与美洲金字塔两者是不同时代不同社会制度的产物。埃及金字塔建造之时，正是古代埃及奴隶制社会全盛时期，法老不满足于生前对人世的统治，因而滥用民力为自己营造陵墓。而美洲的玛雅人和阿斯特克人①社会则处于原始社会解体、阶级社会形成的过渡阶段。两地金字塔的造型和结构不同。埃及金字塔为方锥体建筑物，用巨石垒砌而成。塔内有甬道、石阶、墓室等，构成复杂的“地下宫殿”，其中心即为法老木乃伊的存放室。美洲金字塔大多为方基锥形台体，台上建有祭坛神庙，自塔基到台上分为多层，层层叠起。金字塔正面（或两侧或四周）修建数百级宏伟的石阶，直通塔顶神庙。这些金字塔通常用土坯垒砌，然后再砌以沙石，沙石之外堆砌一层大块石板，最后，按照当时最流行的建筑方式，在塔外层抹以石青和涂料，反映出古代印第安人高超的建筑艺术。

由于年代久远，缺乏可靠材料，有关建造金字塔的各种假设层出不穷，似是而非，真假难辨。考古学家、历史学家们破解金字塔未解之谜时去粗取精、去伪存真、由此及彼、由表及里的科学探索过程，可以为教学设计提供丰富的视角和素材。同时，这也要求教师在课堂中引用金字塔的相关材料时，必须注意核实材料的来源和可信度，未经考证的材料不宜进入课堂。

① 阿斯特克人，即阿兹特克人（Aztec），北美洲南部墨西哥人数最多的一支印第安人。其中心在墨西哥的特诺奇，故又称墨西哥人或特诺奇人。

微课设计

微课设计一：揭开金字塔的神秘面纱

设计意图

通过列举有关金字塔的部分虚假信息，并提供反证材料，让学生对信息的真伪作出判断，澄清对于金字塔的一些错误认识。进而初步掌握辨别材料真伪的方法，感悟历史求真求实的精神追求。

设计方案

教师讲述：古埃及文明历史悠久，创造了光辉灿烂的文化。其中最令人叹为观止的就是宏伟的金字塔。时至今日，一提到金字塔，我们就把它与神秘联系起来。在科技发展日新月异的今天，我们有能力破解金字塔的未解之谜了吗？

教师介绍：有关神奇金字塔的种种传说，大致可以分成三类：其一，胡夫金字塔暗藏着种种神奇的数字，甚至蕴藏着人类的全部历史和未来；其二，金字塔有种种魔力；其三，古埃及人没有能力建造大金字塔，因此金字塔是外星人建造的。

一、金字塔的神秘数字究竟暗藏着什么？

教师讲述：金字塔的神秘数字究竟暗藏着什么呢？下面，我们就逐一用历史的方法来检验这些说法。

材料呈现：

材料一　金字塔以下几个数字所显示的精确的等式，使考古学家、建筑学家、地理学家、物理学家都迷惑不解。

等式一：（金字塔）自重$\times 10^{15}$=地球的重量

等式二：（金字塔）塔高×10 亿=地球到太阳的距离1.5亿公里

等式三：（金字塔）塔高平方=塔面三角形面积

等式四：（金字塔）底周长：塔高=圆围：半径

等式五：（金字塔）底周长×2=赤道的时分度

等式六：（金字塔）底周长÷（塔高×2）=圆周率（π=3.14159）

谁能相信，这一系列的数据，仅仅是偶然的巧合？还有，延长在底面中央的纵平分线，就是地球的子平线[①]，这条线正好把地球的大陆和海洋平分成相等的两半；金字塔的塔基正位于地球各大陆引力中心；大金字塔的尺寸与地球北半球的大小，在比例上极其相似……然而，4500年前的古人，怎能有如此精确的计算呢？

——冯逊：《埃及金字塔人类史上最大的谜》，载《大众科技报》，2010-02-02

材料二　不妨开个玩笑，如果我们在《世界年鉴》中查找有关华盛顿纪念碑的一些事实，也能找到不少个5。纪念碑的高度是555英尺5英寸。碑基是55英尺见方，窗户开在碑基之上500英尺处。如果将碑基乘以60（即一年中月数的5倍），得数为3300，这恰恰是顶石重量的磅数。再者，华盛顿（Washington）这个词正好有10个字母（5的2倍）。如果将顶石重量乘以碑基，其得数是181500，很接近于以英里计算的每秒钟的光速。

——［美］马丁·加德纳（Martin Gardner）：《西方伪科学种种》，
贝金译，206页，北京：知识出版社，1984

教师设问：没有证据显示华盛顿纪念碑中出现的神秘数字是有意为之。由此请大家思考，材料一中有关金字塔的神秘数字是纯粹的巧合还是有某种力量有意为之？

教师引导学生分析：材料一中的“等式二：（金字塔）塔高×10亿=地球到太阳的距离1.5亿千米”，是苏格兰天文学家查尔斯·皮亚兹·史密斯（Charles Piazzi Smyth）不辞辛苦亲自跑到埃及对胡夫金字塔做了测量之后得出的神奇数字。但是作为一名天文学家，史密斯应当知道地球公转轨道并非圆形，而是椭圆形，因此地球到太阳的距离并不是常数。也就是说，地球到太阳之间的距离是不断变化的，根本不存在恒定的1.5亿千米这个数字。但是他对这类常识性的问题却视而不见，继续在大金字塔里到处“发现”所谓的神奇数字并赋予它们神奇的意义。时至今日，这些为人所津津乐道的数字都会频繁出现在介绍金字塔基本情况的各种场合。

金字塔有许多数据可用，自然界也有许多数据可用，再随意地加上各种各样的倍数，你一定能发现它们之间的对应关系。不信的话，你把你家房子的长、宽、高、对角

① 地理学上不存在“子平线”的概念，也不存在一条可以均分大陆和海洋的经线。

线、地板砖数目等都量一量、数一数，然后再拿一本物理常数手册研究一下，一定能发现你家也充满了神奇的数字。

至于神奇数字背后是不是有神的旨意就更加属于无稽之谈。最早将金字塔与神的旨意联系起来的做法可以追溯到西欧中世纪。《圣经》曾提到耶稣（Jesus）跟随他的父亲约瑟（Joseph）到过埃及。于是中世纪虔诚的基督徒就把金字塔称为是“约瑟的粮仓”。我们只要翻一翻大金字塔的建造年代就可以发现，在耶稣出生的两千年前，金字塔就已经存在了。后来大概有人发现了这一说法实在是有一些不靠谱。一位名叫约翰·泰勒（John Taylor）的英国人出版了一本名为《大金字塔：为什么建它？谁建了它？》的书，把这个基督教传说中“约瑟的粮仓”改为“诺亚（Noah）的粮仓”。了解了这些说法的来龙去脉，我们就可以对其真实性作一个判断了。

二、金字塔真的具有神秘能量吗?

教师设问：我们还能经常听到的一种传闻是金字塔内具有神秘的能量。这是真的吗?

教师引导学生分析：只要涉及金字塔就不可避免地让人联想起木乃伊。古埃及人相信作为神的后代的法老是可以死后复生的。制作木乃伊就是供复活之后的法老使用的，而金字塔就是法老存放木乃伊的陵墓。但这一说法与一个显而易见的事实是完全相悖的，即金字塔内从未发现法老的木乃伊，所有保存完好的木乃伊都是在金字塔之外的坟墓发现的。针对金字塔的考古，1999年香港凤凰电视台、2002年中央电视台都现场电视直播过，但无一例外都没有发现木乃伊的踪影。因为没有实质的证据证明木乃伊与金字塔之间的直接联系，于是有关金字塔神力的说法就转向了各种天花乱坠的实验。

材料呈现：

材料三　假如把一枚锈迹斑斑的金属币放进金字塔，不久，就会变得金光灿灿；假如把一杯鲜奶放进金字塔，24小时后取出，仍然鲜美清新；如果你头痛、牙痛，到金字塔去吧，1小时后，就会消肿止痛，如释重负；如果你神经衰弱，疲惫不堪，到金字塔里去吧，几分钟或几小时后，你就会精神焕发，气力倍增。

——刘慧：《谁赋予了金字塔神奇能量？》，载《今日科苑》，2008年第15期

教师设问：你如何看待材料中所描述的神秘现象？

教师引导学生分析：大部分描述这一类金字塔神力的文章，作者都是佚名，文章中

引用资料的出处更是语焉不详，以讹传讹，甚至有部分涉嫌伪造。但概括这一类文章叙述的逻辑一般是：奇事一，尽管金字塔内非常潮湿，但动物尸体并未腐烂；奇事二，刮胡子刀片放在金字塔模型内，没变钝反而变得更锋利；奇事三，金字塔模型成了治疗许多疾病的医疗器械和灵丹妙药。而解释这些神奇的“金字塔能”的关键是金字塔的形状本身蕴含的强大能量以及塔高三分之一的位置，因为它正好处在胡夫的墓室所在的位置。从上面叙述，我们可以引出一些猜测。猜测一，“金字塔能”是客观存在着的一种自然现象；猜测二，尸体不腐，是金字塔充分发挥了微波的作用；猜测三，金字塔内的花岗岩石具有类似蓄电池吸收宇宙波并加以储存的作用。猜测仅仅只是猜测，找了一些看不见、摸不着，一般读者又无法验证的“波”进行看似科学的解释。

材料呈现：

材料四　1988年，专门戳穿这类无稽之谈的美国《怀疑探索者》曾经报道过一个实验，发现在金字塔模型下保存的葡萄酒，其新鲜程度与别的葡萄酒并无差别。2005年，美国探索频道有一个专门揭露这类传闻的系列节目《神话破除者》（国内也译做《流言终结者》）也展示了一系列实验，检验食物的腐烂程度、刮胡刀刀片的锋利程度，并没有发现放在金字塔模型内与放在外面的出现什么差异。

——方舟子：《又见“神奇的金字塔能量”》，载《中国文化报》，2008-03-12

教师设问：材料三和材料四中，你更相信哪一种说法？最可靠的判断方法是什么？

教师引导学生分析：更相信材料四的说法，最可靠的判断方法应该是通过实验加以证实。事实上，古埃及人建造金字塔，并不是因为发现金字塔这种形状有什么魔力，而是他们还不知道拱形结构，所以金字型就成了最稳定的结构。同样不知道拱形结构的南美洲人，建造的金字塔也是类似的结构。

三、金字塔是谁建造的？

教师设问：在前面，我们已经分析了有关金字塔的两种传说。“金字塔是外星人建造的”是第三种流传甚广的传说。那么，这个传说又有什么奥秘呢？

教师讲述：金字塔工程浩大烦琐，现存的80多座金字塔，均用巨石建造而成。这么大型的建筑必然需要复杂的建筑体系方能完成。一般认为，这些巨石是从金字塔旁边的采石场采集之后用滚木运输完成的。但有些金字塔研究的爱好者则对巨石的采集和运输方式产生了质疑，认为这些都是人类不可能完成的任务，尤其是建造金字塔需要的庞大劳动力数量是用科学无法解释的。

材料呈现：

材料五 如此精致的伟大建筑，不仅需要大批建筑工人，而且需要相当规模的工程师、施工员和管理员，并且需要一支有足够威力的军队，他们都要吃饭、穿衣，要耗去大量农产品。据估计，支持这样的建筑工程需要5000万人的劳力，埃及的农业仅分布在尼罗河两岸的绿洲上，能养活这些人口吗？

然而即使在20世纪80 年代，埃及的人口也不足5000万，年产粮食800万吨左右，每年还需进口300万吨～400万吨粮食。当时，埃及人口至多为200万，如果照这样推算，修造金字塔只是异想天开了。于是有人就揣测是外星人参与其事，《众神之车》的作者罗·丹尼肯就是持这一观点的代表。

——苗枫：《金字塔未解之谜》，载《科技视界》，2011年第32期

材料六 大金字塔用了230万块石头，每块石头约重2.5 吨，全重575万吨，是迄今世界上最重的建筑物，在19世纪之前，也一直是世界上最高的建筑物。需要多少人工才能建成这座庞然大物呢？ 金字塔神秘学的鼓吹者说要5000万人，那是信口开河。古希腊历史学家希罗多德记载说，他被告知用了10万人工三班倒。现代埃及学学者认为用不了那么多人。建造胡夫金字塔用了20年，也就是说，一天只需搬运315块巨石。如果工人1天工作12小时，也就是1小时只需搬运26块。考古学家已通过实地操作证明，只要8个人就可以搬运一块巨石，那么1小时只要有200多个人工就可以完成最困难的搬运工作。考古学家马克·莱纳①博士曾经领导过一个著名的试验：采用古埃及的技术，12个人仅用3周时间就用同样大小的巨石建起了一座5米多高的小型金字塔。对于建造大金字塔究竟用了多少人工的问题，各位学者的估计有所出入，约在2万到4万之间（感兴趣的读者可以到图书馆借Nova电视片The Old Pyramid和Pyramids，对古埃及人是如何建造金字塔以及考古学家怎样仿建，有详细的介绍）。

——方舟子：《埃及金字塔的神话和鬼话》，载《科学世界》，2001年第1期

教师设问：两则材料对于金字塔的建造人数有完全不同的看法。那么，这两段材料

① 马克·莱纳（Mark Lehner），美国考古学家。

中提供的信息是否能让你得出真实的建造金字塔的劳动力人数？如果不能，你还需要什么材料佐证？

教师讲述：仅凭这两则材料还不能得出真实的劳动力人数。要得出真实的人数还需要进一步检验。事实上，有关金字塔的建造者不是古埃及劳动人民的说法，都有意无意地忽略了古埃及人并非仅仅造了一座胡夫金字塔，而是在不同的历史时期造就了许多金字塔的事实。将这些金字塔做个比较，就不难发现，古埃及人是如何从最简单的小型金字塔开始逐渐改进建造技术，进而建造成胡夫金字塔这一最宏伟的建筑。古代埃及人在尼罗河沿岸留下的诸多金字塔，清楚地向我们展示了金字塔技术的演化过程。但是，大量的金字塔研究爱好者视而不见，却宁愿相信胡夫金字塔是神秘的突然现身于地球之上的荒谬说法。

教师总结：金字塔是古埃及人制造的，它不仅代表着古埃及的伟大成就，也是全人类的伟大成就。毫无根据地怀疑古埃及人的能力，将金字塔的建造归功于神或外星人，不仅是对古埃及人的不信任，也是对人类本身的不自信。这些违反科学常识的神话，除了能作为我们提高辨别真假信息能力的训练素材之外，别无它用。

设计点评

本微课从金字塔的数字之谜、金字塔的神奇能量、金字塔的建造者三个方面入手，通过材料教学的方式，搜集了许多平常不易见到的观点，对学生原有的关于金字塔未解之谜的诸多模糊认识进行了辨析和澄清。在强烈的认知冲突下，教师通过合理的历史推理和历史想象，对学生进行了论从史出、史由证来的史学方法训练，形式新颖，内容具有冲击力，是对学生史证意识培养的一个经典案例。

微课设计二：金字塔告诉了我们什么

设计意图

通过对金字塔的全面了解，学生能够认识古埃及文明在宗教、政治、科技等方面的成就，感受古埃及人民的创造力和智慧。

设计方案

一、古埃及金字塔与宗教

教师讲述： 阿拉伯人说，一切都怕时间，时间却怕金字塔。宏伟的古埃及金字塔已经在非洲的沙漠中屹立数千年，它就像是一面穿透亘古时空的镜子，透过它，今天的我们还可以看到古埃及文明的辉煌与灿烂。

教师介绍： 分布在世界各地的早期人类文明，几乎不约而同地采取了神权统治的政治体制。在神权政治体制下的统治者们，一般都会建一些祭神的建筑物来昭示自己与神的联系以及统治的正统性与权威性，古埃及当然也不例外。

材料呈现：

材料一　大约在公元前2350年，根据金字塔文中提到的欧西里斯神话，伊西斯是土地之神盖布和天空女神努特的女儿。她有两个兄弟，是欧西里斯（Osiris）和塞特（Seth），还有一个姐妹是奈芙蒂斯（Nephthys）。后来，伊西斯成了欧西里斯的妻子，由于他的兄弟塞特觊觎欧西里斯的权利而暗杀了他，伊西斯找到了丈夫的尸体并带回。这引起了塞特的盛怒，他把欧西里斯的尸体割成了碎块，遍洒在整个埃及。但伊西斯并不放弃对丈夫尸体的寻找，她千辛万苦找到了欧西里斯的尸体，并在木乃伊神阿努比斯（Anubis）的帮助下把欧西里斯制成了木乃伊，而伊西斯自己则变成了一只鸟，成功使自己的丈夫复活，并在这一过程中怀上了未来的天空之神赫鲁斯（Horus）。①

——孙莹：《简析古埃及的女神》，载《科技信息》，2010年第36期

材料二　金字塔象征着爱瑟丝令欧西里斯复活的本源之地，而大金字塔群又与象征着欧西里斯和爱瑟丝的猎户星座和天狼星之间有着密切的联系。一切都表明，金字塔必定在有关法老死后国家政权交接的丧葬仪式中起到重要的作用。

每一个古埃及法老都认为自己是神明的子孙，是欧西里斯的儿子荷鲁斯在现世的代

① 欧西里斯，又译作奥西里斯或俄塞里斯，古埃及神话中的农业之神和丰饶之神，最重要的九柱神（Great Ennead）之一。伊西斯（Isis），又译作爱瑟丝或艾西斯，古埃及神话中死者的守护神和生育之神，九柱神之一。盖布（Geb），又译作塞布（Seb）或凯布（Keb），古埃及大地之神，九柱神之一。努特（Nut，也作Nuit），古埃及神话中的天空之神，九柱神之一。赛特，古埃及神话中的干旱之神和风暴之神，九柱神之一。赫鲁斯，又译作荷鲁斯，古代埃及神话中法老的守护神，是王权的象征。

表，他们死后会在天空中再生，成为“另一个欧西里斯”，而下面一位继承王位的法老，则成为“另一个荷鲁斯”。现世中，成为欧西里斯的法老升天和成为现世的荷鲁斯的新法老即位的最好地点，无疑是……本源之地的大金字塔。

——张建明：《金字塔与古埃及神权政治》，载《飞碟探索》，2011年第10期

教师设问：根据材料一和材料二，分析古埃及法老建造金字塔的目的是什么？

教师引导学生分析：从材料中可以看出，古埃及法老希望借由金字塔复制神话中的复活奇迹，并借此证明两代法老之间权力交接的正当性。1993年，一位名叫罗伯·波法尔（Robert Bauval）的比利时土木工程师发现天空中的星座和金字塔群之间有着奇妙的联系。这些金字塔与天象之间的联系，很可能象征了古埃及神话中的主神欧西里斯升天复活的过程。欧西里斯在古埃及神话中直接与猎户星座相关，而欧西里斯的妻子爱瑟丝（Isis）女神则与天狼星有关。

教师介绍：传说在金字塔中，死去的法老走上了成为欧西里斯神的永生之旅；即位的新法老则走上了成为现世的荷鲁斯神、统治埃及万民的旅程。在古埃及，金字塔代表着古埃及法老的神人合一、王权神授，也是宗教祭祀和王位继承的重要场所，在古埃及神权政治中的地位十分重要。

二、古埃及金字塔与科技

教师设问：从金字塔的建造中我们可以发现古埃及文明宗教神话的巨大影响。除此之外，神秘的金字塔还在向我们诉说着什么呢？

材料呈现：

材料三　高塔巍巍数千寻，二百万方石砌成。艺术光垂戮千载，雄哉伟哉古文明。

——陈毅：《赞金字塔》，1963年，转引自李长林：《埃及金字塔的建筑美学和建筑术对后世的影响》，载《阿拉伯世界》，1998年第2期

教师引导学生分析：这是陈毅1963年访问埃及时所作的诗句。在技术条件非常有限的四千多年前，采用如此大量的巨型石块，建造成如此精确的工程，工程质量又如此完美无缺，而且一直留存数千年至今，确实可以称得上是一个伟大的人间奇迹。

材料四　在这众多的金字塔中，最令世人不可思议的就是始建于公元前2690年的胡夫金字塔。这座巨型金字塔棱体的每条底边长230.42米，塔高146.50米，侧面与地表夹角

为51° 52'。这座金字塔在修建时完全用的是当地岩石，一共用了230万块才把金字塔给堆砌起来，一块石头就重2.5吨，况且，石块与石块之间没有用过任何黏合材料。

——曹家骧：《超越时空的直播——香港凤凰卫视卫星直播埃及金字塔考古发掘内幕》，载《新闻记者》，1999年第5期

材料五　令人惊叹的是金字塔建造的精度。在平面尺度上，它底座4边边长的差异，不超过0.20m，边长误差只有1/1134；底座4个90° 直角的角度误差不大于35'，小于1/1500；底座4角基点位置的最大误差只有5.5'，约1/4000。这种在平面尺寸和角度上的微小误差，估计是一些天文学家至少是懂得天文学的人参加测量的结果。在高程上，它底座4个角部高差仅0.0125m，是边长的1/18400。这种在高程上不可思议的精度，估计是用在底部基坑内灌水，量出水平面下基坑各处应有的精确深度后得到的。巨大石块的制作精度也是惊人的，金字塔叠砌石块的表面非常完整，缝隙很小，连一张明信片都难以塞入。

——罗福午：《埃及金字塔》，载《建筑技术》，2001年第9期

教师设问：根据材料四和材料五，概括建造胡夫金字塔可能遇到的障碍，列举解决这些障碍需要用到哪些学科的知识。

教师引导学生分析：建造胡夫金字塔的过程中可能会遇到岩石切割、建筑测量、误差控制等一系列问题。解决这些问题需要深奥的几何学、建筑学、测量学、力学等诸多学科的知识。即使是现代人，想要再造一座金字塔也绝非易事。四千多年前的古埃及没有现代的测量仪、数字计算器乃至电子计算机、岩石切割机和起重机一类先进仪器和施工机械，但古埃及人民凭借他们在悠久的岁月中累积的天文学、力学、数学、工程学、建筑学的知识，并巧妙地整合了运用这些知识的经验，创造性地建造出了世界七大奇迹之一的金字塔。同为世界奇迹的我国长城，无人怀疑它是人力所为，可埃及金字塔的建造时至今日仍有一些未能解释的现象，古埃及人民的创造力和智慧令人叹为观止。

三、古埃及金字塔与经济

教师设问：古埃及金字塔作为一个浩大的工程，消耗大量的人力物力财力，古埃及具备这么强大的经济后盾来建造规模如此之大的金字塔吗？

材料呈现：

材料六　希罗多德认为金字塔的建造者是奴隶，但考古学家认为他们是拿报酬的工人。当然，他们的报酬不是工资，而是谷物、面包、啤酒、食油和布料等，每10天发放一次。从找到的衡器看，报酬之多并不像是对待奴隶。埃及最高文物委员会主席扎希·哈瓦斯①认为，当时的国王还允许那些工人以及贫穷的埃及人埋葬在他的旁边，而“这是令人兴奋的”，在古代埃及也是不常见到的，“他们不是奴隶”。

——唐荣沛：《秘鲁金字塔探秘》，载《飞碟探索》，2012年第8期

材料七　雷赫纳是芝加哥大学的考古学家，专攻埃及学，是埃及人欢迎的学者。他曾经试验性地在吉萨建立了一座高约9米的金字塔，由12个人累积2吨的石块。结果，他估计法老们只需要10000劳动力就可以建造金字塔。而当时的埃及人口在100万～150万，因为当时留下来的面包制造房、啤酒酿造场、村庄排水系统等遗址可以证明这一点，完成这一工程是完全没有问题的。

过去，人们认为埃及没有城市，居民只是沿着尼罗河居住。但雷赫纳推测，金字塔也许并不仅仅是一项沙漠中的工程，而是当时埃及的城市中心，这座“金字塔城”的人口至少有30000人，金字塔的建造成为古埃及经济发展的发动机。

——唐荣沛：《秘鲁金字塔探秘》，载《飞碟探索》，2012年第8期

教学活动：根据材料六和材料七，绘制一幅金字塔建筑工地的场景图。

教师介绍：古埃及文明进入金字塔时代后，已经进入奴隶制阶级社会。根据希罗多德在《历史》②一书中的记载，修筑金字塔的人是10万奴隶，这与新近的考古发现是相违背的。修筑金字塔是需要大量具有极高技艺的工匠来完成的，知识技能相对低下的奴隶难以完成。

考古资料显示金字塔建筑工地附近，生产生活设施完备，面包坊、啤酒酿造场的存在反映工匠们的食物充足，生活质量很高。排水设施的存在也显示出城镇基础设施已具备一定的基础，一定程度上出现了城镇化的趋势。

工匠们与法老之间也没有强制的人身依附关系，而是相对平等的雇佣关系。种种迹

① 又译作扎西·哈瓦斯（Zahi Hawass），埃及考古学家。是埃及木乃伊考古学界的泰斗级人物，被称作“埃及考古之父”。

② ［古希腊］希罗多德：《历史》（上册），王以铸译，166页，北京：商务印书馆，1997。

象证明金字塔时代的古埃及经济是相当发达的。

金字塔闪耀着古埃及人民智慧和力量的光芒。规模宏大、建筑精确、气势雄伟的金字塔就像一本书，述说着古文明的黎明。神秘的埃及金字塔吸引许多科学家、考古学家和历史学家前往探究，也吸引世界各地的无数游客前去观光游览。

设计点评

本微课迥异于一般在处理金字塔内容时的介绍性讲授，没有落入将历史课上成旅游知识普及课的俗套，而是带领学生在有限的材料中，透过金字塔的相关历史细节发现金字塔背后所反映的古埃及文明宗教、科技、经济发展状况，从而可以把握古埃及文明在这一历史时期的发展概况。本微课给我们一个重要的启示：即使是在材料如此匮乏的情形下，只要我们充分挖掘历史细节的价值，引导学生发现历史现象背后的时代特征，就可以增强历史课堂的历史味。

教学资源

资源1：狮身人面像（Sphinx）很有可能并非是在卡夫拉统治期间修建的。之所以传统上的考古观点都认为它是由卡夫拉修建的，主要是因为公元前1400年法老图特摩斯四世[①]在其脚爪之间放置的一块石雕上仅存的一行文字涉及了“卡夫”这两个字，后人推测“卡夫”指的就是法老卡夫拉。另一方面，当初位于其附近的河岸神殿在出土时发现里面就有一座雕像将卡夫拉本人描绘成一个狮身人面像的神灵。可是，到了1905年，有关狮身人面像与卡夫拉之间的直接关系就显得站不住脚了。考古发现在古文献记载中古埃及所有统治者的姓名无一例外都有一个现在称为“徽印”的长方形外框。但是，美国芝加哥大学的考古学教授J. H. 布雷斯特德[②]注意到，在“卡夫”这两个字外部没有古

① 图特摩斯四世（Thutmose IV，？—前1391），古埃及第十八王朝的第八位法老（前1401—前1391年在位）。

② 詹姆斯·亨利·布雷斯特德（James Henry Breasted），美国芝加哥大学考古学家和史学家。

埃及用来圈住统治者名字的长方形或椭圆的图形，因此“卡夫”可能并非指一个法老的名字。而“卡夫”这两个字在古埃及文字中仅仅是“升起”的意思。1992年纽约法医学专家弗兰克·多明哥①对埃及法老卡夫拉雕像的头部及狮身人面像的“人面”作了深入细致的研究，结果证明两者差别之大不可能是同一人，即“人面”不是卡夫拉。因此，先前考古学家对于它面部进行的主观诠释显然是错误的。

——冯逊：《“金字塔是飞碟导航地标”》，载《深圳商报》，2004-04-01

资源2：1992年8月来自波士顿大学地质学修奇博士（Robert M. Sehoch）根据狮身人面像所受腐蚀的特点与程度同样也得出了一个惊人而又严谨的结论：狮身人面像至少在埃及历史上最后一次雨季的早期，也就是公元前7000至公元前5000年就已建成。狮身人面像的侵蚀边缘比较圆钝，呈蜿蜒弯曲向下的波浪状，有的侵蚀痕迹很深，最深达2米。另外，上部侵蚀得比较厉害，下部侵蚀程度没这么高。这是典型的雨水侵蚀痕迹。而狮身人面像暴露在空气中的时间最多不会超过1000多年，其余时间被掩埋在砂石之中。如果真是建于埃及卡夫拉王朝而又被风沙侵蚀的话，那么同时代的其他石灰岩建筑，也应该受到同样程度的侵蚀，然而，古王朝时代的建筑中没有一个有狮身人面像受侵蚀的程度严重。而从公元前3000年以来，吉萨高原上一直没有足够造成狮身人面像侵蚀的雨水，所以只能解释这些痕迹是很久远以前，吉萨高原上雨水多、温度高时的时代残留下来的。修奇博士的论点，在当年美国地质学会年度大会上，获得了3000名同行的一致支持。而事实上，它是由几乎一整块重达2000多吨的巨石所造，据埃及考古学家分析认为，其在修建技术方面甚至要比其他已确定年代晚几千年的建筑都要高超得多。在埃及古王国建朝之前，古埃及人难道有相应的社会组织来动员足够的人力从事此类大规模建筑工程吗？

——冯逊：《“金字塔是飞碟导航地标”》，载《深圳商报》，2004-04-01

资源3：在1998年的世界金字塔研究大会上，世界金字塔研究学者们普遍接受了一个新的推断。胡夫金字塔大石块间的砂浆经过C-14的检测，证明有5000年以上的历史，远远超过胡夫国王的第四王朝，完全可以断定，后人所说的胡夫金字塔在胡夫执政之前就已存在。（只是不知为何法老胡夫偏偏要将其作为自己的圣地？）

——冯逊：《“金字塔是飞碟导航地标”》，载《深圳商报》，2004-04-01

① 弗兰克·多明哥（Frank Domingo），美国法医学专家。

资源4：本片以最近的研究成果与最新考古学发现为基础，为什么大金字塔的建造，在四千五百年后的今天，依然令人感到困惑？有许多人相信，尽管使用21世纪当代的科技，我们也无法建造出来。本片以最近的研究成果与最新考古学发现为基础，结合现代拍摄与动画技术进行重建，本片将古埃及的智慧结晶重现出来，不仅说明这个遗迹是如何与为何如此伟大，并且透过剧情背景重建的方式，让一位名为纳克特的年轻埃及人来述说这段故事。

——英国BBC纪录片《金字塔》内容简介

资源5：金字塔一直是冒险探秘电影的一个热点。由于许多的未解之谜，使得金字塔愈发的神秘。而木乃伊则是金字塔这个谜团的最大噱头，很多电影都是利用木乃伊来作为引起故事。本期节目通过介绍电影《木乃伊》讲述了有关金字塔冒险电影的精彩剧情。

——中国网络电视台《秘境寻奇之金字塔》内容简介

资源6：古埃及文明曾在人类的历史长河中延续了五千余年。然而它又从这个地球上突然地神秘消失了，这一切究竟是如何造成的呢？一提到埃及，人们首先想到的是金字塔；其次还会想到木乃伊、狮身人面像，有些人可能还会想到太阳船、神庙，以及古埃及神秘的象形文字。这一切在几个世纪以来引发了无数人的苦苦思索。金字塔、狮身人面像在向后人诉说着什么样的秘密呢？东北师范大学世界古典文明史研究所埃及学博士李晓东为您揭秘古埃及文明的前世今生。

1.《古埃及文明失落之谜·一个死文明的复活》

2.《古埃及文明失落之谜·神秘的金字塔》

3.《古埃及文明失落之谜·埃及艳后》

4.《古埃及文明失落之谜·法老的诅咒》

5.《古埃及文明失落之谜·金字塔太阳船》

6.《古埃及文明失落之谜·揭开狮身人面像的面纱》

——中国中央电视台百家讲坛《古埃及文明失落之谜》内容简介

资源7：本片调查了7500万年最可信的有关外星人在地球上的证据。从恐龙时代、古埃及在现今的美国西部沙漠的远古洞穴壁画中奇异的生物、沥青类物质在埃及的金字塔有身份不明生物的遗体、延续至今世界各地仍然有许多不明物体被人们目击到，这些仅仅是被调查奇怪故事中的一个小段落。人类科学技术的不断发展，终究有一天是可以讲清楚曾被认为是奇怪故事的故事。

——央视网视频《来自远古星星的你》①内容简介

资源8：埃及医药之神伊姆霍特普是人类历史上最早的天才，五千多年前他设计建造了世界上第一座金字塔塞加拉阶梯金字塔，他还是第一个把石材引入埃及的人。伊姆霍特普同时也是一位祭司、作家、医生和埃及天文学以及建筑学的奠基人，几个世纪以来他吸引着无数考古学家的眼球。

——央视网视频《世界第一座金字塔设计者伊姆霍特普》内容简介

资源9：金字塔是埃及的象征，也是人类文明的象征，关于金字塔的传说很多，但经过近几十年的考古发掘，证明金字塔确实是古埃及人建造的。纳赛尔的家就在金字塔脚下，他家世世代代都以导游为业，他生活的全部就是金字塔，金字塔给他带来了收入，也给他带来了自豪和荣耀。开罗市区距离金字塔只有13千米，在这里，古代文明和现代文明神奇的交汇在一起，来这里旅游的中国游客也越来越多。

——央视网视频《走进非洲》第二十集《永远的金字塔》内容简介

① 《远古外星人》为美国历史频道的知名科学纪录片，中央一套引进以后改名为《来自远古星星的你》。

两河流域文明的曙光：《汉谟拉比法典》的价值

学术引领

《汉谟拉比法典》是世界上现存最早的第一部体系完备的成文法典，在世界法制史上占有重要地位。它较为完整地继承了两河流域原有的法律精华，使其发展到完善地步，成为了解和研究古巴比伦王国历史的第一手文献。它公开确认奴隶主阶级的统治地位，严格保护奴隶主阶级的利益，并对各种法律关系作了比较全面的规定，特别是在债权、契约、侵权行为、家庭以及刑法等方面的规定所确立的一些原则，如关于盗窃他人财产必须受惩罚、损毁他人财产要进行赔偿的法律原则以及诬告和伪证反坐的刑罚原则、法官枉法重处的原则等，均对后世立法产生了重大影响。《汉谟拉比法典》不仅被后起的古代西亚国家如赫梯、亚述、新巴比伦等国家继续适用，而且还通过希伯来法对西方法律文化产生一定的影响。中世纪天主教教会法中的某些立法思想和原则即渊源于该法典。

一、《汉谟拉比法典》制定的背景

刘家和、王敦书在《世界史：古代史编（上卷）》（47页，北京：高等教育出版社，2011）一书中指出，巴比伦位于幼发拉底河中游，扼西亚贸易要冲，地理位置十分优越。巴比伦城市出现较早，但作为一个城邦大约是在公元前1894年由阿摩利人苏穆阿布姆建立的。立国之初，巴比伦只是一个依附邻国的小邦。到第六代国王汉谟拉比（Hammurabi，约公元前1792—前1750）时，巴比伦逐渐强大起来。汉谟拉比登上王位后，即着手进行统一两河流域的战争。这时外部的形势对汉谟拉比的统一活动是十分有利的。马里、埃什嫩那受控于强盛的亚述，拉尔萨一度被埃兰人征服，伊新也衰弱了。汉谟拉比采取灵活的外交政策，一个时期集中力量打击一个主要敌人。他首先与拉尔萨结盟，灭亡伊新。接着他又与马里结盟，帮助马里摆脱亚述的控制，在马里支持下征服拉尔萨。不久，汉谟拉比残酷镇压马里的叛乱，将马里城夷为平地。汉谟拉比在位时期，除亚述和埃什嫩那未被最后征服外，基本上统一了两河流域。

美国学者斯塔夫里阿诺斯（Leften Stavros Stavrianos）在《全球通史：从史前史到21世纪（上册）》（第7版修订版，吴象婴、梁赤民、董书慧、王昶译，61页，北京：北京大学出版社，2012）一书中认为，苏美尔人在底格里斯河与幼发拉底河流域创建了城市之后，那些曾经有效维护乡村秩序的习俗和共同观念，就已经被苏美尔人抛在脑后了。因此，他们不得不依靠政治统治和法律体系这些由强制力和道德约束所推动的东西，来弥补习俗力量的空缺。苏美尔人在与自然灾害的斗争中建立起来的“君权神授”观念中，神灵派国王维持秩序，并确保人们能正确地侍奉他们，而城市的福祉就依赖于这种侍奉。苏美尔人及其后继者的宗教信仰深受自然环境的影响，尤其是受底格里斯河和幼发拉底河每年河水泛滥的影响。对每年洪水泛滥的恐惧，加之永远存在的外族入侵的威胁，使苏美尔人深深地感到，仿佛自己正无依无靠地面对着许多无法控制的力量。他们认为，人生来只是为神服务，神的意志和行为是无法预言的。人与人之间也充满了不安全感，所以，美索不达米亚人试图通过编制完备的法典来消除各种潜在的冲突，《汉谟拉比法典》就是其中最杰出的一部。

刘家和、王敦书在《世界史：古代史编（上卷）》（47页、48页，北京：高等教育出版社，2011）一书中指出，汉谟拉比在统一两河流域过程中建立了中央集权专制制度，他极力宣扬王权神授："安努（即天神）与恩利尔为人类福祉计，命令我，荣耀而畏神的君主，汉谟拉比，发扬正义于世，灭除不法邪恶之人，使强不凌弱，使我有如沙马什（即太阳、正义之神），昭临黔首，光耀大地。"汉谟拉比还自称"众神之王"，专制王权和神权趋于统一。

自乌尔第三王朝以来，奴隶制私有经济迅速发展，社会关系日趋复杂。为了维护私有制和奴隶主阶级的利益，伊新、拉尔萨等邦都曾制定法典以代替过去不成文的习惯法。汉谟拉比即位后，便吸取以前各邦的立法成果，并结合阿摩利人的氏族部落习惯法，制定法典。法典大概在其在位第30年后刻石颁布。

二、《汉谟拉比法典》的主要内容与特点

刘家和、王敦书在《世界史：古代史编（上卷）》（48页，北京：高等教育出版社，2011）一书中指出，汉谟拉比法典刻在一个黑色玄武岩柱上，岩柱高2.25米，上部周长1.65米，底部周长1.90米。岩柱上部是太阳神、正义神沙马什（沙马什·姆达米克，Shamash-mudammiq）授予汉谟拉比王权标的浮雕。浮雕下面是用楔形文字镌刻的铭文。法典由前言、正文和结语三部分组成。前言主要宣扬王权神授，颂扬汉谟拉比的政绩。结语则表示，汉谟拉比遵奉神意，保护黎民，故创立公正的法典，以垂久远；后世若有敢不遵法典之王，必因违犯神意而受神罚。正文共282条，内容包括诉讼程序、盗窃、军人份地、租佃、雇佣、商业、高利贷、婚姻、继承、伤害、债务、奴隶等方面，比较全面地反映了古巴比伦时期的社会情况。汉谟拉比法典是古代第一部比较完整的法典。

英国学者爱德华滋（Chilperic Edwards）在《汉穆拉比法典（勘校前言）》（沈大銈译，5～8页，北京：中国政法大学出版社，2005）一书中指出，《汉谟拉比法典》是司法判例的汇编。《汉谟拉比法典》序言中所说的沙马什代表着太阳神和正义神。古巴比伦时期，大部分神话都以太阳神为"公正"的神，因为太阳从地平面升起之后，可以发现世间万事万物。同时，沙马什还是诸如做伪证、通奸、行贿等一切罪犯的发现者和惩罚者，因此沙马什也是正义之神。《汉谟拉比法典》结语的开端称，法典是汉谟拉比王创立的最为公正的判决书，是最值得信赖和依靠的法律条文。

《汉谟拉比法典》将美索不达米亚的居民分为三类，即自由人（阿维鲁）、平民（穆什钦努）、奴隶。在当时，法律只承认阿维鲁（Awilum）才是古巴比伦完整的公民，其

他来自他处的“异乡人”是没有任何权利的，与人争斗时也没有人会帮助他。如果这些“异乡人”要想留在古巴比伦，并在巴比伦享受到“和平与安全”，那么他必须依附于某一阿维鲁。阿维鲁是社会的领导（第18条、第32条、第109条），他有权监督、保护其名下的“异乡人”。阿维鲁可以采取一定的强行措施使下级人民尊敬他，但是阿维鲁自己也必须严格要求自己，如果阿维鲁犯罪了，受到的处罚也是相当严厉的。穆什钦努（Mukē num）的意义较难确定，但是从他“有白银（第140条）、有奴隶（第15条，第175条，第219条）”来看，穆什钦努绝对不是一般的穷苦老百姓。穆什钦努的生命价值与身体价值与阿维鲁比较起来，相对较轻，但是比奴隶（男奴为Wardum，女奴为Amatum）较重（第198条，第201条，第204条），因此穆什钦努的社会地位应该居于阿维鲁和奴隶之间。

古巴比伦的奴隶制度与我们现在对奴隶制度的理解是有出入的。在古巴比伦，奴隶是家庭成员之一，因而能得到奴隶主的认同和尊重。例如，如果奴隶受到了伤害，奴隶主取得损害赔偿的同时，还要专门请医生为其治疗伤痛；当奴隶与自由身份的妇女结婚之后，他们所生的孩子就不再是奴隶了；奴隶死亡后，奴隶的妻子是有权继承其一半财产的。

《汉谟拉比法典》的第26条至第41条的规定涉及古巴比伦军队的经济基础与军人的权利义务。《汉谟拉比法典》中还有大量涉及农田、果园、灌溉方面的法律规定，因此，古巴比伦在本质上是一个农业社会。在《汉谟拉比法典》中还可以看到古巴比伦人在商业交往中已运用金钱借贷。有利息的金钱借贷关系，就是从当时最早的契约泥板开始的。由于古巴比伦社会的经济水平，借贷关系多发生在农业生产上。《汉谟拉比法典》中还有对强制执行权的限制，对古巴比伦婚姻的规定等。

斯塔夫里阿诺斯在《全球通史：从史前史到21世纪（上册）》（第7版修订版，吴象婴、梁赤民、董书慧、王昶译，62～63页，北京：北京大学出版社，2012）一书中指出，《汉谟拉比法典》试图明确地、永久地调整一切社会关系，因而它不仅阐明了古巴比伦的法律制度，也照亮了当时的社会。以下即是法典的几个主要特点：

第一，施行同态复仇法，即奉行“以眼还眼、以牙还牙”的原则。“如果一个人伤了贵族的眼睛，还伤其眼。如果一个人折了贵族的手足，还折其手足。”（法典第196条，第197条）

第二，阶级歧视，对下层社会的赔偿低于上层社会。“如果贵族阶层的人打了贵族出身的人，须罚银一明那。如果任何人的奴隶打了自由民出身的人，处割耳之刑。”

（法典第203条，第205条）

第三，施行严格的、保护商业界财产的规定。“如果一个人盗窃了寺庙或商行的货物，处死刑；接受赃物者也应处死刑。”（法典第6条）

第四，颁布许多类似“福利国家”政策的规定。包括确定基本商品每年的价格、限制利息率不超过20%、周密地调整家庭关系、保证度量衡的信誉、城市负责对未侦破的抢劫案或凶杀案的受害者做出赔偿等。“如果没有抓获拦路的强盗，遭抢劫者须以发誓的方式说明自己的损失，然后由发生抢劫案的地方或地区的市长或地方长官①偿还损失。”（法典第23条）

第五，具有现代社会之前各民族的共同特点，即认为过去、现在和将来是静止不变的。法典是作为神的命令，是为了人类的利益能受到公正的对待而颁布的。法典生动而尖刻地诅咒了以后任何敢于篡改法典的统治者：“怨声载道的统治，寿命不会长，将出现连年饥荒、一片黑暗、突然死亡……他的城市将毁灭，人民将离散，王国将更换，他的名字永远被人遗忘……他的幽魂（在地狱里）喝不到水。”（法典，结语）

三、《汉谟拉比法典》的价值引领

马来平在《通俗科技发展史（综合卷）》（17页，济南：山东科学技术出版社，2008）一书中说，《汉谟拉比法典》是古巴比伦文明唯一的记录。《汉谟拉比法典》制定的初衷是为了在政治统一的前提下，实现美索不达米亚地区在法律上的统一，以便更好地调整各种社会关系，提升军事实力，稳定社会秩序，从而保障巴比伦帝国的统一。作为一部公开的成文法，它废止了执行者可以根据自己的愿望、利害关系，根据形势的需要、上司的需要，随机量刑执法；摒弃或从重从快，或法外开恩的陋习；开创了人类法制管理的先河。《汉谟拉比法典》对后世产生了深远的影响，以理性和民主著称的雅典最早的成文法便是模仿古巴比伦刻石制定的。汉谟拉比所坚持的“能被普遍接受”和“具有永久性”的立法原则成为后来诸多法律的基本出发点。《汉谟拉比法典》一方面说明了古巴比伦王国奴隶主专政的实质；另一方面比较全面地反映了古巴比伦的社会情况，从而为我们深入了解古巴比伦文明提供了可能。

① 部分学者在翻译法典本条内容时有不同见解，将“地方或地区的市长或地方长官”翻译成“公社及长老”，如江平主编的《汉穆拉比法典》（法律出版社，2000）。

于殿利在《巴比伦法的人本观再探》（载《求是学刊》，2010年第6期）、《从立法精神看巴比伦法的人本观》（载《学术研究》，2011年第1期）两篇文章中指出，《汉谟拉比法典》常常被中外法制史研究者所低估，一方面是由于他们惯常以现代法律的视角和观念来考量古代法；另一方面也由于他们对古代美索不达米亚文化传统的了解和认识有限。于殿利认为，《汉谟拉比法典》所体现出的立法精神，反映出了明显的人本主义思想，具体来说就是以法律上的“人”为本，以阿维鲁公民为本，因为他们构成了古巴比伦社会公民的主体。《汉谟拉比法典》中对私有财产的保护、人人具有财产权、经营与交易中的财产保护等，无不彰显着超越时代的特征。《汉谟拉比法典》中涉及尊严、人性和人格权等深层次的人本观念，充满在法典条文的字里行间。《汉谟拉比法典》中体现出的人本观念有着深厚的社会、经济和文化基础，其中的立法原则和人文精神更被后来的诸多法律所继承和借鉴。

美国学者威尔·杜兰（Will Durant）在《东方的遗产》（134～135页，北京：东方出版社，2003）一书中也指出，国家赔偿规则的提出，也充分体现了《汉谟拉比法典》在法制史上的地位和价值。政府及官吏对保护人民生命财产如此负责，除巴比伦外，今天还找不到这样的国家和城市。对阿维鲁公民在遭遇强盗时所遭受的生命和财产损失但是案件又不能破获时，《汉谟拉比法典》尝试了国家赔偿的规定，国家赔偿法则的重要意义在于，国家承认了自己对公民的过错，将国家公权力置于法律规范之中。

诚然，《汉谟拉比法典》体现了刑法的残忍，以及人与人之间的不平等，同现代法律所弘扬的人道主义精神、平等精神是不同的，但《汉谟拉比法典》对后来西方各国的立法产生了重要影响。现代西方各国的法律都可以找到《汉谟拉比法典》的影子，许多法律原则都起源于这部法典，如要有证据才能定罪、设置公民陪审团、所有案件要立案并记录以便日后查看与审阅等，《汉谟拉比法典》也对以后人们研究古巴比伦社会的法律与制度提供了重要文献。

《汉谟拉比法典》是世界上现存的古代第一部比较完备的成文法典，它比较全面地反映了古巴比伦社会的情况，为后人研究古巴比伦社会经济关系和西亚法律史提供了珍贵材料。我们对《汉谟拉比法典》的学习，主要是通过《汉谟拉比法典》了解当时的社会文明，体会法律与文明的相互关系，树立基本的文明史观，感悟《汉谟拉比法典》在法制史上如丰碑般的典范作用。

微课设计

微课设计 ：《汉谟拉比法典》里的两河流域文明

设计意图

通过介绍《汉谟拉比法典》的相关知识，引导学生初步理解《汉谟拉比法典》所彰显的古代两河流域文明，感悟法律是文明发展的标志。

设计方案

微课导入：播放歌曲周杰伦《爱在西元前》，将学生带入音乐的氛围之中。

教师设问：同学们，这首歌里面吟唱的“古巴比伦”“汉谟拉比法典”“黑色玄武岩”“美索不达米亚平原”“楔形文字”等历史信息，述说的是一幅怎样的历史画卷呢？

公元前2250年左右，居住在两河流域的苏美尔人创造了楔形文字，使两河流域进入了有文字记载的历史。公元前2006年，阿摩利人颠覆了乌尔第三王朝，建立了巴比伦王国，在这“两条河之间的地方”——美索不达米亚南部安了家。至汉谟拉比成为国王时，古巴比伦王国已经崛起为囊括整个两河流域的大帝国。为了强化统治，汉谟拉比制定了《汉谟拉比法典》。下面，我们就通过《汉谟拉比法典》来了解古代两河流域文明的具体情况。

一、《汉谟拉比法典》石柱上的文明

1. 发现法典

材料呈现：

材料一 《汉谟拉比法典》石柱（现存卢浮宫）。

1901年12月，由法国人和伊朗人组成的一支考古队，在伊朗西南部一个名叫苏撒的古城旧址上，进行发掘工作。一天，他们发现了一块黑色玄武石，几天以后又发现了两块，将三块拼合起来，恰好是一个椭圆柱形的石柱。

该石柱岩柱高2.25米，上部周长1.65米，底部周长1.90米。石碑上部是太阳神、正义神沙马什授予汉谟拉比王权标的浮雕。浮雕下面是围绕石碑镌刻的法典铭文，共3500行。经考证，这正是古巴比伦王汉谟拉比颁布的《汉谟拉比法典》。

2. 近看法典

材料呈现：

材料二 太阳神、正义神沙马什授予汉谟拉比王权标的浮雕。

教师设问：《汉谟拉比法典》石柱的上部，是“太阳神、正义神沙马什授予汉谟拉比王权标的浮雕”，这个浮雕的意义是什么？或者说，它蕴含着什么意思？

教师引导学生分析：《汉谟拉比法典》石柱浮雕蕴含着君权神授的意思。君权神授是君主专制制度的一种政治理论，认为君主的权力是神给的，具有天然的合理性，他代表神在人间行使权力，管理人民。汉谟拉比王自称为“月神的后裔”，自称“众神之王”。法典上的浮雕，蕴含着当时汉谟拉比推行的君权神授思想，同时也告知时人，该法律条文是神权、王权共同监制的制度，强迫人民遵守并实施。

3. 细看法典

材料呈现：

材料三 《汉谟拉比法典》石柱上用楔形文字刻写的法典文字。

教师设问：石柱上的刻写文字有什么特点？可以从文字结构特点、书写顺序和格式去分析。

教师引导学生分析：石柱上的文字是用楔形文字刻写的。苏美尔人用削成三角形尖头的芦苇秆或骨棒、木棒当笔，在潮湿的黏土制作的泥版上写字，由于多在泥板上刻画，书写者使用了芦苇秆来压印在泥板上，因而字的笔画都成为具三角形的线条，如同楔形，所以这种文字被称为楔形文字。古巴比伦楔形文字是世界著名的古代象形文字之一。

美国学者E. A. 斯派萨（Ephraim Avigdor Speiser）曾说过："文字不是一种深思熟虑后的发明物，而是伴随对私有财产的强烈意识而产生的一种副产品。文字始终是苏美尔古典文明的一个特征。"①从文字的发明和应用可以看出，当时的古巴比伦已经步入了文明社会，更步入了阶级社会。

二、《汉谟拉比法典》内容里的文明

教师讲述：《汉谟拉比法典》由序言、正文和结语三部分组成，序言和结语约占全部篇幅的五分之一，正文包括282条法律。下面，我们共同来了解法典的具体内容。

1. 序言里的文明

材料呈现：

材料四 安努与恩利尔为人类福祉计，命令我，荣耀而畏神的君主，汉谟拉比，发扬正义于世，灭除不法邪恶之人，使强者不凌弱，使我有如沙马什，昭临黔首，光耀大地。

——江平主编：《汉穆拉比法典》，3页，北京：法律出版社，2000

教师设问：你从序言中读到了哪些信息？

① [美] 斯塔夫里阿诺斯：《全球通史：从史前史到21世纪》（上册），第7版修订版，吴象婴、梁赤民、董书慧、王昶译，59～60页，北京：北京大学出版社，2012。

教师引导学生分析：从序言中我们可以解读出古代巴比伦时期的君权神授思想，以及汉谟拉比制定本法典时的初衷——发扬正义、灭除不法邪恶之人、使强者不凌弱。

2. 条文里的文明

材料呈现：

材料五 第196条 倘自由民损毁任何自由民之子[①]之眼，则应毁其眼。

第200条 倘自由民击落与之同等之自由民之齿，则应击落其齿。

——江平主编：《汉穆拉比法典》，91页、92页，北京：法律出版社，2000

教师设问：你如何看待《汉谟拉比法典》中这两条针对自由民伤害纠纷的条款？

教师讲述：“以眼还眼，以牙还牙”的同态复仇法原则是《汉谟拉比法典》的一大特点，是原始社会中的一种复仇习俗。氏族、部落成员或集体在遭到外来伤害时，受害方给对方以同等的报复，以命偿命，以伤抵伤，加害者氏族或部落则交出惹祸人，以求得整个氏族或者部落的集体安全。执行同态复仇往往由受害者近亲进行。从《汉谟拉比法典》可以看出，在古巴比伦的阶级社会里，依然保留了这一传统风俗。这种同态复仇法彰显了一种朴素的平等、对等思想，但是本身又忽略了伤害的主观故意和无意，也因此势必增加社会的伤残，违反了人道主义精神。

材料呈现：

材料六 第198条 倘彼损毁穆什钦努之眼或折断穆什钦努之骨，则应赔银一名那[②]。

第199条 倘彼损毁自由民之奴隶之眼，或折断自由民之奴隶之骨，则应赔偿其买价之一半。

第201条 倘自由民击落穆什钦努之齿，则应赔偿银三分之一明那。

第205条 倘自由民之奴隶打自由民之子之颊，则应割其一耳。

——江平主编：《汉穆拉比法典》，91页、92页、93页，北京：法律出版社，2000

教师设问：《汉谟拉比法典》里的这几条规定，符合“以眼还眼，以牙还牙”的同态复仇原则吗？为什么会有这种区别？

教师讲述：古巴比伦社会分为三个等级：阿维鲁、穆什钦努和奴隶，阿维鲁为全权自由民，上层是统治阶级，下层多是纳税、服兵役和徭役的自耕农和士兵；穆什钦努为

① 此处所称自由民之子，亦即自由民。
② 名那，其他地方用明那。

依附于王室土地的无权自由民，古巴比伦时代还存在其他类似穆什钦努的依附阶层；奴隶阶层包括瓦尔都（男奴）和阿姆图（女奴）。同态复仇法在古巴比伦只适合于同等级的人群，《汉谟拉比法典》本身也在于保护统治阶级的利益，其阶级性也是法典的一大特征。

材料呈现：

材料七　第6条　自由民窃取神或宫廷之财产者应处死；而收受其赃物者亦处死刑。

第7条　自由民从自由民之子或自由民之奴隶买得或为之保管银或金，或奴隶，或女奴，或牛，或羊，或驴，或不论何物，而无证人及契约者，是为窃贼，应处死。

第25条　任何房屋失火，前来救火之自由民觊觎屋主之财产而取其任何财物者，此人应投于该处火中。

——江平主编：《汉穆拉比法典》，13页、20页，北京：法律出版社，2000

教师设问：从法典的这几条规定中，你读到了哪些信息？

教师引导学生分析：通过对上述关于古巴比伦人财物规定的条文的解读，可以看出古巴比伦时期对私有财产的保护以及对财产契约的重视，从而初步感悟古代两河流域商业文明的悠久历史传统。

材料呈现：

材料八　第23条　如强盗不能捕到，被劫者应于神前发誓，指明其所有失物，则盗劫发生地点或其周围之公社及长老①，应赔偿其所失之物。

第24条　倘生命被害时，公社与长老应赔偿其亲族银一明那。

——江平主编：《汉穆拉比法典》，20页，北京：法律出版社，2000

教师设问：从这两条规定中，你得出怎样的信息？你怎么看待这样的规定？

教师讲述：为了减轻个人的财物损失，由公社及长老赔偿被劫者财物，带有一定的福利性质；同时，公社及长老赔付给逝者的慰问和抚恤金，也体现出一定的人道主义和人文关怀。《汉谟拉比法典》的人文价值在此得到充分体现。

三、《汉谟拉比法典》彰显的文明世界

教师设问：根据刚才我们对《汉谟拉比法典》的了解，请你描述一下汉谟拉比统治

① 长老，是指公社居民之长，由国王任命。

时期，古巴比伦的社会概况。可从政治、经济、社会生活等各个方面入手。

教师引导学生分析：通过对《汉谟拉比法典》部分条文的学习，我们可以分析得出当时古巴比伦的社会状况。政治方面，汉谟拉比统治时期的古巴比伦，是一个奴隶制的君主专制社会，国王通过宣扬“君权神授”，将君权和神权统一起来，通过法律法规极力维护奴隶主的利益和国家的统一；经济方面，私有财产已经广泛存在于汉谟拉比统治时期的古巴比伦，并已经开始立法对私有财产进行保护；社会生活方面，公社与长老依然在社会生活中发挥着重要的作用，部分福利政策的实施，使弱势群体的合理利益在一定程度上得到保护，通过同态复仇法在同等级民众之间施行的朴素的对等法律地位，勾勒出了一幅汉谟拉比统治时期的古巴比伦社会生活图。

《汉谟拉比法典》对古巴比伦政治、经济、社会等各个方面都有相关的规定，可以说囊括了社会生活的方方面面，因此也被后人赞誉为“世界上现存最早的一部较为完备的法典”。

设计点评

本微课紧紧围绕“文明”一词展开，从《汉谟拉比法典》看古代两河流域文明。从《汉谟拉比法典》石柱的外观设计认识古代两河流域的君权神授、楔形文字等早期文明特点；从《汉谟拉比法典》的序言、正文、结语的节选内容，分析古巴比伦王国汉谟拉比统治时期的社会等级、民事纠纷处理方法、财产损失理赔方法等，品悟《汉谟拉比法典》超越其时代的法典精神；通过《汉谟拉比法典》所展示的社会状况，大致描述汉谟拉比王统治时期的古巴比伦社会，进而窥见古代两河流域文明的概况。

微课设计二：仰望《汉谟拉比法典》

设计意图

引导学生了解《汉谟拉比法典》的内容，初步认识法典的史料价值以及典范作用，认识法律对文明发展的促进作用。

设计方案

假设我们现在生活在公元前1770年的古巴比伦，我们遇到这样一个情景：自由民A和自由民B不知道因为什么原因发生了冲突，结果A一拳打掉了B的牙齿，还顺手抄起一根木棍刺瞎了B的一只眼睛。而你，一名当地的负责处理纠纷的“法官”，就负责处理这起民事伤害案。按照你的理解或生活常识，你将如何判决？

教师引导学生分析：按照我们现在的理解，遇到此类案件时，可能要先了解伤人者是主观故意还是无意，伤人者是负民事责任还是刑事责任，同时被伤害者的经济赔偿还需要详细量化核算，等等。然而，在公元前1770年的巴比伦，“法官”在处理时就简单很多了，可能会直接判决自由民B打掉自由民A相对应的牙齿，并戳瞎A的一只眼睛！为什么会这样呢？带着这个问题，我们来学习《汉谟拉比法典》的具体内容。

一、《汉谟拉比法典》里的人

材料呈现：第196条　倘自由民损毁任何自由民之子之眼，则应毁其眼。

第198条　倘彼损毁穆什钦努之眼或折断穆什钦努之骨，则应赔银一名那。

第199条　倘彼损毁自由民之奴隶之眼，或折断自由民之奴隶之骨，则应赔偿其买价之一半。

第200条　倘自由民击落与之同等之自由民之齿，则应击落其齿。

第201条　倘自由民击落穆什钦努之齿，则应赔偿银三分之一明那。

第205条　倘自由民之奴隶打自由民之子之颊，则应割其一耳。

——江平主编：《汉穆拉比法典》，91页、92页、93页，北京：法律出版社，2000

教师设问：从材料中，我们可以判断古巴比伦有哪些人？这些人的社会地位怎样？你能用图示法将他们的社会等级画出来吗？你如何看待《汉谟拉比法典》中针对民众人身伤害纠纷的条款？

教师引导学生分析：从法典的这几条内容中，我们可以得知，在当时的古巴比伦，社会分为三个等级，即阿维鲁、穆什钦努和奴隶。阿维鲁为全权自由民，上层是统治阶级，下层多是纳税、服兵役和徭役的自耕农和士兵；穆什钦努为依附于王室土地的无权自由民，古巴比伦时代还存在其他类似穆什钦努的依附阶层；奴隶阶层包括瓦尔都和阿姆图。

教师讲述：“以眼还眼，以牙还牙”的同态复仇法原则是《汉谟拉比法典》的一大特点。从《汉谟拉比法典》可以看出，在古巴比伦的阶级社会里，依然保留了这一传统风俗。这种同态复仇法彰显了一种朴素的平等、对等思想，但是本身又忽略了伤害的主观故意和无意，也因此势必增加社会的伤残，违反了人道主义精神。

但同态复仇法又不是绝对的，而是在相同社会等级的人之间进行的。

《汉谟拉比法典》本身也在于保护统治阶级的利益，其阶级性也是法典的一大特征，所以法典的本质还是维护奴隶主阶级利益的工具。

二、《汉谟拉比法典》里的事

材料呈现：第202条　倘自由民打地位较高者之颊，则应于集会中以牛皮鞭之六十下。

——江平主编：《汉穆拉比法典》，92页，北京：法律出版社，2000

教师设问：你如何看待法典的这条规定？

教师引导学生分析：位高者不能按照自己的意愿或者执法者的意愿去临时制定处罚标准，不能随心所欲，任意鞭笞，或者无罪开释。这种公开的、成文的法律条文，废止了执行者根据自己意愿和形势需要随机量刑，摈弃了习惯法的陋习，体现了一种正义精神和伦理精神。同时，《汉谟拉比法典》作为一部特点鲜明的成文法，它量刑的规范，更开创了人类法制管理的先河。这种从习惯法向成文法的转变，不得不说是一种历史的进步。

材料呈现：第6条　自由民窃取神或宫廷之财产者应处死；而收受其赃物者亦处死刑。

第7条　自由民从自由民之子或自由民之奴隶买得或为之保管银或金，或奴隶，或女奴，或牛，或羊，或驴，或不论何物，而无证人及契约者，是为窃贼，应处死。

第25条　任何房屋失火，前来救火之自由民觊觎屋主之财产而取其任何财物者，此人应投于该处火中。

——江平主编：《汉穆拉比法典》，13页、20页，北京：法律出版社，2000

教师设问：从法典的这几条规定中，你读到了哪些信息？

教师引导学生分析：通过对这几条关于古巴比伦人财物规定的解读，我们可以认识到，私有财产已经广泛存在于汉谟拉比王统治时期的古巴比伦。同时，该时期对私有财产的保护以及对财产契约的重视，是通过法律条文的形式对公民权利的一种保障，更是对社会经济发展的一种促进。

材料呈现：第23条　如强盗不能捕到，被劫者应于神前发誓，指明其所有失物，则盗劫发生地点或其周围之公社及长老，应赔偿其所失之物。

第24条　倘生命被害时，公社及长老应赔偿其亲族银一明那。

——江平主编：《汉穆拉比法典》，20页，北京：法律出版社，2000

教师设问：从这两条规定中，你得出怎样的信息？你怎么看待这样的规定？

教师引导学生分析：威尔·杜兰在他的《东方的遗产》①中说到，政府及官吏，对保护人民生命财产如此负责，除巴比伦外，今天还找不到这样的国家和城市。为了减轻个人的财物损失，法典规定由公社及长老赔偿被劫者财物，带有一定的福利性质；同时，法典要求公社及长老赔付给逝者的慰问和抚恤金，也体现出一定的人道主义和人文关怀。

法典的这些规定，明显超越了它的时代，给后来甚至是当今社会树立了一面道德的旗帜和标杆。

材料呈现：第1条　倘自由民宣誓揭发自由民之罪，控其杀人，而不能证实，揭人之罪者应处死。

第3条　自由民在诉讼案件中提供罪证，而所述无从证实，倘案关生命问题，则应处死。

——江平主编：《汉穆拉比法典》，10页、11页，北京：法律出版社，2000

教师设问：你如何看待法典中的这两条规定？

教师引导学生分析：在诉讼案件中，自由民的诉讼一定要有证据，同时法官判案也一定要有证据，这种证据意识的确立，对于“诬告”或者“陷害”均有一定的预防和抵制作用。可能在操作过程中会遇到一定的不近人情，但是这种超越人主观意识判断的证据意识，可以说是为后来的法律法规树立了一个极好的模范作用。

材料呈现：第5条　倘法官审理讼案，作出判决，提出正式判决书，而后来又变更其判决，则应揭发其擅改判决之罪行，科之以相当于原案中之起诉金额的十二倍罚金，该法官之席位应从审判会议中撤消，不得再置身于法官之列，出席审判。

——江平主编：《汉穆拉比法典》，12页，北京：法律出版社，2000

① [美]威尔·杜兰：《东方的遗产》，幼狮文化公司译，135页，北京：东方出版社，2003。

教师设问： 你如何看待法典中的这条规定？

教师引导学生分析： 法典要求法官在做出判决的时候慎之又慎，一次错判毁掉一生。因此，法官在做出任何的判决前，必须多方寻找证据，并对判决结果进行反复论证，这种对判决的公正与客观的苛刻要求，以及对误判法官的追责制度，在“君权神授”的古巴比伦，显得是那样的难能可贵。

阶级社会里，法典的创立主要是为了维护统治阶级的利益，巩固自己的统治。因此，古代法制主要围绕刑法展开，而刑律则是古代法制的主要内容。但是，我们从《汉谟拉比法典》中可以清晰地看到，法典在维护奴隶主阶级利益的同时，也在一定程度上限制官员、法官等的特权，使有权者不能率性妄为，进而保障了普通自由民的权利。在法典的内容上，除了刑法之外，还有相当一部分的民法。这种在法制内容上的拓宽，充分体现了《汉谟拉比法典》内容的完备、设计的超前。

三、《汉谟拉比法典》里的神

材料呈现： 怨声载道的统治，寿命不会长，将出现连年饥荒、一片黑暗、突然死亡……他的城市将毁灭，人民将离散，王国将更换，他的名字永远被人遗忘……他的幽魂（在地狱里）喝不到水。①

——[美]斯塔夫里阿诺斯:《全球通史：从史前史到21世纪》(上册)，第7版修订版，吴象婴、梁赤民、董书慧、王昶译，63页，北京：北京大学出版社，2012

教师设问：《汉谟拉比法典》石柱浮雕以及法典结语处为何都有“神”的存在？法典里讲的是人与人的事，还是人与神的事？你如何看待这种现象？

教师引导学生分析：《汉谟拉比法典》以太阳神、正义神的旨意为开篇，以神的诅咒作为结语，将“神”的意志贯穿法典，但法典通篇规范的却是人与人之间的关系。汉谟拉比王自称为“月神的后裔”，称“众神之王”，并且他借此宣称自己代表神在人间行使权力，管理人民。法典上的浮雕，蕴含着当时汉谟拉比推行的君权神授思想，同时也告知时人，该法律条文是神权、王权共同监制的制度，约束人民遵守并实施。为了让法典能够长期持续的推行下去，汉谟拉比“借助”神的力量诅咒胆敢篡改法典的后来统治

① 材料出自《汉谟拉比法典·结语》，生动、尖刻地诅咒了以后任何敢于篡改法典的统治者。

者，反映出汉谟拉比坚决推行法典的决心。

教师设问：通过对《汉谟拉比法典》以上部分条文的学习，你认为法典对古巴比伦，甚至后来的其他地区的法制文明起了怎样的作用?

教师引导学生分析：在古代以巴比伦为代表的两河流域，君权与神权居于绝对统治地位的情况下，《汉谟拉比法典》的出现，在一定程度上避免了裁决的随意性，讲究证据、对误判的追责，为后来的亚述法典、赫梯法典、《旧约》中所见的犹太法典，乃至古希腊、罗马的立法提供了借鉴，树立了典范，产生了重要的影响。

法律的意义何在?保护统治阶级的利益，捍卫正义与公理，保护弱势群体正当的诉求，等等，这些都在法典中得到体现。而法典中对当权者权力的约束，以及国家赔偿制度的出现，更体现了当时对弱势群体的关注，法典内容突破了单一的刑律，涉及社会的各个方面，这些都隐约让我们看到了一个文明社会的雏形。《汉谟拉比法典》超越了时代，更引领了时代。

设计点评

《汉谟拉比法典》在历史长河中熠熠生辉，它所彰显的人文思想延伸在古巴比伦文明的发展进程中，它的内容涵盖了当时社会生活的方方面面，对西亚乃至更广阔的区域都产生了深远的影响。本微课引导学生剖析法典的重要内容，从而认识法典所树立的超越时代的法制原则，体会法律对文明发展的促进作用。

教学资源

资源1：1. 如果一个自由民控告另一个自由民犯有谋杀罪，但是不能证实这一点，那么这名原告就要被处死。

3. 如果一个自由民在涉及命案的诉讼中作假证，且无法证实他所说的话，那么此人将被处死。

4. 如果他在涉及财物的诉讼中作假证，那么他将承担相应的惩罚。

6. 任何一个自由民窃取寺庙或者王宫的财产，他将被处死，且从他那里取得赃物的人也一并被处死。

17. 如果一个自由民抓到了一名逃跑的奴隶并把他交给其主人，那么这名奴隶的主人要付给此人二锡克尔的银子。

18. 如果这个奴隶说不出主人的名字，发现者必须把他带到王宫，调查他的记录，并且这个奴隶将被遣返给他的主人。

19. 如果他把这个奴隶留在自己的房子里，（并且）后来成了他的财产，那么他将被处死。

22. 如果一个自由民抢劫别人而被人抓住，那么他将被处死。

23. 如果没有抓获抢劫者，那么被劫者须在神面前详细说明自己的损失情况，然后由发生抢劫案的地方长官偿还他的损失。

48. 如果有某项债务十分不利于自由民，而阿达德却淹没了他的农田，或者一场洪水冲毁了它，或者由于干旱而导致田地颗粒无收，那么他可以不必向债主偿还当年的债务，他可以取消债务契约而不必付这一年的利息。

53. 如果一个自由民因其懒惰而没有加固堤防，从而导致他所负责的那段河堤决口，水淹没了农田，那么此人必须赔偿因此被毁的粮食。

54. 如果他不能赔偿这些粮食，那么人们可以卖掉他和他的财产，其收益由那些遭受水灾的农民分得。

——［美］丹尼斯·舍曼（Dennis Sherman）、A·汤姆·格伦费尔德（A. Tom Grunfeld）、杰拉尔德·马科维茨（Gerald Markowitz）等：《世界文明史》，第4版·精装本，李义天、黄慧、阮淑俊等译，7～8页，北京：中国人民大学出版社，2012

资源2：美国国会大厦的汉谟拉比浮雕①。

资源3：古巴比伦时期的商品货币经济比美索不达

① 后世学者普遍将汉谟拉比誉为一位卓越的立法者，一些美国政府大楼内可以发现他的形象。汉谟拉比是美国国会大厦众议院会客厅大理石浅浮雕上雕刻的23位立法者之一。在美国最高法院大厦南墙的横饰带上刻有汉谟拉比从巴比伦太阳神沙玛什手中接受《汉谟拉比法典》的形象。

米亚以往历史上任何时期都更发达，这一时期的商人比较活跃。除了一些沿街叫卖的小商小贩外，主要有两种商人，一种称为塔木卡，另一种称为沙马鲁。……我们在对《汉谟拉比法典》和其他有关资料进行研究后认为，塔木卡是独立的私商，他们所从事的活动（例如充当高利贷者和贩卖奴隶的经纪人、经营长距离贸易以及为国家征收租税等）都具有明显的私人性质。与塔木卡相比，沙马鲁是小商人，经营和活动范围远不及塔木卡，他们的商业活动多与塔木卡有关，甚至可以说在某种程度上依赖塔木卡。

——于殿利：《试论〈汉谟拉比法典〉中商人的社会等级地位》，

载《比较法研究》，1994年第1期

资源4：从法典的条文中不难看出，古巴比伦社会存在着奴隶被吸收到父权制家庭里并与家庭其他成员共同服从家长父权的这种形式。因而可以肯定，古巴比伦人存在着“家长奴隶制”。很多学者认为它是发达奴隶制的先行阶段。……这个时期的战俘已经开始变成奴隶，还有债务奴隶、购买的奴隶，他们在父系家庭内从事生产、生活等项劳动，有些家庭成员的地位也接近于奴隶。父家长在家庭内享有很大的权力。这种家长奴隶制古代的许多地区存在，逐渐为发达的奴隶制所取代。

——李汝明：《从汉谟拉比法典看古巴比伦的家长奴隶制》，

载《河北省史学会通讯》，1984年第1期

资源5：在这时候，穆什根努（穆什钦努）不但在社会和法律上的地位不及全权公民的自由人，就是在财产上，也不及自由人富裕。穆什根努实是一种“被保护民”（接近农奴）的身份。……穆什根努的财产也是与宫廷财产（寺院财产也是属于宫廷的）同受保护的。但是盗窃穆什根努财产的赔款，要比盗窃宫廷财产的赔款少些，这算是有些区别。……穆什根努的社会地位较自由人低而较奴隶高，他们是介于自由人与奴隶之间的享有不完全权利的人。因为在原则上说来，穆什根努是国王的臣仆，与“独立”的自由公民有别；虽则他们之中也有人能拥有奴隶，而他们自己也是皇帝的“奴仆”。

——童书业：《从租佃制度与隶属农民的身分探讨古巴比伦社会的性质》，

载《历史研究》，1956年第5期

古印度社会秩序：种姓制度的影响

学术引领

种姓制度作为印度历史上持续时间最长的社会制度，对古印度社会产生了广泛而深刻的影响。这一严格的等级制度，把人划分为四个等级，分别是婆罗门（祭司和知识分子）、刹帝利（贵族和武士）、吠舍（农工商业者）、首陀罗（奴隶），还有低于这四个等级的不可接触者，被称为贱民阶层。在古印度社会，上到国家的分裂统一、政治制度、经济生产、文化融合、宗教哲学、伦理道德等，下至一个人的社会地位、职业报酬、职务高低、土地所有、衣食住行、婚丧嫁娶，以至生老病死，无不受到种姓制度的强制性规定。要改变这种几乎等同于神圣的力量，历史上不是没有人尝试过，其结果却是几千年来种姓制度不仅没有消除，反而一直延续到今天，足见其生命力之强。因此，种姓制度对于古印度社会的重要性不言而喻，言古印度社会必言种姓制度。从这个意义上讲，种姓制度是了解古印度社会秩序的一把钥匙。

一、种姓制度的概念以及起源

刘家和、王敦书在《世界史：古代史编（上卷）》（95页，北京：高等教育出版社，2011）一书中指出，种姓制度，是中国古代文献中对印度的一种复杂的等级制度（包括瓦尔纳制度和后来从中衍生出的阇提制度）的泛称，玄奘又曾将它译称族姓制度。在西方，人们通常把印度的这种制度称为喀斯特制度。这种制度的正式产生在后期吠陀时代（约公元前900—前600），而其萌芽则可追溯到早期吠陀时代（约公元前1500—前900）。

关于种姓制度的定义，尚会鹏在《种姓与印度教社会》（13页，北京：北京大学出版社，2001）一书中认为，把传统的种姓制度理解为具有下述几方面规定性的社会制度更为合适，包括血缘或出身、婚姻、等级、职业、空间和社会隔离等。由此，尚会鹏在《印度文化史》（48～49页，桂林：广西师范大学出版社，2007）一书中，得出了种姓制度的概念——种姓制度是以血统、职业世袭、内部通婚、互不交往为特征的社会等级制度。美国学者斯坦利·沃尔波特（Stanley Wolpert）在《印度史》（李建欣、张锦冬译，37页，上海：东方出版中心，2013）一书中则提出，印度人所谓的种姓实际上要狭窄得多，是与出生相关的、同族结婚的群体。在吠陀晚期开始出现的具体的社会模式（指种姓制度）只不过是阶级与出生体系的结合。

关于种姓制度的起源问题，尚会鹏在《种姓与印度教社会》（14～23页，北京：北京大学出版社，2001）一书中，总结了几种比较有代表性的观点："瓦尔纳论"、职业论、种族论、宗教论、雅利安人家庭制度论、土著文化论。他认为，有关种姓制度起源的各种观点都有其合理之处，但也有其解释不了的地方。对此，尚会鹏在《印度文化史》（35～36页，桂林：广西师范大学出版社，2007）一书中提出，（后期吠陀时代）印度已开始使用铁器，农业有重大发展，分工进一步发达，手工业和商业逐步兴起，并具有较大的规模。随着财富的积累，社会的阶级分化更明显，出现了压迫阶级与被压迫阶级。不过，古印度阶级的分化是同种姓制度结合在一起的。种姓制度后来不断分化，每个大的种姓集团又分化为许多小的集团，这种集团叫"亚种姓"，也是印度文化的一大特色。

二、种姓制度的划分标准以及对古印度文化的影响

1. 种姓制度的划分标准

对于种姓制度的划分标准，梁永佳在《路易·杜蒙论印度种姓制》（载《民俗研究》，2005年第1期）一文中引用法国学者路易·迪蒙（Louis Dumont）的观点并指出，这个标准就是洁净与不洁的等级关系。任何具体规则都是为区分种姓之间的洁净与不洁而设立的，例如，相对于允许再婚的种姓，不允许再婚的就是洁净的。洁净高于不洁，洁净的种姓高于不洁的种姓。所以，整个体系虽然可以表述为无穷的具体原则，但却可以用一个“洁净高于不洁”的原则笼而统之。种姓制有通婚、分工、进食三个主要特征，三者都体现了洁净与不洁的等级性对立。它们把社会“划分为恒定不变的群体，群体间形成了分工的、等级化的和隔离（即不通婚、不共食、不身体接触）的关系”。洁净与不洁一定要分开，所以它们必须互相依赖，这样才有通婚禁忌、进食禁忌、接触禁忌，才有下葬、理发等世代罔替的劳动分工，才有种姓之间的等级关系。

2. 各种姓集团的内部文化内涵

钱乘旦在《印度现代化进程中的种姓制影响》（载《南京大学学报（哲学·人文科学·社会科学版）》，1999年第4期）一文中，论述了在这种严格的划分标准下，每个种姓产生了自己内部的文化：由于每一个种姓都根据自己的职业以及历史上形成的传统来规范自己的行动，所以各种姓都有各自的生活禁忌与风俗，比如哪些食物不能吃、哪些东西不能碰、在哪里做祭祀、什么时候过节等。这样，每一种姓就都有自己的文化与生活方式，彼此之间不能相通。种姓因此就被赋予了文化的内涵，产生了许多的亚文化和亚亚文化，这使种姓的根基非常深厚，很难被动摇。

3. 种姓制度对古印度文化的融合产生了双重影响

易宁在《走进古印度文明》（18～19页，北京：民主与建设出版社，2001）一书中指出，在后期吠陀时代，以吠陀梵语（即吠陀文献的语言）、婆罗门教和种姓制度为核心内容的雅利安文化基本形成。由于雅利安人是占统治地位的民族，其文化也渐成为占主导地位的文化。自后期吠陀时代以后，古印度文明的结构特点是，以雅利安文化为主导地位的多种文化的并存（土著文化也有多样性）。

尚会鹏在《印度文化史·绪论》（14页，桂林：广西师范大学出版社，2007）一书中，

概括了种姓制度的存在对古印度文化融合所带来的影响：在这一制度下，古印度固有文化在同化异质文化的时候，主要不是采取将异质文化融合为一体的方式，而是将其作为一个相对独立的部分容纳到印度文化之中。印度历史上不断遭受外来入侵，较大的入侵就有古代的雅利安人、马其顿人、匈奴人、突厥人、贵霜人、阿拉伯人以及后来的英国人，印度的政治史可以说是一部不断被异族征服的历史，印度的文化史可以说是一部不断地接受异质文化挑战的历史。不过，异质文化挑战的结果是，外来文化既没有消灭印度文化，印度文化也未能完全把外来文化同化。种姓是长期遭受外力打击下产生的一种保护机制。对具有不同文化，不同生活方式的人采取不接触的办法，是一种保护自己文化传统的有效方式。这种机制保护了印度文化自身，但也阻碍了外来文化与印度文化的融合。进入古印度的异族文化，多数情况下不是被完全同化，而是作为一个相对独立的部分存在着。

三、种姓制度对古印度国家统一的影响

1. 种姓制度是古印度社会四分五裂的主要因素

印度学者恩·克·辛哈（Narendra Krishna Sinha）和阿·克·班纳吉（Anil Chandra Banerjee）在《印度通史》（张若达、冯金辛、王伟译，14页，北京：商务印书馆，1964）一书中直截了当地指出，政治统一并不是印度古代史和中世纪史上的正常特征。在各个时代中，虽然广阔的古印度社会分成了许多小王国，但它们又不时被强大的统治者和王朝所征服而合并为一个大的政治组织。当内部的弱点，或外来的侵犯，或是兼有两者，使这样的帝国瓦解时，印度就会再度陷于四分五裂的状态。

有关古印度社会容易陷入分裂的原因，斯塔夫里阿诺斯在《全球通史：从史前史到21世纪（上册）》（第7版修订版，吴象婴、梁赤民、董书慧、王昶译，148页，北京：北京大学出版社，2012）一书中给出了答案：印度与中国不同，在中国，是长期的帝国统一间隔以短暂的分裂；而在印度，则恰恰相反——是短暂的统一和长期的分裂。这并不是说印度就没有统一。印度有统一，但这是文化的而不是政治的。印度文化强调的是忠于社会秩序而不是忠于国家，正如种姓等级制度的地位高于任何政治制度这一事实所证明的。

法国学者费尔南·布罗代尔（Fernand Braudel）在《文明史》（常绍民、冯棠、张文英、王明毅译，252～253页，北京：中信出版社，2014）一书中认为，古印度社会

上最高的一层是婆罗门，他们是祭司，掌管精神物质。在它之下是刹帝利，包括士兵、国王、王公和大领主。处于第三等级的是小地产主、牧民、艺匠和商人，叫作吠舍。第四也是最低的等级是首陀罗，他们至少在一开始时是处于奴隶地位的原住民。后来，这一种姓制度慢慢固化下来，带有各种禁忌、排斥行为以及对跨种姓婚姻的多种限制和“纯”与“不纯”之间的严格区分。世俗权力和精神权力由最高的两个社会等级分享，即刹帝利和婆罗门。原始的王权不久就发现自己被剥除了对宗教的任何专断权力——这与其他地方的统治者，比如中国，尤其是埃及的统治者，形成了鲜明的对比。在路易·迪蒙看来，这一与政治权力相连但不等同于政治权力的宗教最高权力，是印度社会四分五裂的主要原因。由于前两个等级彼此关联，因而他们与社会上其余的所有等级处在敌对的状态；同样，前三个等级都与首陀罗大众隔离开来。

尚会鹏在《种姓与印度教社会》（371～372页、394页，北京：北京大学出版社，2001）一书中则提出，印度村社社会构造的特殊性质使它们本身可以构成一个个简单的独立共和国，这在很大程度上抵消了国家的作用。居民们生活在这种共同体之内，对王国的崩溃或分裂毫不在意。而且，印度的国家在经济上是多余的，它甚至没有起过最低限度的国家作用，例如维护社会秩序等，因为这一任务已由种姓、村社完成了。同时他引用许烺光的观点：印度教社会是一个具有无限分离性和扩散性的社会，在这个社会中，个人为了获得暂时的归依和安全，结成一个个自我封闭的壁围——种姓。

2. *种姓制度导致古印度社会缺乏凝聚力*

关于古印度社会一盘散沙的局面，尚会鹏在《中印社会群体凝聚力的对比分析》（载《南亚研究》，1997年第1期）一文中，通过采取跨文化比较的方法探讨了中印社会群体的凝聚性，他发现种姓制度中的“隔离”是问题的关键所在。他认为，中国社会缺乏像种姓那样的等级集团。中国人虽有阶级的划分但阶级结构是变动不居的，而不像种姓那样世代不变。中国村落和印度村落一个最大的不同点是，居住在中国村落内各个族团并不强调物理隔离。那些“同姓而居”的村落自不待言，即便是“杂姓而居”的村落一般也不介意与其他族姓为邻。但在多数印度村落中，各种姓集团都居住在自己的种姓区内，这种小区在北方叫“陶拉”（Tola）。尚会鹏曾考察过的南印度库土尔村就分成四个小区。各个住区不仅是隔离的，在建筑式样和排列方式上也不一样。各种姓使用自己的水井，有自己的庙宇。各种姓之间职业世袭，不通婚，不共食。各个族团为了维持其社会地位，趋于固守符合本种姓的生活方式、语言和行为模式。这样做的结果常常使不同群体之间的交往受到限制，较难产生超越族团的凝聚。因此，印度人从房屋毗连、庭院相接中获得的对土地共同体验没有中国人强烈。在像印度这样等级制度发达的社会里，个人对地域集团的区分，远没有对一个等级集团（种姓）同另一个等级集团的区分那么敏感。“同乡”这两个字对中国人和对印度人来说引起的感情是不同的。对印度教徒来说，“同乡”远没有“同一个种姓”引起的共同感强烈。所以，印度近代城市中没有中国的“同乡会”那样的组织，起类似作用的是“种姓协会”。其次，土地作为接触媒介对中国人产生的共同体验也比对印度教徒强烈。在种姓制度发达的印度村落里，一个种姓的人通常只与同一个种姓的人交往。跨种姓的交往受到限制。这种限制的极端形式是不可接触制。在这种制度下，同比自己地位低的人接触和交往被认为会遭受污染，甚至连看到“不可接触者”也被认为是倒霉的事。中国没有种姓制度，人们对宗教上的“洁净”“污秽”不敏感。因此，不同族姓之间的接触和交往频率高、范围广。在中国的大多数村落里，不同族姓之间“串门”以及在诸如婚嫁、殡人等重大事情上互相帮忙的情况非常普遍。

种姓制度作为古印度社会一种等级森严的制度，影响巨大并延续至今。由于种姓制度的历史距今年代久远，学生难以理解。通过阅读史籍，我们不难发现，种姓制度是了解古印度社会的一面镜子。而学习种姓制度，能深刻体会种姓制度对印度社会不同领域或不同层面的影响。例如，种姓制度对古印度的国家统一起了阻碍的作用；而对于古印度的文化融合，在某种程度上却起到了促进作用。这种反差，恰好是教学设计的起点。

微课设计

微课设计一：种姓制度与古印度文化的多样性

设计意图

通过呈现有关种姓制度的资料，使学生了解种姓制度的基本概况，并着重分析种姓制度在古印度社会面对外来文化所起的作用，认识到种姓制度在客观上造就了古印度文化的多样性。

设计方案

材料呈现：

材料一　电影《流浪者》的剧照。

教师介绍：这是电影《流浪者》的剧照。这幅剧照反映了男主人公在印度等级社会的黑暗现实面前，即使向神像哭诉也无济于事。电影里面有一句关于种姓制度的台词是“法官的儿子还是法官，小偷的儿子还是小偷”，这一形象的描述，让我们产生了对种姓制度的初步印象，心中难免会疑惑：种姓制度究竟为何物？从何处而来？又会产生何种影响？

一、种姓制度的基本概况

教师讲述：现在请同学们观看纪录片《金砖五国》第五集《不可思议》的相关片段（解说词见材料二），了解种姓制度下古印度人民的生活状况。观看视频的过程中，请同学们留心记录有关种姓制度含义和内容的句子。

材料呈现：

材料二　种姓制度源于印度教，在印度数千年的历史中建立起了一套严格的阶层划分和细致的职业分工，形成了一种相对稳定的社会结构，它以神的名义把人按照严格的等级加以区分，种姓越高就被认为越纯净，离神越近。

婆罗门——祭祀和学者，离神最近者；刹帝利——王公与武士，俗世掌权者；吠舍——农商手艺人，辛勤劳动者；首陀罗——佣人与苦工，供人驱使者；达利特——孤立无种姓，不可接触者。

婆罗门从事的是与宗教有关的职业；刹帝利掌管军事、政治和税收；吠舍是自由的平民；首陀罗则由奴隶演变而来；被排除在所有种姓之外的是达利特人，境遇最为悲惨，他们的祖先可能是战俘或罪犯，或者是跨种姓通婚的人。每个人的种姓身份与生俱来，终身不变，而且世代相传。少数高种姓的印度人拥有较高的社会地位和体面的经济地位，他们拒绝与低种姓的人分享经济发展的成果。达利特只能从事扫地、屠宰等被印度教认为最不洁净的工作，他们居住在村子外很远的地方，甚至不能踩到高种姓人的影子，因为那样会玷污别人的洁净。

——纪录片《金砖五国》第五集《不可思议》解说词

材料三　后期吠陀时代瓦尔那制度①形成以后，每一个人的社会地位都由其家庭出身来决定，各个瓦尔那的人都世代地从事规定的职业，不能任意改变。各个瓦尔那之间原则上禁止通婚。在实际生活中，瓦尔那地位较高的男子娶地位较低的女子为妾是被允许的，但严格禁止瓦尔那地位较低的男子娶地位较高的女子为妻。不同瓦尔那的人在法律上是不平等的。高等瓦尔那的人伤害了低等瓦尔那的人，处罚甚轻；在相反的情况下，处罚就会非常严重。

——吴于廑、齐世荣主编，刘家和、王敦书本卷主编:《世界史：古代史编》(上卷)，第2版，96页，北京：高等教育出版社，2011

教师设问：看完视频后，请同学们说说种姓制度的含义，并结合材料三阐述种姓制度的基本内容。

教师引导学生总结：种姓制度是在印度数千年的历史中建立起了一套严格的阶层划分和细致的职业分工，形成了一种相对稳定的社会结构。种姓制度形成于古印度的后期吠陀时代，基本内容是把古印度社会分为四个等级：婆罗门（祭司贵族）、刹帝利（军事贵族）、吠舍（小生产者）和首陀罗（雇工或手工业者），还有一个贱民阶层，是不列入种姓制度中的。不同种姓严禁通婚，法律地位也不平等，种姓的职业固定，世代相袭。

二、种姓制度对古印度文化的影响

1. 种姓“洁净与污秽”观念的屏障作用

材料呈现：

材料四　游牧民族②都是“杀生者”，都食牛肉。

——尚会鹏:《印度文化史·绪论》，14页，桂林：广西师范大学出版社，2007

① 瓦尔那制度，即种姓制度。

② 游牧民族，这里是指外来入侵者。

材料五　……种姓划分所依据的标准是什么？回答是：印度教“洁净”与“污秽”思想。

……一般来说，洁净度越高，同神的距离越近。在同一类中被认为最洁净者，通常都具有神的资格（如牝牛、菩提树、恒河、喜马拉雅山等）。

……在传统的印度教社会，牝牛和婆罗门常常并称，都是具有神性、不可亵渎的。……

——尚会鹏：《种姓与印度教社会》，58～59页，北京：北京大学出版社，2001

教师设问：对比以上两则材料，我们可以看出，游牧民族和印度本土种姓对待牛的态度有何差异？你认为这种差异体现了种姓制度的什么观念？这种观念对于双方的文化交流有什么影响？

教师介绍：前者将牛视为食物，可任意屠杀，后者将其视为圣物，绝不能触碰。与屠杀圣物者通婚或交往，甚至学习他们的生活方式都会被认为亵渎神灵，会是一种“不干净”的体现。正是这一种观念上的“洁净”与“污秽”的区分，限制了古印度社会与外来民族的通婚和交往，进而也保护了古印度原有的文化传统。其实，在今天的印度，牛依然被奉若神明。比如，现任印度总理莫迪（纳伦德拉·莫迪，Narendra Modi）许诺要保护好牛，并为它们提供兽医治疗——甚至是眼科手术。

2. 种姓自我封闭行为的堡垒作用

材料呈现：

材料六　印度的文化史可以说是一部不断地接受异质文化挑战的历史。不过，异质文化挑战的结果是，外来文化既没有消灭印度文化，印度文化也未能完全把外来文化同化。种姓是长期遭受外力打击下产生的一种保护机制。对具有不同文化，不同生活方式的人采取不接触的办法，是一种保护自己文化传统的有效方式。

——尚会鹏：《印度文化史·绪论》，14页，桂林：广西师范大学出版社，2007

教师讲述：印度历史上不断遭受外来入侵，较大规模的入侵者就有古代的雅利安人、马其顿人、匈奴人、突厥人、贵霜人、阿拉伯人以及后来英国人的入侵，印度的政治史可以说是一部不断被异族征服的历史。

教师设问：结合前面学习的内容，说说古印度本土种姓针对外来入侵者所带来的异质文化采取了哪些“不接触的方法”？这些行为导致了什么后果？

教师引导学生分析：主要有不通婚，不通商，不通话等方法，这些均属于种姓制度所规定的自我封闭行为。这就导致了外来文化既没有消灭古印度固有的本土文化，古印度固有的本土文化也未能完全把外来文化同化。由于种姓规定人的行为——自我封闭，是一种消极保守的行为。这影响了民族间的融合和文化吸收，是一种保护自己文化传统的有效方式，同时也让外来文化作为独立部分在古印度的土地上保存下来，为古印度文化的多样性提供了条件。

3. 种姓心理优越感的保护作用

材料呈现：

材料七　由于每一个种姓都根据自己的职业以及历史上形成的传统来规范自己的行动，所以各种姓都有各自的生活禁忌与风俗，比如哪些食物不能吃，哪些东西不能碰，在哪里做祭祀，什么时候过节等等。这样，每一种姓就都有自己的文化与生活方式，彼此之间不能相通。种姓因此就被赋予了文化的内涵，产生了许多的亚文化和亚亚文化，这使种姓的根基非常深厚，很难被动摇。

——钱乘旦：《印度现代化进程中的种姓制影响》，

载《南京大学学报（哲学·人文科学·社会科学版）》，1999年第4期

材料八　种姓有两个显著的特征，即：（1）自我封闭于自己筑起的壁垒之内，有一种不断分裂为一个个集团的倾向；（2）每个种姓都强调对其他种姓占有优越地位。

——尚会鹏：《种姓与印度教社会》，397～398页，北京：北京大学出版社，2001

教师设问：材料七揭示了种姓集团内部文化的诞生过程，你认为其与材料八有什么关系？

教师引导学生分析：两则材料为因果关系。其实一个种姓族团的心理自我优越感来源于对种姓内部文化传统的认同，通俗点讲就是“我为我是这个种姓而自豪”，加上每个种姓都认为自己的文化传统是最优越的。这种心理优越感成为了一种文化传统，并由此继承下来。种姓心理优越感在面对边缘文化时又会产生什么影响？

材料九　以婆罗门文化①为主要代表的印度核心文化在向周围扩展的过程中，对边缘文化（部落或部族文化）也主要不是采取同化而是容忍的方式，即承认和容忍部落地区的生活方式和信仰。这样，边缘文化通常不是被同化掉，而是逐渐成为印度核心文化中一个

① 婆罗门文化，即种姓文化。

相对独立的部分，一个部落或部族也成为一个具有特殊生活方式和信仰的种姓集团。这也是印度文化具有无比多样性的一个重要原因。

——尚会鹏：《印度文化史·绪论》，15页，桂林：广西师范大学出版社，2007

教师设问：古印度核心文化对边缘文化采取了什么方式？这种方式与古印度种姓制度下人们什么心理有关？这种方式产生了什么影响？

教师引导学生分析：自我封闭或自我隔离的方式，与其种姓自我优越心理有关。面对外来文化或边缘文化时，古印度本土居民为了维持种姓的优越感，同时遵循着“洁净与污秽”的观念，采取了自我封闭或自我隔离的行为，得到一个既不吞没别人，也不被别人吞噬的结果。这样的好处是古代印度固有的传统文化得以延续，同时使得外来文化或边缘文化作为独立部分在古印度社会存活下来，造就了古印度文化的多样性，并延续至今。例如，今天印度恒河两岸至今矗立着各种宗教文化的建筑以及每天在此地上演数不胜数的宗教文化仪式。

设计点评

本微课围绕着种姓制度对古印度文化融合的影响进行设计，通过教学素材的一一呈现，教学问题设置的环环相扣，帮助学生了解种姓制度的大致概况。通过教师的引导并分析古印度本土居民面对外来文化的入侵时，其观念、行为和心理的具体反应，学生能逐步认识到种姓制度塑造了古印度文化的多样性。本微课既展示了古印度的种种文化现象，又能使学生学会探讨这些文化现象的历史根源，初步提高分析历史问题的能力。

微课设计二：种姓：古印度历史特征的“操盘手”

设计意图

通过分析古印度的历史特征，即国家的分裂不断以及外族频繁的入侵，让学生从种姓与人、种姓与种姓、种姓与社会三个层面入手，初步认识种姓制度与古印度历史特征的因果关系。

设计方案

材料呈现：

材料一　印度社会根本没有历史，至少是没有为人所知的历史。我们通常所说的它的历史，不过是一个接着一个的入侵者的历史，他们就在这个一无抵抗、二无变化的社会的消极基础上建立了他们的帝国。

——[德]马克思（卡尔·海因里希·马克思，Karl Heinrich Marx）：《不列颠在印度统治的未来结果（1853年7月22日星期五于伦敦）》，见《马克思恩格斯选集》（第1卷），第2版，767页，北京：人民出版社，1995

教师引导学生分析：按照马克思的判断，印度社会从本质上看是没有历史的，只是入侵史的不断重复而已。我们应该用什么来证明马克思的判断？学习历史要有证据意识，他的判断是否符合史实，我们需要强有力的证据。

一、外族反复入侵和国家不断分裂的古印度

1. 古代印度遭受外族入侵和国家分裂的概况

材料呈现：

材料二　印度长期被外来征服者所征服并长期处在外来统治之下。印度历史是“一个接着一个的征服者的历史”①。历史上较大的外来民族的征服，现在知道的就有十多次，如雅利安人、马其顿人、塞种人、贵霜人、匈奴人、波斯人、土耳其人、阿拉伯人、莫卧儿人以及近代英国人等。

——尚会鹏：《种姓与印度教社会》，372页，北京：北京大学出版社，2001

材料三　印度历史上长期处于分裂状态，统一与分裂的时间之比大体是三比七，这与具有同样悠久历史的中国形成鲜明对照。中国历史上长期处于统一状态，统一与分裂的时间比大体为七比三，如果说中国的历史以统一为常态，分裂只是一种异常情况的

① [德]马克思：《不列颠在印度统治的未来结果（1853年7月22日星期五于伦敦）》，见《马克思恩格斯全集》（第9卷），246页，北京：人民出版社，1961。最新版表述为：“一个接着一个的入侵者的历史。”见马克思：《不列颠在印度统治的未来结果（1853年7月22日星期五于伦敦）》，见《马克思恩格斯选集》（第1卷），第2版，767页，北京：人民出版社，1995。

话，印度则相反，统一只是短暂的现象，分裂是常态。

——尚会鹏：《印度文化史·绪论》，15页，桂林：广西师范大学出版社，2007

教师设问：请同学们从以上两则材料中分别找出两个词来概括古印度的历史特征。

教师引导学生分析：古印度的历史特征即是外族入侵和国家分裂。古印度社会不能组织足够的力量抵抗外族入侵，也不能长久统一，这一局面的出现，与种姓制度又有什么关系呢？再看下面一则材料：

材料呈现：

材料四　印度村社社会构造的特殊性质使它们本身可以构成一个个简单的独立共和国，这在很大程度上抵消了国家的作用。居民们生活在这种共同体之内，对王国的崩溃或分裂毫不在意。

——尚会鹏：《种姓与印度教社会》，371～372页，北京：北京大学出版社，2001

教师讲述：这段材料鲜明地揭示了种姓制度与古印度国家的关系：种姓筑起了一座座城堡，城堡里面的古印度人只顾着自己，对于城堡外面的王朝兴亡漠不关心，对于国家没有认同。

二、种姓制度塑造古印度的历史特征

1. 种姓之内的限制

材料呈现：

材料五　种姓制度把社会分割成许多部分，一个人生来就被认为是属于他父母的集团，如高种姓和低种姓等；在社会上形成了不同的等级，如四个种姓和不可接触者等；规定了在饮食和社会交流方面的限制，如高种姓不得接受低种姓的食物、高种姓住城市的中心而低种姓只能住边缘等；制定了不同集团的人在宗教和世俗方面不同的禁忌，如低种姓和不可接触者不得读《吠陀》等；设立了婚姻方面的苛刻限制，如允许高种姓男子娶低种姓女子为妻的“顺婚”、不许高种姓的女子嫁低种姓男子的“逆婚”以及实行严格的“内婚制”等等。

——姜玉洪、王志军：《印度传统文化特征论略》，载《北方论丛》，2004年第4期

材料六　高等种姓不得从事低等种姓从事的职业，低等种姓更不能从事高等种姓

职业，“低等种姓者若以高等种姓职业为生，国王则剥夺其财产，并立即放逐之”。①

——李明珠：《种姓制度对印度法律的影响》，载《西北民族大学学报（哲学社会科学版）》，2005年第1期

材料七 四个种姓的法律地位也是不平等的。在刑事方面，《摩奴法典》规定，“最低种姓②的人以骇人听闻的坏话，辱骂再生族③，应割断其舌”，“如果他④以污辱的方式提到他们的名和种姓，可用十指长的刺刀，烧得通红，穿入他的口内”。

——易宁：《走进古印度文明》，62页，北京：民主与建设出版社，2001

教师设问：综合以上的材料，你认为生活在种姓制度下的人受到了哪些方面的限制？

教师引导学生分析：主要有饮食、婚姻、职业、宗教、血缘、法律等方面。出身低种姓的古代印度人面对种姓制度的限制，往往选择逆来顺受，寄托于来世自己能出身在高种姓。由于这些限制，每个种姓族团内部的人慢慢趋于习惯自己的生活方式和风俗习惯。随着时间的推移，只会对本种姓族团产生心灵上的认同，而族团相互之间的心理距离，越来越遥远，最后被固化，难以接近，为种姓之间的隔离提供了“土壤”。

2. 种姓之间的隔离

材料呈现：

材料八 各种姓集团都居住在自己的种姓区内，这种小区在北方叫“陶拉”（Tola）。笔者曾考察过的南印度库土尔村就分成四个小区。各个住区不仅是隔离的，在建筑式样和排列方式上也不一样。各种姓使用自己的水井，有自己的庙宇。各种姓之间职业世袭，不通婚，不共食。

——尚会鹏：《中印社会群体凝聚力的对比分析》，载《南亚研究》，1997年第1期

材料九 据记载，在马拉塔派施华政权下⑤，不可接触者马哈尔和业格在下午三时至九时不准进入浦那（首都）城门，因为在九时前和三时后，人们所投射的影子太长，

① 正确的原文为：“出身低贱的人，由于贪婪，从事高贵种姓的职业为生，国王应立即剥夺一切所有，并处以流放。”参见［法］迭朗善（Loiseleur-Deslongchamps）译：《摩奴法典》，马香雪转译，256页，北京：商务印书馆，1996；《世界著名法典汉译丛书》编委会：《摩奴法典》（第10卷），365页，北京：法律出版社，2000。

② 最低种姓，是指首陀罗。

③ 再生族，是指前三个种姓，即婆罗门、刹帝利、吠舍。

④ 他，是指首陀罗。

⑤ 历史上的北印度地区在当时归属于马拉塔派施华政权统治。

易触及到较高种姓而使之受玷污。

——尚会鹏：《种姓与印度教社会》，48页，北京：北京大学出版社，2001

教师设问：透过以上的材料，我们可以发现，种姓的隔离一般包括空间上的物理隔离和文化上的社会隔离。那么，你能说一说这两种隔离具体表现在哪些方面吗？

教师引导学生分析：主要表现在物理隔离，包括同一村子里面，各种姓分居而不混居等；社会隔离包括不通婚，不共食等。种姓之间的隔离，起着维持和强化种姓意识的作用，因为各个族团为了维持其社会地位，趋于固守符合本种姓的生活方式、语言和行为模式。这样做的结果常常使不同群体之间的交往受到限制，较难产生超越族团的凝聚。各种姓族团之间“民至老死，不相来往”，逐渐以本种姓族团利益为第一位，变成一个个独立的团体，以致不同种姓族团之间缺乏凝聚力。

3. 种姓之上的社会

材料呈现：

材料十　……在印度，“种族忠爱之心（Caste-patrotism）和种姓主义（Casteism）比民族主义要流行，这一事实对印度的民族整合来说是威胁也是挑战。”在印度历史上，为什么国家基本上不能统一，外族十分易于入侵，其根本答案就在于此。

在种姓的基础上，古代印度社会是这样构成的：社会的基本单元是村庄，每个村庄都由好多种姓构成。种姓形成职业的分工与合作，于是每个村庄就都是一个完整的社会，可以完全不与外界交往。……

——钱乘旦：《印度现代化进程中的种姓制影响》，载《南京大学学报（哲学·人文科学·社会科学版）》，1999年第4期

材料十一　确实，我们和他们的社会状况有着巨大的差别。我们的社会局限于家庭与村落，在这个圈子里，关于人际关系，有几条刻板的原则，规定我们应该做什么，不应该做什么。这样的规定有许多虚假的成分，也有许多淳朴的成分。

……

种姓制度把家庭和乡村社会像项链一样连在一起。我们已经走到了终端。……

——［印度］拉宾德拉纳特·泰戈尔（Rabindranath Tagore）语，转引自刘安武、倪培耕、白开元主编：《泰戈尔全集》（第24卷·散文），殷洪元、白开元、李缘山等译，376页，石家庄：河北教育出版社，2000

教师设问：阅读了这两则材料，结合前面的内容，尝试用图示法表现种姓制度与古印度历史特征的因果关系。

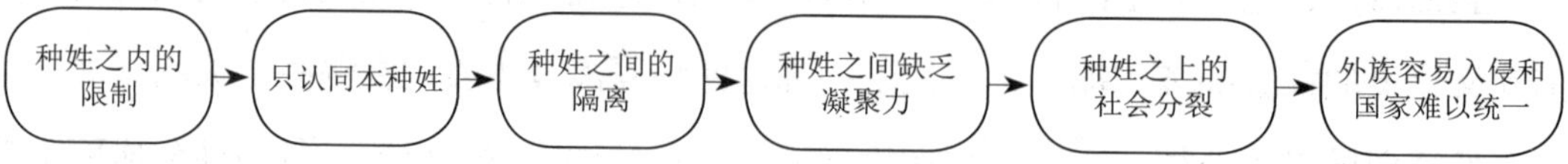

教师引导学生总结：外族容易入侵得手，国家却不容易统一，首先因为种姓之内的限制，致使人们只对本种姓族团产生认同，为种姓之间的隔离提供了心理基础，各种隔离又导致各种姓族团缺乏凝聚力，并形成了种姓之上的“村庄=社会”稳定结构，加剧了地方离心倾向。在这些因素的累积作用下，古代印度即使统一也只是停留在名义上，当外族入侵时只能是一盘散沙，各自为政，各自为战，无法凝聚力量抵御外族的入侵，其结果只能是被各个击破。

设计点评

本微课从中印两国历史对比的角度入手，通过展现丰富的材料，分析古印度的历史特征，突破学生对古印度社会原有的认知，让学生循序渐进地从种姓与人、种姓与种姓、种姓与社会三个层面出发，运用原因与结果的概念对种姓制度的影响进行理解与判断，最终认识到种姓制度阻碍了古印度的国家统一，并导致了外族的成功入侵。

教学资源

资源1：谈到不同的族姓（种姓），一共有四个：第一叫婆罗门，是行为纯洁的人，遵守教理，坚持正义，操行洁白。第二叫刹帝利，是王种。历代为王，志在仁爱和宽恕。第三叫吠舍，是商贾，贩运商品，调节有无，远近获利。第四叫戍陀罗①，是农民，拼命耕种土地，种植收割庄稼。这四个种姓，清浊不同，都在本种姓内婚娶，阔人与穷

① 戍陀罗，也称首陀罗。

人彼此不互相婚配。父系亲属和母系亲属，不互相婚娶。妇人一嫁，终身不能改嫁。其余杂种姓，名目繁多，各自以类相聚，难以详细论述。

——季羡林：《〈大唐西域记〉今译》卷二，转引自季羡林著：《季羡林全集》（第10卷），《印度历史与文化·附录》，411页，北京：外语教学与研究出版社，2009

资源2：在马拉塔农村，一个不可接触者不准在地上吐痰，他外出须携带一瓦罐，把痰吐在其中，以免玷污洁净种姓。此外，他还必须携带一束树枝，用以扫除他的足迹。倘若一个婆罗门通过，他必须在一定距离之外平卧地上，以免他那污秽的影子玷污了神圣的婆罗门。①

——尚会鹏：《种姓与印度教社会》，48页，北京：北京大学出版社，2001

资源3②：（1）随着商品货币经济的发展，列国时代的社会发生了明显的分化。四个种姓的人都有贫富分化现象，因而原来的种姓地位并不一定就能反映一个人的实际阶级地位。在四种姓中居于第一位的婆罗门，原是神权贵族。可是这一时期却有一些婆罗门从事农业。佛经中说到，有的婆罗门用男奴隶耕田，用女奴隶舂米磨面；有的婆罗门迫使奴隶作艰苦的平整土地的劳动，几乎逼得奴隶投水自杀；有的婆罗门父子二人下田耕作，却使女奴隶负责送饭；有的穷婆罗门只有两头耕牛，按当时耕作方法恰好牵一具犁，后来一头牛死了，他的耕作就成了问题。可见有的婆罗门变成了从事农业的奴隶主，有的却变成了贫困的小农。佛经中还说到，许多婆罗门当了医生、信差、税吏、樵夫、商人、牧人、屠夫、侍卫、猎人、木匠；还有不少婆罗门以赌博、讨好他人、斗鸡斗狗、演口技、算命相面、施魔术、念咒语等等手段谋生。

——吴于廑、齐世荣主编，刘家和、王敦书本卷主编：《世界史：古代史编》（上卷），131页，北京：高等教育出版社，2011

（2）这个时期，国家谋臣、军事统帅、高级行政官吏，封臣领主等，多由刹帝利担当，只有大臣、顾问职务中婆罗门居多。按照传统，刹帝利以战争为职业，但同婆罗门一样，受当时形势变化的影响，有的也被迫从事商业、手工业、歌手、演奏以及厨师等业。

——尚会鹏：《种姓与印度教社会》，209页，北京：北京大学出版社，2001

① 本则材料说明了历史上北印度的马拉塔农村种姓之间的隔离。

② 以下五则材料分别说明了各种姓在古印度列国时代（即公元前6—前4世纪）社会地位的变化：第一则为婆罗门地位之下降；第二则为刹帝利地位之改变；后三则为吠舍和首陀罗地位之变动。

（3）昔时有居士妇，名鞞陀提，极大富乐，多有钱财，畜牧产业不可称计，封户食邑，米谷丰饶，及若干种诸生活具。尔时居士妇鞞陀提，如是大有名称，流布诸方。①

——北京师范大学历史系世界古代史教研室编：《世界古代及中古史资料选集·中阿含经》，116页，北京：北京师范大学出版社，1991

（4）佛经中记述的吠舍，是一个门第高贵、非常富有的阶层。他们同刹帝利、婆罗门一样，受到特别的尊重。他们都有享受教育和祭祀的权利。住在城里的吠舍主要是商人，他们倒卖粮食，放高利贷。居住在村落中的吠舍多是富裕农民。他们凭借财力在社会上扩大影响，社会各阶层自然对他们刮目相待。这个阶层的力量甚至影响到宫廷。本生经故事中提到，一个吠舍种姓出身的人，当上了宫廷会议中的高级官员。并说一些吠舍在宫廷会议中与政务官员和司法官员以及婆罗门都坐在上座。

——尚会鹏：《种姓与印度教社会》，209页，北京：北京大学出版社，2001

（5）至于四种姓中地位最低的首陀罗，其中也有少数人发了财，还成了佛教的富有的施主；但是他们中的大多数人的生活十分困苦。

——吴于廑、齐世荣主编，刘家和、王敦书本卷主编：《世界史：古代史编》（上卷），131页，北京：高等教育出版社，2011

资源4②：“1937年曾有人对高低种姓间必须保持的距离作过调查，发现如果有一个纳姆布迪婆罗门在场，那么纳亚尔种姓必须对他保持7英尺距离，伊拉万种姓保持32英尺距离，恰鲁曼种姓保持64英尺，纳亚第种姓保持74至124英尺；这些较低种姓相互间的距离，则根据他们与婆罗门距离的差来计算。”“在一切问题上都表现得大声疾呼地反对种姓制度的人在儿女婚姻上却可以顽强地坚持种姓原则；勇敢地背叛种姓制、娶了种姓外的女子为妻的人，却会在一切公开场合郑重其事地告诉其他人：在印度千万不可在种姓外娶妻。哪怕在公共生活方面，比如找职业，种姓背景仍然是重要的：知识分子绝大多数都出自婆罗门；高种姓容易找到好工作；某个种姓开办的企业往往找同种姓的

① 吠舍，按照种姓制度的规定，这是一个从事商业和手工业的等级。佛教兴起后，古印度商业发达，吠舍的社会地位随着财富的增长也有所提高。佛经中记载，吠舍中的许多人通过经商，最终致富。本则材料充分说明了这一点。“居士”，佛教梵语（gr!ha-pati）和巴利语（gaha-pati）的中文意译。音译迦罗越、伽罗越，意译长者、家主、家长，指印度四姓中吠舍种（梵vais/ya ）之人物，或在家有道之士。佛教典籍的记载中，如《中阿含经》《长阿含经》《大品般若经》《放光般若经》等，常称吠舍种之人物为居士。

② 本则材料说明了现代印度社会中种姓的观念与做法仍然根深蒂固。

人就业；种姓的商店、场馆、甚至学校，事实上到处存在。……我们看到一个印度人在城里饭馆中吃饭时并不在乎坐在他旁边的是谁，但他在乡下参加村中庆典时就一定要在他与邻坐间划开一道6英寸的空隙以示种姓隔离。另一个印度人在办公室里热情地欢迎某位‘表列种姓’①做他的下属……在家中却坚决反对未来的女婿是非婆罗门。”

——钱乘旦：《印度现代化进程中的种姓制影响》，载《南京大学学报（哲学·人文科学·社会科学版）》，1999年第4期

资源5：在21世纪的今天，对表列种姓／部落的偏见并未消失或减少。2007年，位于新德里的久负盛名的印度医学院（AIIMS）被举报存在歧视。印度政府任命Thorat②委员会进行调查。随后的调查报告显示……在最初的一个月里，这些③学生被迫公开面对与种姓有关的问题、讥讽和嘲弄。他们为此几乎褪去一层皮，而学校当局对此睁一眼闭一只眼。许多学生说，他们之所以搬离分配的寝室，是因为他们在房间里时，门经常被从外面锁上。门上用潦草的笔迹写下粗俗的谩骂。只有他们搬到其他表列种姓／部落学生所在的楼层，这些攻击行为才会停止。他们还面临社会孤立，被拒绝分享书籍和笔记，在教室里不准他们分享座位。④

——邓常春、邓莹：《种姓制、社会碎片化与印度的公共治理》，载《南亚研究季刊》，2014年第1期

资源6：不同种姓间的恋爱和婚姻常常导致种姓间的冲突甚至暴力冲突。……1993年底的报道说，印度北方某村一对不同种姓的青年在私奔5年后，回到村子，希望能被乡亲们接纳，却被族长的“法庭”宣布枭首示众！这对青年被以极其残酷的行刑方式处死，围观的村民却欢呼，而这对青年的父母也认为这样做是对的。⑤

——邱永辉：《“纯洁与污秽”——论印度的种姓婚姻》，载《南亚研究季刊》，1998年第3期

① 表列种姓是指印度独立前的贱民阶层或不可接触者，是低于四种姓的人。
② Thorat，指的是达利特的学者周拉特（Sukhadeo Thorat）。
③ 这些，是指“来自表列种姓／部落的”。
④ 本则材料说明了现代印度社会对表列种姓（即不可接触者或贱民阶层）的歧视。
⑤ 本则材料说明了种姓制度对印度现代婚姻的影响。

脱离苦难的途径：佛教的产生与传播

学术引领

公元前6世纪，佛教在古印度婆罗门教势力比较薄弱的摩揭陀国兴起，然后向印度西部和北部以及海外不断传播，逐渐演化为世界性宗教，与基督教、伊斯兰教并称世界三大宗教。从诞生到被印度教同化，佛教在印度存在了一千多年，对印度社会产生了深刻的影响，也给后人留下诸多的神秘。一方面，佛教产生于印度，且在阿育王和迦腻色迦王在位期间最为兴盛。公元7世纪后，佛教在印度本土逐渐被印度教所同化，直至12世纪后销声匿迹。另一方面，阿育王时期，佛教开始从印度向周边国家和地区传播，对东方各国产生了深远的影响，并且构成了一个独具特色的“东方佛教文化圈”。印度在输出佛教之后，自己却逐步舍弃，这是为什么？印度佛教是如何产生和传播的？佛教何时传入中国并中国化的？中国、印度乃至西方学者，正力图从经济、政治、社会、文化、心理乃至佛教本身的角度，全方位地给出有关印度佛教诸多问题的答案。

一、佛教创立的背景

大凡一种新思潮的形成，必然有它的时代背景，即其前因后果，所谓“法不孤起”，决不会无故幻出空中楼阁的。

南怀瑾在《中国佛教发展史略》（29页、5页、19～20页，上海：复旦大学出版社，1996）一书中认为，只有先了解印度固有文化的宗教和哲学，才可以发现释迦牟尼慈悲救世的动机和目的，才能理解他所创立的佛教和承先启后、继往开来的精神所在。因而，南怀瑾首先对印度上古以来的历史文化和宗教思想，以及各个哲学学派等作了简要介绍，得出佛教产生的思想渊源和文化背景：一是地理环境和天然气候的殊异，古代印度人喜欢醉心思维，骋志高远；二是早已有了根深蒂固的婆罗门教和普及的宗教思想；三是有史以来，古印度人便倾向于出世思想，以求净化身心，并以林栖遁世为人生最大的享受；四是思想高远偏向虚幻，由崇尚“神我”而回到平实的人生，中间缺乏人本主义的思想体系，致使阶级划分綦严，贵贱等位悬殊，连宗教的信仰，都不能得到平等自由。因此，就有了释迦牟尼的应运而生，他以慈悲宏愿，创立佛教。其次，从历史文化角度来看，南怀瑾认为印度列国时代恰如中国东周末期，百家争鸣，流派繁兴，信仰动摇，社会经济贫乏，种族诸侯间的战争不断，所谓“加之以师旅，因之以饥馑”，由于时代的要求，就有澄清天下或解救世人的非常人物应运而生了。但历史昭示我们，这种非常人物，必然只有两条路可走：一条路是寻求武力解决，实行统一天下，安定民生，这是英雄的行径；另一条路是传播文化思想，实行其言教与身教而做圣人，使其教化行之于天下，传之于万代。释迦牟尼的佛教在印度当时的环境中应运而生，自然是有它的时代背景和历史因素的。

韩玉玲在《佛教的起源与传播》（载《山东教育学院学报》，1997年第1期）一文中指出，佛教的产生与下述三种情况有关：一是阶级关系的变化。随着商品货币经济的发展，印度社会分化加剧，原来被划作婆罗门、刹帝利、吠舍、首陀罗四等的旧等级关系开始遭到破坏。刹帝利贵族和新兴的奴隶主阶级，不满于婆罗门贵族的特权地位，并且与婆罗门贵族有着不同的价值观，必然要在宗教领域内提出改革的要求。广大劳动人民，包括吠舍阶层中的绝大多数、首陀罗和奴隶，他们不仅在社会上备受歧视，而且在生活上也饥寒交迫，其不满情绪日益增长，起义和暴动此起彼伏，斗争目标即为婆罗门教及其所维护的种姓制度。正是在这样的背景下，反婆罗门教的新思潮应运而生。二是文化中心的东移。随着政治经济重心的不断向东发展，文化中心也随之东移，恒河中下游诸国便成为新的文化中心。在这里，婆罗门教的势力薄弱，这就为新思潮的产生和发展创造了有利条件。三是东方各国对新思潮的保护。东方各国摩揭陀、迦尸、居萨罗等国都为各沙门团的活动提供便利条件。正是由于东方诸国的保护，印度的新思潮才会风起云涌。在这些新派别中，影响最为深远的即为释迦牟尼创立的佛教。

王新有在《印度佛教兴衰进程中的政治因素研究》（载《南亚研究季刊》，2013年第1期）一文中指出，佛教在印度的产生、发展乃至最终湮灭的过程中，政治因素始终起着至关重要的作用。列国时期，持续不断的争霸战争使得王权日渐巩固和加强，其中最大的十六国的君王多出身低下，很少能够提出刹帝利后裔的可靠证据。就最终建立霸业的摩揭陀王国来说，其三个王朝（诃黎王朝——约公元前544—前414；离车王朝——约公元前410—前360；难陀王朝——约公元前364—前324）中的离车王朝和难陀王朝的建立者均出身卑微，难陀王朝的建立者摩诃波德摩·难陀（Mahapadma Nanda）甚至是首陀罗种姓。一方面，新兴君主们低微的出身决定了他们需要婆罗门为其政权的合法性提供支持；另一方面，逐渐伸张的王权又需要寻找到能够制约婆罗门特权的第三方势力。同时，部分低种姓工商业者逐渐上升为新兴的富人阶级，他们建构其社会地位合法性的努力必然与捍卫婆罗门特权和种姓制度的婆罗门教产生矛盾。因此，随着低种姓阶层的崛起，在政教关系博弈和社会重组的过程中，佛教便成为新兴王族和新兴富人阶级对抗婆罗门特权的天然盟友，成为一个关键的制衡者。正是在这种背景下，佛教才得以从各种沙门思潮中脱颖而出，并最终发展成为世界三大宗教之一。

成穷在《人生苦难与宗教——以基督教和佛教为例所作的一个初步考察》（载《宗教学研究》，2000年第2期）一文中指出，佛教的产生与当时的社会苦难有关。他认为，印度的种姓制度是造成苦难的主要原因。首陀罗是当时受剥削和压迫最深的阶级，他们被剥夺了一切宗教、社会和政治权利，受统治阶级（主要为婆罗门和刹帝利）的任意宰割和残酷剥削。释迦牟尼就是在这种普遍阴郁苦难的气氛中开始寻找摆脱苦难的道路的。释迦牟尼悟道后开始组团（僧伽）传教，宣扬众生平等，传教的主要对象即为中下层人民，即吠舍与首陀罗两大种姓，而其教义的基本内容即是关于人生苦难的根源及解脱之道。

二、佛教在印度的兴衰

1. 佛教在印度的短暂兴盛

佛教产生于印度，但佛教在印度是否有过长期、稳定的繁荣呢？其实，佛教在它的出生地只有短暂、间断的兴盛，而没有长期、稳定的繁荣。

南怀瑾在《中国佛教发展史略》（56页、68页、69页、70～71页、72页，上海：复旦大学出版社，1996）一书中认为，佛教在印度的传播和弘扬，大致经历以下几个阶段。

第一，佛陀从成道到涅槃的四十五年间，佛教声势浩大，教徒无数。佛陀经常在摩揭陀、舍卫国，做南北两处的行教中心，并且随时游化于恒河沿岸的中印度各国，不拣僧俗贤愚，不分贵贱贫富，无论男女老幼，一律随机说教，凡是听闻过他高深微妙的教理者，无一不被感化。在他住世和示寂后的一二百年间，佛教传播所及的范围大致不出中印度与东印度之间，尚未超过恒河流域以外，但是亲受佛陀教化的，大约在数万人上下，就古代印度人口数字的比例来讲，这可谓声势浩大，足够轰动一时的了。

第二，阿育王时期佛法盛行，甚至传播到了印度以外的欧、非各国。阿育王是一位虔诚的佛教徒。在位时期，他曾在首府华氏城的鸡园寺，会集比丘一千众，重新结集佛教经典，这就是佛教文化史上著名的“华氏城结集”。相传他曾建造许多佛的舍利塔，后来被散布到中国。有了强力的政权作后盾，佛教的教化自然就普及了。阿育王以后的三四百年，佛教渐渐盛行于中国、阿富汗、斯里兰卡等地，在印度本土反而逐渐衰落。公元前2世纪，婆罗门武将富奢密多罗，篡代了孔雀王朝，大灭佛教于中印度，火烧寺院，杀戮僧尼，迫害摧残，不可胜计。但北印度的佛教，依然屹立如故。

第三，公元2世纪，印度迦腻色迦王兴起，佛教复又昌盛。迦腻色迦王自信奉佛教后，发愿请世友、马鸣、胁尊者诸有学菩萨，聚会于迦湿弥罗城，结集经典，历十二年而成。2—3世纪间，龙树菩萨崛起于南印度，大弘佛教。

第四，第7—8世纪间，印度佛教渐衰；到了12世纪，回教进入印度后，佛教徒多避地在南印度及中国西藏等地，从此印度本土佛教日益衰颓。

韩玉玲在《佛教的起源与传播》（载《山东教育学院学报》，1997年第1期）一文中指出，佛教仅在阿育王在位期间最为兴盛。阿育王大力宣扬佛教，还派出僧团到国内边远地区和国外传教，佛教开始成为世界性宗教。阿育王把教谕用各地方言刻在不朽的岩石和石柱上；

于公元前253年，在华氏城召集了佛教史上的第三次结集，组织高僧编纂佛经；给沙门赠送财物，修建舍利冢、寺院和庙宇等。据佛教文献记载，阿育王派出传教的僧团共九批，到外国去的地方包括西亚、缅甸、锡兰，派往锡兰的是阿育王的儿子摩晒陀和女儿桑柯米特罗。随着佛教流传范围的扩大，由于受到各地经济、政治和文化习俗的影响，教团内部对教义和戒律产生了认识分歧。随着这些分歧的发展，统一的教团发生分裂，形成许多部派。公元7—13世纪，印度先后遭受到阿拉伯等国家的入侵。由于这些王国都信奉伊斯兰教，所到之处焚毁寺院、杀害佛教僧侣，到13世纪初，佛教在印度被基本消灭。

2. 佛教在印度衰落的原因

这一问题，长期以来一直困扰着印度学者及宗教学人士，学者们反复争论，至今未能盖棺论定。林承节在《印度史》（110～111页，北京：人民出版社，2004）一书中，从佛教本身以及印度向封建社会转变这两个层面入手，作了比较系统完整的阐述，并给出了四点意见：

第一，从佛教本身来说，寺院已成为大封建主，高级僧侣腐化堕落，田连阡陌，金银财宝无数，远远脱离群众。在人民的心目中，他们和婆罗门不再有重大区别。

第二，佛教获得民众的支持，主要在于具有较为平等的社会观，没有繁杂的祭祀仪式。而印度教兴起之后，革除了婆罗门教繁琐的祭祀仪式，虔诚派、性力派、林伽派呼吁种姓平等、男女平等的宣传博得了民心，佛教的优势便被剥夺。

第三，大乘佛教的出现使佛教在许多方面向印度教靠拢，失去了自己的特色，尤其是密教的形成表明佛教已呈严重病态。佛教的密教化使佛教的鲜明特色逐渐丧失，在人们的心目中它与印度教的界限越来越模糊，最后从整体上被印度教吸纳。

第四，佛教被印度教取代，与印度社会封建关系的发展有密切关系。封建关系的形成相应地要求突出王权，印度教的主神崇拜是人间王权在神学思想上的反映。而佛教起不了印度教的作用，故而被印度封建统治者所抛弃。

另外，耿引曾和印籍华人谭中在《印度与中国：两大文明的交往和激荡》（329～332页，北京：商务印书馆，2006）一书中，把佛教在印度衰退的原因也归纳为四个方面：

第一，印度教（包括婆罗门教以及由此转化而形成的印度教）的主要传播者——婆罗门是不脱产阶级，他们拥有自己的经济收入，不会成为社会的负担，而佛教和尚是“脱产干部”。印度历史分裂比统一时间长，“小国寡民”的印度很难供养起这一阶层，故印度人选择了印度教而抛弃佛教。

第二，印度各地的印度教文化都与当地的传统形成有机结合，它有鲜明的地区文化特色；而佛教发展成一种国际宗教文化后，很难在本地文化因素突出的印度各地维持其主导地位。

第三，佛教作为一种反对婆罗门统治的社会改革运动并不是一种彻底有效的社会改革运动。一方面，它没有发动种姓制度中的下层去反抗上层权威；另一方面，它也不能创造一种新的社会结构去取代种姓制度。它既然不能推翻婆罗门的种姓制度，就不能阻止婆罗门教的振兴。

第四，大乘佛教兴起之后，一方面变成与印度教平行发展的多神偶像崇拜；另一方面又趋向宇宙化而脱离印度本土“小国寡民”的社会实际。大乘佛教高僧形成一种到外国（特别是中国）传教的风气，造成印度历史上的“精英外流”，佛教自然而然地便在印度衰退了。

值得注意的是，谭中、耿引曾两人的第四点意见与林承节的第三点相近，都主张大乘佛教的兴起，尤其是密教的确立丧失了佛教本身的固有特色，与印度教渐趋雷同，从而最终被印度教融合同化。这一点，在印度本国学者的著作中也得到了印证。

在印度史学界颇负盛名的R. C. 马宗达（R. C. Majumdai）、H. C. 赖乔杜里（H. C. Raychaudhuri）、卡利金卡尔·达塔（Kalikinkar Datta）在《高级印度史（上）》（张澍霖、夏炎德、刘继兴等译，218页，北京：商务印书馆，1986）一书中认为，笈多王朝后的几百年中，匈奴的入侵导致了印度西北部及东部的许多庙宇被毁灭，印度佛教逐渐丧失了地位；而密宗的发展，使佛教的金刚乘派与某种形式的湿婆教派和萨克蒂崇拜者之间只有名义上的区别。在12世纪和以后几个世纪，一些新的征服民族毁灭了一度曾遍布印度斯坦的宏伟佛教寺院残余的几处庙宇。此后，佛教就从它产生的国土上消失殆尽了。

关于此点，不仅中印学者所见略同，而且西方学者也深信不疑。

美国学者威尔·杜兰（Will Durant）在《东方的遗产》（490～491页，北京：东方出版社，2003）一书中分析了大乘佛教与婆罗门教的关系，认为大乘佛教，是用婆罗门的神祇以及修行方法和神话等使之较为缓和了的宗教，时间一久，两种宗教间便鲜少差别了。而其中具有较深根基、较能吸引大众、经济来源较充裕及政治支持较有力者，便将逐渐同化另外的一支。慢慢的，那些耐性和坚毅的婆罗门教徒重获了势力和帝宠；年轻的哲学家山喀拉（Shankara）重建了作为印度教思想之基础的《吠陀经》以后，佛教徒在印度的思想领导地位遂亦终止。英国学者尼尼安·斯马特（Ninian Smart）在《世界宗教》（高师宁、金泽、朱明忠等译，63页，北京：北京大学出版社，2004）一书中认为，从公元7世纪起，佛教的另外一种形式发展起来，被称为金刚乘或真言乘。该派注重咒术和仪轨，认为通过吟诵咒语便可即身成佛。金刚乘的仪轨逐渐为当时的印度教所吸收，从而成为佛教在印度本土最终消亡的原因之一。

三、佛教中国化

从公元前3世纪阿育王统治时期开始，佛教从印度向周边国家和地区传播，对东方各国产生了深远的影响，并且构成了一个独具特色的“东方佛教文化圈”。在这个文化圈中，一般说来，传入东南亚各国及中国傣族地区的，称为南传佛教；传入中国大部分地区和朝鲜、日本及越南等国的，称为北传佛教。北传佛教的中心在中国。至于佛教何时传入中国，何时完成中国化，学术界众说不一。

韩玉玲在《佛教的起源与传播》（载《山东教育学院学报》，1997年第1期）一文中指出，佛教开始传入中国是在西汉哀帝元寿元年（公元前2年）。这一年，大月氏首领派伊存到我国洛阳传布大乘佛教，朝廷派博士弟子景卢向伊存学习佛经。从此，佛教在我国取得合法地位。东汉时，印度、大月氏、安息来我国传布佛教的僧人越来越多。魏晋时，我国去西方取经的僧人也多了起来。南北朝时，统治阶级把支持佛教作为发展文教事业的一环，南朝各帝都崇佛，以梁武帝最为突出。北朝虽曾两次发生灭佛事件，但总体来看也是支持佛教发展的。隋唐时期，佛教经过长期与中国传统文化思想和社会习俗的会通、融合，形成了一些具有民族特色的佛教宗派，如天台宗、三论宗、唯识宗、律宗、华严宗、密宗、净土宗、禅宗等。佛教各宗派的形成，标志着佛教中国化过程基本完成。

成穷在《人生苦难与宗教——以基督教和佛教为例所作的一个初步考察》（载《宗教学研究》，2000年第2期）一文中指出，佛教于东汉初传入中国，但重要的传播时期为东汉末至三国时期。从东汉末年到魏晋南北朝这二三百年间，土地兼并严重，政治腐败，战乱频仍，此外还不时杂有水旱、风雹、疾疫等自然灾害，人民的生活、财产、性命毫无保障，社会苦难深重。有关史书中充满了“百姓死亡，暴骨如莽”“强者四散，羸者相食”的记载。正是这样一个多灾多难的战乱时代，为佛教的传播提供了绝好的机会。佛教可以说是循着苦难与绝望进入中国的。

南怀瑾在《中国佛教发展史略》（73～76页、81～83页、88～91页，上海：复旦大学出版社，1996）一书中认为，佛教在中国的传播主要有三个阶段：

第一，佛教的传入在汉末和三国时期。汉桓帝时，有安息国沙门安世高来华，月氏国沙门支谶（chèn）到洛阳，各译佛经数十部，共一二百卷。灵帝时，印度沙门竺佛朗也到洛阳，极力提倡佛教。曹魏嘉平年间，因印度名僧昙柯迦罗与昙谛的倡导，开始建立中国的佛教制度以及出家受戒的规范，这是佛教戒律正式传入的开始。随着佛教经典源源不断传入中国，佛教与中国传统儒、道两家的学说发生了激烈的竞争，引起思想史上的轩然大波。而民间自由信仰佛教，却日益增盛，知识分子也逐渐接受了佛学思想。佛教文化成为此时中国人的应时礼品，原因有二：首先，民间的信仰。因长期战争，民不聊生，人事的努力，解决不了饥馑苦难的生活，恐怖、悲观、厌世的情绪充斥。正好在这个时候，佛教思想汹涌输入，生前身后，善恶业力，促成三世因果的报应，和六道轮回的传说，使人们更相信命运的安排，是由于前生业力的造就，信仰佛教可得到身心的自慰。其次，知识分子的皈依。自东汉党锢之祸以来，汉初儒家传统的学说，受政治和社会风气的影响，使人不能满足和信服。知识分子的士大夫们纷纷寻觅思想的新方向，追求命运的象征之学，进入玄学的领域，恰与佛教传入的"般若性空"学说相遭遇，一拍即合，便形成了遁世而逃入佛法的风气。基于上述两点因素，佛教在中国普遍传开。

第二，魏晋南北朝时期，中国佛教的真正开始。当北朝石勒称王、嗜杀好货、野蛮成性时，印度名僧佛图澄进入中国，在后赵石勒的区域，宣扬佛教的慈悲教化；他的再传弟子慧远大师邀约当时名士，如陶渊明、刘遗民等人，会结白莲社于山中，提倡称念佛号"南无阿弥陀佛"，以祈求往生极乐世界的净土佛国，慧远便成为白莲社净土宗始祖。净土宗的创立，可以说是中国佛教的真正开始。梁武帝时，菩提达摩东来中国，隐居在嵩山的少林寺，面壁九年，这是禅宗传入中国的开始。自初唐以后，禅宗大兴，使佛教一跃而变为纯粹中国化的佛教。

第三，隋唐时期，中国佛教的鼎盛时期。唐太宗吸取六朝以来的经验教训，任由全国上下，自由信仰宗教；在政府体制里，设立了各宗教的专门管理部门。此时，玄奘大师自印度取经回国，唐太宗为他设立译场，召集国内学僧与文人名士数千人，参加佛经的翻译工作。因玄奘大师的弘扬，印度大、小乘佛教的经典，在中国得到广泛传播。此后，中国佛教的华严宗、天台宗等十大宗派形成。到了武则天时期，禅宗六祖慧能在广东曹溪，对平民社会大肆弘扬见性成佛的宗旨；同时他的同学师兄神秀，在武则天的王朝里，被尊为国师的地位，也大弘其禅宗的佛法。自此，禅宗风行全国。此外，初唐时期，密宗由北印度传入西藏地区。西藏便在唐代以后，完全成为佛教密宗的佛土，而且演变为政治宗教合一的特别行政区域。历宋元明清以来，密教在西藏的传承，始终不衰。

谈及印度，大多数人想到的是神秘的佛教。任何一种宗教的产生、发展和传播都是多种因素共同作用的结果，佛教的兴衰无疑也是如此。虽然佛教在印度本土只有过短暂的兴盛，直至后来逐渐被印度教所同化，但是佛教在其他国家的传播却取得了巨大成绩。历史证明，一种宗教，哪怕是一个外来的宗教，只要世俗化、社会化、民众化，它就能为人们所接受。当今，中国、印度乃至西方学者正力图从经济、政治、社会、文化、心理及佛教本身等角度全方位地给出有关印度佛教诸问题的答案，多方位的史学阅读能为教师的教学设计提供丰富的视角。

微课设计

微课设计一：佛因何而生

设计意图

通过探讨释迦牟尼创立佛教的原因及过程，使学生知道佛教的产生是诸多因素共同作用的结果，并认识到宗教是人类社会发展到一定社会历史阶段的产物。

设计方案

教师讲述： 众所周知，佛教是释迦牟尼所创立，而释迦牟尼悟道前是迦毗罗卫国[1]

① 迦毗罗卫国，今尼泊尔南部。

净饭王的太子，原名乔达摩·悉达多，生长在王宫，享尽人间声色之乐。是什么使他舍弃王位和天伦之乐而去创建佛教呢?

一、社会苦难的不断加重

1. 争霸战争不断，人们痛苦不堪

材料呈现：

材料一 “据记载，当时①在恒河、朱木拿河流域有十六个较为重要的国家，史称‘十六大国’②。”“为了争夺霸权与财富，各国相互攻伐不已。”“很多国王对人民十分残暴，为所欲为。”“佛经中形容某个凶恶的国王时说：‘无论是妇女们、孩子们、大臣们、资产者及其他各种人，都憎嫌国王。把他当作眼中之尘埃，饭中之砂粒，或扎入掌中之刺。’”

——方广锠：《关于佛教起源的几点思考》，载《南亚研究》，1990年第2期

教师设问：材料一反映了古印度当时的一种怎样的社会状况?

教师引导学生分析：公元前6—前5世纪的印度，正处于“十六大国”时期。由于各王国的政治腐败，争霸战争不断，致使土地兼并严重，社会趋于动荡不安，人民的生活、财产、性命毫无保障。为躲避战争，很多人逃亡到山林中、边境之地或不得不出家。

2. 不合理的种姓制度是苦难的根源

材料呈现：

材料二 “刹帝利辱骂了婆罗门应处一百钵那③罚金；吠舍处一百五十或二百，首陀罗处体刑。”“婆罗门辱骂武士种姓的人处五十钵那罚金；辱骂商人种姓处二十五；辱骂首陀罗处十二。”

——［法］迭朗善（Deslongchamps A. L）译：《摩奴法典》，马香雪转译，195～196页，北京：商务印书馆，1996

材料三 “如果青年女子爱上比她种姓高的男子，国王应该使她缴付哪怕是最小的罚金；但如她恋恋于一个种姓较低的男子，应被幽闭家中，严加看管。”“出身低贱的

① 当时，指公元前6—前5世纪。

② 在各种典籍中，“十六大国”的名称并不一致。当时存在的国家也不止十六个。因此，所谓“十六大国”只是一个笼统的提法。

③ 钵那，亦作钵拿，梵语的音译，指钱。

男子向种姓高的女子求婚者应处体刑；如向同种姓女子求爱，得其父同意时，可给予例行馈赠，并娶以为妻。”

——［法］迭朗善译：《摩奴法典》，马香雪转译，205页，北京：商务印书馆，1996

教师设问：根据材料二和材料三，为什么面对辱骂和婚恋，不同种姓的人会面临截然不同的处罚？

教师引导学生分析：之所以出现处罚上的明显差别，主要原因是种姓制度的不合理。古印度的种姓制度，是以明显的等级差别和种姓歧视为根本特点的，这些差别和歧视表现在职业、婚姻、宗教仪式、法律和日常生活的各个方面。首陀罗是当时遭受苦难最深的阶级，他们被剥夺了一切宗教、社会和政治权利。下面这个故事可以说明种姓制度的不合理性。

教师讲述：古老的佛经中记载着这样一个故事：在古印度的一个城镇里，一个理发师的儿子，悄悄地爱上了一位离车族的姑娘，两人情投意合。有一天，这位小伙子告诉他父母，说他打算和这位姑娘成亲。小伙子满以为父母会为此事而感到高兴，但想不到父母坚决反对。

他父亲劝告他说：“我的孩子，这件事根本办不到，因为这不符合我们的风俗。你是理发师的儿子，属低级种姓，而离车族的姑娘属高级种姓，她是刹帝利人的女儿，你们两个根本不相配。因而她是不能与你成亲的。你死了这条心吧，我重新给你找一个首陀罗人的女儿为妻。”

听了父亲的一番话，理发师的儿子怔住了。他茶不思、饭不想，整日思恋着那姑娘。最后，年轻人在绝望中忧郁而死。

由于种姓的不相配，才导致故事中情投意合的两个年轻人不能“有情人终成眷属”。可见，不合理的种姓制度正是造成这种社会苦难的主要原因，也越来越受到下层民众的强烈反对。

3. 世界充满苦难，众生皆苦

材料呈现：

材料四　释迦论证人生“无常”、“无我”，因而提出了三个命题：“诸行（行，指有为法）无常”、“诸法无我”、“一切皆苦”，三者合称为“三相”（“相”指特征，即释迦学说之特征），又称“三法印”（“法印”就是标志，指释迦与其他派别相区别的标志）。

以后于“三相”之外，又加入“涅槃寂静”，称为“四法印”。

——吕澂：《印度佛学源流略讲》，21～22页，上海：上海人民出版社，2005

材料五　一天，他①外出郊游，息歇于大树之下，看到田野里耕种的农人，烈日炙背，挥汗苦作。耕牛力挽重犁，被驱使鞭打着，备受虐待，结果弄到人牛皆困，饥渴交迫。又见犁田翻土，地下虫豸，无法藏身，群蚁纷纷爬起，似已感知大祸将临，寻觅它们生命的安全所在，结果飞鸟翔集，资为口粮，看来无一幸免。

——南怀瑾：《中国佛教发展史略》，42页，上海：复旦大学出版社，1996

教师设问：材料四和材料五说明佛教认为芸芸众生面临什么共同的问题？

教师引导学生分析：从两段材料可以看出，佛教认为万事万物都是变化无常的，一切生命自身都与生、老、病、死等痛苦始终相伴，一切都有苦难。相传释迦牟尼就是从感知生、老、病、死等苦难开始，思索人生真谛，从而走上了出家、悟道、弘法的道路的。

二、思想领域的“百家争鸣”

材料呈现：

材料六　于是从宗教哲学脱颖而出、自求真谛的各派哲学，当释迦牟尼创建佛教的先后期间，纷纷独立，都自有它的哲学系统，和思想组织的体系。依照一般研究印度哲学的习惯，都叫它为正统六派，异宗三派。所谓“正统六派”，指数论（Samkhya）、瑜伽（Yoga）、胜论（Vaisesika）、正理（Myaya or Naiyayaka）、弥曼差（Puarra Mimansa）、吠檀多派（Vedanta）。这六派仍然承认《吠陀》以来哲学的权威，可以说是婆罗门教的“正统派”。所谓“异宗三派”：指佛教、耆那教、顺世派。这三宗是“反正统”，不承认吠陀思想的权威。

——南怀瑾：《中国佛教发展史略》，11～12页，上海：复旦大学出版社，1996

教师设问：材料六反映了当时思想领域的什么状况？

教师引导学生分析：随着社会的动荡和发展，各个阶级、阶层的思想家纷纷出面为本阶级、阶层的利益辩护。婆罗门教在从西北印度向东方传播的过程中，与当地的土著文化产生了冲突，遭到部分土著居民的反对。在婆罗门教内部，也有些人公开否认梵天

① 他，指释迦牟尼。

（婆罗门教的创世神）的存在。各种新思潮纷纷涌现，形成“百家争鸣”的局面。而早期佛教一产生，便适应了当时社会发展的要求。由于佛教对社会关怀的态度、灵活的宣教方式，很快使佛教从诸种新思潮中脱颖而出。

三、释迦牟尼的艰苦努力

材料呈现：

材料七　太子曰：“万物无常，有存当亡。今欲学道，度脱十方。”

——僧祐编撰：《弘明集》，刘立夫、胡勇译注，13页，北京：中华书局，2011

材料八　“他又自行拔剑，薙除须发，改装袈裟，以示决心前行修道。同时自誓说：‘我若不了生死，终不回宫。我若不成佛道，终不回见父王。我若不尽恩爱之情，终不回见姨母和二妃。’”“或日食一麻，或日食一米，或复二日食一麻米，乃至七日食一麻米。由于他趺坐苦修，不经行散步，目不瞬睛，心无恐怖，变得形销骨立，须发卷乱犹如蓬蒿，被喜鹊错认作草丛，就此在他头上做起窠来。”“‘我如不证菩提（菩提，汉译“自性正觉”之义），不起此座。’由于他过去曾遍学各种禅定，功力已深，这一坐经过了四十八日之久，便深入到神思的妙境。当十二月七日的夜间，他在神思坐中……廓然大悟。”

——南怀瑾：《中国佛教发展史略》，46页、49页、50页，

上海：复旦大学出版社，1996

教师设问：根据材料七和材料八，释迦牟尼为了解决人世间的痛苦，做出了哪些努力？结果怎样？

教师引导学生分析：相传释迦牟尼天纵睿智，具有超人的智慧。他自出生以来，就对探究宇宙生命有浓厚的兴趣，始终无法安于现实。为了寻找人生痛苦的根源和解脱人生痛苦的方法，他毅然舍弃荣华富贵和天伦之乐，逃出王宫，艰苦修行，长达六年之久。最后，他在一棵菩提树下苦思冥想七七四十九天，终于悟出宇宙和人生的真谛。由于他成了真正大彻大悟的智者，故人们尊称他为佛，把他创立的学说称为佛教。

教师讲述：综上所述，佛教正是在社会的阶级矛盾极其尖锐，被统治阶级苦难深重，找不到现实出路，再加上释迦牟尼自身的创教努力等因素共同作用下应运而生的。正如马克思指出的那样：“宗教里的苦难既是现实的苦难的表现，又是对这种现

实的苦难的抗议。宗教是被压迫生灵的叹息，是无情世界的心境。”①

设计点评

本微课紧紧围绕“佛教产生的背景”这一核心内容进行设计，以“苦难”为切入点，以释迦牟尼“发现苦难—感悟苦难—解脱苦难”的过程为主线，对社会苦难、个体苦难、身体苦难和心灵苦难等诸种苦难进行分析。本微课注重运用“细节教学”和“问题教学”的教学方法，既能唤起学生真切的情感体验，又能激发学生无限的创造力。同时，教师在设计中运用大量新史料和佛经故事，使课堂更具趣味性，有助于教学目标的达成。

微课设计二：佛为谁而生

设计意图

通过对佛教的产生、传播及相关教义的阐释，使学生初步了解古印度的社会状况，进而理解佛教对印度社会产生的积极价值，以及佛教对世界文明作出的巨大贡献。

设计方案

教师讲述：公元前6世纪，释迦牟尼在印度创建了佛教。相传释迦牟尼悟道后，刚开始传教就拥有基本弟子一千二百多人。此后的几十年，人数多达数万人。为什么佛教诞生之初就能有这样浩大的声势？信奉佛教的都是哪些人呢？让我们一起走进两千多年前的印度。

一、反抗婆罗门特权的制衡者

材料呈现：

材料一 “原始种姓有四种即僧侣或婆罗门种姓；武士与王士种姓或刹帝利种姓；

① ［德］马克思：《黑格尔法哲学批判·导言》，见《马克思恩格斯选集》（第1卷），第2版，2页，北京：人民出版社，1995。

商人与农民种姓或吠舍种姓；奴隶种姓或首陀罗种姓。”“但无上尊主对首陀罗只规定了一种本务，即服役于上述种姓而不忽视其功绩。”“在一切物类中，生物为最高；生物中，赖智慧以生者为高；人在智慧动物中最高；婆罗门在人类中最高。”

——［法］迭朗善译：《摩奴法典》，马香雪转译，7页、21页，北京：商务印书馆，1996

材料二　但这些君王多出身低下，很少能够提出刹帝利后裔的可靠证据。就最终建立霸业的摩揭陀王国来说，其三个王朝（诃黎王朝——约公元前544—前414年；离车王朝——约公元前410—前360年；难陀王朝——约公元前364—前324年）中的离车王朝和难陀王朝的建立者均出身卑微，难陀王朝的建立者摩诃波德摩·难陀甚至是首陀罗种姓。

——王新有：《印度佛教兴衰进程中的政治因素研究》，载《南亚研究季刊》，2013年第1期

教师设问：材料二与材料一有何矛盾？如何解决这一矛盾？

教师引导学生分析：材料一中种姓制度下统治阶级是婆罗门和刹帝利；材料二中新兴的君王出自首陀罗。

随着商品经济的发展，印度列国时代的阶级关系发生了明显的变化，旧的等级关系开始受到破坏。这时，一些新兴的君王通过争霸战争，不仅大大加强了王权，而且在经济上日益富有和强大。但是，他们低微的出身需要婆罗门教为其政权的合法性提供支持，这必然与捍卫婆罗门特权和种姓制度的婆罗门教产生矛盾。由于不满于婆罗门贵族的特权地位，这些新兴的贵族必然要在宗教领域内提出改革的要求。因此，佛教便成为新兴王族对抗婆罗门特权的关键制衡者。

二、低种姓阶级自身利益的维护者

材料呈现：

材料三　因此，许多低种姓的艺人、剃头匠和工商业者成为佛教信徒，被奉为佛陀十大弟子之一的优波离原本是首陀罗种姓的剃头匠。

——王新有：《印度佛教兴衰进程中的政治因素研究》，载《南亚研究季刊》，2013年第1期

材料四　于一切众生身平等心，于一切众生业报平等心。

——实叉难陀译：《大方广佛华严经》①卷第五十三，“离世间品第三十八之二”，283页，上海：上海古籍出版社，1991

教师设问：综合材料三和材料四，佛教为什么能受到低种姓民众青睐？

教师引导学生分析：佛教认为一切生命都是平等的，不能因为出身不同而有高低贵贱之分，即便是婆罗门教的造物主梵神也不例外；吠舍和首陀罗不是天生就要受压迫、受剥削的，首陀罗也可成为统治阶级。佛教的这种平等观念，一方面起到了反对婆罗门专制统治的作用，另一方面吸引了广大的贫苦人民以及低种姓人们信仰佛教，使佛教成为低种姓民众维护自身利益的锐利武器。因此，佛教广为低种姓民众青睐，并迅速从恒河流域下游向西方和北方扩展。

三、众生脱离苦难的指引者

材料呈现：

材料五　云何苦圣谛？谓生苦、老苦、病苦、死苦、怨憎会苦、爱别离苦、所求不得苦、略五盛阴苦。

——中国佛教文化研究所点校：《中阿含经（上册）》卷第七，“象迹喻经第十”，118页，北京：宗教文化出版社，1999

教师设问：佛教教义为什么大谈苦难？

教师引导学生分析：佛教认为，人生是与苦难始终相伴的。佛教“四谛说”（即“苦谛”“集谛”“灭谛”道谛”）中的“苦谛”，即是对人生苦难的类型及形成原因的揭示。因此，人们要脱离苦难，必先正视苦难；能正视苦难，才能承载苦难；能承载苦难，才有可能克服苦难。能“正视”苦难，是许多宗教的共同特征，其中最为突出的是佛教。

材料呈现：

材料六　法有三支：祭祀，读书（即读《韦陀》），布施。此其一也。

---

①《华严经》，全名，《大方广佛华严经》，是佛教大乘有宗的一部主要经典，为佛经五大部之一。因其篇幅繁重，义理弘深，向被尊作“诸经之王”。

苦行，二也。贞行，居于师门，终其身以贞清，三也。

凡此皆足以得福乐界；而卓立于大梵中者，乃得永生焉。

——徐梵澄译：《五十奥义书》（修订本），118页，中国社会科学出版社，1995

材料七　要达到涅磐，就必须修道，使自己在思想上和外界隔绝。修道要靠自己，不需要婆罗门的指引，也不需要祭祀和偶像崇拜（早期佛教没有佛寺和佛像）。佛教所说的修道，主要是修“八正道”，即正见、正思维、正语、正业、正命、正精进、正念、正定。

——韩玉玲：《佛教的起源与传播》，载《山东教育学院学报》，1997年第1期

教师设问：对比材料六和材料七，佛教与婆罗门教在摆脱苦难的方式上有何差别？

教师引导学生分析：婆罗门教主张祭祀杀牲、祭祀万能；佛教反对祭祀万能，主张通过人自身的行为和道德修养来实现解脱。佛教认为，通过祭祀仪式来取悦于天神而得到神灵的保佑，这是婆罗门为了自身利益对广大民众实行的欺骗。正如英国历史学家阿诺德·汤因比（阿诺德·约瑟夫·汤因比，Arnold Joseph Toynbee）在《历史研究（插图本）》一书中指出的：“拯救之途不在社会关系领域里，而在个人内心精神生活的领域里；只有战胜了自我，人类才能获得拯救。”[①]佛教“四谛说”中的“灭谛”“道谛”，向世人揭示了摆脱苦难的方法。因而，佛教成为人们脱离苦难的引路人。

四、社会安定和谐的保障者

材料呈现：

材料八　佛说十不善道中，杀最在初；五戒中亦最在初。……诸余罪中，杀罪最重；诸功德中，不杀第一。

——［古印度］龙树造：《大智度论》卷第十三，“释初品第一·释戒相义”，鸠摩罗什译，88页，上海：古籍出版社，1991

材料九　宁失身命，不犯非义，仁慈不杀，不与不取……不犯十恶，身行十善，亦劝人行，常奉等信。

——菩提流志编译：《大宝积经》（第13卷），190页，上海：上海佛学书局，2004

① ［英］阿诺德·汤因比：《历史研究》（插图本），刘北成、郭小凌译，311页，上海：上海人民出版社，2005。

教师设问：结合材料八和材料九指出，佛教对其教徒的行为做了哪些规范？有何作用？

教师引导学生分析：佛教认为，一切个体生命彼此之间是平等的。所以，不论出家的和尚或在家的居士，都要时刻注意加强自律，不能杀生，要多做善事。不光自己不杀生，还要劝诫别人不犯戒。佛教的这些规定，对古代印度社会由等级制度带来的社会欺压行为起到了一种很好的道德缓冲作用，有效地减少了各种恶行的发生；同时对于避免争霸战争、维持社会和谐起了重要作用。

通过前面的探究，我们了解到，佛教自诞生之初就声势浩大，并延续了一千多年，显然有其合理性的一面。尽管今天印度的佛教徒不多，但是佛教对古印度社会的积极价值却是不容忽视的。同时，随着佛教的向外传播，它已成为亚洲各民族共同的文化母亲以及联系彼此的精神纽带。可以说，正是佛教的深刻思想，将亚洲文明整体推向了一个新的高度。正如斯塔夫里阿诺斯在《全球通史：从史前史到21世纪（上册）》（第7版修订版，吴象婴、梁赤民、董书慧、王昶译，97页，北京：北京大学出版社，2012）一书中所说的，佛教“使欧亚大陆的文化整体化达到空前绝后的程度。它在亚洲起了伟大的文明融合的作用”。

设计点评

本微课紧紧围绕“佛教的积极价值”来进行设计，以“佛教的受众”为切入点，在运用大量新史料基础上，对佛教的社会价值做了简洁的分析，进一步了解古印度社会的历史状况。本微课以问题导入，既有激趣功用，又引发学生的探究欲望。材料大多数以对比的方式出现，整个设计贯彻比较法和问题探究法，有助于学生掌握知识，培养能力和形成价值观。同时，本微课注重引导学生从文明发展的视角分析历史，颇具新意。

教学资源

资源1：“云何为四？谓苦圣谛，苦集、苦灭、苦灭道圣谛。诸贤！云何苦圣谛？谓生苦、老苦、病苦、死苦、怨憎会苦、爱别离苦、所求不得苦、略五盛阴苦。”“诸贤！云何苦灭道圣谛？谓正见、正思、正语、正业、正命、正精进、正念、正定。”

——中国佛教文化研究所点校：《中阿含经（上册）》卷第七，“分别圣谛经第十一”，125～126页、129～130页，北京：宗教文化出版社，1999

诸恶莫作，诸善奉行；自净其意，是诸佛教。

——中国佛教文化研究所点校：《增壹阿含经（上册）》卷第一，《序品第一》，6页，北京：宗教文化出版社，1999

资源2：“世间所有一切，可以说全为婆罗门所有；由于他出生嫡长和出身卓越，他有权享有一切存在物。”“首陀罗只应该以首陀罗女子为妻，吠舍可在奴隶种姓或本种姓中娶妻；刹帝利可在上述两个种姓和本种姓中娶妻，婆罗门可在这三个种姓和僧侣种姓中娶妻。”“出生低贱的人无论用哪个肢体打击出身高尚的人，这一肢体应被切断。这是摩奴的命令。”“但首陀罗无论是买来的或不是买来的，都应强制他们从事奴隶工作；因为他们是被自存神创造来侍奉婆罗门的。”

——［法］迭朗善译：《摩奴法典》，马香雪转译，22页、55页、197页、209页，北京：商务印书馆，1996

资源3：“因彼为民众选举而来，婆薮，故称‘大选君’，如是取得最初头衔。彼为田土之主，故称为‘战士’（在原始古语中田土与战士可能读音近似；不过这也只是猜想，尚无历史证据）……因彼以善法取悦人民，故称‘帝王’（帝王一词可能由“取悦”派生而来）……”①

——［英］渥德尔（Warder）：《印度佛教史》，王世安译，148页，北京：商务印书馆，1995

① 这段话是佛陀叙述战士贵族阶级身份的由来。

资源4：“毗婆尸佛坐波波罗树下成最正觉，尸弃佛坐分陀利树下成最正觉，毗舍婆佛坐婆罗树下成最正觉，拘楼孙佛坐尸利沙树下成最正觉，拘那含佛坐优昙婆罗树下成最正觉，迦叶佛坐尼拘类树下成最正觉。我今如来、至真，坐钵多树下成最正觉。”①

——中国佛教文化研究所点校：《长阿含经第一分》卷第一，“大本经第一”，3～4页，北京：宗教文化出版社，1999

资源5：世尊说已，重说偈曰：“父母为东方，师长为南方，妻妇为西方，亲族为北方，童仆为下方，沙门为上方。诸有长者子，礼敬于诸方；敬顺不失时，死皆得生天。惠施及软言，利人多所益……亲旧不相遗，示以利益事；上下常和同，于此得善誉。”

——中国佛教文化研究所点校：《长阿含经第二分》卷第十一，“善生经第十二”，201页，北京：宗教文化出版社，1999

资源6：……从这些流传于中国、缅甸、斯里兰卡等的记述，及西欧学者的著论中，以推知其最早的一说，谓释迦入灭是在公元前二四二二年。最近的一说，则在公元前三二〇—前三三〇年之间，两说年代，差距如此之大……

现在用举世皆知的阿育王年代为中心，由此推寻考订其事迹，倒数到释迦牟尼入灭的年代，就会发现两个事实，一是北传的佛教经论，大多说相隔百年或百余年；南传的佛教经典，则说为二百十八年。……其中南传佛教经典的年代，与隋代费长房的《历代三宝记》中所说的“众圣点记”的年代数字，比较符合。又据《大唐内典录》、《开元释教录》及《贞元释教录》的记载，也都近于此说。由此上溯九百七十五年，可以确定释迦牟尼寂灭的年代，正当周敬王三十四年间。再上溯八十年，则释迦牟尼出生之年，正当周灵王七年，也就是公元前五六五年，距今已有二千五百三十一年。

——南怀瑾：《中国佛教发展史略》，34～35页，上海：复旦大学出版社，1996

资料7：佛灭的年代，异说甚多，总计起来约有六十种（西藏地方就有十四种）。……有两种说法特别具有具代表性：一是南方各国（斯、缅、泰、老、柬等国）的佛灭于公元前544年说（认为佛灭在四五月份，由第一年的四五月到第二年的四五月为佛灭后的一年。因为有这跨年度的情况，也可算为公元前543年）。二是我国蒙藏地区黄教的公元前961年说。此外，在我国内地有以佛诞为纪元的，为公元前1027年说……

① 这段话说明了佛教与古印度传统树神崇拜的密切关系，佛教中的过去七佛均在某一棵树下成佛。

……在西方，可以作为代表的有六说：最早的是公元前483年说（英国盖格尔W. Geiger），此外有前480年，前477年，前470年，前412年等各说，最迟的是公元前370年说（寇恩H. Ken）。在日本，最有代表性的是宇井伯寿的公元前386年说……

……

……印度人自己编写的《印度人民的历史与文化》就采用了前486年作为盖然性的年代，前544年作为传说的年代。……

——吕澂：《印度佛学源流略讲》，4～6页，上海：上海人民出版社，2005

海洋文明的发源：希腊城邦和雅典民主

学术引领

民主作为一种国家政治，最早出现于古代希腊，以雅典民主政治最为典型。雅典的民主制度是在平民的推动和政治家的改革下逐渐发展完善起来的。到伯里克利（Pericles）时代，雅典民主政治达到其鼎盛时期。公民大会、五百人会议与民众法庭并列为雅典民主政治的三大支柱，它们共同撑起了雅典民主政治的大厦。

古代雅典人如伯里克利、德摩斯梯尼（Demosthenes）等人认为，正是因为有了民主制度，雅典才强大和美丽，因此它是一种理想的政治制度。但从公元前5世纪末起，由于雅典在伯罗奔尼撒战争中的失败，民主制度缺点的暴露，哲学家、历史学家如柏拉图（Plato）、修昔底德（Jhucydides）、色诺芬（Xenophon）等把雅典民主政治看成是不断衰败、政治混乱、无法无天的暴民政治。

雅典民主制度在专制盛行的时代开创了民主政治的典范。值得注意的是，它和现代民主制有着根本的区别，现代民主制是在吸收古希腊民主思想和罗马政治制度的基础上、为适应现代社会需要而进行的一个全新创造。

一、城邦的概念及城邦的形成

城邦是古希腊史的一个重要概念，关于城邦的研究成果，主要有以下三个方面。

第一，关于城邦的概念。顾准在《希腊城邦制度——读希腊史笔记》（8页，北京：中国社会科学出版社，1982）一书中提出，城邦是以一个城市为中心的独立主权国家。王敦书在《略论古代世界的早期国家形态——中国古史学界关于古代城邦问题的研究与讨论》（载《世界历史》，2010年第5期）一文中认为，古代城邦是一个以城市为中心、公民为主体、国家为本质的共同体。他指出，城邦不是希腊、罗马所特有的一个国家形态，古代两河流域以及其他地区都曾在相当长时期存在过不少以一个城市为中心结合周围地区而形成的小国，他们与古代希腊、罗马的城邦颇为相似。张广智在《略说古希腊的城邦文明》（载《湖北大学学报（哲学社会科学版）》，1996年第2期）一文中指出，城邦是由城市、国家和公民公社（或公民集体）这三种互相关联的因素组成的，并具有自治性质和自给自足的倾向。它是由一个中心城市，加上邻近的乡村结合而成的一个国家，因此“小国寡民”是它的显著特征。

第二，关于希腊世界出现小国寡民式城邦的原因。斯塔夫里阿诺斯在《全球通史：从史前史到21世纪（上册）》（第7版修订版，吴象婴、梁赤民、董书慧、王昶译，102页，北京：北京大学出版社，2012）一书中指出，希腊地区没有丰富的自然资源，也找不到肥沃的大河流域和广阔的平原，而这些恰恰是建立如中东、印度和中国那种复杂的帝国组织所必需的。在希腊和小亚细亚沿海地区，只有连绵不绝的山脉，这不仅限制了农业生产率的提高，而且把陆地隔成小块。因而，那种可作为地区合并基础的天然地理政治中心，希腊人是没有的。这些由村庄扩大而成的居留地一般称为“城邦”，而提供避难的地方称为“卫城”或“高地”。城邦常策略地设在土地肥沃的地方或商路附近，因而引来更多的移民，成为该地区的主要城市。许多小城邦就是这样形成的，彼此较为隔绝，而又生气勃勃地独立不移。到公元前8世纪初，自给自足的经济因人口密集而遭破坏，渴望土地的农民不得不到海上去当海盗、商人或殖民者，或者三者兼事之。到公元前5世纪，包括黑海在内的整个地中海地区环布繁盛的希腊殖民地，这些殖民地成为与母邦一模一样的海外城邦。

第三，雅典和斯巴达是古希腊世界两种类型的城邦代表。英国学者杰弗里·帕克（Geoffrey Parker）在《城邦——从古希腊到当代》（石衡潭译，21页，济南：山东画报出版社，2007）一文中指出，雅典和斯巴达代表了古代希腊世界两种类型的城邦，也都反映了其所处的地理条件。雅典是海上国家，尽管它的城区实际位置偏于内陆。斯巴达则是一个陆地国家，也是一个处在充满敌意的人民之中的军营，这种境况下的国家总处在军事戒备状态之中。雅典和斯巴达之间的地理差异也导致了两者之间深刻的政治差异。斯塔夫里阿诺斯在《全球通史：从史前史到21世纪（上册）》（第7版修订版，吴象婴、梁赤民、董书慧、王昶译，103～104页，北京：北京大学出版社，2012）一书中指出，约公元前1000年前后，斯巴达人的祖先占领了肥沃的欧罗塔斯河流域，公元前8世纪后期，斯巴达人征服了麦西尼亚的肥沃平原，从而排除了向海外扩张的需要，不过，因此付出的代价是沉重且无法避免的。斯巴达享受不到因与外国交往而带来的经济和智力上的促进，只能过着一种很少变化的农业生活。而且，为了控制大批受管辖的居民，不得不把自己的国家组织得像一个军营。这种社会制度使斯巴达人成为整个希腊最好的步兵，但是，若让他们去写剧本、雕刻头像或系统地阐述哲学，不仅不感兴趣，也没有时间去做。在此期间，雅典人发展起一个完全不同类型的社会，雅典朝着民主化的方向发展，急需发展贸易创造出一个强有力的中产阶级，他们同失去土地的农民联合，要求政治自由化。经过梭伦（Solon）改革和克里斯提尼（Cleisthenesis）改革，雅典已出现民主政治。到公元前5世纪的伯里克利①时期，是雅典的黄金时期，与古典希腊的黄金时期同义。伯里克利在悼念公元前431年在与斯巴达人的战斗中倒下的雅典士兵而致的悼词中宣称："我们的城市向全世界开放……雅典是希腊的学校。"

二、雅典民主的运作及评价

（一）雅典民主的机构

冯金朋在《公民社会的起源：希腊城邦制度》（103页，长春：长春出版社，2012）一书中指出，雅典的民主制度是在平民的推动和政治家改革下逐渐发展完善起来的，到伯里克利时代，雅典民主政治达到其鼎盛时期。公民大会、五百人会议与民众法庭并列为雅典民主政治的三大支柱，它们共同撑起了雅典民主政治的大厦。

杨巨平、王志超在《试论演说家与雅典民主政治的互动》（载《世界历史》，2007年第

① 编者按：对于"Pericles"，当前学术界多译为"伯里克利"或"伯利克里"。本书依据《辞海（1999年版彩图本）》（辞海编辑委员会编纂，638页，上海：上海辞书出版社，1999），统一采用"伯里克利"。北京师范大学出版社历史教材也统一采用"伯里克利"，但对部分以"伯利克里"为名的著作或文章，则保留了原貌。

4期）一文中指出，梭伦被视为古希腊民主政治之父，他改革（公元前594）的核心内容之一就是确立公民的主体地位。他扩大了公民大会的立法权，并颁布解负令使许多雅典人摆脱了奴役地位，重新获得公民权，从而使“具有投票权的平民们成为政体的主宰”。他还设立了全体公民都可通过抽签方式参加的陪审法庭。公元前6世纪末，克里斯提尼再次在雅典推行大规模的政治民主化改革，新设立的五百人议事会成为公民大会的常设机构，任何提交公民大会的议案，都必须事先得到议事会的讨论同意。他所创立的“陶片放逐法”每年是否采用，都要经过公民大会的首肯，并且在有6000名以上公民投票时，表决结果才有效，这些措施都在一定程度上扩大了公民参政议政权，同时也增加了政治家登台演说、影响民众的机会。

公民大会是处理雅典事务的最高权力机构。斯塔夫里阿诺斯在《全球通史：从史前史到21世纪（上册）》（第7版修订版，吴象婴、梁赤民、董书慧、王昶译，106页，北京：北京大学出版社，2012）一书中指出，它一年召开40次例会，如果需要的话，还召开临时会议，旨在解决一般政策问题，并为政府在外交、军事和财政等领域的活动作出详细的决定。伯里克利还规定大部分公职人员实行薪给制，使贫民有可能担任公职。另外，他还建立许多由陪审团作最后决定的民众法庭，陪审法官由抽签产生，所有公民都可担任。

自古典时代以来，中外学者和政治家从不同的角度对雅典进行了分析和讨论，至今仍是众说纷纭。晏绍祥在《从理想到暴政——古典时代希腊人的雅典民主观》（载《华东师范大学学报（哲学社会科学版）》，2003年第6期）和《民主还是暴政——希腊化时代与罗马时代思想史中的雅典民主问题》（载《世界历史》，2004年第1期）两篇文章中指出，古代雅典人对雅典民主就存在着两种截然不同的看法。部分政治家和雅典的普通公民如伯里克利、德莫斯提尼等认为，正是因为有了民主制度，雅典才强大和美丽，因此它是一种理想的政治制度。伯里克利的态度代表了当时雅典人对民主政治的一般态度。首先，伯里克利声称：“我们的制度之所以被称为民主政治，因为政权是在全体公民手中，而不是在少数人手中。”所有人在法律面前平等。“任何人，只要他能够对国家有所贡献，绝对不会因为贫穷而在政治上默默无闻。”可是，平等不是无政府状态，更非多数人暴政。恰恰相反，“当我们隔壁邻人为所欲为时，我们不至于因此而生气……在我们的私人生活中，我们是自由和宽恕的；但是在公家的事务中，我们遵守法律。”其次，民主政治下的公民乐于而且善于享受生活，但并不意味着他们因为自由和富裕而变得软弱。斯巴达人勇敢是因为他们无知，雅典的勇敢则是建立在深思熟虑的基础上，是更高层次的勇敢。再次，民主政治下的公民具有强烈的爱国热情。最后，正因为民主政治具有上述优点，公民们温文尔雅和多才多艺，国家才格外强大。但从公元前5世纪末起，由于雅典在伯罗奔尼撒战争中的失败，民主制度缺点的暴露，哲学家、历史学家如柏拉图、修昔底德、色诺芬等开始从各个角度批评雅典的民主制度。雅典民主因此被看成是不断衰败、政治混乱、无法无天的暴民政治。修昔底德认为，普通民众缺少政治智慧和判断能力，只能接受拥有智慧的精英人物的领导，雅典所以失败，就是因为伯里克利死后，后继的政治家们只知道讨好民众，使民众越来越无法无天，导致了战争的失败。苏格拉底（Socrates）对雅典民主政治持批判态度，在色诺芬笔下，苏格拉底之所以批判民主政治，是因为民主政治把国家交给没有专业知识的人管理，“用抽签的办法来选举国家的领导人是非常愚蠢的，没有人愿意用抽签的办法来雇佣一个舵手、或建筑师、或吹笛子的人，或任何其他行业的人，而在这些事情上如果做错的话，其危害要比在管理国务方面轻得多”。一句话，他借口普通人民缺少专业知识，反对人民参与政治的基本原则。

（二）雅典民主的程序

1. 群体决策与民主

修昔底德在《伯罗奔尼撒战争史》（谢德风译，130页，北京：商务印书馆，1960）一文中指出，伯里克利在著名的《丧礼演说词》中赞誉雅典民主：“我们的制度之所以被称为民主政治，因为政权是在全体公民手中，而不是在少数人手中。”蒋云芳、胡长林在《雅典民主政治的特征及对西方民主的影响》（载《西南师范大学学报（哲学社会科学版）》，1999年第1期）一文中指出，在雅典，凡公民都享有充分的民主政治权利，其权力通过公民直接参与和管理城邦事务的方式来实现。公民大会每月召开3到4次，凡20岁以上的男性公民都有权参加，平等享有立法权、选举权和监督权。公民对城邦大事的议案自由发言或展开激烈的辩论，最后采取投票或举手的方式，按照“少数服从多数的原则”做出决议。这种简朴的参政方式鲜明地表现了雅典民主政治的直接性。这一方面固然与小国寡民的特征有关；另一方面，雅典的法律也鼓励公民直接参与城邦政治活动。在雅典，公民没有抛弃公务照管私务的自由，相反他必须奋不顾身地为城邦的福祉而努力。

苏格拉底、柏拉图、色诺芬等人对雅典的直接民主持批判态度，这与雅典直接民主的局限性有关。崔丽娜在《从群体决策的角度看雅典民主的弊端》（载《首都师范大学学报（社会科学版）》，2006年第2期）一文中指出，雅典民主政治是世界历史上一次成功的直接民主实践，其主要特点是公民集体决策。全体决策一方面体现了直接民主；另一方面也暴露了直接民主内在的局限性。首先，群众容易受演说的左右；其次，群众容易感情用事；最后，直接民主制缺乏对群体决策必要的约束机制。公民大会是最高权力机构，群众的决策几乎不受什么限制。即使议事会的预先审议对公民大会的权力有所制约，制约的程度也有限。民众完全可以按照自己的想法投票，即使结果证明是一次错误的表决，他们也不会受到任何惩罚，因为直接民主制下根本不存在对公民的约束机制，这种政治状况不可避免地助长了草率行事的风气。约束机制的缺乏也助长雅典民众养成推卸责任的习惯。如果公民大会的决策成功，荣誉在他们；反之他们就要把责任推到建议者或行为者身上。为防止公民大会一时冲动做出错误决定，雅典人也采取了一些措施。比如提前四天公布会议议程，给人们一定时间了解讨论的事务；对于非常重要的问题，公民大会可能进行两次投票，第一次所做的任何决定都可能在下一次会议上被修改；任何人都可以对他认为不合法的建议提出控告等。这些措施有机会改变一时冲动的决定，但人们的感情往往容易走极端，在这种情况下，任何措施都可能显得苍白无力。

关于演说家在雅典民主政治中的作用，杨巨平、王志超在《试论演说家与雅典民主政治的互动》（载《世界历史》，2007年第4期）一文中指出，从主观上看，绝大部分演说家是民主制度的支持者，他们积极维护公民的民主权利，他们坚决捍卫城邦的政治独立和雅典民主政体。但是，由于演说活动本身的特殊性，演说家在客观上也对雅典的民主政治产生了一定的消解作用。在演说家们的鼓动或煽动下，雅典公民往往会突然间集体丧失理智，忘记自己那一票的神圣责任和义务。西西里远征失败以后，面对惨痛的失败，雅典人不是总结教训反省自身的原因，而是转而攻击那些赞成远征的演说家，好像他们自己没有表决赞成似的，其出尔反尔的手法几近无赖。由此可见，演说家的活动在一定程度上助长了公民的非理性心态，而演说家为迎合这种心态又不可避免地导致了自身的堕落。正是这种无耻公民与煽动性演说家二者之间的恶性互动，城邦理性精神和公民精神逐渐消解。

2. 抽签与民主

和现代社会普遍采用选举的办法不同，雅典采用抽签任官法。城邦的公职除了十将军和其他少数需要专门技能的职位外，几乎都用抽签的方式产生。以五百人议事会成员的选任为例，所有年满30的公民都有资格参与议事会成员的选任。500名成员以部落为单位分为十组，每一组在一年的十分之一天数内负责议会的日常工作，被称为主席团，主席团的任职顺序由抽签决定。

冯金朋在《公民社会的起源：希腊城邦制度》（118页、121页、134页，长春：长春出版社，2012）一书中指出，民众法庭的陪审员在年初进行抽选，从10个部落中各抽选出600名公民，共6000人组成陪审员名单，他们具有陪审员资格并颁发陪审员牌证。民众法庭开庭时，这些预备陪审员要经过抽签才能参加审判，听取法庭辩论并进行投票。雅典法律规定："凡年过三十岁、不欠国家债务且未曾失去公民权者，皆有资格担任陪审员一职。"为防止买卖议席（或陪审员资格），公元前4世纪，证明身份的牌证和抽签机得到推广。抽选时，每个部落都配发一台抽签机（参见"教学资源"条"资源1"）。

张广智在《略说古希腊的城邦文明》（载《湖北大学学报（哲学社会科学版）》，1996年第2期）一文中指出，抽签任官法为公民在古代的社会条件下，提供了一种平等的参政机会，它成了落实"多数人统治"及"法律面前人人平等"原则的一项重要措施。抽签任官法意在保证每个公民参政机会之平等，却牺牲以能力选拔人才的原则，实在是得不偿失。冯金朋在《公民社会的起源：希腊城邦制度》（214页，长春：长春出版社，2012）一书中分析了雅典人热衷抽签的原因：抽签过程显示了神意；抽签是突破贵族垄断官职的做法，具有民主化色彩。他进一步指出，在雅典人看来，抽签是实现民主或平等的一个重要手段。在古代分工的初级阶段，一个公民是能肩负起应有职责的。因此，它对雅典民主的消极影响是有限的。

3. 监督与民主

蒋云芳、胡长林在《雅典民主政治的特征及对西方民主的影响》（载《西南师范大学学报（哲学社会科学版）》，1999年第1期）一文中提出，雅典国家权力的运行中存在着民主权力的制约，这种制约以国家机构权限的交叉为特色。梭伦开始赋予公民大会以立法权，陪审法庭以司法权，五百人会议以行政权，并使之相互制约。这与近代西方国家民主政治鲜明的三权分立不同，雅典国家机构权力虽有分工，但权限的划分比较笼统而且权力互相交错。立法、司法、行政不是平行关系，而是行政、司法在立法机关监督下的分权。

陶片放逐法是为防范有野心的独裁者而设计的。美国时代-生活公司编著的《民主的曙光：古雅典（公元前525—前322）》（老安译，65页，济南：山东画报出版社，2001）一书指出，在公民大会上，如果有6000人对一个犯法的公民投反对票，那么，犯法者就要面临被放逐——从本城向外地流放10年。有些学者批评陶片放逐法是打击精英，还有学者认为虽然陶片流放旨在维护正义，但也容易引起政客与党派之争，成为结帮拉派、排斥异己的一种工具。郑诗亮、沈奕在《黄洋谈雅典民主与西方民主传统》（载《东方早报》，2013-09-08）一文中反驳说，制定陶片放逐法的首要目的是防范僭主制复辟，并不是在总体上对精英阶层的打击或者迫害。在雅典民主政治近两百年的时间里，我们能够举出的精英受到打击或者迫害的例子并不多。苏格拉底之死有其特定的背景，不能在不考虑背景的情况下一概而论。

除了威力巨大的陶片放逐法，雅典还有一整套监督的措施。冯金朋在《公民社会的起源：希腊城邦制度》（180页，长春：长春出版社，2012）一书中指出，雅典对公职人员实行严格的监督，任职期对候选人公民身份和个人品行进行资格审查。任职的一年时间里，要接受10次任职检查，一方面督促他们恪尽职守；另一方面杜绝或减少他们渎职腐败。卸任时，同样要接受审查。一方面是审查账目；另一方面审查是否完成分内事务。黄洋在《希腊城邦的公共空间与政治文化》（载《历史研究》，2001年第5期）一文中指出，在雅典的市政广场上，建有一个称作“纪名英雄墙”的建筑，其墙身用做公告栏。有关城邦的事务、各项法令的预案都公告于此，供人们讨论；公民大会所通过的法令也都刻在石碑上，然后公布于广场之上。建于公元前5世纪末的圣殿，它同时又是雅典的公共档案馆，城邦所有的法律、法令、公民大会和500人议事会的决议，以及收支账目俱都存放于此，以供公民们查询。

（三）雅典民主的评价

晏绍祥在《近20年来英美古希腊史研究的若干趋势》（载《世界历史》，2000年第2期）一文中认为，近20年来欧美学者对雅典的评价存在日趋理想化的趋势，而第二次世界大战前被德国学者推崇的斯巴达军国主义体制则受到广泛批评，日渐式微。究其原因，晏绍祥认为这同西欧民主化浪潮有较大关系，他由此得出结论：西方学者今天对它的肯定不过是民主政治再度符合了他们的需要。因此，在传统与现实之间，现实的需要往往是第一位的。

1. 古代民主对现代民主的借鉴意义

美国学者卡尔·科恩（Carl Cohen）在《论民主·序》（聂崇信、朱秀贤译，1页，北京：商务印书馆，1988）一书中指出，民主是文明社会的基本价值，是近代政治文明的伟大成果，是不同国家、不同意识形态达成共识的政治哲学，“民主已成为整个世界头等重要的政治目标”。民主是什么？（Democracy），也就是我们熟知的德先生。民主一词源于希腊字“demos”（意为人民），以及古希腊语kratos（意为权力或统治）组成，直接翻译就是由人民统治。雅典开创的民主称为直接民主（也叫纯粹民主），而现代国家多实行的是间接民主（代议民主）。

关于雅典民主政治与近代西方民主的关系，存在着截然不同的看法。蒋云芳、胡长林在《雅典民主政治的特征及对西方民主的影响》（载《西南师范大学学报（哲学社会科学版）》，1999年第1期）一文中提出，雅典民主政治所倡导的民主原则和宽泛的自由精神是后来欧洲民主和自由的基础和滥觞。作者认为，雅典民主政治对西方政治的影响有四个方面，一是“法律面前人人平等”的政治原则；二是国家机构的“三权分立”的组织形式；三是“少数服从多数”的决策原则；四是国家公职选举任期原则。

而有的学者则认为，雅典的民主与近代西方后来的民主有本质差别，雅典民主也并非近代西方民主的源流。古代民主与现代民主的内涵已发生了很多的变化。马克垚在《世界文明史》（110页，北京：北京大学出版社，2004）一书中指出，古代民主和现代民主的一些明显区别：前者是小国寡民型的城邦政治，后者是大国众民型的民族国家政治；前者仅限于成年男性公民享有参政权，后者逐步承认了包括体力劳动者和妇女在内的所有成年人的参政权；前者是单纯、纯粹的民主（即直接民主），公民大会是不受制约的最高权力机关，少数异己分子（通常是社会精英）被排斥，而后者则一般不诉诸全体公民意志的直接表达，实行代议制（即间接民主）、政党政治和分权制衡；前者仅把“自由”定义为一个人参与政治活动的自由，似乎人只为公共政治而生活，个人在公共权力面前也没有任何自我保护的能力，后者赋予个人的自由则广泛得多，个人既有权参加政治活动，也有不受非议放弃公共政治而从事一切私人的合法活动，而政府的主旨也正是保护这种个人自由权利不受任何势力侵犯。

面对古代民主与现代民主显见的区别，黄洋在《古代与现代的民主政治》（载《史林》，2007年第3期）一文中关注了“古代民主制对现代社会的政治生活是否还会有些益处、有所启迪？或者说，古代民主政治是否能为现代社会的政治实践提供可资借鉴的东西呢？”他认为，现代民主制是在吸收古希腊民主思想和罗马政治制度基础上、为适应现代社会需要而进行的一个全新创造。现代知识分子对雅典民主不以为然的态度，深层次的原因可能是它和现代民主制有着根本的区别。在希腊人的概念里，代议制民主非但不是民主，甚至是反民主的。而且作为现代民主标志的选举，在希腊人看来则是贵族政治的标志。把代议制称为民主制的主要形式，现代的政治学家们实际上抛弃了民主政治的原始形式，重新定义了民主政治。在现代西方民主制中，精英阶层无疑起了至关重要的作用，“间接民主”的实质就是精英政治。如果说现代民主制是精英政治，那么古代雅典的民主政治则是大众政治。雅典人相信，普通公民和精英分子一样具有政治智慧，能够参与国家政治，有效地做出决策。虽然有排除精英阶层的措施，但民主政治的所有领袖无一例外都出自雅典精英阶级。

2. 雅典公民与自由

阮炜在《不自由的希腊民主》（177页，上海：上海三联书店，2014）一书中认为，雅典公民不自由，或者说，雅典人所谓的自由和现代人所说的自由不是一个概念。黄洋则在《古代与现代的民主政治》（载《史林》，2007年第3期）一文中提出，在现代社会，对个人自由的保障必须以对公共权力、尤其是国家权力的限制为基础。现代西方民主自由国家是建立在这种基础之上的。然而在古希腊，即使在雅典，国家的权力都不受限制。城邦是至高的存在，它优先于个人，城邦的权力不受任何的制约和限制，对于公民集体即公民大会或者民众法庭针对个人的任何决定，个人并没有上诉的机制和途径，在这个意义上说，在雅典，个人自由又是没有制度化保障的。结论就是，雅典民主制在很大程度上容忍了公民的个人自由，但个人自由并没有成为与平等或者民主那样同等重要的原则。从根本上说，个人自由是屈从于集体或者说公民共同体的。

3. 妇女、奴隶、外邦人与雅典民主

同现代民主政体相比，享有政治权利的人在雅典的人口中所占比例是比较低的。阮炜在《不自由的希腊民主》（234页，上海：上海三联书店，2014）一书中引用了著名古典学者哈蒙德的估计，在伯罗奔尼撒战争爆发以前，雅典人口为40万人，其中享有充分政治、经济和民事权利的公民不到4000人，外邦人约3.2万人，奴隶约为20万人，其余为妇女和未成年人。阮炜引用英国学者约翰·索利（John Thorley）的统计数据认为，公元前5世纪雅典公民在2.5万人至3万人之间，雅典总人口为25万人至30万人。其中奴隶约8万人，2.5万人为外邦人。

斯塔夫里阿诺斯在《全球通史：从史前史到21世纪（上册）》（第7版修订版，吴象婴、梁赤民、董书慧、王昶译，114～115页，北京：北京大学出版社，2012）一书中指出，我们在描述了希腊人在如此众多领域里的非凡成就之后，按照通常的做法，往往会指出他们的一些缺点。这就是，妇女的社会地位很低；奴隶们受到剥削；虽然奴隶和客籍民即居留的外邦人构成了居民的大多数，但他们绝无雅典公民权。斯塔夫里阿诺斯说，所有这些情况都是真实的，但无关大局。评价古典希腊，应该从当时的实际情况出发，而不应该依据现在的做法，或者更糟，按照乌托邦的标准。斯塔夫里阿诺斯进一步指出，绝大多数公民——三分之二到四分之三的公民——没有奴隶，靠当农民、工匠、店员或水手谋生。常有人说，普通雅典人因有奴隶养活，能够整天看戏、担任公职、讨论哲学和政治，这是不符合实际的。

三、苏格拉底之死

1. 雅典审判苏格拉底

苏格拉底之死是在探讨雅典民主时绕不过的话题。黄洋在《重审苏格拉底》（载《东方早报》，2013-08-18）一文中指出，公元前399年，雅典的三位公民墨勒托斯、阿尼托斯和吕孔联名将苏格拉底告上法庭，罪名是不敬城邦之神、发明新神和腐蚀雅典青年。雅典法律规定，根据案件案情轻重决定陪审团规模，审判苏格拉底的陪审团规模为五百人，这对于雅典人而言不是一桩惊天动地的案子。在原告提出指控后，苏格拉底发表了辩护演说，他的辩护没有博得陪审团的好感和同情，他还宣称自己是最有智慧的，并以诘问的方式，质疑雅典公民的智慧。法庭以280票对220票的票数判他有罪。在量刑的问题上，原告提出的刑罚是死刑，苏格拉底提出自己非但无罪，而且对城邦有益，不仅不应被罚，相反应获得在国家食堂免费吃饭的殊荣。接着他提出，他没钱，如果真要罚，自己只能承担罚款一百德拉克马。①而后又说，他的弟子柏拉图、克里托等愿意承担罚款，那就罚款三千德拉克马。这样的态度无异于藐视甚至戏弄陪审团，结果陪审团以360票对140票判处苏格拉底死刑。

2. 苏格拉底之死的评价

苏格拉底之死发生在历来被奉为民主政治楷模的雅典城邦。当时和后世的论者对苏格拉底死于号称民主自由的雅典城邦的评价莫衷一是。斯塔夫里阿诺斯在《全球通史：从史前史到21世纪（上册）》（第7版修订版，吴象婴、梁赤民、董书慧、王昶译，113页，北京：北京大学出版社，2012）一书中指出，苏格拉底对当时腐败的政治和不存在任何明确的生活准则深为忧虑。苏格拉底的弟子柏拉图就对雅典人民不信任，当雅典民主政体判处苏格拉底死刑时，这种不信任加深而为仇恨。阮炜在《不自由的希腊民主》（219页，上海：上海三联书店，2009）一书中指出，雅典民主政治是“人民的暴政”或者干脆是“暴民政治”，而人民一旦掌握权力，就会敌视和迫害精英，因此才有哲学家苏格拉底被处死的悲剧。黄

---

① 一百德拉克马，大约相当于一个体力劳动者三个月的劳动报酬。

洋在《重审苏格拉底》（载《东方早报》，2013-08-18）一文中批驳了雅典“暴民政治”的说法，他认为，民主制下的雅典并未想要置苏格拉底于死地，他的死在很大程度上是偶然的，或者说是出于他本人的选择。他的审判在雅典是一件十分平常的事，绝大部分这类审判也并非以处死被告而告终的。只不过在这起审判中，苏格拉底宁可选择牺牲生命，也要坚持自己的信念，从而成就了一个伟大哲学家的千古英名，但也使得雅典民主制从此蒙受恶名。但这并不意味着，雅典民主政治是“暴民政治”，或者民众是压制和迫害精英的，也不意味着雅典民主制下公民没有自由。恰恰相反，雅典公民享有充分的自由，这既包括公民参与城邦政治的自由，也包括公民选择自己生活方式、思想和言论的自由，亦即伯林所说的“积极自由”和“消极自由”。但在根本上，雅典人和所有古代希腊人一样，认为城邦共同体利益是高于个人利益的。因此，当共同体认为个人自由伤害到共同体利益时，城邦就会毫不犹豫地采取措施，制止它所认定的伤害行为，乃至惩罚施害者。归根到底，这是苏格拉底为什么会受到控告和审判的原因。

雅典民主作为一种远在云端的参照，既为当代人留下了诸多遐想，同时又遭到了不断的批判。教科书对希腊城邦和雅典民主的表述是抽象化、概括化的，教师理解起来都还费劲，遑论十几岁的孩子。史学阅读使教师对希腊自然社会环境与雅典城邦民主制的关系、雅典民主的运作及其评价有了更加深刻的理解。认识到雅典民主是一种粗糙的古代民主，它与现代民主有着巨大差别，它的意义在于为现代社会的政治实践提供可资借鉴的资源。

微课设计

微课设计一：雅典民主，魅力何在

设计意图

帮助学生初步认识环境与雅典民主制度的关系，通过史料了解雅典民主在平等与公正两方面的建树，认识雅典民主的当世及后世价值。

设计方案

材料呈现：

材料一　一个与伯利克理斯同时代的人曾写道："假如你未见过雅典，你是一个笨蛋；假如你见到雅典而不狂喜，你是一头蠢驴；假如你自愿把雅典抛弃，你就是一头骆驼。"

——［苏联］B. C. 赛尔格叶夫：《古希腊史》，缪灵珠译，242页，北京：高等教育出版社，1955

教师讲述：这个材料反映了当时的人对雅典的态度。我们不得不心生好奇：雅典，魅力何在？就让我们一起走进历史，去探究雅典魅力的奥秘。

一、别样的袖珍小国——雅典城邦

1. 自然环境

材料呈现：

材料二

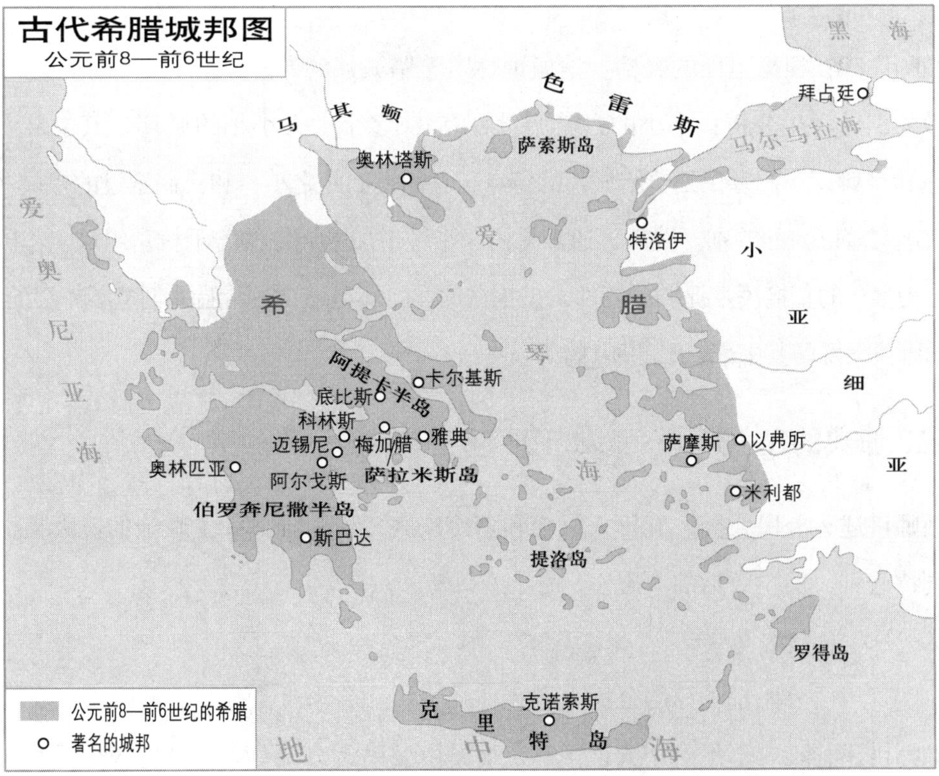

教师设问：结合“古代希腊城邦图”，同学们可以用哪些词语来形容希腊的自然环境？这样的自然环境对社会发展有何影响？

教师引导学生分析：希腊山多地少，土质不太适合种植粮食，而冬季多雨、夏季干爽的地中海气候却非常适合橄榄、葡萄的生长。希腊人把橄榄油、葡萄酒等商品运到海外，换回粮食。与农业国家不同，希腊是一个以商业立国的世界。频繁的海外贸易和交流，便利了希腊人吸收周围文明的先进文化。长期的航海塑造了古希腊人勇于冒险的精神和探索的性格，这些都为古希腊文明的崛起奠定了基础。

2. 社会环境——小国寡民的城邦

材料呈现：

材料三

公元前5世纪雅典和斯巴达城邦的面积与人口表

城　邦	面积（平方千米）	人口（万）	城　邦	面积（平方千米）	人口（万）
雅典①	2500	约30	斯巴达②	8400	约40

注：①②数据来自阮炜：《不自由的希腊民主》，234页，上海：上海三联书店，2014。

教师设问：根据上面的表格，请说说你对希腊城邦的印象。

教师引导学生分析：小小的古希腊世界有480多个大大小小的城邦，其中最大的是斯巴达和雅典。小国寡民是希腊城邦的特点，它们是如此之小，和我们学过的幅员辽阔的文明大国有着巨大的差别。城邦，通常是由一个城市加上周围的若干村落组成。小国寡民的社会为雅典的直接民主提供了条件，正是在这样的环境下，古希腊人创造了辉煌的文明。民主的雅典无疑是其中最耀眼的明珠。

二、雅典的民主追求——公正平等

教师讲述：公民大会、五百人议会和陪审法庭并列为雅典民主政治的三大支柱，它们共同撑起雅典民主政治的大厦。

1. 追求平等的雅典

（1）真正由公民说了算的公民大会

教师讲述：雅典不是由个人说了算，而是由公民大会说了算。公民大会是雅典最高的权力机构，所有政治决策必须在这里获得通过才能得以实施。古典时期的雅典每年要召开40次公民大会，凡年满18岁以上的公民，在履行了两年的兵役义务后便有资格参加。公民大会的法定人数是6000人，普通问题的讨论往往只需上千人。

材料呈现：

材料四　“农民们终年忙于耕耘收获，没有闲暇参与政治，而工匠、商贩或雇工却乐于如此，但由于参加公民大会可以获得津贴，所以，穷人因能得到补助而愿意从政。”“雅典各个阶层在公民大会所占的比例似乎是势均力敌。”

——冯金朋：《公民社会的起源：希腊城邦制度》，106页，长春：长春出版社，2012

材料五　“公民大会的决议通常冠以‘议会和人民的决定’或‘人民决定’之名。”“参加公民大会的公民，他们的主要职责是听取大会上的演说和辩论，然后再投上自己神圣的一票。”

——冯金朋：《公民社会的起源：希腊城邦制度》，105页、109页，长春：长春出版社，2012

教师设问：根据材料指出，为什么说公民大会“真正由公民说了算”？

教师引导学生分析：从公民大会的成员组成上看，各阶层的公民都有代表。为了让平民愿意并能够参政，雅典实行了津贴制。从决策程序上看，讨论的议题经过演说和辩论，最后由公民投票表决。从决议形式上看，决议常常冠以“议会和人民的决定”或“人民决定”之名。这些都反映出公民大会代表着全体公民的利益，是真正由公民说了算的。

（2）轮番而治的民主政治

教师讲述：雅典人为追求公民在政治上平等，采取抽签的办法来选出各级公职人员。在现代人看来，投票选举是民主的一种形式，并且是比抽签更科学的形式。但雅典人普遍抵制投票选举而采取抽签选举的方式来实现他们的民主。这是为什么呢？

材料呈现：

材料六　一个公民只要有任何长处，他就会受到提携，担任公职，这是作为他优点的奖赏，跟特权是两码事。①

——［古希腊］修昔底德：《伯罗奔尼撒战争史》（全两册），谢德风译，130页，北京：商务印书馆，1960

① 伯利克里在雅典阵亡将士葬礼上的演说。

材料七　在他们看来，抽签的整个过程，神都在显示着他的作用，抽签的结果是神意的表达，他们必须执行。古希腊人对神意怀有敬畏之心，所以，抽签方法被雅典人广泛地应用到了政治生活的各个领域，尤其是城邦公职人员的选任上面。

——冯金朋：《公民社会的起源：希腊城邦制度》，212页，长春：长春出版社，2012

材料八　当选执政官的财产限制由放宽而实际取消，国家一切公职，除十将军委员会委员外，都改用抽签选举，任何公民都可当选。为了保证非富有的公民也能在实际上担任国家公职，这时又制定公职受酬制。

——吴于廑：《古代的希腊和罗马》，71～72页，

北京：生活·读书·新知三联书店，2012

教师设问：结合以上材料，雅典如何保证公民平等参政？

教师引导学生分析：伯里克里说："一个公民只要有任何长处，他就会受到提携。"雅典的这种政治理念通过抽签选举和公职受酬制得以实现，这是保证公民能够平等参政的两大重要措施。雅典人依靠抽签选官，一方面固然是他们相信抽签结果代表着神的意志，另一方面，这也象征着城邦公职向全体公民开放的一种努力，使得每一个公民都有同等的机会出任城邦公职，行使作为城邦主人的职权。他们抵制投票选举制，在他们看来，投票选举带有强烈的寡头政治的色彩，他们认为富裕阶层依靠自身的优势影响甚至操纵投票结果。公职受酬制的实施也为平民参政扫清了物质上的障碍。

2. 追求公正的雅典

教师讲述：公民直接参政、轮番而治是雅典民主的重要特征。我们不得不问，要是抽签产生的公职人员渎职怎么办？要是有人凭借自身的影响力操纵民众怎么办？

材料呈现：

材料九　陶片放逐法是为防范有野心的独裁者而设计的，在公民大会上，如果有6000名公民对一个犯法的公民投反对票，那么，犯法者就要面临放逐——从本城向外地流放10年。

——［美］时代-生活公司编著：《民主的曙光·古雅典（公元前525—公元前322）》，老安译，65页，济南：山东画报出版社，2001

材料十　雅典城邦的所有官员，无论抽签选出的还是投票选出的，在任职之前都要经过资格检查。……

……

在正式任职前，所有官员都要举行一次就职宣誓仪式，宣誓内容大致是忠于职守、公正执法、依法行使权力，绝不利用职权而接受礼物等。……

每个官员在短短一年的任期内，需要接受十次任职审查。在每个主席团任期内，五百人议会都要对这些官员的工作情况进行一次信任投票。……

每个官员期满卸任之时，也同样要接受审查。一方面是账目审查……另一方面是职司审查，官员若顺利完成自己分内事务，他便可顺利离职；若未能完成，将受到渎职处罚。……

——冯金朋：《公民社会的起源：希腊城邦制度》，179～180页，

长春：长春出版社，2012

材料十一 “公民大会所通过的法令都刻在石碑上，然后公布于广场之上。……城邦所有的法律、法令、公民大会和500人议事会的决议，以及收支账目俱都存放于此，以供公民们查询。”“帕特农神庙修建工程的预算和开支都被刻在石头上，供城邦公民监督。”

——黄洋：《希腊城邦的公共空间与政治文化》，载《历史研究》，2001年第5期

教师设问：阅读以上材料思考，雅典采取了哪些措施来保证公正？

教师引导学生分析：陶片放逐法、抽签选官、对公职人员的严格监督、按法令办事、接受公民监督，雅典采取了一系列措施来保证公正。由于有完善的监督和制约，雅典民主有条不紊地运行了两百多年。它的很多做法也被当今世界的很多民主国家借鉴。

三、雅典民主的价值——经验与财富

1. 魅力雅典之当世价值

教师引导学生分析：可以说，在雅典这个小国寡民的社会里，真正地实现了公民“当家做主”。这在专制盛行的古代社会开创了民主政治的典范，为后世留下了宝贵的政治遗产。雅典像一位雍容高贵的绅士，积极进取，崇尚民主、平等、公正和自由。于是，雅典成为希腊人心中的理想国。正如雅各布·布克哈特所说：“在公元前5世纪，雅典成为所有希腊人的中心。”“雅典是惟一一个来自其他地方的天才能找到一份工作或者至少能够安全生活的地方。”“最好的建筑和创造性艺术真的都只是出自雅典，最重要的艺术家都出生在这里（尽管他们在其他地方也创作过上乘的作品）；如果他们来自于其他

地方，他们也想在雅典生活。”①

2. 雅典魅力之后世意义

教师讲述： 雅典人捍卫民主政治的热情以及他们对民主政治的设计为后世留下了更多的宝贵遗产。

材料呈现：

材料十二　一篇介绍立法会的文章曾这样写道：“高高在上的旁听席，使市民在上，议员和官员在下，没有任何秘密，一切尽在眼中。也许这就是议事大厅的设计者有意或无意地传达的政治理念——所有政治家都必须时刻牢记，虽然被赋予了管理国家的权力，但真正掌握权力的却是‘他们头顶’上的人民。”

材料十三

在立法会上，香港特首曾荫权接受立法委员的质询

——《香港：民主是一种生活方式》，载《中国青年报》，2012-06-28

教师设问： 你能从这两段材料中找到雅典民主的影子吗？

教师引导学生分析： 从材料中可以看到，立法会的旁听席象征着权力真正掌握在人民手中，人民监督议员和官员的一言一行，这种监督制衡和人民主权的理念早在两千多年的雅典便已存在。

设计点评

雅典民主政治是教学中的一个难点，学生理解起来有相当的难度。如何理解“雅典

① ［瑞士］雅各布·布克哈特（Jacob Burckhardt）：《希腊人和希腊文明》，第2版，王大庆译，303页、305页，上海：上海人民出版社，2012。

民主政体的价值与作用”呢？本微课立足于历史细节材料，采用探究学习的方法，逐步解决了“雅典采取了哪些措施来保障公民大会的顺利召开”“如何保证公民参政的平等权利”“你如何看待抽签制”“雅典采取了哪些措施来保证公正”等问题，从“平等”和“公正”两个维度，认识雅典民主的价值和意义。

微课设计二：民主雅典，离“理想国”有多远

设计意图

通过对雅典民主实践的探究，帮助学生了解雅典民主的局限性，在反思雅典民主的过程中，认识到雅典的民主是一种粗糙的古代民主。

设计方案

材料呈现：

材料一　希腊城邦国家的广场民主只适应小范围内简单城邦公共事务。这种民主是有缺陷的……至高无上的人民有权做任何能做的事，不受任何准则的羁束。结果，解放了的雅典人变成了暴君。雅典人在广场民主中以苏格拉底的殉道，来给自己的罪孽加冕。

——戴志勇：《民主是一种现代生活》，载《南方周末》，2011-11-25

教师讲述：如果说，雅典民主是古代社会最民主的制度，大概没有人会质疑。如果说，雅典民主是我们渴望的“理想国”，大概很多人会质疑。在雅典，公民身份是一种特权，它只为十分之一的人享有。材料引发我们的思考，城邦民主下的古雅典人是暴君吗？雅典民主是我们追寻的理想国吗？我们一起来探讨这个问题。

一、探究雅典——“直接民主”是否科学

1. 多数人的决策是否更正确

教师讲述：雅典民主实行的是直接民主，公民大会是最高权力机构。举行公民大会时，公民将发给的橄榄枝放在会场的祭坛之上，即可就任何问题自由发言；公民的主要职责就是听取大会上的演说和辩论，然后再投上自己神圣的一票。表决的方式通常是举

手。多数人的意见总是正确的吗？

材料呈现：

材料二 公元前440年，城邦司库官被控挪用公款，在未经详细调查的情况下，公民大会便将其中十位成员判处死刑。当钱的去向被查明并证明司库官无辜的时候，其中九人已经被处死，只有一人得以幸免。这只是误判事件中一个较为轻微的例子。

——冯金朋：《公民社会的起源：希腊城邦制度》，220～221页，长春：长春出版社，2012

教师引导学生分析：这则材料深刻反映了雅典直接民主的弊端。公民大会未经详细调查便轻率地处死了九名城邦司库官，为何公民大会如此轻率？为什么多数人的意见不一定是正确的？我们通过以下几则材料来了解雅典公民大会的运作。

材料呈现：

材料三 伊索克拉底对此①进行了形象批判，“我们……甚至在同一天对同一件事都会持有不同的态度。我们进入公民大会时所谴责的事情，却恰恰是我们在投票表决时赞成的事情；过一段时间，在离开公民大会回家的途中，我们又不赞成在这里表决的议案。”

——冯金朋：《公民社会的起源：希腊城邦制度》，218～219页，长春：长春出版社，2012

材料四 从决策的提出、商议、决定以及执行，公民大会的一切行为却是完全免责的，这种免责做法甚至被后世学者批评为“无赖”行为。

——杨巨平、王志超：《试论演说家与雅典民主政治的互动》，载《世界历史》，2007年第4期

材料五 他们大部分是文盲……民众法庭和公民大会上，都有专门负责宣读文献资料的会务人员，以便与会成员能较为清楚地了解发生了什么，以及该如何判断。……表达能力强的人往往会在政治辩论或法庭辩论中胜出。

——冯金朋：《公民社会的起源：希腊城邦制度》，217页，长春：长春出版社，2012

教师讲述：雅典人的知识素养和判断能力平平，大部分是文盲。公民大会对所作出的决策不承担责任。虽然决策权掌握在多数人手里，但实际上，决策往往只是集中在少数几个人手里，因为他们可以利用高超的演说技巧等来赢得民众的信任，从而影响民意。所以会出现城邦司库官被误判的例子，事实上，这只是雅典误判事件中较为轻微的

① 此，是指城邦政策的种种失误都是源自公民集体的感情用事，缺乏理性。

例子，有的误判却可能把雅典带入危险的深渊。这告诉我们，真理并不总是掌握在多数人手里，直接民主也有可能发展为多数人的暴政。

2. 抽签是否意味着公正

教师讲述：雅典实行轮番而治，为体现公平的原则，除十将军和少数需要专业技能的职位外，城邦近700个公职向所有公民开放，由抽签产生。抽签制度是雅典独具特色的政治制度。

材料呈现：

材料六　城邦公职人员由抽签方式选出，象征着城邦公职向全体公民开放的一种努力，使得每个公民都有同等机会出任城邦公职，行使作为城邦主人的职权。所以，在雅典人看来，抽签是实现民主或公平的一个重要手段。

——冯金朋：《公民社会的起源：希腊城邦制度》，215页，长春：长春出版社，2012

材料七　苏格拉底说："没有人愿意用抽签的方法去雇用一位舵手和建筑师、吹笛手或其他行业的人，而这类事若出错的话，危害还比在管理国家事务上出错轻得多。"

——［古希腊］色诺芬：《回忆苏格拉底》，吴永泉译，8页，北京：商务印书馆，1984

教师设问：指出两则材料对抽签制看法的不同，并谈谈你的观点。

教师引导学生分析：雅典人用抽签选举公职人员是因为他们认为这是实现民主和公平的重要手段。它象征着城邦公职向全体公民开放的一种努力，使得每一个公民都有同等的机会出任城邦公职，行使作为城邦主人的职权。

有人批评抽签方式不能选出最有才能的人，而往往是无才之辈来管理国家。这种批评有其道理。如果是在分工不发达的古代社会还勉强可以实行的话，在社会高度发达、分工越来越细的现代社会还采用抽签的方式来选官，必定会被耻笑。

二、反思雅典——离"理想国"有多远

教师设问：有人认为，正是因为有了民主制度，雅典才强大和美丽，因此它是一种理想的政治制度。也有人说雅典民主是不断衰败、政治混乱的暴民政治。如果你是雅典民主时期的农民，或者是苏格拉底本人，或者是被处死的城邦司库官，你会如何看待雅典的民主？

教师引导学生分析：在专制制度之下，农民没资格参与国家管理。而在雅典的民主

制度下，具有公民身份的农民作为城邦主人参加公民大会，担任城邦官员，成为陪审法庭的法官，参与城邦管理。这在同时期的其他国家和地区是不曾有过的。

作为社会精英代表的苏格拉底最终因言获罪，被判处死刑。在苏格拉底看来，对他的死刑判决是错误的，但是，在法律程序上确是合理并正确的，这成为雅典民主制度一个挥之不去的伤疤。苏格拉底是反对直接民主制度的，比如他反对抽签，虽然抽签选举公职人员保障了平等，因而批评雅典是无才之辈来管理国家。他认为人民大众就像泛滥的洪水，甚至不知道自己在做什么。苏格拉底的学生柏拉图便认为，苏格拉底之死直接证明了雅典民主政治的非理性和盲目性。

误判城邦司库官是雅典民主时期众多愚蠢的错误之一。作为最高权力机关的公民大会决定着城邦的大小事务，而最终的决议由公民举手表决决定。由于普通雅典人素养平平、容易感情用事，在一些决策中极易失误。这是由雅典直接民主制度的天然缺陷决定的，它缺乏纠错机制，作为决策的公民大会无需为错误负责，而提案人则需要对自己的提案负责，决策的执行者也需要对行动负责。享有免责特权的公民大会会严肃对待每一项议案吗？

总之，雅典民主是一种粗糙的古代民主，离“理想国”还有一定的距离。我们今天反思雅典，是探寻古代民主政治是否能为现代社会的政治实践提供可资借鉴的东西。在现代民主社会，在大国众民型的社会里，实行代议制民主，用选举选官，承认妇女、体力劳动者在内的所有成年人的民主权利和权力的制约，等等，这些都使现代民主超越了古代民主的范畴。在追寻“理想国”的征程上，人类的脚步从未停止。

设计点评

通过本微课的学习，让学生认识到，雅典民主政治不仅体现了历史进步性与时代局限性的统一，同时还与现代西方民主政治存在着一定的非继承性的联系。本微课以“民主雅典，离‘理想国’有多远”为标题，非常形象生动地告知了学生需要探究的内容，可以为教师设计探究课主题提供一种参考。在学习过程中，设计者大量选用历史细节，以雅典民主政治中的多数人决策和轮番而治为探究点，引导学生深入认识雅典民主政治的积极性和局限性。

教学资源

资源1：雅典法律规定："凡年过三十、不欠国家债务且未曾失去公民权者，皆有资格担任陪审员一职。"但是，若有人不具备资格而担任陪审员，他将被起诉，并接受民众法庭的审判。……

民众法庭实物：抽签机（后）、投票球（前右）、陪审员牌证（前左）

所有有资格成为陪审员的公民在年初进行抽选，从每个部落抽选六百名公民，总共六千名公民，他们组成陪审员名单。陪审员名单形成之后，这六千人需要进行集体宣誓；誓词大致如下："我将根据法律和公民大会或五百人议会颁布的法令，进行投票；如果无法可依，我将根据自己的良知不偏不倚地投票。我将仅就当庭的诉讼进行投票并公正地听取起诉人和被起诉人双方的辩论……以神王宙斯、太阳神阿波罗和谷物女神得墨忒耳的名义宣誓，如违背誓言将遭报应。"而公民大会成员则无需宣誓，相较之下，民众法庭的判决要比公民大会的决议更具权威，这也是民众法庭在后来能超越公民大会成为最高国家权力机构的因素之一。在宣誓之后，每人将被颁发给一个证明陪审员身份的牌证。这是一个由黄杨木或青铜制成的长方形牌子，11厘米长、2厘米宽和2厘米～3厘米厚，上面写着本人的全名，印有猫头鹰像或戈耳工头像，并刻有自己所在部落的希腊字母代码。由于雅典只有十个部落，所以代码也是"k"以内的一个希腊字母。

尽管这六千人拥有了陪审员证件，但他们仍然只是预备陪审员，并不是所有人都参加到具体的审判中。法庭入口处放有大箱子，每个人都将自己的牌证投入其中、摇乱顺序；然后，由临时抽选出来的插票员，将这些牌证任意插入抽签机。这时，执政官便通过掷骰子的方式来决定参加审判的陪审员。那些被选出来的人再从一个瓮里取出一个刻有字母的橡子，并被发给一个带色的小棒；接下来，他们便进入入口门楣上刻有与橡子上面字母相同、法庭颜色与小棒颜色相同的法庭内就座。未被选中的人，只能返回干别的事情。选出的陪审员要在这里待上一个白天的时间，听取法庭辩论并进行投票。通过复合抽选的方式，民众法庭排除了通过贿赂来操纵审判的可能性。这种防止腐败和作弊的抽选制度是公元前4世纪才完备的，它是雅典民主政治逐步成熟的一个表现。

完成当天的各项工作后，陪审员可以领取3奥勃尔的薪金。3奥勃尔大约相当于当时工人基本日薪的三分之一，基本可以维持一个小家庭的日常开支。……

——冯金朋：《公民社会的起源：希腊城邦制度》，133～135页，长春：长春出版社，2012

资源2：下面用青铜制作的陪审团票箱之上的这个中空的标柱表明是供定罪投票用的，而右边实心的标柱是供宣判无罪用的（见左图）。

为对放逐进行表决，雅典的公民们把犯法者的名字刻在陶片上（见中图），所以这种惩处也被称为“陶片放逐”。①

陶　片

民众法庭实物——水钟

水钟是为法庭进行工作程序时计时用的，从上面的罐子里流到下面罐子里的水计量着留给发言者的时间，这种罐子注满水约需6分钟的时间（见右图）。

——［美］时代–生活图书公司：《民主的曙光：古希腊（公元前525—公元前322）》，老安译，65页，济南：山东画报出版社，2001

资源3：有一次实施陶片放逐法，雅典政界的大人物阿里斯德岱斯到现场观看，被一个男人叫住，此人好像来自远离雅典的地方，不认识阿里斯德岱斯，他递上一片陶片，说：“你能帮我写上阿里斯德岱斯的名字吗？我不会写字。”阿里斯德岱斯问：“你知道他做了什么坏事吗？”那人摇摇头，回答说：“不知道。我都不知道他长得什么样

① 雅典的民主制度中有一种制度防止任何个体变得过于具有权势，这就是陶片放逐法，专门用来对付具有野心的独裁者。在公民大会上，如果有6000名公民对于一个犯法的公民投反对票，即雅典公民把犯法者的名字刻画在陶片上，那么犯法者就要面临放逐—从本城向外地流放10年。

子，只是大家都在说阿里斯德岱斯是个大人物，是正义之士，我听烦了。”阿里斯德岱斯无语，在男人递过来的陶片上写下了自己的名字。那年，阿里斯德岱斯被逐出雅典。但没过三年，他就被召了回来，因为波斯大军压境，执政官特米斯特克里斯需要他的协助，对抗外地。打败波斯后，阿里斯德岱斯取得执政官的地位，而战争中的第一功臣特米斯特克里斯又被陶片放逐法放逐。公元前417年，雅典人废除了陶片放逐法，大概他们自己也认识到这个制度的缺陷。

——[日]盐野七生：《罗马人的故事》(1)，叶丽萍译，92～93页，北京：中信出版社，2011

资源4：他①的第一位妻子出生于雅典，为他生有两个儿子。根据这项新的法律②，他的两个儿子都有权获得公民资格。但是，他俩却双双死于公元前430年开始流行的那场席卷全雅典的瘟疫之中。这就使得伯里克利只剩下了一个后嗣——他的第三个儿子小伯利克里。然而，这个儿子是由阿斯帕西娅所生，而阿斯帕西娅不仅是这位将军的未行正式仪式而结婚的妻子，而且还是雅典众多外籍居民中的一员。根据新法律的条款，他们所生的儿子不得成为公民，所以伯里克利感到如芒刺在背，为了使自己的这个同名的儿子合法化，必须恳求公民大会豁免自己执行这条法律。

——[美]时代–生活图书公司：《民主的曙光：古希腊（公元前525—公元前322）》，老安译，63页、66页，济南：山东画报出版社，2001

资源5：德摩斯提尼：（向腊肠贩）你是个走运的人，发财的人啊，你今天是无名小卒，明天就显赫无比！你这个幸福的雅典城的统治者啊！

……

腊肠贩：你说说，像我这样一个卖腊肠的，怎能够变成一个大人物呢？

德摩斯提尼：你是从名门望族出身的吗？

腊肠贩：真的不是，我是从下流人家出身的。

德摩斯提尼：你这个幸运的宠儿啊，你有一种多么好的政治本钱啊！

腊肠贩：但是，好朋友，除了识字，我并没有受过什么教育，就连识字也糟透了。

① 他，指伯里克利。

② 这项新的法律，指伯里克利对公民资格法的新改革，即终止以往长期实行的把公民权可以授予雅典籍的父亲和外籍的母亲所生儿子的做法。

德摩斯提尼：识字就碍你事儿？“糟透了”！因为现在一个有教养的人，一个正人君子不能够成为一个政治家，只有那无知的、卑鄙的人才能够呢。你可不能错过了神们显示给你的机会。

——阮炜：《不自由的希腊民主》，222页，上海：上海三联书店，2014

资源6：关于城邦事务的辩论大多是在演说家之间进行的。他们一般自认为是公民的代言人。雅典普通公民大部分是文盲，受过教育的占少数，多数人并不具备在公众场合发表长篇大论的能力，能言善辩的个别公民就成了所谓的“演说家”。……德摩斯梯尼则讲的更直率，他认为……表达公民的意愿似乎是演说家义不容辞的责任。演说家们也常常以人民的建议者和指导者自居。……但要公民听取建议的前提是演说家们必须提出最好的建议，必须要为城邦负责；演说家应该专注于人民的事务，否则便是失职。有的演说家可能会在某个时期成了城邦的实际领导人，在民众中享有崇高的威望。在这种特殊情况下，他的建议如果与大部分民众的意见相左，遭到公民大会的抵制，他仍可以坚持己见，继续劝说民众，甚至对公民进行适度的批评。……此外，公民大会议事时留给演说家的时间并不多，相关决议必须在很短的时间内就做出，一般在天黑之前要进行投票表决，因此有机会向民众进行演说的只能是少数人。每当这种时刻，那些被民众所信任的一位或几位演说家就有可能成为城邦事务的实际领导者。

——杨巨平、王志超：《试论演说家与雅典民主政治的互动》，
载《世界历史》，2007年第4期

东西文化交流的桥梁：亚历山大帝国的扩张

学术引领

古希腊著名历史学家阿里安（又名阿利安，Arrian）在《亚历山大远征记》（李活译，134页，北京：商务印书馆，1979）一书中称亚历山大是“勇士当中最英勇的勇士，国王当中最伟大的国王，统帅当中最英明的统帅”。寥寥数语虽有拔高亚氏之嫌，但不乏中肯之处。亚历山大一生金戈铁马，战功显赫。他不仅把绚丽夺目的希腊文明的火种播撒在东方的膏腴之地，而且还将沉积于美索不达米亚、尼罗河和印度河上的智慧载向欧洲。马克思在《第179号〈科隆日报〉的社论》（中央编译局：《马克思恩格斯全集（第1卷）》，113页，北京：人民出版社，2002）一文中对此高度赞誉说：“希腊的内部极盛时期是伯里克利时代，外部极盛时期是亚历山大时代。”誓言“把世界当作自己家乡”的亚历山大及其所进行的东征将古希腊的文化和思想带到东方，产生了难以磨灭的深远影响。

一、亚历山大其人

对于亚历山大这样一位历史人物，历史学家们自然见仁见智，早在古代，人们已对亚历山大开始研究，为其树碑立传。

阿里安[1]撰写的《亚历山大远征记·序言》（李活译，1页，北京：商务印书馆，1979），是我们目前能够见到的关于亚历山大著作中比较好的一种。他所用的材料主要来自亚历山大的重要将领托勒密·索特[2]的作品。其作品是以亚历山大的“起居注”、有关军政文书及其亲历所记录下来的为依据的，因而对亚历山大的评价较为公允、客观，是研究亚历山大不可或缺的史料。

古希腊史学家普鲁塔克（Plutarch）所著《亚历山大大帝传》（吴奚真译，北京：团结出版社，2005）一书，是最早、也是保存较完整的关于亚历山大大帝传记的古代著作，书中对亚历山大的政治与军事权威进行了肯定，有一定的史料价值。

英国军事史学家富勒（约翰·弗雷德里克·查尔斯·富勒，John Frederick Charles Fuller）因其特殊的职业和身份，尤其重视对亚历山大战术思想的研究。他在《亚历山大的将道》（李磊、琚宏译，240页，南宁：广西人民出版社，2006）一书中，在对亚历山大各大战绩——大会战、围城战和小战进行了详细的分析解读后指出，亚历山大所指挥的战役对于今天的军人仍然具有很大的借鉴意义，“因为不管在哪一个时代中，战争的艺术都是以同一套原则为基础，而这些原则的应用，会因时代不同而有所变化”。

澳大利亚研究早期希腊化历史的权威学者A. B. 博斯沃思（A. B. Bosworth）在《亚历山大帝国》（王桂玲译，西宁：青海人民出版社，2006）一书中淋漓尽致地展示了亚历山大卓越的军事指挥艺术及娴熟地化解各种矛盾的政治才能。虽然作者在书中也强调亚历山大统治下的黑暗面，但他更认为亚历山大是成功的。他认为，带给亚历山大成功

① 卢修斯·弗拉维乌斯·阿里安努斯“色诺芬”（Lucius Flavius Arrianus 'Xenophon'）一般简称为阿里安（Arrian）或尼柯米底亚的阿里安（Arrian of Nicomedia）。又名阿利安（Arrian），古希腊历史学家。所著《亚历山大远征记》（Anabasis of Alexander）是现存最为详尽的亚历山大大帝传记作品。此外，阿里安还有不少值得后人参详的军事与哲学著作。

② 托勒密·菲拉德尔福斯（Ptolemy Philadeephus），公元前285—前247在位。托勒密是亚历山大儿时的好友，也是他最信任的将军。他在亚历山大征服阿富汗和印度的战役中扮演了重要的角色。亚历山大不幸英年早逝后，托勒密负责照管他征服的三分之一土地，并成为昔兰尼加和埃及的总督。后来托勒密易名索特，经过38年的努力，最终创建强大的托勒密王朝，统治埃及长达300年之久。

的是亚历山大的实用主义、机会主义的思想与决策，而不是他的任何稳定的政策。

夏遇南在《亚历山大帝国》（4页，西安：三秦出版社，2001）一书中，通过一系列具体而生动的战斗场面的叙述来展现亚历山大作为伟大统帅的真实形象，并反驳那些认为亚历山大杀戮太大、所进行的战争是侵略战争的观点。夏遇南在本书的前言中指出："亚历山大正是在他的扩张战争中，显示了他的无比的军事才能和军事成就的，正是通过他的扩张战争，才使希腊迎来了它的外部极盛时期。"

亚历山大卓越的政治才能和非凡的军事才能得到了研究者一致肯定，这也成为后来他远征能够胜利的重要原因，但亚历山大的才能是如何"炼成的"呢？很多研究者认为其父亲腓力二世（Philippos Ⅱ）功不可没。宋慧娟在《评亚历山大》（载《史学集刊》，1996年第4期）一文中指出，腓力二世特别重视亚历山大的教育，在赖西马卡斯（Lysimachus）和亚里士多德（Aristotle）两位导师的启蒙与教导下，"世界主义"情怀和"称王称霸"的思想逐渐在亚历山大心中萌生，并成为他后来东征的思想基础。曹承杰在《略论亚历山大大帝》（载《济南大学学报（社会科学版）》，1991年第4期）一文中指出，除了对教育的重视，腓力二世还注重培养亚历山大的军事才能。亚历山大从16岁起，就经常参加政务和战争，耳濡目染，年纪虽轻，却积累了丰富的作战经验和治国之道。因此，有人说，在亚历山大的故事里，真正的英雄与其说是亚历山大本人，倒不如说是他的父亲腓力二世。

二、亚历山大帝国扩张的背景、过程

关于亚历山大东征的原因，众多学者都认为是当时的客观形势和希腊主观愿望结合的产物。宋慧娟在《评亚历山大》（载《史学集刊》，1996年第4期）一文中指出，许多奴隶主贵族强烈希望借助马其顿人的势力去攻打波斯帝国，不仅能够洗刷波斯曾经进攻过希腊的耻辱，还可趁机转移伯罗奔尼撒战争后希腊内部产生的社会危机，远征还能给希腊人带来源源不断的物质财富。而此时的波斯，正如吴于廑在《略论亚历山大》（载《历史教学》，1956年第10期）一文中指出的那样，军队虽则号称百万，但几乎已经腐朽得不堪一击，"已经像一株衰朽的老树，只消秋来一阵风，就会吹下满地黄叶"。关于亚历山大东征的目的，阿里安在《亚历山大远征记》（李活译，67页，北京：商务印书馆，1979）一书中认为，东征的目的是亚历山大复仇波斯。苏振兴对此提出了不同看法。他在《论亚历山大远征》（载《河北师范大学学报（社会科学版）》，1996年第1期）一文中指出，刺杀腓力二世的凶手与波斯帝国并无关联，复仇仅仅是作为希腊人远征的借口；亚历山大在东征之前也没有特定的目标，而是以他的可能性来做决定的。黄松英在《评亚历山大及其远征》（载《厦门大学学报（哲学社会科学版）》，1987年第2期）一文中提出，好大喜功，做亚洲的霸主，征服全世界，当举世无双的英雄和“万王之王”，这些才是亚历山大远征的根本目的。亚历山大在远征中，“命令一切人把世界当作自己的家乡”“所有地上固定的范围，将是我们王国的疆土”等言论是这些意图的最好表现。

在东征过程中，亚历山大充分运用宗教、联姻等手段来管理被征服地区，巩固统治，显示出他高超的政治手腕。对于亚历山大的宗教政策，奚昊捷在《浅析亚历山大远征的宗教因素》（载《历史教学问题》，2010年第5期）一文中认为，综观远征的各个阶段，都包含着希腊宗教的影响，亚历山大巧妙地利用了希腊世界中的宗教神话观念，为远征异国计划的实施寻找舆论上的支持与动力。面对远征过程中错综复杂的宗教问题，亚历山大妥善处理，将之糅合为己用，最终成就了亚历山大帝国、希腊化文明的诞生。李丽玲在《浅析亚历山大统治政策与希腊化文明的形成》（载《绥化学院学报》，2010年第6期）一文中指出，亚历山大如此崇拜亚洲神，本意是给自己的统治披上合法的外衣和神圣的光环，利用东方的王权神授观来提高自己的威信。对此，苏振兴在《论亚历山大远征》（载《河北师范大学学报（社会科学版）》，1996年第1期）一文中提出了不同观点。他指出，亚历山大在武力征服的同时还进行精神愚弄，对宗教采取宽容和利用政策。其实，亚历山大没有固定的宗教信仰，但最懂得利用信仰操纵民心，宗教政策只不过是为适应被征服地区形势的产物。

亚历山大的一生中有过多次婚姻，他先后娶两位敌人的女儿为妻。婚姻中的亚历山大究竟是两情相悦，还是背后有着深刻的政治考量，引起学界充分关注。苏振兴在《论亚历山大远征》（载《河北师范大学学报（社会科学版）》，1996年第1期）一文中认为，当时亚历山大遇到的最大困难，是他的旧部在接受东方专制制度上和他发生的矛盾。亚历山大实行通婚政策，目的是使东方的风俗习惯融进希腊人的日常生活中，以缩小当时的矛盾，有利于他和旧部之间的关系。崔丽娜在《亚历山大大帝的民族融合政策简析》（高翠莲主编：《民族史研究（第十辑）》，442页，北京：中央民族大学出版社，2011）一文中认为，亚历山大出于现实政治管理的需要，采取了民族融合、合作的政策，一方面希望把希腊化文化植入被征服地区；另一方面，对被征服者的文化作出某种程度妥协，充分吸收东方文化中的专制王权和王权神话并加以利用。

关于亚历山大东征成功的原因，宋慧娟在《评亚历山大》（载《史学集刊》，1996年第4期）一文中认为，亚历山大的父亲腓力二世训练有素的“马其顿方阵”在战争中发挥了重要作用。黄松英在《评亚历山大及其远征》（载《厦门大学学报（哲学社会科学版）》，1987年第2期）一文中进一步指出，马其顿国内较为缓和的民族矛盾和取之不尽的兵源，为东征成功提供了良好的内部条件。李怀国在《论亚历山大东征成功的主观因素》（载《辽宁大学学报（哲学社会科学版）》，2001年第6期）一文中则认为，军事战略周密得当、政治策略灵活实用，以及亚历山大本人从严治军、身先士卒是亚历山大东征成功的三大因素。

三、亚历山大帝国扩张的影响

对于东征的影响，吴于廑早在1956年发表的《略论亚历山大》（载《历史教学》，1956年第10期）一文中指出，“从客观事实看，亚历山大所自称的理由以及后人对他的理想化，都掩盖不了他军事活动的侵夺性的本质”。对此，也有学者提出了不同的观点。苏振兴在《论亚历山大远征》（载《河北师范大学学报（社会科学版）》，1996年第1期）、黄松英在《评亚历山大及其远征》（载《厦门大学学报（哲学社会科学版）》，1987年第2期）等文中都认为，任何事物都要放在一定的时间、地点、条件中去认识。早在腓力二世时期，希腊各城邦奴隶主便在科林斯会议上支持腓力二世宣布了向波斯进军的计划，这场侵略性的战争迟早都是要发生的，亚历山大只不过是腓力二世东征计划的执行者，不能苛求也不能过高评判亚历山大。

虽然亚历山大东征的侵略性质以及造成的灾难常被研究者论及，但学术界关注更多的主要集中在亚历山大东征对东西方经济、文化交流的影响上。

对于亚历山大扩张对东西方经济的影响，吴于廑在《古代的希腊和罗马》（103～105页，北京：中国青年出版社，2012）一书中指出，东征开始后，东西方在经济和文化上的接触，原来只是偶然的接触发展为经常性的广泛而深刻的交流，亚历山大开创了东西方交往的一个新时代。还有很多学者关注到这一时期城市的建立和繁荣对于东西方经济、文化交流的影响。杨巨平在《亚历山大东征与丝绸之路开通》（载《历史研究》，2007年第4期）一文中指出，希腊人所到之处都要建立希腊式城市或殖民地，数量大约在

300个以上，城中充溢着浓厚的希腊文化气息，相对于广袤的东方之地，这些城市犹如沙漠中的绿洲。它们力图维护希腊文化的纯洁性和统一性，并试图对周围的世界施加影响。

宋慧娟在《评亚历山大》（载《史学集刊》，1996年第4期）一文中指出，亚历山大在东征途中建设和开发的众多城市，吸引了大批希腊商人和殖民者进行贸易活动，成为当时东西方的经济和贸易中心，并一直延续到希腊化时期。伴随着战争的进程，希腊文化不断在东方土地上扎根萌芽，并结出灿烂果实，东西方在这一时期频繁互动和深度融合。赵林在《西方文化概论》（50页，北京：高等教育出版社，2005）一书中指出，亚历山大及其继承者在东方的土地上建立了300多座希腊城市，每一座希腊城市中都建有希腊式的会所、剧场和体育场。同时，东方文化中的君主专制主义和官僚体制、奢侈放荡的享乐主义等不断在对希腊文化进行着反向渗透。苏振兴在《论亚历山大东征》（载《河北师范大学学报》，1996年第1期）一文中指出，为了统治庞大的帝国，他不但对许多地方的宗教习惯与社会风俗都加以采纳，还将希腊文化融入其中，这使得古希腊文化得以发扬传播，对欧洲和东方产生了深远影响。

四、亚历山大帝国扩张与“希腊化时代”

公元前323年，亚历山大之死在世界历史上构成了一个极为重要的分水岭。往昔繁荣昌盛的希腊文明宣告结束了，一种混合着希腊和东方因素的新文明诞生了，这种文明一直持续到公元前30年罗马征服托勒密王朝时期，这就是“希腊化时代”。陈恒在《希腊化时代研究的历史与现状》（载《史学理论研究》，2002年第3期）一文中指出，所谓“希腊化时代”，是指亚历山大大帝东征（公元前334—前323）后的三个世纪里，古希腊文明和小亚细亚、叙利亚、美索不达米亚、埃及以及印度的古老文明相融合的一种进程。如果说以前的文明都是孤立发展的话，那么“希腊化”恰恰是使分散的希腊、埃及、西亚和印度文明走向了一体。这在世界文明史上是空前绝后的。她不但使局部的文明焕发了生机，而且也使原先的文明能在更广阔的空间争相怒放。吴于廑、杨巨平、陈恒、沈坚等学者的论文及著作从不同侧面探讨了希腊化时代及这一时代的文化交流。

关于“希腊化”出现的原因，杨巨平在《希腊化文明的形成、影响与古代诸文明的交叉渗透》（载《陕西师范大学学报（哲学社会科学版）》，1998年第3期）一文中认为，“希腊化”文明的形成是古希腊文明与埃及、巴比伦甚至包括印度在内的古代文明相互碰撞和交叉渗透的结果。亚历山大东征及其帝国的建立。特别是希腊—马其顿人对横跨亚非之地长达三个世纪的统治，为这种交叉渗透提供了广阔天地。

关于这一时期的文化交流，杨巨平在20世纪90年代连续发表过一系列有关论文，他在《“希腊化文化”是人类历史上第一次文化大交流大汇合》（载《山西大学学报（哲学社会科学版）》，1992年第4期）、《论希腊化文化的多元与统一》（载《世界历史》，1992年第3期）等多篇文章中指出，希腊化文化既非希腊文化的单纯传播，也非东方因素起决定作用的文化，而是以希腊化文化为主体，在适应新时代的要求下与其他各种文化汇合形成的一种既多元又统一的文化。它首次揭开了欧亚非大陆间文化交流、汇合的序幕，在世界文化发展史上具有承前启后、继往开来的意义。持同样论点的还有沈坚的《关于希腊化时代的历史考察》（载《史学集刊》，1992年第3期）一文。

陈恒的《希腊化研究》（33～34页，北京：商务印书馆，2006）是国内学术界第一部关于希腊化时代历史研究的专著。他在本书中指出，如果把这种新文化只看成是希腊文化和东方文化简单的混合，这是一种极其肤浅的观察。因为在东方世界，各国并没有丧失他们自己固有文化的特色。也就是说，希腊化文明，一方面具有以希腊文明为基础的统一性；另一方面也具有以各地域为特色的差异性。陈恒在《希腊化时代研究的历史与现状》（载《史学理论研究》，2002年第3期）、《希腊化文化：东西方文明的凿通》（载《上海师范大学学报（哲学社会科学版）》，1998年第4期）等多篇文章中还关注到希腊化时代对希腊古典文明本身的影响。他指出，古希腊文明并没有随着亚历山大大帝的远征而在空间上大大拓宽，其结果造成了分享希腊文明的社会集团大大扩展了，文化中心增多了，已经到了“绿叶成荫子满枝”的时代了。从另一个角度看，也就是文化中心发生了转移。从文明双向交流的角度看，这时不仅东方在希腊化，而且希腊也在东方化。

希腊化时期的文化对西欧和罗马等诸文明的影响，也是学术界较为关注的问题。杨巨平在《希腊化文化对西欧的影响》（载《晋阳学刊》，1992年第5期）一文中指出，希腊化时期的文化通过罗马的拉丁语和基督教文化，对西欧产生了深远影响，在西欧文化发展的道路上，起着继往开来、承前启后的重要作用。陈恒在《希腊化的另一面：罗马的希腊化》（载《学术研究》，2005年第10期）、《从希腊化文化的传播看全球化之起源》（载《世界历史》，2004年第3期）等文章中指出，无论是在哲学、文化、艺术，还是浮雕艺术、宗教信仰等方面，希腊人的生活方式和希腊文化给罗马带来的影响是极其深远的，罗马人从希腊那里一直在不断学习新的东西，这似乎意味着一个真正的新罗马的诞生。他指出，如若希腊化与当今的全球化对比，无论是在语言混同化、货币标准化，还是科学实用化等方面，希腊化文化背景可以作为理解文化对希腊化世界体系形成的具体作用，这种具体表现与当今全球化的具体表现十分相似。美国科学史奠基人乔治·萨顿（乔治·阿尔弗雷德·利昂·萨顿，George Alfred Leon Sarton）在《希腊黄金时代的古代科学》（鲁旭东译，郑州：大象出版社，2010）一书中关注了希腊文化从希腊本土向希腊以外的转移。他强调指出，在希腊化过程中具有决定性作用的是在埃及亚历山大里亚创立的博物馆和图书馆。正如李大光在《希腊化：科学与文化大融合时代》（载《中国科学报》，2012-12-14）一文中所指出的，正是王室对图书馆和博物馆的财政支持和统治者们的雄心和见识，才铸就了繁荣的希腊化。

教材向学生介绍了亚历山大大帝东征的相关史实，并对亚历山大帝国在历史上地位做了简要评价。而史学阅读使教师对亚历山大其人以及他所创建的亚历山大帝国有了更为深刻的了解。在当时文明交流几乎停滞、隔绝的时代，亚历山大所进行的东征使得东西方文明产生了第一次碰撞与交融，亚历山大帝国正是在文明的碰撞与交融中不断得到发展与延续，并开创了影响深远的“希腊化时代”，从这个角度而言，亚历山大的确是一位值得称颂的英雄。这为教师的设计提供了新的思路和更多的素材。

微课设计

微课设计一：“把世界当作自己的家乡”——亚历山大的世界胸怀

设计意图

通过提供相关史料，让学生了解亚历山大的成长经历以及东征中所采取的各项政策，帮助学生理解亚历山大的世界胸怀和世界意识，进而认识到亚历山大在融合世界、促进东西方文化交流中的重要作用。

设计方案

教师讲述：亚历山大陵墓在何处一直是未解之谜，亚历山大帝国的辉煌也早已消失在历史的尘埃中。但是，希腊人对亚历山大的敬仰从未改变，搜寻陵墓的努力也从未停止过。

材料呈现：“希腊文化部12日宣布，希腊考古学家近日在希腊北部马其顿地区的一座巨型古墓中发现了一具人类遗骸，他（她）可能是亚历山大大帝的亲属或高级军政官员。遗骸是在雅典以北约570公里处的安菲波利古城附近发掘的，古墓内还发现了两座狮身人面像、两座大型女性雕像和一块精美的马赛克地板。”“希腊文化部在一份声明中说，遗骸是在这座亚历山大大帝时代（公元前4世纪）巨型古墓的第三个墓室中发现的。古墓位于雅典以北约570公里处的安菲波利古城，安菲波利古城自古就是兵家要塞，这里曾是亚历山大重要的海军基地。公元前334年，亚历山大就是在这里集结了32000人的军队，乘战舰驶向赫勒斯滂海峡，开始了举世闻名的东征。”“对于人们最关心的、墓主人会不会是亚历山大大帝这个问题，希腊文化部长科斯塔斯·塔苏拉斯于9月22日对公众媒体说了一个词‘impossible’（不可能）！”

——《希腊古墓发现疑似亚历山大亲属残骸》，载《北京日报》，2014-11-14

教师介绍：亚历山大是西方历史上重要的军事家，也是少数被称为“大帝”的国王。亚历山大大帝一生金戈铁马，战功显赫，他用坚不可摧的马其顿方阵使当时世界上最强大的波斯帝国臣服于马其顿的威名之下，用坚定的信念造就了一个囊括众多民族且横跨欧、亚、非三洲的世界性帝国。今天让我们走进亚历山大，探寻历史中的亚历山大，揭开他的神秘面纱。

一、胸怀世界——亚历山大的少年时代

教师讲述：据说亚历山大在东征途中，为了鼓舞军队斗志，他“命令一切人把世界当作自己的家乡”①。正是这样的雄心壮志，使得亚历山大的军队在东征途中披荆斩棘，所向披靡。回溯亚历山大少年时代，“以世界为家”的英雄情怀自幼就在他心中萌发。请阅读下列材料：

①［法］杜丹（Du Dan）:《古代世界经济生活》，志扬译，79页，北京：商务印书馆，1963。

材料呈现：

材料一　为培养亚历山大做接班人，腓力也是不遗余力，他“是历史上罕见的关心继承人的君主之一。”最初他聘请赖西马卡斯为亚历山大的启蒙老师。赖西马卡斯教会亚历山大对任何事情充满信心，并直呼其为奥德赛，以《荷马史诗》中的英雄激励这位少年。赖西马卡斯的启蒙教育为亚历山大树立英雄主义的世界观奠定了良好的基础。

材料二　从十三岁起，腓力又为他聘请了一位新的家庭教师，这就是在希腊享有盛誉的百科全书式的人物亚里士多德。师生七年朝夕相处，潜移默化中亚历山大接受了亚里士多德的政治思想和主张。亚里士多德认为：“有些人在诞生时就注定将是被统治者，另一些人则注定将是统治者，对于原来应该服属于他人的卑下部落，倘使竟然不愿服属，人类向他进行战争（掠取自然奴隶的战争），也应该是合乎自然而正当的。”亚里士多德还经常教导他做“希腊人的领袖，做野蛮人的主人”。这里的野蛮人自然是指希腊人以外的各族人民。恩师的教诲，更加坚定了亚历山大征服世界的雄心大志。

材料三　“腓力还有意识地让亚历山大接受战火的洗礼，在战争中锻炼其勇武精神和英雄气概。在决定希腊命运的喀罗尼亚战役中，腓力大胆起用年仅十八岁的亚历山大为先锋，在马其顿人即将败下阵来的关键时刻，是亚历山大一马当先，冲破底比斯方阵，挽救了马其顿人的败局，使腓力有机会重旗鼓，夺取失地，进而控制了全希腊。”“在腓力的精心培养和锻炼下，亚历山大成长十分迅速，文武兼备，才敢卓群，年纪虽轻，却积累了丰富的作战经验和治国之道。”

——三则材料均出自宋慧娟：《评亚历山大》，载《史学集刊》，1996年第4期

教师设问：亚历山大的世界胸怀受到了哪些方面的影响？

教师引导学生分析：研究历史，需要从生命个体于世间所有的言行中，辩证地推测得出结论。通过阅读上述材料，我们可以发现，亚历山大的成长历程中处处都有他父亲和两位启蒙老师的身影。作为传统希腊文化的忠实传承者和希腊最博学的人，赖西马卡斯和亚里士多德不仅使亚历山大爱上希腊文化，还在他心中播下了征服世界、传播希腊文化的宏伟理想。公元前334年，亚历山大登上王位不久，便开始了实现他征服世界的东征之路。

二、走向世界——征服中的亚历山大

教师讲述：公元前334年春天，亚历山大挥戈东进，开始了长达10年的东征。东征途中，马其顿军队披荆斩棘，所向披靡，波斯帝国、埃及王朝等相继被征服。然而，胜利的喜悦只是暂时的，对被征服地区应持何态度、如何管理被征服地区等这些纷繁复杂的问题，时刻在考验着亚历山大的政治智慧。面对这个庞大的帝国，亚历山大该如何抉择？

材料呈现：

材料四　为了使被征服地区的居民能够接受容纳远征军，消弭他们的抵触情绪，亚历山大号召马其顿士兵与当地居民联姻，并给予他们免税的优惠政策。他本人带头娶了大流士三世的女儿斯塔提拉为妻；在此之前，他还娶了伊朗贵族的女儿罗克珊。在他的鼓励和带动下，有许多马其顿官兵和波斯贵族联姻。仅在一次集体婚礼上就有一万对欧亚联姻者。这项政策的实施，为东西方各民族之间的语言沟通，风俗习惯的相互适应提供了良好的条件。

——宋慧娟：《评亚历山大》，载《史学集刊》，1996年第4期

材料五　命运之神却已令他君临万邦，而且在不久的将来，还有更多的国家会向他臣服。因此，亚历山大的问题不仅是如何改组所征服的国家，而且还要如何把马其顿与希腊也融合在一起，使它们成为一个世界性的强权。亚历山大的智慧告诉他这是绝不能只凭武力而完成的，这还必须依赖被征服民族的诚意合作。这促使亚历山大第一次选择一位波斯人作为他的总督。

——［英］富勒：《亚历山大的将道》，李磊、琚宏译，85～86页，南宁：广西人民出版社，2006

材料六　自公元前331年10月……亚历山大就陆续任命了许多原统治阶级的人物为各省的长官。从公元前331年到公元前327年间，帝国征服和组建了12个省，只有一个省的总督是马其顿人，其他各省的总督开始时都是伊朗人。

——夏遇南：《亚历山大帝国》，370页，西安：三秦出版社，2001

教师设问：上述材料反映在东征途中，亚历山大采取了哪些政策来管理庞大的帝国？

教师引导学生分析：文明的交流是以文明的互动为前提的。为了尽快消除与被占领

区民族的隔阂，亚历山大身先士卒，带头娶大流士和伊朗贵族女儿为妻。在他的鼓励和带动下，许多马其顿官兵和波斯贵族联姻，仅在一次集体婚礼上就有一万对欧亚联姻者。通过实行联姻政策，民族隔阂被打破，东西方民族间得到深度融合。为了巩固统治，他大胆任命曾经的敌人波斯人作为总督来管理被征服地区，由此尖锐的矛盾得到缓和，帝国统治也更加巩固。联姻政策和总督政策的实施，显示出亚历山大高超的政治智慧，更反映出他有着开放和包容的“世界意识”。虽然亚历山大逝世后不久，帝国迅速土崩瓦解，但由于亚历山大采取的政策，希腊文化在东方土地上结出了灿烂硕果。

三、融合世界——亚历山大身后的遗产

教师讲解：文化的传承需要足够的空间，在这一点上，伟大的亚历山大做得非常出色。他的铁骑曾风驰电掣般驰骋在不同的国度，凡是足迹所到之处，都会建立一座以自己名字命名的城市，哪怕是在阿富汗的深山抑或印度河的支流上。这些希腊化的城市是东西文化的交汇地，是孕育希腊化文化的沃土，其中有些城市后来甚至成为希腊化乃至罗马时代的文化中心。比如说埃及的亚历山大里亚，这里有当时世界上最大的博物馆和图书馆，是当时世界上最繁荣的城市，更是整个希腊罗马世界的学术中心、文化中心，这都是当年亚历山大留下的文化遗产。因此，虽然亚历山大英年早逝，帝国迅速土崩瓦解，但亚历山大对于后世的贡献功不可没。

材料呈现：

材料七　亚历山大帝国虽然瓦解了，但是建立在埃及和东方的托勒密王国和塞琉西王国仍然在持续不断地推行着亚历山大的“希腊化”政策。这两个王国的统治者都是希腊人，他们有意或无意地把希腊的生活方式和文化成果在他们统治的疆域内加以推广。以雅典方言为基础的希腊共同语成为托勒密王国和塞琉西王国（当然也包括本身就在西方的马其顿王国）通行的官方语言。亚历山大及其继承者在东方的土地上建立了300多座希腊城市，在每一座城市中都建有希腊式的会所、剧场和体育场，而希腊的巡回演出剧团则定期在这些城市的剧场中上演希腊的悲剧和喜剧。

——赵林：《西方文化概论》，49～50页，北京：高等教育出版社，2005

教师设问：通过阅读上述材料，亚历山大为后人留下了哪些遗产？应该如何评价亚历山大？

教师讲解：英年早逝的亚历山大未曾想到，他不仅把绚丽夺目的希腊文明的火种播撒在东方的膏腴之地，而且还将沉积于美索不达米亚、尼罗河和印度河上的智慧载向欧洲。虽然亚历山大的帝国只是昙花一现，但随后的西亚塞琉古王朝和埃及的托勒密王朝仍然在持续不断地推行着亚历山大的"希腊化政策"，这一过程一直到公元前30年罗马征服埃及时才告结束。这或许是亚历山大留给世界的最大遗产。

有这么一个小故事。据说，小亚细亚的佛律癸亚国王戈耳狄俄斯（Gordius）曾用一个极其复杂的绳结把一个牛轭系在牛车上，并且宣称：谁如果解开了这个绳结，他将成为整个亚细亚的统治者。据说亚历山大东征小亚细亚时，面对这个曾经难倒了无数才智之士的绳结，拔出利剑，将绳结斩为两段，他因此而成为第一个实现了"大一统世界"理想的人。亚历山大对东方的征服及其所开创的"希腊化"运动把希腊文化与东方在文化上联系为一个相互融通的整体①，这在世界文明史上是空前绝后的。他不但使局部的文明焕发了生机，而且也使原先的文明能在更广阔的空间争相怒放。从这点而言，亚历山大无疑是一位英雄，早逝的亚历山大可以得到宽慰，他的文化帝国要比军事帝国更为长久，更为稳定。

设计点评

本微课在深入阅读的基础上，以亚历山大的"世界胸怀"为切入口，了解亚历山大的征服活动，认识亚历山大的世界眼光和世界意识。在远古时代，这种世界意识既是他征服的动力，也在客观上促进了文化的融合与交流，对保存古希腊文化起了巨大作用。

微课设计二：文明的碰撞与交融——亚历山大帝国的遗产

设计意图

通过了解亚历山大帝国扩张中文明碰撞与交融的史实，帮助学生初步认识亚历山大帝国在促进不同文明交流、促成新文明产生等方面的作用。

---

① 赵林：《西方文化概论》，50页，北京：高等教育出版社，2005。

设计方案

一、东西方文明的碰撞：亚历山大帝国扩张

教师讲述：公元前334年，亚历山大率领希腊军队越过达达尼尔海峡，先后占领了小亚细亚、叙利亚、美索不达米亚和埃及，毁灭了阿契美尼德王朝统治的波斯帝国，并且穿越中亚一直将兵锋推及印度河流域。他用十年时间，建立了地跨欧、亚、非三个大陆的庞大帝国。

从帝国的疆域来看，亚历山大帝国几乎包括了当时人类的主要文明——波斯文明、埃及文明、犹太文明，甚至印度文明，这样整个亚欧大陆的交通就被打通了。来自西方的希腊文明和来自东方的波斯文明、印度文明，因为亚历山大的东征而有了第一次碰撞，虽然战争的结果是西方战胜了东方，但伴随着东侵的过程，客观上是将希腊文化传播到了东方，而东方文化也渗入到希腊文化中。从这个角度而言，东西方文明的第一次碰撞，也迎来了东西方文化的第一次交融。

二、东西方文明的交融：亚历山大帝国的发展

材料呈现：

材料一

亚历山大图书馆（位于今埃及亚历山大市）

教师设问： 请同学们仔细观察上图，你能从图片中读出哪些内容？

教师引导学生分析： 这幅图片完整再现了当时亚历山大图书馆的风采，它被誉为人类古代文明“知识与科学的灯塔”。亚历山大城图书馆，拥有当时最丰富的古籍收藏，吸引了无数著名科学家、哲学家来此进行讲学、研究和学术交流，成为东西方文明交汇的大熔炉，创造出辉煌一时的自然科学成果。

材料呈现：

材料二

融入希腊风格的犍陀罗佛像（今阿富汗和印度）

教师设问： 上述两幅图像都是佛像，请同学们仔细比较这两幅图像与古印度佛像有什么区别？

教师引导学生分析： 仔细观察，这两幅图像神态肃穆，颇具佛教精神，似与古印度佛像无别。但仔细观察，佛陀石像后面拥有的光环以及面容上酷似希腊太阳神阿波罗的痕迹，显然是亚历山大东征中亚、南亚次大陆西北部地区时所带来的古典希腊文化与东方文化融合的结果。

材料三

希腊帕特农神庙

埃及亚历山大港灯塔

叙利亚古城帕尔米拉遗址

埃及卢克索神庙遗址

教师设问：观察上述四幅图片，它们有着怎样的建筑风格？形成的原因是什么？

教师引导学生分析：希腊帕特农神庙的多立克柱式建筑风格是希腊建筑文化的缩影。这种文化伴随着亚历山大东征来到世界各地，成为亚历山大东征中一道亮丽的风景。我们首先来到北非，埃及卢克索神庙内整行整列的巨大圆柱高耸入天，这是亚历山大大帝下令改造的借鉴希腊古典柱式的经典代表。举世闻名的亚历山大港灯塔是希腊化时期经典建筑；走到中东的叙利亚古城帕尔米拉遗址，簇拥的石块，耸立的圆柱，让我们仿佛置身于古希腊城邦中。希腊式的建筑风格，伴随着亚历山大大帝的东征，深刻了影响了当地的建筑样式，更是东西方文明相互交融的有利例证。

教师讲述：随着亚历山大帝国的不断扩张，希腊文明也在亚洲大地上结出了灿烂果实，亚洲的建筑风格、佛教艺术等深深受到希腊文化的影响。希腊人也摒弃偏见，广泛深入地学习东方的数学、天文学、物理学等知识。东西方文明在不断交融和汇合中得到发展，这为辉煌灿烂的“希腊化时代”的到来奠定了坚实基础。

三、亚历山大帝国的历史地位

教师讲述： 公元前323年，亚历山大在巴比伦溘然长逝，庞大的帝国也在一夕间分崩瓦解。他的名字像一颗流星，在历史的长卷上转瞬即逝，却留下一簇夺目的光芒。正如英国历史学家A. R· 布恩所言，亚历山大大帝最大的业绩，也许不是他的武功，而是“用最迅速最深入的方式将希腊文化灌注到亚洲”，而“东方的影响也以席卷一切之势涌入西方”，亚历山大帝国对东西方历史产生了难以磨灭的影响。这一切恐怕是亚历山大本人也未曾预想得到的。①

材料呈现：

材料四　远征在客观上使希腊文明与埃及、巴比伦和印度的文明得以接触、交流、融合，扩大了各民族已知世界的范围，加快了人类历史由分散走向整体的过程。在一个世界性的帝国内，世界性的政治、经济和文化的出现是必然的。亚历山大帝国的建立在世界史上具有划时代的意义。

——吴于廑、齐世荣主编，刘家和、王敦书本卷主编：《世界史：古代史编》（上卷），190页，北京：高等教育出版社，2011

材料五　在亚历山大远征之前，对希腊人的经济活动来说，地中海东部是一个死胡同，由埃及人、腓尼基人和波斯人互相猜忌地把守着。在远征之后，希腊人的经济活动找到了一条通往中亚、印度、阿拉伯和非洲东岸各市场的康庄大道。

——［法］杜丹：《古代世界经济生活》，志扬译，161页，北京：商务印书馆，1963

材料六　希腊科学和希腊语文的胜利，比之马其顿方阵的成功更为持久。在征战的帝国粉碎之后，文化的帝国依然存在。

——［美］海斯（卡尔顿·约·亨·海斯，Carlton J. H. Hayes）、穆恩（帕克·托马思·穆恩，Parker Thomas Moon）、韦兰（约翰·威·韦兰，John W. Wayland）：《世界史》（上册），冰心、吴文藻、费孝通等译，181页，北京：生活·读书·新知三联书店，1975

① 高秋福：《亚历山大大帝究竟有多“大”》，见《新华每日电讯》，2015-04-10。

教师设问：通过阅读上述材料，历史学家们认为亚历山大帝国有何历史地位？

教师引导学生分析：亚历山大帝国是地跨欧、亚、非三洲的世界性大帝国，虽然亚历山大只有短短三十三年的生命，但他所开创的亚历山大帝国却在人类历史上留下了浓墨重彩的一页。亚历山大东征以及亚历山大帝国的建立，不仅是东西方文明交流的开端，促进了人类由分散走向整体的进程，促进了东西方经济和贸易的发展。它所创造的光辉灿烂的自然科学成就也使希腊化文明时代成为科学史上最辉煌的时代。

设计点评

本微课从文明的碰撞与交融的角度来探讨亚历山大帝国对东西方文化交流、融合所产生的影响。亚历山大帝国囊括了波斯文明、埃及文明、犹太文明、印度文明，打通了亚欧大陆的交通，几大文明有了第一次碰撞，也是东西方文化的第一次交融。本微课选取了希腊化时代的诸多文化现象与历史遗存，有助于学生理解亚历山大帝国在人类历史进程中的作用。

教学资源

资源1：亚历山大靠什么去打败并灭亡波斯呢？靠陆军，靠当时世界上，不包括中国，最精良的一支陆军部队。这是一支亚历山大从腓力那里继承下来的军队，由服役并训练多年的马其顿贵族和健壮的农民组成，是一支战斗力极强的职业军队，是有史以来配备最齐全的军队。有骑兵，有步兵，步兵分重装步兵和轻装步兵，有弓箭手、标枪手和投掷手，有攻城兵，有工兵部队，还有医疗队。亚历山大的这支军队还得到一支有效的后勤部队的支援。

——夏遇南：《亚历山大帝国》，154页，西安：三秦出版社，2001

资源2：马其顿方阵有广义、狭义之分。广义的马其顿方阵指以马其顿重装步兵方阵为核心，多兵种密切协同的战术体系。狭义的马其顿方阵即马其顿重装步兵方阵，是马其顿军队的主力，在马其顿方阵战术体系中居中军地位，组织十分严密，其编制跟现代军队的编制极其相似。通常方阵的基本战术组成单位为方阵的纵列，即16人，其正面也为16人，这样就构成一个完整的正方形，叫做辛塔格马（256人）。相当于一个营。16个辛塔格马组成一个有4096人的小方阵，相当于一个师。4个小方阵组成一个完整的方阵，即一个标准的巨大的方阵[①]，共由16384人组成。亚历山大在参战人数最多的战役中曾动用了两个巨大的重步兵方阵。重步兵方阵的前6排士兵平持长矛，后10排斜持长矛。方阵在行进时，步调整齐一致，长矛挺立，十分壮观。

——彭凯、黄泽碧：《论马其顿方阵及其对西方军事理论的重大影响》，载《黔南民族师范学院学报》，2012年第5期

资源3：皇家邮政局为了纪念大英博物馆成立250周年（成立于1753年），发行了一套特种邮票，共六枚，用的图案是来自大英博物馆的六件藏品。大英博物馆中藏品超过700万，记录了人类200万年的历史。而选出的藏品之一就是希腊化时代（公元前200年左右）的一座用石头雕成的亚历山大半身像。在邮票的宣传材料上有这样一句话：亚历山大，他在死后被当作神一样崇拜。

——［英］保罗·卡特利奇（Paul Cartledge）：《亚历山大大帝：寻找新的历史》，曾德华译，3页，上海：上海三联书店，2010

资源4：亚历山大死后，他所建立的庞大帝国虽然分裂，但他的后继者继续推行希腊化政策，其希腊化统治措施对东伊朗、中亚西部以及印度西北部地区的文化都产生了深远的影响。塞琉古在亚洲部分建立了王朝，积极地推进希腊化，实行殖民，建立希腊人定居的村庄和城镇。在这些新建的城镇中，建造希腊神庙。塞琉古王朝的希腊统治者，为了满足自己的奢侈生活，更是需要东方出产的各种物品，如中国的丝绸、印度的香料等。当时的商路，从爱琴海沿岸起，经过两河流域、米底、波斯到巴克特里亚，又从巴克特里亚往南通印度，往东通中国，往北则可通中亚和西伯利亚。塞琉古王朝的统治者，将这些商路控制在自己的手中，从中得到巨大的利益。各民族的商人来往于这些商路，贩运东西方的货物，给塞琉古王国带来了繁荣，同时也促进了东西方的文化交流。正如德拉簿曾经说过的：如果说，欧洲的思想是通过巴克特里亚传到远东，那么，亚洲的观念也是通过这里和经过同样的渠道传到欧洲的。

——刘小荣：《“丝绸之路”上的希腊文化》，载《历史教学》，2010年第9期

① 相关内容可参考［德］弗·恩格斯（弗里德里希·冯·恩格斯，Friedrich Von Engels）：《步兵》，见《马克思恩格斯全集》（第14卷），358页，北京：人民出版社，1965。

资源5：当今的全球化趋势主要表现在城市、语言、教育、艺术、科学、货币、观念的一体化上，这一切在一定意义上可追溯到两千多年前的希腊化时代。在希腊化进程中，这些因素处于核心地位，维系着希腊化世界，只是没有单一的政治中心，这一点和沃勒斯坦所描述的现代世界体系的一个重要特征是吻合的。当然，我们应了解的是这种“希腊化”进程并不是诸种因素的简单“合并”，而是互动的，相互影响的。

——陈恒：《从希腊化文化的传播看全球化之起源》，载《历史研究》，2004年第3期

资源6：所谓希腊化是指亚历山大大帝东征（公元前334—前323）后的三个世纪里，古希腊文明和小亚细亚、叙利亚、美索不达米亚、埃及以及印度的古老文明相融合的一种进程。时间范围通常认为开始于公元前323年亚历山大去世到公元前30年罗马吞并最后一个希腊化国家托勒密王朝为止。

——陈恒：《希腊化时代研究的历史与现状》，载《史学理论研究》，2002年第3期

资源7：

左：十德拉克马银质纪念章，反面

右：十德拉克马银质纪念章，正面

左：亚历山大戴着缀有流苏的头盔，正骑着他的布塞弗勒斯向波拉斯冲去，这应该是在公元前326年的海达斯佩斯河战役。最新的研究表明此次战役后不久，亚历山大命人制作了一套数量不多的勋章，纪念这次伟大的胜利，同时也是为了奖励自己的部队勇敢地面对了这些凶悍无比的战象。（现藏于伦敦的大英博物馆）

右：在同一套十德拉克马银质纪念章上，亚历山大被塑造成“亚洲之王”的形象。

他正在接受胜利女神的加冕，这应该是指他在海达斯佩斯河战役中所取得的胜利。他的右手握着霹雳，而这通常说来是属于宙斯的标志物。

——［英］保罗·卡特利奇：《亚历山大大帝：寻找新的历史》，曾德华译，7页，上海：上海三联书店，2010

猎狮，马赛克镶嵌画，狄俄尼索斯神庙，佩拉

资源8：

这幅用鹅卵石拼成的马赛克图案原来是用来装饰佩拉的一座神庙的地面的。这是一座希腊化时期的神庙，富丽堂皇。它描绘的是一个著名的故事。根据这个故事，在叙利亚的一个猎场，克拉特鲁斯（右）正在帮助亚历山大打猎。这也许是仿照利西波斯和李奥查理斯（Leochares）的青铜雕像群而制成。最近在孟斐斯的一座古法老墓中，发现了一具托勒密时期（即希腊化时期）的狮子木乃伊，这显示马其顿人对万兽之王的这种兴趣得到了延续。（现存于考古博物馆）

——［英］保罗·卡特利奇：《亚历山大大帝：寻找新的历史》，曾德华译，182页，上海：上海三联书店，2010

资源9：

萨里萨长矛的铁质矛头，“腓力墓”，维尔吉纳
（现藏于考古博物馆）

马其顿的伙伴步兵会将这样的矛头指向敌人，并扎入他们体内。萨里萨长矛（长达16英尺，即5米多）需要双手才能挥动。

—［英］保罗·卡特利奇（Paul Cartedge）：《亚历山大大帝：寻找新的历史》，曾德华译，124页，上海：上海三联书店，2010

罗马的辉煌：罗马城邦与帝国的扩张

学术引领

西方有一句谚语："辉煌属于希腊，宏伟属于罗马。"罗马在世界文明史上占有相当重要的位置，被形象描绘为欧洲的"罗马时代"。罗马原是意大利台伯河边一个名不见经传的村落，公元前8—前6世纪才逐渐形成城市国家。经过一系列的征战，于公元前2世纪在地中海世界建立了无可争议的霸权。至公元前1世纪，最终成为以地中海为内湖，横跨欧、亚、非的强大的帝国，只有中国的大汉王朝才能与之媲美。罗马不仅拥有战无不胜的罗马军团，以及辉煌宏伟的罗马城——繁华而富庶，而且有着丰厚的历史遗产，包括罗马法被近现代社会不断研究，为学者津津乐道；罗马的政治体制，即民主政治，被众多专家学者所推崇；罗马的建筑艺术更为人们所喜好，即使在今天，世界很多角落都有罗马风格的建筑。换而言之，今天的世界，仍然带着深深的"罗马烙印"。

罗马是怎样强大起来的？系统了解和探讨罗马城邦到帝国形成的基本历史，促成罗马从城邦发展成为帝国的诸多因素，以及古代罗马文明所产生的历史影响，就显得尤为重要。

一、罗马历史的重要地位

关于罗马历史的重要性，陈乐民在《欧洲文明的进程（附：对话欧洲）》（23页、26页，北京：生活·读书·新知三联书店出版社，2014）一书中指出，希腊展示给世人的是精神，罗马展示给世人的是行动。罗马人把地中海变成了一个文明的大熔炉，罗马人在对地中海的统治中融合了希腊文明的精神，把希腊的精神转换成了罗马的政治形式，形成了罗马法的原则。最终罗马法和罗马的政制，再加上罗马的军队，使罗马帝国空前强盛。

刘津瑜在《罗马史研究入门》（1页，北京：北京大学出版社，2014）一书的序言中指出，“台伯河边的罗马最初只是一个并不突出的村落，然而在一系列的征战之后，于公元前2世纪在地中海世界建立了无可争议的霸权，并在公元前1世纪最终发展成为以地中海为内湖的强大的帝国，在其后的五六百年间主宰着（相当于今日）西欧、中欧、南欧、西亚、北非广袤地区的政治格局和文化取向。”希腊虽是西方文明的摇篮，但罗马才是“古代西方世界的统治者”。

白乐在《古希腊罗马文明：西方文明成长的摇篮》（载《中国社会科学报》，2014-08-29）一文中指出，公元前4世纪后，古希腊罗马文明成为地中海文明的主旋律；欧洲文艺复兴和启蒙运动时期，掀起了第二波重温古希腊罗马文明的高潮；时至今日，人们仍能从古希腊罗马文化中汲取灵感，应用到文艺创作及社会治理中来。

二、罗马的起源及城邦发展

1. 罗马的起源

关于罗马的起源及历史分期等问题在史学界是存在争议的，朱寰在《世界上古中古史（上册）》（第2版，219页，北京：高等教育出版社，1997）一书中指出，公元前8世纪至公元前6世纪，罗马从“七丘联盟”发展成为真正的城市，罗马城市国家就是在此基础上逐渐发展起来的。其中有一点是值得注意的，即“罗马”的概念是相对变化的。冯定雄在《罗马人的“边界”》（载《光明日报》，2013-03-19）一文中指出，“罗马”概念在罗马国家发展过程中是不断变化的，体现了罗马从狭小城邦国家走向庞大帝国的政治空间的变化。因而，罗马首先是指村落，继而是部落、城邦，最后是指整个帝国，原来的城邦成为帝国的首都——罗马城。

2. 罗马城邦扩张的内因

关于罗马从城邦到帝国扩张持续不衰的原因，杨共乐在《罗马史纲要》（77页，北京：商务印书馆出版，2007）一书中指出，这与罗马人的生存环境、罗马人民的积极支持是密切相关的。公元前6世纪时，罗马的领土只有800平方千米，人口却达40多万，稠密的人口不仅对土地造成严重压力，也对古代文明造成严重威胁，为了保存自己的文明，罗马唯一的办法就是向外扩张。正因为如此，每次战斗罗马人都能勇敢无畏，不怕艰难，竭尽全力为国效力。罗马老百姓也积极支持战争，比如：为了消灭迦太基的海军，他们慷慨捐出自己的资金帮助国家建立舰队；为了抵抗汉尼拔的进攻，他们不惜将自己的奴隶释放；为了鼓励将士英勇杀敌，他们甚至忍痛取消了从敌人手中赎回自己的儿子和亲属。正因罗马人的大力支持保证了罗马扩张的顺利进行，它才能从征服意大利到征服地中海，然后征服欧亚非地区，建立强大的罗马帝国。

陈乐民在《欧洲文明的进程（附：对话欧洲）》（27～28页，北京：生活·读书·新知三联书店出版社，2014）一书中指出，罗马军队外出征讨的主要动力是纯粹的经济利益，是为了掠夺战利品和奴隶，借以支撑奴隶制的帝国。因此罗马的扩张主要是军事的扩张，罗马的强大主要是军事力量的强大，它在扩张过程中不断地输出军队、掠夺财富。

3. 罗马从城邦到帝国扩张的重要过程

朱寰在《世界上古中古史》（第2版，223～227页，北京：高等教育出版社，1997）一书中指出，罗马对外扩张，举足轻重的一步是征服整个意大利。罗马进入“共和时代”后，公元前406年，罗马开始跨出征服意大利有实际意义的第一步：征服伊达拉里亚的维爱城获得胜利，领土几乎扩大一倍。在此基础上，罗马与撒谟奈人发生三次撒谟奈战争，征服中部意大利。至公元前272年，罗马征服除波流河以外的全部意大利，并对被征服的各地区、各部族采取“分而治之”政策，以加固统治。

罗马对外扩张最关键的一步是征服地中海。杨共乐在《罗马史纲要》（61～67页、76页，北京：商务印书馆，2007）一书中指出，公元前3世纪60年代，在西部地中海真正能够起作用的有三支力量：一支是叙拉古；一支是罗马；一支是迦太基。因为叙拉古与罗马联盟，所以西部地中海的对手只剩下迦太基和罗马人。罗马与迦太基共发生三次布匿战争。第一次布匿战争成为罗马走向地中海的开始。第二次布匿战争，罗马在北非的扎马打败对手汉尼拔，从而奠定罗马称霸地中海的基础。杨共乐指出，罗马是一块创造奇迹的国土，经过5个多世纪的发展，它经历了由一个台伯河畔的小国到意大利强国，再由意大利强国到地中海霸国的过程。到公元前2世纪中叶，罗马成为地中海实力最强的霸主。

刘津瑜在《罗马史研究入门》(29页、31页、40页，北京：北京大学出版社，2014)一书中指出，恺撒从公元前60年开始，出征尚未属于罗马的高卢地区，取得大片土地，包括现在法国中部和北部等。公元前30年，恺撒的继承者屋大维攻克埃及，地中海最终成为罗马帝国的内湖。公元2世纪初，图拉真皇帝时罗马帝国的版图达到极致，从大不列颠北部的大西洋横穿欧洲大陆直至黑海。

三、罗马从城邦到帝国强大的因素

罗马从城邦到帝国的强大有许多原因。诸如，杨共乐在《罗马文明持续发展的动力》(载《求是学刊》，2012年第6期)一文中总结了罗马文明持续发展的动力和罗马共和国在地中海世界范围内得以成功崛起的原因。他认为，开放公民权的做法和重视向其他民族学习的传统是罗马文明成长壮大的两个关键要素。他同时在《论罗马崛起的两个关键因素》(载《黑龙江社会科学》，2013年第4期)一文中指出，完善的政治机制和精良的军队为罗马的崛起准备了重要的基础。

1. 战无不胜的军团

罗马军团是罗马崛起的保证。其中包括罗马本身的军团以及罗马同盟者。杨共乐在《罗马史纲要》(67～68页、81～83页，北京：商务印书馆，2007)一书中指出，以第二次布匿战争为例，前三年，汉尼拔前后三次大战，几乎消灭罗马军团10多万人马。此后五年，罗马人坚忍不拔发展罗马军团，截至公元前212年，军团总数达到25个，军队数量远远超过汉尼拔，而且军队战斗力强大。例如，士兵要在5个小时内走完32～39千米的路程；军队纪律严明，凡是不服从命令者，无论官职大小，一律处以死刑；等等。正是这些因素，构成了罗马军团极强的战斗力，几乎达到战无不胜的地步。

同时，杨共乐在《罗马史纲要》(78～79页，北京：商务印书馆，2007)一书中还认为，罗马的胜利还与同盟者的大力支持紧密相关。他指出，结盟是古代世界保存和发展自己的重要武器，对于同盟者罗马一般总是采用尊重和给其一定优惠的政策。这种开明政策，自然也就赢得了同盟者对它的支持和忠诚。他举例说，公元前225年，罗马步兵和骑兵总数为4.35万人，而同盟者提供的步兵和骑兵为15.8万人。

2. 罗马民主政治体制的形成

晏绍祥在《罗马共和国的政治生活——以公元前190/189年为例的考察》（载《学术研究》，2010年第8期）一文中指出，罗马的民主政治体制其实质是执政官、元老院、人民大会等权力部门混合的合理的共和政体。其显著特点是权力都受到制衡，避免出现类似独裁。晏绍祥在《古典民主传统的近代命运》（载《光明日报》，2014-06-25）一文还认为，有关古代的民主政治，雅典和罗马相比而言，罗马共和国没有雅典那么民主，但原则与雅典不无一致。这种全民参与国家管理的体制下，不管是雅典还是罗马共和国同样都取得了出乎意料的成功。历史事实都证明，它是一种成功的统治制度。

倪学德在《古罗马人的政治天赋》（载《历史学习》，2009年第12期）一文中转述了罗马政论家西塞罗（Marcus Tullius Cicero）《论共和国》中的观点并指出，罗马人民强大起来不是偶然的，是由于智慧和制度。西塞罗把罗马政体的特点精练地概括为：官员拥有足够的权力，杰出人物拥有足够的威望，人民拥有足够的自由。罗马政体的优点在于其公平性和稳定性。

杨共乐在《罗马的崛起及其原因》（载《首都大讲堂》，2012-09-11）一文中指出，罗马崛起的重要原因是它有优越的政治管理体制。从政权机构来讲，罗马的政府很简单，主要有公民大会、元老院和执政官。罗马的公民拥有属于自己的投票权，罗马的许多管理都是选举产生的，比如判处死刑，只有投票通过才可以执行。罗马最高行政长官是执政官，但是执政官生杀予夺的大权是有限度的，当执政官一进入罗马城，在罗马公民面前便没有了杀生予夺的大权。元老院是执政官卸任以后进入的，是多个优秀的国王组成的一个机构。元老院三百个优秀的头脑集体来讨论国家未来的发展方向到底怎么走。元老院是政策的制定者，执政官是执行者。最后杨共乐指出，罗马这种政治方式是西方政治中非常重要的财富。

3. 罗马奴隶的贡献

杨共乐在《罗马史纲要》（18页、28页、109页、177页，北京：商务印书馆，2007）一书中认为，从严格意义上说，罗马是一个非常典型的奴隶制农业社会。农业是罗马世界主要的生产部门，因而大规模使用奴隶劳动，罗马的强盛脱离不了奴隶的贡献。比如，公元前3世纪至前2世纪是罗马迅速向外扩张的时期。对于罗马来说，战争是一种很好的生产方式，它给罗马带来了大量的奴隶，为罗马提供了大量劳动力。他指出，根据统计，公元前225年，意大利的自由人人数为440万人，奴隶的人数为60万人；公元前43年，意大利的自由人人数约450万人，奴隶人数达到300万人。这些奴隶大约在7年之后就获得释放，同样还是为罗马的发展服务。由此可见，罗马的强盛与罗马大量奴隶的贡献密切相关。

四、罗马帝国扩张带来的影响及辉煌

1. 罗马文明的影响

晏立农在《图说古罗马文明》（9～10页，长春：吉林人民出版社，2009）一书前言中指出，伴随着罗马从一条村到一个帝国，罗马文明在希腊文明衰落之后迅速崛起，成为古代西方文明发展最高峰。他指出，古典流派源于希腊，而发扬光大于罗马，多少年来，无论从政治到军事，从法律到诗词，从建筑到美术，人们以古典罗马为良师益友。罗马文化不断进行革新和创新，形成西方文化的渊源之一。

杨共乐在《罗马史纲要》（282～283页，北京：商务印书馆，2007）一书中也认为，罗马的文化具有开放型的明显特点。例如舞台剧，是从埃特鲁亚学来的，但经过创新，深受罗马人欢迎。再如，杨共乐在《罗马文化：古典文明的光辉》（载《人民论坛》，2002年第11期）一文中说，《奥古斯都的立像》是古代罗马宫廷肖像的范例，是希腊艺术和罗马艺术的完美结合，在罗马艺术史上占有很高的地位。杨共乐还在《罗马的崛起及其原因》（载《首都大讲堂》，2012-09-11）一文中说，如拉丁字母是从别的文化中移植过来的，并不是罗马人自己创造的。ABCD中，A就是从埃及象形文字来的，它就是一个牛头。B就是一个门，是从埃及象形文字慢慢发展过来的。经过改造，罗马慢慢地形成自己的文字。它借鉴希腊字母，创造了本民族的拉丁字母，使这种字母为西欧的法国、西班牙和葡萄牙等国所使用。根据杨共乐教授的观点，我们可以理解为这些都是罗马文化具有开放性、创新性、兼容性的体现。

上述有关罗马文明的影响，可以借用刘津瑜在《罗马史研究入门》（187～188页，北京：北京大学出版社，2014）一书中转述了英国考古学家哈佛非尔德（Francis

Haverfield）《罗马不列颠的罗马化》的观点并指出，希腊教人为人，而罗马开化了人类，这就是帝国的功业。他认为罗马的文明开化了帝国境内许多未开化的民族。罗马人的说话与行为方式、城市生活建设、罗马政治文化、罗马式的宗教等都产生过重大影响。

2. 罗马帝国的辉煌景象

刘津瑜在《罗马史研究入门》（34～38页，北京：北京大学出版社，2014）一书中，对宏伟的罗马城市有这样的描述："罗马意义最重大的工程有三：水道、道路以及下水系统。这三者尽显帝国的伟大。"甚至使金字塔都黯然失色。奥古斯都时，罗马城广泛采用大理石为建筑材料，并用防火材料建筑防火墙。同时，还组织了数千人规模的火警队。罗马人过的是"竞技与面包的日子"，罗马城演出成为常景。公元4世纪中叶，每年舞台演出就有101天。从罗马城建筑到罗马人的生活风貌，我们可以构建出非常辉煌的罗马城市的画面。

陈乐民在《欧洲文明的进程（附：对话欧洲）》（28页，北京：生活·读书·新知三联书店，2014）一书是这样评述罗马帝国的强盛景象的：罗马是一个从事建筑和工程的帝国，一个商业帝国，一个有着强大行政能力的帝国。罗马军队每征服一处，就铺设道路，兴建港口，四通八达的交通网就像是罗马帝国的血脉，他们从罗马军队征服的地区，从撒地尼亚、西西里等地源源不断向罗马输送营养：战利品和粮食。俗语说"条条大道通罗马"，来自罗马帝国各个角落的货物汇聚罗马，罗马城消费的商品种类不胜枚举，使得罗马城百业兴隆。

正如前文所言，罗马人把地中海变成了一个文明大熔炉，罗马人在对地中海的统治中融合了希腊文明，把希腊的精神转换成了罗马的政治形式：从台伯河边一个并不突出的村落，于公元前2世纪在地中海世界建立了无可争议的霸权，并在公元前1世纪最终成为以地中海为内湖的强大的帝国，在其后的五六百年间主宰着相当今日的西欧、中欧、南欧、西亚、北非广袤地区的政治格局和文化取向。这样辉煌的罗马是怎样逐步称霸于世界的呢？原因是什么呢？我们有必要去探究一下这一过程。

微课设计

微课设计一：从城邦到帝国

设计意图

通过介绍罗马城邦的概况及布匿战争的细节，引导学生了解从罗马城邦到帝国扩张的史实及成果，从而让学生体会罗马强大的过程。

设计方案

教师介绍： 罗马，原是意大利台伯河边的一个村落，最后成为横跨欧、亚、非三洲的强大帝国，被称为欧洲的“罗马时代”（指罗马王政时代至罗马帝国时代）。罗马到底是怎样崛起的呢？下面，我们来逐一寻找答案。

一、起步于城邦

1. 罗马城邦的概况

教师设问： 称雄于古代欧洲的罗马帝国是怎样发展起来的，你知道吗？

教师讲述： 要了解罗马城邦到帝国扩张的历史，首先得从罗马讲起。罗马原是位于意大利台伯河边帕拉丁山的一个小村庄。后来，罗马向周围的六个山头扩展，于公元前8—前6世纪期间逐渐向城邦转变，成为城邦制的国家，属于“国王政治”，历史上被称为“王政时代”。随着王政时代最后一任君主高傲者塔克文①因暴政被驱逐出罗马，公元前509年，罗马共和国建立，罗马进入城邦制的“共和国时代”。在此期间，罗马逐渐征服整个意大利，然后称霸地中海，并于公元前1世纪最终成为以地中海为内湖，横跨欧、亚、非三洲的强大的帝国。

2. 罗马城邦为何要对外扩张

教师讲述： 要了解古代的罗马，不可避免地要了解与它长期伴随着的对外扩张。罗马

① 卢修斯·塔克文·苏佩布（Lucius Tarquinius Superbus，？—公元前496），也称小塔克文、高傲者塔克文，罗马王政时代第七任君主，公元前535年登基，公元前509年被革命推翻。

人为何这么热衷于对外扩张？我们先探寻一下战争的根源。

材料呈现：

材料一　由于缺乏妇女……于是罗马人便有了劫掠妇女的想法并将其付之行动。……罗马人和萨宾人之间发生战争。……战争的最后结果以和解告终。罗马和罗马北边诸山居住的萨宾人合并……罗马的实力由此大涨。

——杨共乐：《罗马史纲要》，13～14页，北京：商务印书馆，2007

材料二　当时的罗马领土却只有800平方公里，光公民的人口密度就达每平方公里162人。在古代，这显然是一个很大的数目。稠密的人口不仅对有限的土地造成了严重的压力……而且还对古代文明形成了严重的威胁。……为了保存自己的文明，摆在罗马国家面前的唯一办法，就是向外扩张。①

——杨共乐：《罗马史纲要》，77页，北京：商务印书馆，2007

教师设问：通过这两段文字，你能找到相关的答案吗？

教师引导学生分析：从这里我们可以了解到：其一，受生存环境和条件影响导致罗马走向扩张，形成尚武的传统。其二，罗马人也从最早的战争当中尝到“甜头”，实力壮大，这又反刺激他们不断向外扩张的欲望，战争的根源也在于此。

二、控制地中海

教师讲述：古罗马人如何实现扩张的呢？我们可以尝试从一个典型的战例——布匿战争，慢慢去体会古罗马人的扩张及强大的过程。

布匿战争是罗马与商业强国迦太基为争夺地中海沿岸霸权发生的三次战争，公元前264—前146年，前后持续了一百多年。

要了解布匿战争，这就需要从迦太基讲起。迦太基是位于非洲北部的一个商业强国，领土以迦太基为中心控制了包括西班牙、西西里岛、直至西地中海的诸多岛屿，掌控西部地中海的海上贸易。公元前3世纪，在罗马向西部地中海扩张的过程中，迦太基成为罗马向地中海发展的主要障碍。公元前264年，古罗马与对手迦太基发生第一次战争，最终迦太基战败，罗马获得赔款和西西里岛等战果。

① 当时，指公元前6世纪。当时罗马的人数达到了40万人左右。

教师设问： 战无不胜的罗马，在第二次布匿战争中也会碰到让自己焦头烂额的对手，你知道是谁吗？

教师引导学生分析： 他就是迦太基的将领汉尼拔，一位被誉为“善于掩饰、沉默、伪装、埋伏、预测敌人计划”的战将。下面让我们重回第二次布匿战争的战场。

汉尼拔

教师讲述： 公元前218年，第二次布匿战争爆发。迦太基战将汉尼拔发挥天才般的军事指挥才能，率领军队从西班牙出发，向北进行远距离行军，然后越过阿尔卑斯山，突然出现在意大利北部。公元前217年初春，两军在意大利的特雷比亚河开战，汉尼拔击溃罗马军队。公元前217年春，两军在意大利的特拉西美诺湖附近再次相遇，随后发生激战，汉尼拔又一次大败罗马军队。消息传入罗马，城中人心惶惶。针对这一突发情况，罗马会采取什么应对之策呢？

材料呈现：

材料三　公元前216年8月2日，罗马军与汉尼拔军在阿普利亚坎尼城附近的平原上发生激战。……最后汉尼拔以6000人的代价全歼了罗马7万大军。

——杨共乐：《罗马史纲要》，67～68页，北京：商务印书馆，2007

材料四　坎尼之役打掉了罗马人的傲气，打醒了沉睡中的罗马民族的勇气。……元老院紧急召征17岁以上青年参军，同时还通过赎买的方式把8000多名年轻奴隶送入军队；动用国库全部财富……此后5年……稳扎稳打，实力稳步上升，到公元前212年军队已达到25个军团，其军队数量远远超过汉尼拔。

——杨共乐：《罗马史纲要》，69页，北京：商务印书馆，2007

教师设问： 上述材料反映了第二次布匿战争中出现了什么问题？采取了怎样的应对措施？

教师引导学生分析： 第二次布匿战争的前几年，罗马损兵折将约10万人，遭受重创，但罗马人却能在逆境中坚忍不拔，厉兵秣马，创造奇迹。罗马人凭着5年的坚韧磨砺，于公元前202年突出骑兵进入迦太基，并在北非的扎马以绝对优势兵力打败汉尼拔，于公元前201年，罗马终于取得了决定性的胜利，获得巨额赔款及土地等战利品，为它称霸地中海奠定了基础。

公元前149—前146年，发生第三次布匿战争，罗马攻陷迦太基城，最终成为地中海的霸主。

三、罗马帝国时代

1. 领土迅速扩张

教师设问：罗马是怎样迎来帝国时代的呢？

教师讲述：战争是血淋淋的、残酷的，同时它也给罗马带来了丰硕的战果。

材料呈现：

材料五　如下表。

布匿战争期间罗马领土迅速扩张表

次　数	时　间	罗马主要领土成果
第一次	前264—前241	西西里行省
第二次	前218—前202	西班牙
第三次	前149—前146	迦太基城（阿非利加省）

2. 财富剧增

材料呈现：

公元310年君士坦丁大帝改革币制后的索利多金币

古罗马人掳取奴隶（雕像）

——姚森主编：《初级中学〈社会发展简史〉教学挂图》第三辑《奴隶社会》，1页，北京：人民教育出版社，1982

教师设问：这两幅图片代表了什么？

教师引导学生分析：金币和奴隶是罗马财富的象征，随着战争的胜利，罗马财富剧增。如第二次布匿战争中，罗马得到了10000他连特的赔偿。随着战争的胜利，罗马俘虏的战俘都被充作奴隶。公元前146年，被俘的迦太基50000多名居民沦为奴隶，给罗马带来了廉价的劳动力资源①。

随着诸如布匿战争的胜利，罗马获得了大量的土地、奴隶、赔款和各种战利品，疆域不断在扩大，实力大为增强，已逐渐成为事实上的帝国。但是，罗马的强大是建立在奴役其他国家或民族的基础上的，这也是罗马帝国扩张极为残酷的一面。

教师讲述：公元前60年，即共和国的晚期，罗马虽然内政紊乱，但征战依然。罗马历史上著名的恺撒大帝，开始征服高卢地区，把罗马的边疆扩展到欧洲大陆的莱茵河畔。

公元前30年，屋大维率领军队占领埃及，灭掉托勒密王朝，埃及成为罗马帝国的一个省。随着疆域的扩大，城邦制共和制再也不能适应罗马的管理要求。公元前27年，屋大维以“恢复共和”之名，行君主之实，建立罗马帝国。

公元2世纪，罗马帝国的图拉真皇帝开始远征达西亚等地，并建立达西亚行省。至此，罗马帝国的疆域横跨欧、亚、非三大洲，边疆绵延1万多千米，在版图上达到最辉煌的时代。

教师小结：从公元前9世纪初在意大利半岛中部兴起的古罗马文明，经历罗马王政时代，并于公元前509年建立共和国，其后逐步征服意大利半岛。经过三次布匿战争，至公元前2世纪，最终成为地中海霸主。公元1世纪前后，罗马帝国版图达到最大，横跨欧、亚、非三大洲，经济空前繁荣。到公元395年，罗马帝国分裂为东西两部。西罗马帝国亡于476年；而东罗马帝国（即拜占廷②帝国）则在1453年被奥斯曼帝国所灭。古罗马帝国与秦汉时期的中国一样，是古代世界强大的帝国之一。

设计点评

本微课围绕罗马从城邦扩张成为强大帝国这一主题，从纷繁的历史事实中挑选“布匿战争”这一历史画面，通过对第二次布匿战争进行历史细节的描述，让学生了解罗马扩

① 杨共乐：《罗马史纲要》，18页，北京：商务印书馆，2007。

② 编者按：对于“Byzantine”，当前学术界多译为“拜占廷”或“拜占庭”。本书依据《新编汉语辞海（上下册）》（路丽梅、王群会、江培英编，北京：光明日报出版社，2012），与北京师范大学出版社历史教材一致，统一采用“拜占廷”，但对部分以“拜占庭”为名的著作或文章，则保留了原貌。

张的历史。本微课设计的特色，在于处理好点、线、面的关系，构建了完整的“城邦”与“帝国”的历史概念，能够引领学生感悟罗马强大的历史发展过程。

微课设计二：罗马何以“宏伟”

设计意图

通过古罗马城的历史遗产，了解罗马帝国的繁荣景象，引导学生追寻罗马帝国强盛与繁荣的原因，从中感受古罗马人的智慧。

设计方案

教师介绍： 常言道，“宏伟属于罗马”，今天的罗马城留给人们太多遐想：罗马建筑虽然破旧，但万神殿、斗兽场、高架引水桥、凯旋门、凯旋柱、特雷维喷泉等依然引导世人穿越千年的时光重回罗马。罗马为什么会拥有这样辉煌的时代呢？

一、追寻古罗马的历史韵味

教师讲述： 据说，今天到罗马旅游的人都会有这样一种感觉：走在罗马的大街小巷，人们很难看到高耸入云的摩天大楼，见到的往往只有残垣断壁，如遍布全城的古老教堂、挺拔的凯旋门和凯旋柱、略显破旧的“罗马古道”等。这里俨然是一个露天博物馆。

材料呈现： 圆形竞技场。

教师设问： 请同学们观察右图，这些建筑的名称是什么？这是哪个国家著名的历史文化遗产？这些建筑因何而建造？

教师引导学生分析： 这是意大利著名的历史遗产，这是古罗马磅礴壮观的圆形斗兽场。据说罗马修建这样大型建筑既是为了彰显军功、也是为了展示罗马人的神勇。古罗马文明荣辱交替，繁荣至今，当今世界各地的剧院剧场，仍然留下许多古罗马的风格，类似这种宏伟的建筑，罗马比比皆是，值得追忆与回味。

教师讲述：翻阅史书，穿越时空，回顾历史，我们依然能领略到古罗马城的繁荣，能品味古代罗马城的辉煌。

材料呈现：

材料一　公元前1世纪的希腊语作家哈利卡那苏斯的狄奥尼索斯（Dionysius of Halicarnassus）从一个希腊人的角度写道："在我看来，罗马意义最重大的工程有三：水道、道路以及下水系统。这三者尽显帝国的伟大。"……罗马的水力工程甚至使金字塔都黯然失色。就罗马城而言，到3世纪末，罗马城共有11个大型公共浴室、11条水道、1000多个喷泉、两个赛车场（单数circus）、两个大竞技场（单数stadium）、36座凯旋门和2000所豪宅。……

……从奥古斯都时代起，罗马城广泛采用大理石为建筑材料，并用防火材料建筑防火墙。……

——刘津瑜：《罗马史研究入门》，34～35页，北京：北京大学出版社，2014

材料二　罗马军队每征服一处，就铺设道路，兴建港口，四通八达的交通网就像是罗马帝国的血脉……俗语说，"条条大道通罗马"。来自罗马帝国各个角落的货物汇聚罗马……使得罗马城百业兴隆。

——陈乐民：《欧洲文明的进程（附：对话欧洲）》，28页，北京：生活·读书·新知三联书店，2014

教师设问：阅读这些文字，你脑海中会有一幅什么样的古罗马城的历史画面呢？

教师引导学生分析：或许，当读到这样的文字，我们脑海就会浮现这样的画面：罗马城内建筑群气势宏伟，大小广场，巨型赛场，高耸的凯旋门夹着豪宅与宽阔的道路，错落有致，那是何等壮观！或者联想到坐拥万人的斗兽场上，人们正在齐声惊呼"人与狮子"搏斗的场面又是何等的残忍。

繁荣而永恒的罗马城让我们不禁追问它因何强盛的历史。

二、探寻古罗马强盛的原因

教师设问：面对繁荣而永恒的罗马，人们不禁要问，罗马是如何强盛起来的？

1. 罗马因何能成功扩张

教师讲述：罗马城邦的扩张充斥着残酷的战争和罗马人尚武的精神。但是，我们如果关注战争背后的一些细节，即从罗马人民族特性的角度来认识，就能了解它成功的原因。

首先，罗马人有“国”重于一切的观念。

第二次布匿战争失利后，罗马元老院紧急征召17岁以上青年参军，同时还通过赎买的方式把8000多名年轻奴隶送入军队；动用国库全部财富，增加财税一倍，从民间征集财物；等等。这些表明了什么？

国家危难之际，罗马有一套行之有效的管理；大敌当前，国家首先会举全国之力行动起来，会尽最大的努力捍卫国家与人民的安全。

其次，罗马的“民”有团结护国意识。

材料呈现：

材料三　罗马人民也积极从各个方面支援战争。为了消灭迦太基的海军，他们慷慨捐出自己的资金帮助国家建立舰队；为了抵抗汉尼拔的进攻，他们不惜将自己的奴隶释放；为了鼓励前方战士英勇杀敌，他们甚至忍痛取消了从敌人手中赎回自己的儿子和亲属的做法。

——杨共乐：《罗马史纲要》，77～78页，北京：商务印书馆，2007

教师设问：从材料中可以看出，罗马人具有什么特性？

教师引导学生分析：材料告诉我们，古罗马的人民有着非常强烈的团结护国意识。罗马扩张的成功，正是得益于人民对于国家的忠诚及支持，得益于淳朴的民风，得益于罗马人的坚韧与为国牺牲奉献而荣耀的精神。古罗马人的这种民族特性是罗马强盛的重要原因之一。

2. 修建宏伟的罗马城，钱从哪里来

教师设问：罗马城举世闻名，修建这样宏伟的城市，财力物力从哪里来？

材料呈现：

材料四　战争在给罗马人带来许多廉价的人力资源的同时，也给罗马带来了巨大的财富。例如，在第一次布匿战争以后，罗马得到了3200他连特白银；在第二次布匿战争后则获得了10000他连特。……公元前189年……仅马格尼西亚一役，就为罗马人掳掠了……白银137000罗磅。①

——杨共乐：《罗马史纲要》，18页，北京：商务印书馆，2007

材料五　西西里、埃及和北非是罗马的“粮仓”。在奥古斯都时期，埃及每年要向罗马输送1.8亿公升小麦……而阿非利加省的输送量是埃及的两倍。

——刘津瑜：《罗马史研究入门》，36页，北京：北京大学出版社，2014

教师设问： 这钱从哪里来，你明白了吗？

教师引导学生分析： 战争得来的大量财富以及行省赋税的供给，在很大程度上成为兴建罗马城和发展罗马经济的重要资金来源。有了钱，富裕的罗马人才可以大规模修建浴室、广场、水道、道路，甚至私人出资举行凯旋仪式。

3. 修建宏伟的罗马城，劳动力从哪里来

教师设问： 陈乐民在《欧洲文明的进程（附：对话欧洲）》一书中说：“罗马是一个从事建筑和工程的帝国。”②那么，面对宏伟的罗马城，我们不禁要问：修建斗兽场、万神殿等各种宏伟的建筑，罗马有那么多劳动力吗？况且年轻人还要常年在战场？我们去寻找一些历史的数据。

材料呈现：

材料六　公元前225年，在意大利的自由人人数为440万人，而奴隶的人数为60万人，至公元前43年，大约有450万人自由民，奴隶人数达到300万。

——杨共乐：《罗马史纲要》，177页，北京：商务印书馆，2007

教师设问： 材料告诉了我们什么？

教师引导学生分析： 罗马有大量的奴隶。罗马通过对外扩张俘虏大量战俘充当奴隶，让这些奴隶充当罗马各行各业的劳动力。正因奴隶的贡献，他们成为兴建罗马城、发展罗马经济的力量源泉。

4. 修建宏伟的罗马城，先进的技术与艺术灵感从哪里来

教师设问： 今天，众多的参观者为罗马城众多遗址、建筑艺术惊叹和折服。然而修建宏伟的罗马城，先进的技术与艺术灵感从哪里来？追根溯源，我们一起看看有关罗马建筑文明的说法。

① 他连特又译塔兰特，罗磅即罗马磅，古代罗马使用的质量单位、计量单位。1他连特约等于30000克，即约30千克，1罗马磅约等于327.54克。

② 陈乐民：《欧洲文明的进程（附：对话欧洲）》，28页，北京：生活·读书·新知三联书店，2014。

材料七　由于受古典主义思想的支配，罗马的建筑实际上是罗马民族传统和希腊传统相结合的产物，并在这种基础上结合本民族的艺术传统进一步发展和充实起来。……将“实用”列为首位……城防、神庙、剧场、浴室、道路等都是遵循实用主义原则建造的。

——晏立农：《图说古罗马文明》，96页，长春：吉林人民出版社，2010

教师设问：从上面的文字中，你能找到一些答案吗？

教师引导学生分析：其实，罗马原来的文明程度很低，但这个民族很开放，善于吸纳和创新文明。对于罗马人来说，吸纳别人的优秀成果就是为了创造更高的文明，这已成为罗马人一种民族特性。也只有这种民族特性才更有助于罗马强盛起来，更使得它的文明在人类历史上留下深刻的烙印。

教师小结：由此可见，一个国家之所以能够强大，它是多方面综合因素造成的。正如罗马的强盛，除了军队的强大，还与财富的充裕、奴隶（包括公民）的贡献、文化上的学习创新等因素息息相关。

设计点评

本微课借助罗马城的历史文化遗产，追寻罗马强盛的原因，包括财富实力的雄厚，奴隶的贡献，坚持文化创新，积极支持国家、为国奉献的民族特性等，以此作为突破“宏伟罗马强盛的原因”的策略，引导学生感悟罗马强盛背后留给人类的历史智慧。

教学资源

资源1：罗马城的起源可追溯到特洛伊战争的最后一年。特洛伊城中了木马计之后，遭到屠城和焚城的命运。……特洛伊英雄之一，维纳斯之子埃涅阿斯肩背老父……逃离灾难。埃涅阿斯在地中海飘零多年之后来到意大利，娶了拉丁姆地区国王的女儿拉维尼娅（Lavinia）为妻，并在该地区建新城拉维尼娅姆（Lavinium）。埃涅阿斯之子又在附近建新城阿尔巴龙伽（Alba longa）。经过多代之后，阿尔巴龙伽城里发生政变。王弟阿穆留斯（Amulius）觊觎王位，废黜王兄努米特（Numitor），并将侄女雷亚·西尔维亚（Rhea Silvia）任为维斯塔贞女，以断这一支的后嗣。然而，西尔维亚蒙战神马尔斯（Mars）临幸，怀孕并诞下孪生兄弟。阿穆留斯得知后命将孪生婴儿处死，奉命执行命令的人将婴儿丢弃在正牌泛滥期的台伯河岸边。有母狼经过，不但未伤害婴儿，反而哺乳他们。后来，孪生兄弟被一牧人发现并抚育成人。兄长得名罗慕路斯，弟弟名为雷穆斯……因一起偶然的事件，兄弟得以与外祖父努米特相见，身份得以揭示。他们合力去除阿穆留斯之后，努米特得以复位。兄弟俩决定在他们获救的帕拉丁山脚建立新城。然而，兄弟在选址等问题上起了争执，各占一地观看预兆以做决断。罗慕路斯见到12只鹰，而雷穆斯只看到6只。罗慕路斯因此成为罗马城的建城者，并为罗马城划定城界。接下来的变化颇具戏剧性，雷穆斯嘲讽性地跳过城界，被视为凶兆，而雷穆斯被罗慕路斯当场击杀。这个版本的罗马城起源故事保留了罗马城的起源和《荷马史诗》所吟唱的特洛伊战争之间的联系，但更强调拉丁姆地区城市之间的历史关联和特殊关系。①

——刘津瑜：《罗马史研究入门》，4～5页，北京：北京大学出版社，2014

资源2：其中一个最不引人的特征是妇女所处的低下地位。历史学家M. I. 芬利②注意到，罗马历史上最著名的两位女性，一位是克里奥帕特拉，她连罗马人都不是；一个是鲁克丽丝，她是位虚构中的人物，因受到强奸和自杀出名。像罗马妇女这样局限于家务小圈子、地位如此低微的在历史上很不多见。罗马妇女实际上没有自己的名字，其名字是在父姓后加上阴性词尾构成，举例说来，“朱莉亚”（Julia）来自“尤利乌斯”（Julius）……一家中如有两位女儿，仅仅这样加以区分：“大茱莉亚”，“小茱莉亚”；如果有多位女儿，就这样区分：“大茱莉亚”，“二茱莉亚”，“三茱莉亚”，以此类推。

——李楠：《学生必读文丛·世界通史》卷五，第2版，1096页，

开封：河南大学出版社，2006

资源3：罗马最高行政长官是执政官，执政官两边的侍从都拿着法西斯。法西斯是权威的象征。这个权威是十二根棍棒圈起来中间插上一把斧头，这就是法西斯。执政官走到哪儿，两边的侍从都拿着两个法西斯跟到哪儿。法西斯中间的斧头再插上的话，就意味着执政官有生杀予夺的大权。但是执政官生杀予夺的大权是有限度的，也就是说有规则的，不能乱来。当执政官一进入罗马城，法西斯上面的斧头必须拿下来，就是告诉

① 埃涅阿斯（Aeneas），在神话里，埃涅阿斯被视作古罗马的神。本段材料描述的是母狼育婴的故事。
② 芬利（Moses Israel Finley，1912—1986），20世纪西方最有影响的古史学家之一。

执政官，在罗马公民面前你没有杀生予夺的大权。

——杨共乐《罗马的崛起及其原因》，载《首都大讲堂》，2012-09-11

资源4：众所周知，造纸术是中国的四大发明之一。……直到8世纪以后才经阿拉伯人带入欧洲，那么在这之前，古罗马人用什么来书写文字呢？

在纸张未发明之前……中国人最先是将象形文字刻甲骨上，然后是刻铸于铜器上，后来用笔写在丝绢上，称为“帛书”……

而古希腊、古罗马人则是将小牛皮或羊皮加工制作成“皮纸”，当做高级书写材料。皮纸是由专门的工匠制作。工匠首先把胎牛皮、小牛皮或羊皮加工鞣制，使其软化，然后用器具刮掉上面的附属物，使组织表面平整光滑，而且柔韧稀薄，人们习惯把它叫“羊皮纸”。

当时还没有出现正式的笔，所以人们就用羽毛或芦管当笔，蘸了墨水之后把字写在羊皮纸上，然后装订成册。由于没有纸张印刷业，古代的人看的书是手抄本的，谁要是想得到一本书，只有去抄写了，当时的富贵之家都有抄书的奴隶。也是这种方式，历史上许多珍贵的书籍才得以广泛流传。

——陈文斌：《品读世界文明史》，128～129页，北京：北京工业大学出版社，2007

资源5：公元前14年，罗马建立了世界上最早的公立医学学校。罗马医院特别重视外科和妇科的研究。这跟他们外战频繁、重视人口生育有很大的关系。罗马的医生还发明了手术用的钳子、镊子、其他医疗器械，能切除甲状腺肿、扁桃腺和其他结石，能为其他难产妇女接生。著名的帝国时期医学家塞尔苏斯被誉为“医学上的西塞罗”，著有《医学大全》一书，共有8卷，第1、2卷谈医疗学和病理学原理；第3、4卷谈内科各症；5、6卷谈外科；7、8卷转论手术。全书的手术部分是精华所在，在这一部分，他不仅提到了如何对脸部和嘴进行整形、如何从鼻孔取出鼻息肉和切除甲状腺肿，而且还设想了如何切除扁桃体腺或扁桃体的手术，如何用邻近的部位的皮肤进行外科整形。这些医学成就充分表明塞尔苏斯的确是古罗马医学史上最有才干的人，他也确实自成体系地影响了后世西方医学的发展。

——晏立农：《图说古罗马文明》，161页，长春：吉林人民出版社，2010

资源6：到公元前2世纪，罗马基本上完成了对地中海世界的征服，成为横跨欧、亚、非三洲的大帝国。随着财富等的增多，共和国前期的那种严谨、朴实和艰苦奋斗的生活方式逐渐消失，代之而起的是荒诞无稽的消费和疯狂的挥霍。以公共娱乐为例。公元前220年，罗马只有一天的公共节日，所谓的罗马人节，但此后一直增加到六个节日，并且每次节日天数由一天延至5天，7天，甚至14天。节庆日作为公假，有赛马、竞技、戏剧、角斗、狩猎等活动，城里人民可以尽情享乐。猎狮和猎豹使人大开眼界，各地修建豪华的大厦、富丽的花园和舒适的别墅。

杨共乐：《罗马史纲要》，113～114页，北京：商务印书馆，2007

资源7：罗马城是罗马帝国的一项名胜，成为后代欧洲各大都市的建筑标准。……

在古罗马的圆形神殿中，最有名的是“万神殿”。它始建于屋大维时代，终于哈德良统治时期，共修建了150多年。神殿高43米，内部直径也是43米，正门有8根混凝土大圆柱，高大的青铜门至今犹存。

建于弗拉维王朝的科罗塞姆大圆形剧场，是4层高的露天剧场，可容纳观众8万人，高达48米，剧场中心舞台的周长524米，舞台可以灌水成湖，表演各种海战的场面。

——朱寰：《世界上古中古史》，279页，北京：高等教育出版社，1997

西方文明的摇篮：希腊罗马古典文化的成就

学术引领

黑格尔曾说过，只要一提到希腊，就有一种“家园之感”，可见古希腊文明在欧洲人心中的地位。欧洲文明的源头是“两希文明”，即希腊—罗马文明和希伯来—基督教文明。“源头的源头”可以追溯到两河流域这一“肥沃的新月地带”，但这里并不是说从两河流域的文化发展出了一个希腊文化，而是说希腊文化受到了两河流域文化的影响。

希腊世界被古罗马征服后，古希腊文明并未消失，反而以更强大的文化渗透力影响着古罗马及地中海地区。不过，罗马文化在接触、吸收和借鉴希腊文化的同时，既有罗马的希腊化，更有自身的罗马化特色，形成了自己民族的文化。罗马文化对待希腊文化的态度，一方面有意识或无意识地模仿希腊的文化、历史、宗教、法律和建筑等文化；另一方面，有选择的接受某些影响，并打上自己民族的烙印，形成自己文化的特色。最终，罗马文明成为与希腊文明比肩的欧洲两大文明。时至今日，古希腊罗马时期的绚丽文化遗产依旧令世人赞叹不已，他们也已成为近现代西方文明的精神源泉。

一、对西方文明源头的探究

关于西方文明的源头，陈乐民在《欧洲文明的源头——欧洲文化史论课程讲演摘录》(载《博览群书》，2003年第1期）一文中指出，欧洲文明的源头是“两希文明”，即希伯来和希腊文明，再加上罗马文明和基督教文明，这些就是欧洲文明的源头。那么，“源头的源头”究竟在什么地方呢？陈乐民认为，“源头的源头”在有着丰厚文化积淀的两河流域。首先，在两三千年前，两河流域的土地非常肥沃，除了农业的发达，原始的商业活动就已经出现。其次，上古时代的两河流域是一个最古老的文化发源地，文化比较发达，包括几何学、天文学、医学、诗歌、音乐等。可以说，两河流域是希腊文化的一个来源。还有一个来源，就是希腊文化的近代来源——爱琴文明。虽然爱琴文明发现得比较晚，但据考古学家对爱琴海附近的克里特岛（Crete）宫殿建筑遗址的考古发掘说明，当时的文化相当发达、相当繁荣。克里特岛实际上是两河流域和希腊本土之间的一个跳板，希伯来的文明、宗教思想、神学等都是通过它传入希腊，跟希腊的哲学相结合。因此可以说，欧洲文明的源头是希腊，希腊文明的源头是同两河流域的交流。不是说从两河流域的文化发展出了一个希腊文化，而是说希腊文化受到了两河流域文化的影响。因为当时的两河流域的文明程度高于希腊，希腊的古代历史是后来才有的。黑格尔曾说过，只要一提到希腊，就有一种“家园之感”。那么大的欧洲把那么小的希腊当作自己的家园，这话不是偶然的，而要追寻“欧洲的家园”的根和源，就必须追溯到两河流域这一“肥沃的新月地带”。

庄锡昌在《西方文化史》(28页，北京：高等教育出版社，1999）一书中指出，古代希腊文化的发端离不开近东文明的哺育，但在其成长过程中最终还是与近东文明分道扬镳，形成了它自己独特的思想和文化，并取得了辉煌的成就。从《荷马史诗》到亚历山大里亚的科学，古代希腊文化在文学、艺术、哲学、政治学以及自然科学等方面大放异彩，被西方学者称为古典文化。古罗马承前启后，在继承希腊文化的基础上创造了自己独具一格的文化，最为重要的是把法制精神灌输到古典传统之中，使古典传统得到发扬光大。希腊—罗马古典文化在西方文化发展史上占有极其重要的地位，它所形成的古典传统启迪了14—17世纪的欧洲文艺复兴运动，对近现代西方文化有着巨大而深远的影响。恩格斯指出："没有希腊文化和罗马帝国所奠定的基础，也就没有现代的欧洲。"①

二、古希腊古罗马文学、建筑成就

1.《荷马史诗》——欧洲文学的渊源

庄锡昌在《西方文化史》(29～31页，北京：高等教育出版社，1999）一书中指出，《荷马史诗》据说是公元前8世纪的盲诗人荷马（Homer），把民间口头流传的诗歌加以整理编纂成《伊利亚特》和《奥德赛》两部史诗，即著名的《荷马史诗》。《荷马史诗》反映了公元前11—前8世纪的希腊社会状况，是研究希腊"黑暗时代"的珍贵史料，而且从中可以窥见迈锡尼时代的某些痕迹。史诗所描绘的特洛伊战争，已为考古发掘所证实。《荷马史诗》是欧洲最早的文学巨著，成为欧洲文学的渊源，在西方文学乃至世界文学史上都占据了极为重要的地位。它语言生动流畅、构思精巧严密，结构布局得当，故事情节生动，人物性格突出，具有强烈的感染力。从古希腊时代开始，《荷马史诗》就成为学生必读作品，至今仍是欧洲人学习文学时必修的第一课。《荷马史诗》成为古典时代希腊人的主要"教科书"，一代又一代的希腊人都是在背诵《荷马史诗》中成长起来的。史诗中的英雄人物，成为整个希腊民族的理想人格，柏拉图说："人们崇拜荷马，因为他教育了希腊人。"荷马因此被尊为希腊的民族诗人。

2. 古代希腊——欧洲戏剧的故乡

英国学者吉尔伯特·默雷（Gilbert Murray）在《古希腊文学史》(孙席珍、蒋炳贤、郭智石译，222页，上海：上海译文出版社，1988）一书中指出，希腊的悲剧是作为祭祀酒神狄俄尼索斯的春节仪式的一部分来表演的。早在公元前6世纪，雅典人便演出了悲剧。在祭神时，最先由合唱队齐唱缺乏音乐性变化且没有什么艺术性的酒神颂歌，其主要内容是讲述狄俄尼索斯儿时的悲惨际遇。继后，由埃斯库罗斯（Aeschylus，约公元前525—前456）加入了第二个表演人员与合唱队对答台词；再后，索福克勒斯（Sophocles，约公元前496—前406）又将前台演员增加至3人，他们之间的对白便取代了原来合唱队的主要地位。就这样，便构成了希腊悲剧的表演形式——话剧。

邓晓在《在理想与现实之间徘徊——对古希腊悲剧的历史透视》(载《重庆师范学

① [德] 恩格斯:《反杜林论》，见《马克思恩格斯选集》(第3卷)，524页，北京：人民出版社，1995。

院学报（哲学社会科学版）》，2001年第3期）一文中提出，希腊悲剧的盛期是古典时代，在公元前6—前5世纪这短短的两百年间，先后出现了三位悲剧大师：埃斯库罗斯、索福克勒斯和欧里庇得斯（Eunripides，约公元前484—前406），通过他们，悲剧被推向了成熟。

关于希腊悲剧的主题，庄锡昌在《西方文化史》（50页，北京：高等教育出版社，1999）一书中认为，古希腊悲剧的题材大都来自古希腊神话和英雄传说。古希腊悲剧的含义不是悲，而重在严肃。古希腊悲剧的主题，大多是讲灾难降临在英雄人物的头上，这往往是神的旨意。然而，这些英雄并不屈服于命运的摆布而奋起抗争，这表达了古希腊人同大自然做斗争的勇气和坚强意志。郭玉生则在《论古希腊悲剧的命运观与正义观》（载《艺术评论》，2012年第1期）一文中认为，古希腊悲剧揭示的是人解开或者不能解开命运之谜并不重要，重要的是承受命运之重。尽管古希腊人物总是受到命运的捉弄，他们的心头永远笼罩着浓重的哀愁和无奈的惶惑，深刻体会到自身的渺小，但他们却凭借着崇高的自由意志和激昂的抗争精神，高扬了不甘向命运屈服的积极的生命意识。古希腊悲剧进一步追问“命运”问题。人的悲剧真的与自身无关吗？这促使希腊文化反思人的存在的多元维度。

关于希腊戏剧繁盛的原因及作用，王邵励、张季云在《戏剧公演与雅典城邦政治》（载《世界历史》，2007年第4期）一文中认为，这与雅典城邦对戏剧公演鼎力支持密切相关。城邦提供专项资金用于公演活动的正常运作。在伯里克利时代，向公民提供观戏津贴已被制度化；演员和剧组会得到来自国库的补贴和私人的赞助；荣膺最佳演员称号的雅典公民，还会获得来自城邦政府的专项现金奖励；雅典城邦公民大会专门选出执政官来监督戏剧公演的组织和统筹等相关事宜。戏剧公演绝不是一项单纯的大众娱乐，雅典城邦希望通过公民观众参与观戏活动而获得城邦民主政治文化熏陶。杨共乐、薄海昆在《希腊文化——西方文明的丰碑》（载《人民论坛》，2003年第1期）一文中认为，希腊人热爱生活，享受生活。典雅的戏剧正好扮演了丰富人们精神生活的角色。他们用感人的笔触创作了一幕又一幕悲欢离合、波澜壮阔的场景，塑造了一个又一个有血有肉、个性鲜明的角色。民主氛围是希腊戏剧充满活力、丰富多彩的根源。

3. 帕提侬神庙——古希腊建筑艺术的代表

早在2500多年以前，古希腊建筑就以规模宏大、雕刻精致、造型优美而举世闻名。

李冬梅在《古希腊建筑的丰碑——帕提侬神庙赏析》（载《中外建筑》，1999年第3期）一文中指出，建于公元前5世纪的帕提侬神庙，是古希腊建筑的一座丰碑，世界建筑史上光耀千古的杰作！帕提侬神庙建于古希腊经济繁荣、文化昌明的鼎盛时期，是古希腊人为纪念在希波战争中所取得的伟大胜利，而献给雅典城邦的保护神——帕拉斯·雅典娜的，原意为“处女宫”。

王艳在《论古希腊建筑之美》（载《科技文汇（中旬刊）》，2009年第3期）一文中指出，帕提侬神庙采用列柱回廊形制，平面呈长方形，长70米，宽31米，东西两面各有8根列柱，两侧各有17根列柱。总共46根刚劲挺拔的多立克式石柱构成连续的列柱回廊，列柱和整面的石墙交替着合围起一层又一层的空间。神庙的主殿分东西两个内殿，被层层的列柱和外廊围护其中，显示出高贵、神圣的气质。朝东的内殿里面供奉着巨大的雅典娜女神和一尊象征着生命和智慧的象牙雕像。帕提侬神庙尺度适宜，风格开朗，各部分比例匀称，雕刻精致，材料除屋顶用木外，全部为白色云石，还用大量镀金饰件。神庙的柱头、瓦当、檐和雕刻，都施以红蓝为主的浓重色彩，显得格外庄严肃穆。帕提侬神庙是雅典卫城最华丽的建筑，不仅因为它绚丽的装饰色彩和镀金，更重要的是建筑与雕刻的完美结合。三角形山墙上鲜艳明快的浮雕，主题均出自雅典传说的史迹，是千古流传的造型艺术经典。

关于以帕提侬神庙为代表的雅典建筑的艺术特征，张海莉在《浅析罗马文化及其建筑艺术》（载《中国集体经济》，2008年第21期）一文中指出，希腊人建筑追求的是典雅与和谐。希腊建筑的特点是以水平线为基线，水平线与垂直线形成黄金分割的四六之比，加上阔大平整的造型，给人的感觉是明快、稳定的。王艳在《论古希腊建筑之美》（载《科技文汇（中旬刊）》，2009年第3期）一文中指出，古希腊艺术之美在优雅的柱式和令人惊心动魄的神庙建筑上得到了最精彩的体现。古希腊三种柱式折射出古希腊人独特的审美意识。多里克柱式造型古朴、庄重、雄浑，隐喻着男性躯体的比例、强度与美。爱奥里亚式的艺术魅力在于它优雅、轻盈、典雅，强调线条感柔和美。科林斯式的艺术风格是纤细、匀称、秀丽。

4. *罗马圆形竞技场——古罗马文明的象征*

罗马斗兽场，亦译作罗马大角斗场、罗马竞技场、罗马圆形竞技场、科洛西姆、哥罗塞姆，原名弗莱文圆形剧场（Amphitheatrum Flavium），建于公元72—82年间，是古罗马文明的象征。朱国维在《罗马斗兽场与帝国之亡》（载《书屋》，2013年第9期）一文中指出，罗马斗兽场最能代表当年罗马帝国称雄全球、扬鞭寰宇的大罗马精神。于是，久而久之，圆形剧场也就被叫做斗兽场了。这是一座巨大的椭圆形建筑物，占地大约两万平方米，周长足有五百多米，外围墙高五十七米，几乎相当于现代十九层楼房的高度。斗兽场建有八十个门洞，地面结构为四层，还有一层地下室。斗兽场内的看台同时可容纳五万多名观众。八十个门洞，七十六个供观众进出；另外四个，一个专供皇帝进出，两个专供斗士只进不出，一个专门抬出那些死于角斗和人兽搏斗中的斗士尸体。关于罗马斗兽场的艺术特征，朱龙华在《罗马文化》（222～225页，上海：上海社会科学院出版社，2012）一书中指出，哥罗塞姆竞技场（即罗马斗兽场）的宏伟壮观是使它在日后的古典建筑传统中备受青睐的主导原因。在这方面，罗马建筑运用希腊古典柱式的技巧以达炉火纯青之境，显示了其综合统一功力之深厚。它的外部共分四层，除最上一层保持开有小窗的墙面外，其余各层都开以拱门，每层80拱，三层共达240拱之多，远看气魄壮伟，近看则曲拱起伏，虚实相间，而每个拱门两边用古典柱子夹插并立所形成的柱式——拱门联合结构，则将建筑的力度与美感结合起来，相得益彰。对当时的罗马人来说，这种柱式拱门合二为一，不仅仅是具有美学含义，也体现了他们民族文化的综合统一的精神，因为把作为希腊古典建筑精华的柱式和罗马人深为自豪的拱门结合，既显示了罗马继承希腊遗产的虔诚，也表明罗马自己的发扬和创造。罗马建筑家在哥罗塞姆的实践也使他们领悟到以层层柱式分割建筑立面的妙处：建筑经分割而显得秀巧，它可使人在庞然大物的建筑面前感到亲切而悠然自得，从而体现古典的人本主义精神。可以想见，哥罗塞姆一层层数以百计的拱门如果无多种柱式作为其框边装饰，廊庑便显得无比空洞、重复，而建筑总体又显得极其巨大，对比之下，个人便小如蝼蚁，这对于浸润着古典文化精神的观众来说是难以接受的。在这种情况下，柱式便有化整为零、移拙为巧的妙用。它不仅作为框边给建筑装饰门面，还由于古典柱式本身长期以来是按人体美的理想定其比例的，因此尽管尺寸放大，其比例不变，仍能予人以亲切感，更不消说它所包含的文化精神的信息了。正因为如此，柱式和拱门结合分割和组织建筑立面的艺术，成为古典建筑传统中极富教益的一部分，文艺复兴以来，西方各国的艺术家、建筑家总是在哥罗塞姆的废墟中流连忘返，非仅出于思古之幽情，更重要的还是从其艺术构思中领悟到无比丰富的古典文化的信息。

刘虹、张岩青、曲凌雁在《古罗马剧场建筑特色及其形成原因和影响》（载《世界地理研究》，2011年第1期）一文中指出，古罗马人从古希腊人那里学习、继承了柱式建筑形制后，古罗马人把这种柱式同自己的拱券技术相结合，以拱券作为建筑物的支撑结构，而柱子朝着装饰美化建筑的方向发展。在古罗马建筑中，人们更多看到的是柱式与拱券的结合，形成古罗马特有的“拱柱式”建筑风格。虽然古希腊人和古罗马人在建筑上多追求和体现美，但古希腊人常常把美放在首位，而古罗马人则把实用、经济、坚固耐用放在了前面，其次才是应用上的完美，所以罗马人的建筑更主要表现为一种永恒。装饰大多采用现实主义艺术风格，剧场的装饰浮雕中，内容取材有的是花草树木的枝叶，有的是历史场景，有的则是一些栩栩如生的小动物。古希腊人的建筑遵循着直线的原则：垂直的圆柱、三角形的山墙、水平的横眉等等，都是通过直线表现出古希腊人所一贯追求的美；古罗马人则追求曲线的原则，如拱券、圆形剧场、神庙的穹顶等等。这是因为庞大的剧场在建造时必须解决空间的支撑问题，假如一味地使用梁柱支撑，则势必影响空间的开阔性。古罗马人在继承了古希腊剧场形式后，创造性地发展了它们，把古希腊剧场发挥到登峰造极的地位，并形成了自己独特的风格特色。之所以如此，是因为古罗马极尽无边的物力财力，将建筑行为作为体现国家文化和意志的一种形式，希望由此表现帝国的威严、雄伟和永恒。

由此也可以看出，古罗马剧场建筑事实上代表着一个帝国、一种文化、一种传统。其建造构思上不仅突出技术、而且突出了艺术，在建筑思想上，更加注重实用性和关注现实生活，这一点正是罗马人对整个人类建筑乃至人类文化的杰出贡献。

三、罗马法及其影响

罗马法是古罗马对西方文明作出的最伟大的贡献。斯塔夫里阿诺斯在《全球通史：从史前史到21世纪（上册）》（第7版修订版，吴象婴、梁赤民、董书慧、王昶译，130页，北京：北京大学出版社，2012）一书中指出，罗马人在思想意识方面也许最重要的贡献是，他们的法律是基于理性而不是习俗。罗马人最早的法律是于公元前450年前后制定的《十二铜表法》，是一部简单、保守、代表农业民族的成文法。随着商业和帝国的发展，生活愈益复杂，原来的法律不再能满足需要。在司法实践中，他们发现，近乎普遍适用的法律原则只有少数几条，因此他们制定了一部新的法律——《万国法》，即国际法。他们认为这部法律对罗马人和非罗马人皆可适用。

谢冬慧在《罗马法的借鉴价值》（载《现代法学》，2005年第1期）一文中指出，罗马法是古代欧洲最发达的法律体系，但是罗马法不是某一部法律文献的名称，而是指罗马奴隶制国家的全部法律。通常认为罗马法有广义和狭义之分，广义的罗马法指罗马奴隶制的产生直到东罗马帝国灭亡之时全部的法律。狭义的罗马法仅指公元前5世纪的《十二铜表法》到公元6世纪的《国法大全》之间的法律。谢冬慧认为，对罗马法的历史应该从更广泛意义上去理解，它不仅包括从《十二铜表法》到《国法大全》的所有法律，而且包括中世纪复兴以后对周边国家产生影响的罗马法。

关于罗马法对后世的影响，卜芳在《浅谈罗马法对中国法律的影响》（载《前沿》，2013年第21期）一文中指出，罗马法以深刻的法学理论、精湛的法律思想、科学的体系、合理的法律分类征服了许多国家甚至全世界。罗马法包含的有利于商品经济发展的法权关系，符合中世纪封建社会各国需要，也出现了日耳曼法和罗马法融合的历程，也为民法法系和英美法系的形成提供了理论原则和科学概念。在对中世纪欧洲高贵法律、学派及法律思想的影响方面，卜芳认为，公元11世纪，随着资本主义生产关系的萌芽，新兴资产阶级为了向封建制度挑战，需要从罗马法中寻求理论武器，于是出现了罗马法的复兴。以意大利为首的一些学院在欧洲掀起了学习研究罗马法的热潮。到中世纪后期，伴随着资本主义商品经济的发展态势进一步加剧，为了进一步调整民事法律关系，西欧各国在罗马法中找到了现成的法律形式，推动了资本主义的发展。17、18世纪，随着资产阶级革命的初步胜利，建立统一的法制成为当务之急。1804年，以罗马法《法学阶梯》为蓝本的“法国民法典”诞生，对维护、巩固资本主义私有制和资产阶级社会的秩序，对法国及整个欧洲资本主义的法制起了推动作用。此后，瑞士、丹麦、意大利等国仿效《法国民法典》制定了本国民法典，英美法系的国家也借鉴了罗马法中的理论内容。卜芳同时也认为，罗马法的自然法精神、私法精神、理性精神对我国民法研究都有借鉴意义。

四、希腊文明繁荣的原因及对罗马文化的影响

斯塔夫里阿诺斯在《全球通史：从史前史到21世纪（上册）》（第7版修订版，吴象婴、梁赤民、董书慧、王昶译，108～109页，北京：北京大学出版社，2012）一书中指出，希腊文明灿烂辉煌，通常被人们夸张地赞誉为“希腊的奇迹”“希腊的光荣”。古

希腊人为何会取得辉煌成就，斯塔夫里阿诺斯指出：第一，希腊人住的地方离埃及和美索不达米亚最早的文明中心很近，能够从后者的成就中得到好处，但是，还没有近到不能保持自己特点的地步。古希腊文明不是原始文明，它和其他所有的文明一样，大量借用过去的文明——如中东文明。不过，希腊人所借用的，无论是埃及的艺术形式还是美索不达米亚的数学和天文学，都烙上了希腊人所独有的智慧和特征——虚心、好奇多思、渴望学习、富于常识。第二，城邦的出现并持久地存在，是促成希腊人取得成就的第二个因素，因为城邦为文化繁荣提供了必需的制度上的保证。希腊地区山峦重叠不能提供建立地区性帝国所需的地理政治基础，希腊多数城邦都享有直通大海的便利，使他们不仅在智力方面受到外来文化的促进，而且能维持并发展经济。

朱龙华在《罗马文化》（1页，上海：上海社会科学院出版社，2012）一书中指出，千百年来，罗马对于西方人始终是一个震撼人心的名字，它既指一座名城，一段古史；也代表着一种文明，一种传统，而在西方人眼中，这是可作为楷模的、第一流的文明和传统——古典传统。因此，西方人口口声声“言必称希腊罗马”，承认他们的观点传统源于希腊，而发扬光大于罗马。无论从政治到军事、从法律到诗词，从建筑到美术，人们以罗马古典为良师益友，因此，西方近代第一个新文化称为文艺复兴，即以复兴古典达到实质上的创新。美国艺术史家威廉·弗莱明（William Fleming）和玛丽·马里安（Mary Marien）在《艺术与观念（上册）》（宋协立译，102页、122页，北京：北京大学出版社，2008）一书中总结罗马的历史意义时说：“通过军事征服、吞并以及传统因素和自愿行动，所有傲慢的古老城邦和王国，一个个都成了罗马帝国的一部分。同样，这一广大地区内，一切思想、制度和艺术形式都要经过具有独创精神的罗马人的思想予以筛选，同他们自己对世界文化做出的令人瞩目的贡献结合在一起，罗马逐渐登上了世界文化的高峰。”“作为世界帝国中心的罗马业已衰亡，但它仍然是基督教的大本营。作为参拜圣地，罗马的建筑、雕刻和文学艺术必然对历代统治者、各个历史时期的人们和艺术家们产生巨大的影响，他们在不同的时代都向往着这座不朽都市高度发展的文化。由于罗马在后世西方文化发展的各个时期持久而重要的地位，每一座重要的现代西方城市都程度不同地打上了罗马的记忆。”

关于希腊文化如何影响罗马文化以及罗马又是如何受希腊文化影响这一问题，晏绍祥在《罗马的遗产》（载《博览群书》，2002年第7期）一文中指出，长期以来，有观点认为，罗马人也就是个文化上的二道贩子，通过他们之手，把希腊人的文化成就传给了西方而已。在这方面，英国著名诗人珀西·比希·雪莱（Percy Bysshe Shelley）的观点应当很有代表性。他声称：“我们都是希腊人。我们的法律、文学、宗教、艺术，全都可以在希腊人那里找到它们的根。如果没有希腊，罗马这个我们的导师、征服者和我们的家园，将没有什么光明可供播撒，我们也许还是野蛮人和偶像崇拜者。也许比这还要糟……处在停滞而又可悲的社会制度的统治下。”即使在历史研究高度发展的当代，当我们可以以更加客观的立场去评价古代文明遗产的时候，这种对罗马遗产全盘否定的观点也没有绝迹。越来越多的学者认同希腊文化深刻影响着罗马，而罗马并非单纯克隆了希腊文明，而是在此基础上有自己的创造。陈恒、鲍红信在《希腊化，还是罗马化——罗马对希腊文化的模仿、调适与创新》（载《史林》，2011年第5期）一文中指出，罗马文化在接触、吸收和借鉴希腊文化的同时，既有罗马的希腊化，也有自身的罗马化特色。早在公元前3世纪以前，罗马就直接或间接地受到希腊文化的渗透，公元前3世纪至共和晚期，罗马对希腊文化经历了模仿到调适的过程，帝国时期出现了罗马和希腊文化的融合趋势。不过罗马文化在接触、吸收和借鉴希腊文化的同时，既有罗马的希腊化，更有自身的罗马化特色，形成了自己民族的文化。罗马对待希腊文化的态度，一方面有意识或无意识地模仿希腊的文化、历史、宗教、法律和建筑等文化；另一方面选择、拒绝它们并且接受某些影响，打上自己民族的烙印，形成自己文化的特色。之所以如此，其一在于罗马人的务实态度，其二在于罗马人的存异精神，其三在于希腊和罗马文化的同根同源。古希腊和古罗马民族性格的不同也造成了他们在文化上的不同贡献。陈衡哲在《西洋史》（83页，北京：中国工人出版社，2007）一书中指出，第一，罗马是一个重实行的民族，他们的想象力虽远不如希腊人丰富，但他们的头脑，冷静镇定，最富于普通知识。所以希腊人对于文化的特别贡献是文艺、哲学科学，而罗马人的贡献，却是法制政治，以及社会的组织。第二，罗马乃是亚历山大以后的希腊文化的承受人，所以也是东方文化的承受人；而同时，它又是欧洲文化的大宗师。

站在人类文明发展史的视野下，希腊罗马文化是人类文明史上不可或缺的重要篇章。通过对希腊罗马文化的阅读和梳理，我们更加真切地感受到了古希腊古罗马人文明的辉煌，更加清晰地认识到了西方文明的源流，这些都有助于我们在设计教学时更加准确地把握希腊罗马文明，以便更准确地与学生分享和交流。

微课设计

微课设计一：古希腊戏剧：人类戏剧的童年

设计意图

通过对古希腊戏剧的起源、发展及其原因的探究，引导学生初步认识古希腊戏剧与雅典民主政治的互动关系，理解其对人类命运的思考。

设计方案

有人说，古希腊戏剧是人类戏剧的童年时期，也是人类戏剧的第一个繁荣期，有许多悲剧和喜剧作品留传后世。雅典的公民们也曾坐在半圆形的剧场里，一面看戏，一面眺望浮现在海面上的群岛和远处的山峦。希腊的戏剧是如何发展起来的，它有着怎样的魅力？

一、古希腊戏剧的诞生

教师设问： 你知道希腊戏剧是怎样兴起的吗？

材料呈现：

材料一

戏剧演员及其面具、服饰

——[美]时代—生活图书公司：《民主的曙光：古希腊（公元前525—公元前322）》，老安译，72页，济南：山东画报出版社，2001

教师讲述：希腊是戏剧的故乡。古希腊的戏剧起源于酒神崇拜中的民间歌舞。据说，种植葡萄和酿造葡萄酒的技术是狄俄尼索斯传授给希腊人，他因此被尊为酒神。在葡萄收获的季节，古希腊人都会举行盛大的节庆来祭奠他。节庆期间，人们狂欢宴饮，载歌载舞。公元前6世纪，这种宗教庆典时人们唱的“酒神颂”和跳的“狂欢舞”，逐渐演变成为戏剧演出。

希腊戏剧分为喜剧和悲剧两种。悲剧一词的希腊文原意为“山羊之歌”，因为唱酒神颂的歌队队员披着山羊皮，模仿酒神的侍从萨蒂尔的样子。悲剧演出时演员往往会带造型各异的面具，扮演着人或神。

最初的赛会只有一群人对着观众唱歌跳舞，久而久之，观众难免产生厌烦的情绪。三位悲剧大师为戏剧的诞生发挥了重要作用。后有“悲剧之父”之称的埃斯库罗斯让歌队中一人不时离开歌队，单独表演歌曲中情节。后来，索福克勒斯又将独白表演的演员增加至3人，演员之间的对白便取代了原来合唱队的主要地位。剧作家欧里庇得斯增加了舞台上表演剧情的演员人数，并让歌队退到次要位置。这样，观众的注意力便全部转向了剧情和表演。就这样，剧情和表演成为希腊戏剧的主要表演形式。在戏剧家们的创造性努力下，希腊戏剧诞生了。

二、戏外的雅典

材料呈现：

材料二

这所坐落在伊皮道鲁斯的剧场是沿山坡开凿成的。
它半圆形的坐席铺满了陶砖，能够容纳14000名观众
——[美]时代—生活图书公司：《民主的曙光·古希腊
（公元前525—公元前322）》，71页，济南：山东画报出版社，2001

教师引导学生分析：在雅典的半圆形露天剧场里，经常上演各种悲喜剧。雅典人热衷于看戏，因而依山而建的、巨大的半圆形剧场常常挤满了人，如著名的狄俄尼索斯古剧场可容纳15000名观众，剧场的音响效果出奇的好，即使在最后一排，依然可以清晰地听到演员的对白，我们不得不惊叹于古希腊人卓越的智慧。

材料呈现：

材料三　埃斯库罗斯曾自夸道："看过《七将追忒拜》的人，个个都想当兵打仗。……""戏剧开演前的一些仪式也发挥着城邦教化的功用。比如，为国牺牲公民的子女被请上舞台，城邦事务发言人会当众宣布他们可以在成年以前得到城邦抚恤金，然后这些遗孤又被请到剧场里的荣誉坐席。"

——王邵励、张季云：《戏剧公演与雅典城邦政治》，载《世界历史》，2007年第4期

教师设问：结合材料指出，雅典城邦组织戏剧演出的目的。

教师引导学生分析：城邦出资兴办，组织公民观看，这是雅典城邦民主政治的需要，通过看戏了解城邦事务、接受爱国教育，增强内部的凝聚力，体会城邦政治的优越性。

在雅典，戏剧首先是一种娱乐形式，酒神节的演出庆典成为雅典广大自由民众的娱乐活动。戏剧又不仅仅是一种娱乐形式，它与雅典的城邦的民主政治紧密联系，城邦需要用戏剧来达到种种"教化"功能，戏剧开始前的种种仪式形象地展示着城邦的教化功能。正是基于此，城邦才会不遗余力地鼓励和推动戏剧的发展。每年，城邦是活动的组织者，城市官员要选出三名剧作者参加竞赛。为了使穷人也能看戏，雅典城邦还要发放看戏津贴。

三、戏里的人生

材料呈现：

材料四　实际上，左右戏剧公演活动局面的，在很大程度上是坐在台下的广大公民观众。……戏剧家的创作会敏锐把握公民群体所普遍关心的问题，如城邦政务、社会矛盾、人生困惑，等等。

——王邵励、张季云：《戏剧公演与雅典城邦政治》，载《世界历史》，2007年第4期

教师设问：雅典戏剧的题材通常都是神话故事或传说中的英雄。请举出其中的代表

作，并说说雅典民众生活与戏剧题材之间有何关系？

教师引导学生分析：埃斯库罗斯一生共写了80多部悲剧，13次在戏剧比赛中获奖，他的代表作有《被缚的普罗米修斯》《俄瑞斯忒斯》等，恩格斯称他为“悲剧之父”。索福克勒斯在戏剧比赛中获奖24次，共创作了130部戏剧，现仅存7部，其中《安提戈涅》、《俄狄浦斯王》最为著名。注意塑造普通劳动者和妇女形象的欧里庇得斯大约写了92部，流传至今的有18部，其代表作有《美狄亚》《特洛伊妇女》等。戏剧家们关注民众的生活，用民众熟悉的神话故事演绎现实的问题，能引发观众的共鸣。

教师讲述：广大观众普遍关心的问题，都会成为剧作家创作的来源。他们用感人的笔触创作了一幕又一幕悲欢离合、波澜壮阔的场景，塑造了一个又一个有血有肉、个性鲜明的角色。当然，剧作家们并不是要讲述神话中荒诞不稽的故事，而是要从观众熟悉的故事中，体现存在于现实生活里面的思想感情的激烈矛盾，以及由于这些矛盾而导致的不幸遭遇。

材料呈现：

材料五　《被缚的普罗米修斯》取材于普罗米修斯为人类从天上盗取火种的神话，塑造了一个为人类幸福而敢于反抗天神宙斯的英雄形象，歌颂了普罗米修斯为人类受苦受难的坚韧不屈精神。……

……

《俄狄浦斯王》描写的是人与命运抗争的故事。……尽管这部戏的主人翁没能摆脱命运的安排，但它讴歌了人类与命运抗争的不屈不挠精神。

——庄锡昌:《西方文化史》，50～51页，北京：高等教育出版社，1999

教师设问：在材料中挑出能反映两部戏剧精神的语句，并谈谈你对古希腊戏剧的认识。

教师引导学生分析：希腊悲剧的素材多数来自于希腊神话及传说，有部分来自《荷马史诗》。埃斯库罗斯把普罗米修斯刻画成一个敢于抗争天神的不屈不挠的形象，索福克勒斯把俄狄浦斯塑造成一个与命运抗争的形象。对观众而言，不在于唤起观众接受俯首听命的感慨，而是旨在唤起一种对那敢于抗拒命运者的不可抑制的同情和无比激动的赞叹，因为他们刚强不屈的精神，他们与命运抗争的不屈不挠精神永远激励着人们。

教师讲述：古希腊悲剧大多是讲灾难降临在英雄头上，这两部希腊悲剧的代表作品反映了希腊悲剧的主题，即命运。它表面上讲的是英雄不屈服于命运的摆布而奋起抗争的故事，实际上反映了古希腊人同大自然作斗争的勇气和坚强意志。由此，我们也可以看出，古希腊悲剧的含义并不在“悲”上。这些严肃的悲剧作品，用希腊人熟悉的神话故事、耳熟能详的神话人物抒发公民的情感，关注着广大观众普遍关心的问题，诸如城邦政治、社会矛盾、人生困惑等，它又与希腊民主政治结合在一起，起到了教化城邦公民的作用。正是在这样的背景下，人类戏剧迎来了它的第一个繁荣时期，即人类戏剧的童年时期。

设计点评

用“人类戏剧的童年”比喻希腊的戏剧，非常形象。本微课通过“戏剧的诞生”“戏外的雅典”“戏里的人生”，既能引导学生多层次、多角度感受古希腊戏剧中悲剧的命运主题，又能认识到古希腊戏剧与民主政治的互动关系，彰显了历史味。

微课设计二：圆形竞技场：古罗马文明的象征

设计意图

通过对古罗马圆形竞技场的探究，引导学生认识它是古罗马人工程才能的体现，是统治者控制暴民的利器，也是展示罗马统治全世界的窗口，进而理解其蕴含的罗马精神。

设计方案

教师讲述：同学们到过中国国家体育场吗？它还有一个大家非常熟悉的名字——鸟巢。它为什么那么吸引人呢？因为它有一个很奇特的外形，形态如同孕育生命的“巢”，更像一个摇篮，寄托着人类对未来的希望。

那么，它是不朽的吗？鸟巢中方总设计师李兴钢曾说：“如果让一个伟大的建筑更加不朽，还是得回到‘形’——它是第一眼让你感动和震撼的东西。这个‘形’不仅是外形，还有内部的空间和光线。”[1]两千多年前的罗马圆形竞技场无疑是一座不朽的建筑丰碑。它因庞大的外形而震撼世界，置于竞技场内，观众又不会受外在形象的影响，可以集中精力在竞技比赛中。现在，让我们一起去感受被称为古罗马文明象征的圆形竞技场吧。

一、古罗马人工程才华的纪念碑

教师讲述：罗马圆形竞技场始建于公元72年，两代罗马皇帝历时10年完工，它是罗马有史以来规模最大、结构最复杂的一座竞技场。它的外观呈椭圆形，被称为古罗马文明的象征。假如用一个字来概括这座圆形竞技场，那就是“大”。占地规模大：约2万平方米，最大直径为188米，小直径为156米，圆周长527米。建筑体量大：围墙高48.5米，相当于近12层楼高。内部空间大，可以容纳近5万名观众。

材料呈现：

材料一　……建筑结构全以水泥砖石砌就，一二层用巨型石柱和石墙，拱顶用水泥与砖，三层以上全用水泥，表面贴以华石。……底层外圈的80个拱门全都用作观众进出的通道，内圈配以50余座大小不一的楼梯，由此可达各层各排观众席，据说数万观众不出10分钟便可完全退场。……

……它的外部共分四层，除最上一层保持开有小窗的墙面外，其余各层都开以拱门，每层80拱，三层共达240拱之多，远看气魄壮伟，近看则曲拱起伏，虚实相间，而每个拱门两边用古典柱子夹插并立所形成的柱石—拱门联合结构，则将建筑的力度和美感结合起来，相得而益彰。……

——朱龙华：《罗马文化》，222页，上海：上海社会科学院出版社，2012

教师设问：阅读材料，哪些地方体现了出罗马人卓越的工程才华？

教师引导学生分析：罗马竞技场体量巨大，建设的难度是可想而知的。比如，如何把巨大的石头吊装上去，墙基怎么设计才能承受住48.5米高墙体的巨大重量，遭遇突发情况下五万名观众如何快速地撤离等。以工程建设见长的罗马人巧妙地解决了这一系列的难题。我们从材料中可以看到，竞技场的建筑结构全部以砖石和水泥砌就。第一、第

①《北京日报》，2007-07-02。

二层用巨型石材和石墙砌就作支撑，可以承担巨大的压力。拱顶用水泥和砖石，牢固耐磨。上面两层全是用水泥，外表再用华石进行装饰。自上而下，逐渐减轻，下层最牢固，但上层也很坚实。所以罗马人有“科洛塞穆永不倒”的谚语。

值得一提的是，罗马竞技场每层的柱式各不相同，是因为罗马人把希腊古典建筑精华的柱式和罗马人引以为豪的拱门巧妙地结合起来，这是罗马人的伟大创造。

除牢固外，设计的另一个优点是充分考虑到观众出入的方便。底层外圈的80个拱门全部用作观众进出的通道，内圈配以50余座大小不一的楼梯，由此可以通达各层各排的观众席，据说数万观众不出10分钟便可完全离场。

教师引导学生分析：如果仅仅是宏伟，并不足以傲立寰宇。它把作为希腊古典建筑精华的柱式与罗马人深为自豪的拱门结合，更体现了古罗马综合统一的精神，使得希腊风与罗马风如此完美和谐地融合在了一起。罗马人善于吸收其他民族的优秀成果，并能在此基础上发扬和创造，罗马竞技场便是典型的例子。

竞技场还体现了古典人文主义精神。人在庞大的建筑物前必然显得小如蝼蚁，这对于有着古典文化情节的观众是难以接受的。古罗马智慧的建筑师们巧妙地解决了这个问题。当人和毫无修饰的整个建筑相比时，他是那么微小；但当他只要同圆柱和拱门边缘构成的单个矩形拱门相比时，他就显得大多了。竞技场在关注实用的同时，它也关注了“形”，它的确是让人激动和震撼的伟大建筑。

二、统治者笼络平民的利器

材料呈现：

材料二　在帝国时期，皇帝直接扮演了罗马下层的“恩主”（Patronus）角色，赏赐免费的盛宴、举办大规模的竞技庆典是恩主显示自己慷慨、安抚底层民众的手段甚至是义务。

——李永毅、李永刚：《死亡盛宴：古罗马竞技庆典与帝国秩序》，

载《南京大学学报（哲学·人文科学·社会科学版）》，2009年第5期

材料三　……每逢竞技庆典活动，在罗马斗兽场内，上午是人兽搏斗，中午是集体处决，下午是角斗士对决。……公元107年，为了庆祝达西亚之战胜利，罗马帝国的皇帝图拉真举行了二十三天的庆典活动，有一万一千头野兽和更多的战俘、犯人在人兽搏

斗中丧生，一万多名斗士进行了角斗士生死对决。……

……这种娱乐方式在罗马风靡了几百年。……

——朱国维：《罗马斗兽场与帝国之亡》，载《书屋》，2013年第9期

教师设问：罗马皇帝为什么要举办血腥的竞技庆典？

教师引导学生分析：在古罗马，竞技娱乐一直是政治家赖以收买民心、笼络人心、树立自己的公众形象和威望的手段之一。这座庞大的公共娱乐场所是将前朝暴君尼禄[①]的一座豪华私人花园改造后建成的。弗拉维王朝顺应民意，排干“像海般宽阔”的池塘，在其地面建造了罗马圆形竞技场。他这样做的目的，就是为了显示他是一位关心民众福利的好皇帝，政治目的昭然若揭。这是罗马皇帝展示个人权力和笼络民心的重要手段。在罗马，能否取得平民尤其是贫民的效忠，是获取个人权力的最佳途径。所以，他们通过举办竞技庆典来安抚底层群众。

三、显示罗马统治全世界的窗口

教师讲述：罗马圆形剧场后来被称为斗兽场，是因为在这种圆形剧场内进行的各种庆典和竞技表演，以人兽搏斗出现的频率最高，次数最多，场面最为惊心动魄，也最能代表当年罗马帝国称雄全球、扬鞭寰宇的大罗马精神。

材料呈现：

材料四　斗兽场表演的……这些猛兽，从世界各地源源不断地运到罗马来，使得罗马人产生出一种错觉，认为罗马帝国力量无比，权力无边，足以征服世界上任何民族、任何国家，能够驾驭自然界一切生物。

——朱国维：《罗马斗兽场与帝国之亡》，载《书屋》，2013年第9期

材料五　通过大规模的集体处决和庆典中资源的任意挥霍，罗马向所有的属地和敌国炫耀自己无与伦比的军事力量和经济力量，摧毁任何人、任何地区和国家反抗罗马的意志。

——李永毅、李永刚：《死亡盛宴：古罗马竞技庆典与帝国秩序》，载《南京大学学报（哲学·人文科学·社会科学）》，2009年第5期

教师设问：综合以上材料，为什么说圆形竞技场是显示罗马统治全世界的窗口？

---

① 尼禄·克劳狄乌斯·凯萨·奥古斯都·日耳曼尼库斯（Nero Claudius Caesar Augustus Germanicus，公元37—公元68），罗马帝政的第五代皇帝。罗马历史上最残暴的君主之一。

教师引导学生分析：古罗马圆形竞技场事实上代表着一个帝国、一种文化、一种传统。第一，竞技场来自世界各地源源不断的猛兽、俘虏和奴隶，会使罗马人产生罗马帝国力量无边，权力无边的错觉。第二，它也在向世界炫耀其庞大的经济力量和军事实力。第三，圆形竞技场是罗马规模最大，结构最复杂的竞技场，其在建造构思上不仅突出技术、而且突出了艺术，宏伟的竞技场是古罗马人工程才能的集中体现。

在建筑思想上，注重实用性和关注现实生活，这一点正是罗马人对整个人类建筑乃至人类文化的杰出贡献。罗马的建筑是罗马帝国威严和权力的象征，又是帝国时代文化综合、开阔的体现。这些权力和尊严相结合的建筑被看做是罗马城市和人民最贴切的表现。即使到今天，罗马建筑的废墟仍对世界有着强大的吸引力。

设计点评

罗马圆形竞技场是古罗马文明的象征。本微课选取了罗马竞技场的三个侧面，通过细节和材料的呈现，引导学生从建筑本身认识其蕴含的工程才能、综合统一精神和人文精神。在历史情境中，认识竞技场对内是笼络民心的利器，对外是展示罗马统治世界的窗口，让学生对罗马精神有了更深入的认识。

教学资源

资源1：这成为一种风气[①]，培养了人们这样一种观念：凡优秀的公民和有教养的人都首先要有强壮的身体，无论在雅典还是斯巴达都是如此。许多学者，文人，（如哲学家柏拉图、毕达哥拉斯，诗人提摩克雷翁，戏剧家欧里庇得斯，雕刻家米隆等等）都是优秀的运动家或锦标获得者。斯巴达国王阿哲西雷阿斯为了鼓动士兵，有一天叫人把波斯俘虏的衣服脱掉，希腊人看见波斯人白净柔嫩的皮肉都笑了，从此更瞧不起敌人，作战更勇敢了。

① 一种风气，指希腊人对美丽而强健的体魄的追求。

为了大大发扬这种尚武精神和表彰运动员的功绩，凡在运动会上夺标的，国家出资为其立像，并刻上他的名字。同时这也是一种教育，让雕塑家们塑造出那么多优秀公民的形象，可以作为大家的楷模。受过这种教育的青年必然会很好很自然地运用四肢，不论俯仰、站立，或是把肩膀靠在柱子上，都和雕像一样的美……这样，雕塑事业就大大发展起来，出现许多描写运动员或公民战士的优秀作品。比较有名的，如米隆（Nyron）的《掷铁饼者》，坡留克莱妥斯（Polykleitos）的《持枪的战士》、《束发的运动家》，留西波斯（Lyslops）的《刮汗污的运动家》等等。他们都有高大雄健，英姿勃发，充满了自信和热情，充分体现了希腊人心中的理想美。这种艺术的教育、美的熏陶，对培养忠勇的身心完善的公民具有不可低估的作用。

——朱旭初：《试论古代希腊雕刻艺术繁荣的原因》，

载《华东师范大学学报》，1982年第3期

资源2：视差校正法：1. 未经视差校正时的效果；2. 经校正后的效果；3. 视差校正法；4. 由于明暗而引起的效果：左边的柱子感觉比右边的粗，檐部也较有力；5. 帕提农神庙的角柱有侧脚，檐部略向内倾，以校正视差；6. 柱子有卷杀，避免中部显细的错觉。

——罗小未、蔡琬英：《外国建筑历史图说》，

42页，上海：同济大学出版社，1986

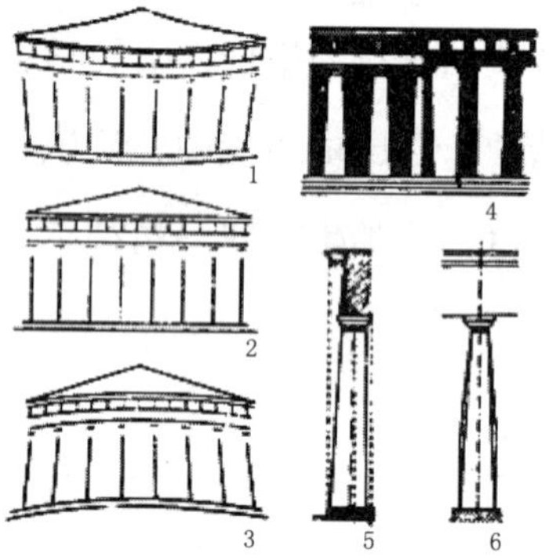

帕提侬神庙的视差矫正法

资源3："这个古剧场①的音响效果非常好：演员站在露天的舞台表演，坐在60米之外的后排观众也能清楚地听见他们的声音。长久以来，一个让建筑学家和考古学家困惑不已的问题是：为什么古剧场里声音传播的效果这样好？""研究人员在最近出版的《美国声学学会期刊》上报告说，这一卓越的音响效果可能源自一种复杂的声学原理。"

——王丹红：《美科学家破解古希腊剧场音效之谜》，载《科学时报》，2007-03-29

资源4："为了更有效地炫耀战功、威慑对手、笼络下层，庞培和恺撒等人将凯旋游行与舞台节目、马车比赛、角斗士对决、人兽搏斗、集体处决、模拟战斗等项目结合起

① 古剧场，指埃普道鲁斯露天剧场。

来，创造出了一种极其‘壮观’的全民娱乐方式，其核心内容即是前面所述的三项最血腥的表演：上午是人兽搏斗，中午是集体处决，下午是角斗士对决。”“我们可以毫不夸张地说，观赏血腥的竞技庆典成了罗马人主要的生活方式。”“罗马人之所以沉浸在这样的死亡盛宴中，没有丝毫所谓‘人道’的情怀，关键的原因是，在竞技庆典中被处死的人主要是战俘、罪犯和奴隶，他们被称为noxii，意思是‘有害之人’，换言之是罗马帝国的害虫。对于罗马来说，这些人只是‘剩余商品’、‘休闲的资源’和‘帝国主义的副产品’，完全不享有罗马公民的任何权利。因此，他们的死在罗马观众心中激不起任何同情。”

——李永毅、李永刚：《死亡盛宴：古罗马竞技庆典与帝国秩序》，

载《南京大学学报（哲学·人文科学·社会科学）》，2009年第5期

资源5①：“布匿战争之后，罗马人以近乎崇拜的心情学习希腊老师的所有文化。……西塞罗说……‘我感激希腊，因为我所得到的艺术和成就无不来自于它’。”“希腊语成为管理、商业、教育等领域的国际性语言，受过教育的罗马人都会希腊语。”

——陈恒、鲍红信：《希腊化，还是罗马化——罗马对希腊文化的模仿、

调适与创新》，载《史林》，2011年第5期

资源6：罗马人初识的希腊只是一弹丸之地，他们所知道的希腊人只是居住在意大利和西西里“大希腊”（Magna Graecia）的来自希腊比奥提亚小城格瑞亚（Graea）的殖民者，他们定居在那布勒斯湾的库麦（Cumae）。公元前6世纪时希腊的陶器已经出现在罗马。公元前5世纪时，罗马人已经崇拜希腊的丰产女神德莫特，并于公元前431年始崇拜阿波罗。公元前349年希腊海盗侵犯拉丁姆海岸。公元前3世纪初，罗马派使者觐见亚历山大大帝。公元前270年，因为同埃庇如斯的皮洛斯的战争，希腊吸引了罗马人的注意力。公元前216年坎尼战后，罗马人到希腊的德尔菲求喻。罗马的将军们在征服南意大利或东地中海的过程中，带回了大量战利品，其中就有希腊雕塑作品和书籍。而被带到罗马的喝过希腊墨水的人便成了罗马贵族的家庭教师。随着罗马的繁荣发展，许多东方人也纷至沓来。有钱的罗马人，都要尽可能地让自己的子弟赴希腊留学。罗马人无论承认与否，确实从希腊人那里学到不少东西。就说活着便为自己写好墓志铭这事吧，也

① 资源5、资源6阐释的是罗马人对希腊文化的态度。

是希腊人的习惯而罗马人引为时髦的做法。

——郝际陶：《罗马与希腊文化的变迁》，

载《东北师大学报（哲学社会科学版）》，1999年第5期

资源7：“举办大型角斗表演花费颇巨，且并无规定由政府买单，所有花费均由私人自掏腰包。一般而言，举办表演是一部分神职人员或政府官员的义务。有证据表明，自2世纪起，因经济负担沉重，找人担任祭司和其他官员越来越困难。”“为角斗表演‘量身定做’的圆形竞技场是建筑上的杰作。庞贝城的竞技场是更早更原初设计的典型例证。该城历史悠久，原本是一座萨莫奈①人的城市，后来罗马人将该城作为安置老兵的殖民地进行重建。该城的圆形竞技场能容纳的人数远远超过殖民者的数量，这意味着竞技场也为当地居民留有一席之地。现存铭文保存有大量材料，记录了当地显要人物曾多次出资对竞技场进行扩建和改建。显然，这也成为出类拔萃的公民向共同体展现忠诚和提升自己名望的有效途径。通过这种方式，角斗表演成为构建社会组织的一个组成部分。罗马世界各地都出土了大量记载地方显贵为城市馈赠物品的铭文，详尽记载了有关物品的具体数目，例如，为浴室提供橄榄油（其作用相当于肥皂）；赞助表演，提供一定数量的角斗士或野兽等。作为对其慷慨行为的回报，城邦为捐赠者竖立雕像以示感谢。虽然这些塑像早被熔化，但台基上的铭文却保存了下来。”

——[美] 凯瑟琳·科勒曼（Kathleen M. Coleman）：《圆形竞技场、角斗士与古罗马价值观》，陈思伟译，载《光明日报》，2014-02-12

① 萨莫奈（拉丁语：Samnium，意大利语：Sannio），又译萨谟奈、萨莫尼乌姆等，罗马时代居住于意大利中部到南部的山岳地区。

罗马废墟上的新文明：法兰克王国的社会秩序

学术引领

公元5世纪，西罗马帝国的崩溃和日耳曼蛮族的入侵，带来了西欧大陆政治格局的新变化。日耳曼人在西罗马帝国的废墟上建立起众多的蛮族王国。其中，以5世纪末至10世纪末由日耳曼法兰克人建立的法兰克王国维持时间最久，势力最强。

且不论这个西罗马帝国政权的继承者在文明程度上能达到何种地步，但一个基本的历史事实是，由法兰克人拓展的法兰克王国，在众多层面塑造出了一个与前世罗马既有关联但又迥然有别的西方文明形象。法兰克王国的分权政治孕育了“王在法下”的法治传统；封建化的庄园经济产生了民主与自治的精神；基督教的宗教秩序形成了“君权神授”的神权观念。更有趣的是，基督教的普世主义反而引起人们对“权利”的重新理解，世俗君权、市民精神和民族意识应运而生。作为日耳曼人中后来崛起的强大力量，法兰克人虽然野蛮落后，但它把自身的野蛮传统与希腊罗马因素和基督教因素相整合，为欧洲的发展提供了一个新基础。

一、法兰克王国的分权政治

1. “王在法下”的法兰克王权

与古代中国专制集权的君权截然不同的是，法兰克王国的王权并不优越。孟广林在《中西封建君主制中的“法治”与“人治”》（载《史学理论研究》，2008年第3期）一文中指出，日耳曼蛮族王国的王权受到“日耳曼法”观念、“神法”观念、“封建法”观念的影响。在“日耳曼法”观念中，“法律”包括原始社会遗存的生活习俗、道德准则、民主意识等，是依赖世代记忆而传承，是固有的、被“找到”的与共同议定的，也就当然高于国王。在“神法”观念中，人类与万物乃上帝之造物，在蛮族国家皈依基督教后，应首先服从上帝的“神法”。在“封建法”观念中，“封建法”是在土地分封中逐渐约定俗成的、界定封君封臣之关系的习惯。它以封君与封臣之间个人“约定”为基础，要求双方按“约定”的权利与义务行事，否则“约定”就自动解除，这是抵制国君“暴政”的依据。

李秀清在《法兰克王国的王权论略》（转引自何勤华主编：《20世纪西方宪政的发展及其变革》，375页、378～379页，北京：法律出版社，2005）一文中指出，在法兰克王国，国王集三种不同的特性为一体。法兰克国王作为法兰克人的首领，在法兰克王国初期，其地位还没有达到绝对优越于其他人的程度；法兰克国王作为罗马皇帝的继承人，在罗马人的观念中，对皇帝的服从是服从其职务而不是服从其个人；后期的法兰克国王作为被涂圣油（基督教新入教者的仪式）的神圣皇帝，他的首要职责是强迫其所有依附者，包括教俗双方的，要根据基督教教义来进行统治，否则将被视为暴君。

无论是蛮族王国的“祖宗之法”，还是克洛维[①]（Clovis I）改信基督教后受基督教影响的“神意”，这些因素都令法兰克王国的国王权力没有“至高无上”的优越性。在法兰克王国，各种习惯与观念体现出的是一种“神意+公平+正义”的普遍法则，而这个普遍的含义就是：包括君主在内的所有人的服从。这种“王在法下”的法兰克王权构成了法兰克王国一个“朦胧”的法治传统。

2. 无序的分权政治

在（法兰克）都尔教会主教格雷戈里（Gregory of Tours）所著的《法兰克人史》

① 克洛维（455或456—511），法兰克王国的创立者，后皈依基督教并得到基督教会的支持。此后，基督教逐渐成为法兰克臣民的主要宗教信仰。

（［英］O. M. 道尔顿英译，寿纪瑜、戚国淦译，北京：商务印书馆，2012）一书中有不少这样的情节：兄弟之间、贵族亲族之间为了争夺国土而互相残杀。为何在一朝统治之下，法兰克王国内少有统一与和平？

陈文海在《法国史》（第2版，50～51页，北京：人民出版社，2014）一书中指出，国家观念的阙如和王权观念的原始性是其中的重要原因。首先，当时的滨海法兰克人[①]不存在国家主权不可分割的国家概念，土地的争夺使各王国之间的攻伐斗争不断发生。其次，法兰克王室以各种名义将公有土地无条件赏赐给亲兵、官吏、教会等有功有德之人。这种滥赏滥封基本上是一种不附带任何条件的纯而又纯的“礼物”，一旦送出，就没有收回的理由，对于收礼之人对礼物的处置和管理方式也无权指手画脚。这样很快形成了一种王室根本无法驾驭的贵族政治。

由此看来，法兰克王国无序的分权政治使王室土地的赠予逐渐变成了有世袭权的分封，受封的贵族也获得了封地的政治统治权，这样土地占有和社会责任便联系在一起。这种文明不是希腊的，不是罗马的，也不是日耳曼人的，这是一种“制度创新”。

二、法兰克王国的封建化

法兰克王国的封建化进程作为西欧封建化的典型，是被国内外学者所公认的。

1. 封君封臣制

马克垚在《西欧封建经济形态研究》（108～109页，北京：中国大百科全书出版社，2009）一书中指出，封君与封臣之间首先相互有义务，但这种君臣关系并不是平等的。因为封臣的义务是具体而详细规定的，而封君的义务却没有明确规定，所以发展的结果往往是封臣得到的比付出的少。其次，君臣关系和封土封受相结合。随着封土成为世袭领地，君臣关系当然就代代相传。最后，封君封臣关系是私法关系。封君封臣之间并不具备行政系统那样上下级之间的统治与服从关系，从而形成“我的封臣的封臣，不是我的封臣”的局面。

2. 封土制

马克垚在《西欧封建经济形态研究》（111页、119页，北京：中国大百科全书出版

---

① 滨海法兰克人，法兰克人当中强大的一支，原生活在莱茵河入海口附近，濒临北海，称为滨海法兰克人。法兰克王国的历史正是由滨海法兰克人开创的。

社，2009）一书中指出，封土制首先使君臣关系与土地关系紧密结合。封君封赐土地给封臣是有义务为条件的。封建义务固定在封土上面，如果没有土地封受，君臣关系也随之消失。其次就是统治权与所有权的合一。因此，封建主在他的领地辖区内可以凭借政治权力对居民进行各种剥削和榨取。最后，封土的层层封受形成了一种特殊的等级。一块土地上层层叠叠凝固着多层的权利义务，封建主的人身等级表现在土地上，土地也具有主人的一种属性，变成人格化的土地。

关于封土制的看法，陈乐民与马克垚有相似也有不同，更多的是从欧洲文明发展的眼光进行论述。陈乐民在《欧洲文明的进程（附：对话欧洲）》（41～44页，北京：生活·读书·新知三联书店，2014）一书中指出，首先，封土制将土地的占有和社会的责任联系在一起，是一种“制度创新”。其次，封土制中包含的封君与封臣的权利义务关系，是将野蛮的个人主义纳入一种秩序的规范，将财产的私有包进一种体现权利与义务的契约。土地的私有成为激励和责任机制，通过宗主权和附庸地位的确定使法兰克的社会秩序得到相对的稳定。最后，分层的军役制度也根本改造了庞大政府机构所需要的庞大军队。虽然会导致分割，但明确的责任原则束缚了人，也稳定了社会关系，这些都是不同于罗马和日耳曼的新事物。由于领主对自己的领地有政治权力，而领地自给自足很少交往，由此孕育法兰克社会民主与自治的精神，产生了权力和义务的规范，日后成为欧洲文明的精髓。

3. 政治和社会的等级化

与封土制相对应的，是政治和社会的等级化。国王、封建主和基督教会通过层层封土封授建立起依次互为主从的金字塔式的封建等级制度。国王是最高的封建领主；其下有公爵、伯爵、主教等大封建主；再下是中小封建主；直到拥有少量土地或无地的骑士们。由此形成完整的封建等级制度。

4. 庄园化经济

美国学者杰里·本特利（Jerry Bentley）、郝伯特·齐格勒（Herbert Ziegler）在《新全球史：文明的传承与交流（上）》（第3版，魏凤莲、张颖、白玉广译，468～469页，北京：北京大学出版社，2007）一书中指出，法兰克的庄园化经济：其一，庄园领主掌握着对其领地的司法与行政权；其二，庄园是典型的自然经济，一个庄园就是一个自给自足的社区；其三，农奴对领主应尽的义务主要包括劳役地租和实物地租。

马克垚在《西欧封建经济形态研究》（169页，北京：中国大百科全书出版社，2009）一书中指出，庄园的地租形态主要劳役地租，即劳动者要无偿地为封建主服劳役。劳役种类繁多，大致有耕作劳役、割草劳役、运输任务等。除劳役之外，隶农、奴隶等还须交纳一些实物，如谷物、鸡蛋、鸡、猪、木柴、葡萄酒、面包、木板、锅、桶、斧子等，可以说是包括封建主消费所需一切，几乎应有尽有。

由此可见，承担着繁重劳役地租和实物地租的人民几乎没有机会迁移到其他土地上去，而地租的形态也证明了西欧农奴制度的存在。

为什么人民愿意留在庄园里面生活？

领主拥有土地和生产工具是一大优势。美国学者朱迪斯·本内特（Judith M. Bennett）和C. 沃伦·霍利斯特（C. Warren Hollister）在《欧洲中世纪史》（第10版，杨宁、李韵译，111页，上海：上海社会科学院出版社，2007）一书中指出，庄园内，在男女老少、奴隶、农奴和自由民之上的是采邑领主的权威。领主从他们的劳动中得利，并控制着他们的命脉。随着领主的经济和司法权力的发展，中世纪早期欧洲的割据倾向终于达到了顶峰。对许多农民来说，“政府”实际上就是他们的领主，因为他们的生命只是在“当地”才会受到保护和制约，这在一个充满暴力的时代很有吸引力。

但是不可否认的是，在中世纪的兴盛时期，庄园里发展起来的手工技艺促进了西欧经济的新一轮发展。陈乐民在《欧洲文明的进程》（48页，北京：生活·读书·新知三联书店，2014）一书中指出，领主占有着较其他地区更多的劳动剩余，民间流传着古罗马时代传下来的技术和工艺。这些剩余，这些技术，为商业的复兴创造了种子和土壤。

三、法兰克王国的基督教力量

不少国内学者在这个问题上普遍持这一观念：法兰克王国胜于其他日耳曼国家一筹的原因之一是法兰克人皈依了基督教会，并利用它为创建和巩固法兰克封建国家服务。到底基督教对法兰克王国的影响有多大？

1. 王国秩序的重建

张旭鹏在《“欧洲观念”的内涵及其历史演变》（13～14页，四川大学2004年博士学位论文）一文中指出，罗马帝国的灭亡、蛮族的入侵使欧洲陷入政治上的混乱与无序之中，教会此时却成为欧洲秩序的重建者。在帝国崩溃后的权力真空中显示了强大的凝聚力，从精神上统一着欧洲。正如英国学者詹姆斯·布赖斯（James Bryce）所言："当着帝国四分五裂，而征服者此前建立的新王国开始依次解体之际，教会却更顽固地保持她的信仰和戒律的统一，作为所有基督徒的共有约束。"①

陈乐民在《欧洲文明的进程》(80页，北京：生活·读书·新知三联书店，2014）一书中指出，由于中世纪僧侣是唯一接受教育的阶层，所以神职人员因其对于专门知识的掌握而很快成为王室的官吏和参谋。当王权兴起而又缺乏管理人才时，受过教育的神职人员充斥了国王的军队和宫廷，掌握了国王的财政和军事大权，政治作用远在贵族之上。

许序雅在《论基督教在法兰克封建化过程中的作用》(载《贵州大学学报（社会科学版）》，1986年第2期）一文中指出，在西罗马帝国瓦解的过程中，教会掌握了在高卢许多地方事实上的代理权，因而教会有了一定的统治经验。在克洛维改宗②后，教会转而为新主服务，帮助毫无国家统治经验的法兰克人逐渐建立和发展一套适合当时法兰克生产力水平的封建政治制度。其中包括制定法律、参加司法审判工作，在巧取豪夺土地时也获得了地方的行政管理权和司法权。到7世纪初叶，法兰克王国制定法律时，就有全体主教参加。8世纪中期开始的加洛林时代，国王派遣的地方巡按使团通常由教会和世俗显贵各派一人组成，负责巡视伯爵辖区和监视地方官吏行动。到查理大帝③时代，皇帝往往派神职人员充当法官。由此可见，教会成为早期法兰克王国国家机器不可缺少的重要成分。

2. 政权与教权的关系

让法兰克人抛弃其过去的信仰改信基督教本来就是一件让人意外的事情，而实际上却发展为理所当然。王亚平在《论基督教从罗马帝国至中世纪的延续》(载《东北师大学报（哲学社会科学版）》，1992年第6期）一文中指出，法兰克国王克洛维的皈依，不是出于宗教的原因，而是其建立国家，对外进行扩张的一项政治措施。

① [英]詹姆斯·布赖斯：《神圣罗马帝国》，孙秉莹、谢德风、赵世瑜译，28～29页，北京：商务印书馆，1998。

② 改宗，指克洛维改信基督教。

③ 查理大帝（Charlemagne，742—814），或作查理曼。法兰克王国加洛林王朝国王（768—814）。他建立了囊括西欧大部分地区的庞大帝国。

（1）教权与王权的相互支持

裴耀鼎在《论法兰克王国宗教与政治的关系》(载《杭州师范学院学报（社会科学版）》，1991年第5期）一文中指出，法兰克王国的政教关系是相互需要、相互利用的。西罗马帝国的灭亡，日耳曼蛮族王国的建立让罗马教会必须要适应新的环境寻求新的政治保护和政治依靠，以便重振昔日的权势。而法兰克王国从克洛维到查理大帝，为了巩固统治和进行扩张，也深知需要罗马教会这样一个有力的精神工具。利害的一致，使双方结合在一起。

王亚平在《论查理大帝的教会政策》(载《东北师范大学学报（哲学社会科学版）》，1998年第2期）一文中指出，政权的确立和加强需要教权的辅助，而教权也需要依靠政权增强它的实力。控制教权是政权强盛的一种体现，教权的加强又往往以削弱政权作为代价。政权与教权是相辅相成、互为需要的伙伴。

（2）教权与王权的相互争夺

黄志强在《欧洲中世纪法兰克王国历史地位评析》(载《齐齐哈尔大学学报（哲学社会科学版）》，2009年第1期）一文中指出，矮子丕平（Pepin the short）在教皇的支持下于751年成功篡夺墨洛温王朝王位，建立起加洛林王朝。这就开创了教皇有废立君主的特权，为此后教权高于王权找到理论根据，为欧洲中世纪王权与教权的斗争埋下伏笔。丕平为酬谢罗马教皇的支持，两次远征意大利迫使伦巴德国王把所侵占的罗马地区诸城市和拉文那总督区交给教皇统治，教皇国由此而产生。基督教在作为精神领袖的同时又开始拥有了自己的教皇国，并随着政治、经济势力的日渐膨胀，从而开始凌驾于王权之上。

侯建新在《交融与创生：西欧文明的三个来源》(载《世界历史》，2011年第4期）一文中指出，教会与国家的权力关系是充满变数的，根据双方力量的较量在不同时期形成不同的倾向。8世纪至9世纪中叶，特别是查理曼在位时，教会一度受世俗政权的管辖和支配。751年，教皇为丕平加冕，其含义相当复杂。一方面，“君权神授”给王权涂上了一层神圣的色彩；另一方面，为国王加冕意味着教皇对王位有批准之权，自然也有罢免之权。总体来看，似乎向国家政权倾斜的时候更多些。

3. 教会与王国的经济联系

在法兰克王国，教会是大地产者，是劳动人民的剥削者，也加速了自由民的农奴化，这是法兰克王国封建化的重要一步。许序雅在《论基督教在法兰克封建化过程中的作用》（载《贵州大学学报（社会科学版）》，1986年第2期）一文中指出，失去土地是自由农民向依附农民转化的关键一步。身在封建混战、抢劫、没收土地的动乱年代，自由民为了求得安全而把土地所有权转让给大地产者——教会，投献者自己保留土地的使用权，成为封建的依附民。数代后，他们大都就失去了人身自由而成农奴。

4. 文化的领导者

（1）促进习惯法的成文化

早期日耳曼人的生活主要依靠部落习惯调整。当他们进入罗马帝国并建立王国之后，面对比过去的部落生活复杂得多的新环境，部落习惯的不确定性和简陋的缺陷彰显无遗。基督教带来立法的理念和书面形式。日耳曼成文法典的制定及国王法规的颁布，离不开那些在国王身边担任顾问的神职人员的建言及参与。

李秀清在《日耳曼法研究》（华东政法大学2004年博士学位论文）一文中指出，在法兰克，早期《撒里克法律公约》（又名《萨利克法典》）的具体编纂时间并非没有争议，但基本共识是，它是在克洛维国王皈依基督教后颁布的，尽管它在内容上所受到的基督教影响很少。虽然在法兰克人的法典或国王颁布的法规中，很难找到神职人员直接参与立法的根据，但历代法兰克国王都聘请神职人员担任自己的顾问。这些顾问对法兰克王国的影响是多方面的，就对立法来说，至少不能否认他们对国王潜移默化的作用。

（2）教育的领导地位

加洛林王朝时期出现了法兰克时代文化的复兴期①，其文化复兴与教会有着密不可分的关系。

许序雅在《论基督教在法兰克封建化过程中的作用》（载《贵州大学学报（社会科学版）》，1986年第2期）一文中指出，在查理曼时期，查理曼还利用教士把被墨洛温君主们所舍弃的古代知识文化传统重新连接起来。教会通过收集、抄写和设立图书馆的方式对正在衰退的拉丁文化传统有着保护和保持的作用。这不仅对于宗教事业，而且对于封建政府的工作也是必要的。尽管这些教会学校充满迷信、神学色彩，但它们毕竟是日后的大学之先驱，为中世纪中期兴起的大学提供了一大批著名的教师。

① 为了改变大多数人缺乏教育的状况，查理大帝广纳欧洲的优秀学者来到帝国，恢复和兴办学校与图书馆，形成了文化复兴的局面。

5. 军事征服的精神支柱

陈文海在《法国史》(第2版，39～40页，北京：人民出版社，2014）一书中指出，在法兰克王国形成及扩张的过程中，克洛维及其士兵对基督教的皈依具有里程碑意义。想要真正地、全面地征服高卢，精神上的让步或融合是一种必然的趋势。克洛维改宗，滨海法兰克人开始得到教会的大力支持，而且与普通的高卢民众也有了共同的语言。这是法兰克人之所以能在短期内征服高卢大部分地区的一个重要原因。

综上所述，基督教教会不但参加了法兰克王国创建的过程，而且为建立和巩固新的统治秩序可以说是竭尽全力。而且，它还在政治、经济、意识形态各领域内加速了法兰克封建化的进程。但值得注意的是，正如陈乐民在《欧洲文明的进程》(87页，北京：生活·读书·新知三联书店,2014）一书中所指出的，基督教教义包含了不可解脱的矛盾：如果奴隶和主人都是基督徒，那么他们在信仰中应当是平等的，基督徒不应是奴隶。基督教普世主义的传播很快激发人们对于“权利”的重新理解。而基督教也将面临新力量对其普世主义和权威地位的挑战。这些新力量包括科学技术、知识人才、世俗君权、市民精神和民族意识等。这对欧洲新精神的产生有着重要的影响。

四、新的“欧洲”文化

陈文海在《法国史》(35页，北京：人民出版社，2014）一书中提出了一个很值得思考的问题：古典文明终结后，西欧大陆是旧的，但西欧世界却是新的，这一新世界究竟新在何处?

黄志强在《欧洲中世纪法兰克王国历史地位评析》(载《齐齐哈尔大学学报（哲学社会科学版）》，2009年第1期）一文指出，法兰克王国无论是经济、政治、还是宗教、文化等都对欧洲文明的发展产生了重要影响。经济上，它开启了欧洲封建制的大门；政治上，它奠定了欧洲特色的封君封臣制度；宗教上，它奠定了中世纪政教联盟的基础；文化上，它出现了“加洛林文艺复兴”；地理疆域上，它奠定了近代西欧诸国的基础。[①]法兰克王国在西欧历史上不仅是一个枢纽，更是影响欧洲文明发展进程的一个重要

① 查理于814年去世，其子虔诚者路易（Louis I the Pious，778—840，814—840年在位，或称路易一世，法兰克国王，神圣罗马皇帝）软弱无能，帝国很快在兄弟混战中瓦解。843年，查理的三个孙子签订条约，瓜分了帝国，近代西欧三个国家法兰西、德意志、意大利由此起源。

转折点。

谈法兰克王国对欧洲文明的影响，还不得不提查理大帝。董玉洁在《“欧洲之父”查理曼》（载《世界知识》，2014年第5期）一文中指出，查理采取的一系列举措促进了欧洲中世纪早期封建制的形成，更奠定了中世纪欧洲各种文化融合的基础，众所周知的圣诞节，就是由日耳曼人冬天庆祝昼夜更替的一个异教节日和基督教关于耶稣诞生的故事结合而来。查理曼时期创造的“加洛林字体”成为现代西方字体的基础，还初步形成了中世纪的学术研究传统，其内涵之一是假“基督之名”来研究各种学问，探索未知世界。这样的传统虽然是为建立基督教的统治地位服务的，然而随着时间的推移，具有现代意义上的科学、哲学等知识的萌芽也从其中产生，这就可以解释为何在后来的欧洲文艺复兴时期，达·芬奇等人会利用宗教题材来宣扬人文主义和科学知识。

了解法兰克王国的社会秩序，无论是在政治、经济，还是文化、宗教等方面的内容，可以初步形成一个基本的认识：法兰克人作为日耳曼人中后来崛起的强大力量，虽然野蛮落后，但它把自身的野蛮传统与希腊罗马因素和基督教因素相整合。这种整合，为欧洲的发展提供了一个新基础；为罗马帝国灭亡后的西欧社会带来新生和活力；对中古西欧封建制度的形成起到了重要的作用。可以说，法兰克王国对中世纪西欧文明的奠基作用是不可忽视的。

微课设计

微课设计一：蛮族的辉煌——迈向新欧洲

设计意图

通过史料阅读，使学生了解法兰克王国的政治、军事、经济、思想等社会秩序，进而理解法兰克王国对欧洲新文明诞生的意义。

设计方案

教师讲解：欧洲中世纪始于公元500年，迄于公元1500年，整整横跨1000年。

材料呈现：

材料一　中世纪是欧洲历史上一个灾难性的时代。

——［美］朱迪斯·本内特、C. 沃伦·霍利斯特：《欧洲中世纪史·导言》，第10版，杨宁、李韵译，1页，上海：上海社会科学院出版社，2007

教师设问：从材料可以看出，作者认为欧洲中世纪是一个怎样的时代？

教师引导学生分析：欧洲中世纪时期被普遍认为是欧洲的一个灾难时代。中世纪真是如此糟糕吗？让我们通过法兰克王国来认识中世纪早期的欧洲文明吧。

一、蛮族的辉煌——法兰克王国的历史沿革

教师设问：同学们知道法兰克王国吗？

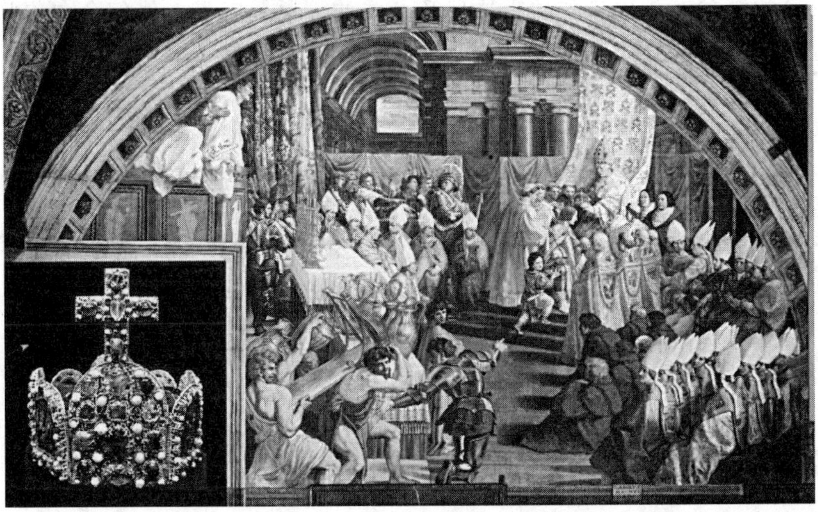

查理大帝加冕礼图，拉斐尔作，梵蒂冈大教堂壁画

——晢杨：《扑克牌上的红桃K"欧洲之父"查理大帝》，载《国家人文历史》，2014年第6期

教师引导学生分析：法兰克王国是西罗马帝国灭亡后，由被称为"蛮族"的日耳曼人建立的。公元5—10世纪，法兰克王国先后经历了墨洛温王朝和加洛林王朝的统治。在加洛林王朝的查理曼统治时期，查理曼以战争扩张的方式，使法兰克王国的疆域成为一个囊括西欧大部分地区的庞大帝国。

二、制度的重建——法兰克王国的社会秩序

1. 分权式的政治秩序

教师讲解：分权政治是法兰克王国政治秩序的一大特点，结果导致王室权力反而不及地方权力重要。

材料呈现：

材料二　长久以来，墨洛温国王依照习俗，将遗产平均分给儿子们，因此也将国土平均分割。……父王死后，儿子们通常展开内战，直到其中一位战胜，成为唯一的国王，或者几位兄弟都满足于自己分得的遗产。这样不幸的事件一代代重演，几代人之后，便满地都是国王了。

——［美］朱迪斯·本内特、［美］C. 沃伦·霍利斯特：《欧洲中世纪史》，第10版，杨宁、李韵译，57页，上海：上海社会科学院出版社，2007

材料三　如果你是个6世纪的农民，你的领主（Lord）和夫人（Lady）便是最大的领导。他们可能就住在离你耕作的土地咫尺之远的一所豪宅里，他们会向你收税，给你一定程度的保护，赐予你某种方式的司法公正。

——［美］朱迪斯·本内特、C. 沃伦·霍利斯特：《欧洲中世纪史》，第10版，杨宁、李韵译，55页，上海：上海社会科学院出版社，2007

教师设问：通过对上述材料的分析，可以得出法兰克王国出现分权政治的原因有哪些？

教师引导学生分析：材料二是法兰克人一个有趣的旧俗：父亲死后，遗产由儿子们平均分割，直接导致了王国的分裂。国王越来越多，中央权力反而越来越小。在材料三中，可以看到另一种奇怪的现象：在地方，领主享受的权利范围相当广泛。原来日渐式微的中央权威使得墨洛温王朝的国王和王后们不得不将土地连同管理权威赠予地方贵族，以吸引他们继续效忠自己。授予土地的一方即“封君”，对受封者有保护义务；领受封土的一方即“封臣”，受封的各级贵族均为封臣，以服兵役和效忠等义务为条件领受封土。封臣在自己的领地拥有政治、军事和法律的权威；国王仅仅是名义上的全国最高土地所有者，实际权力有限。这种分权式的政治秩序曾经使法兰克四分五裂，但地方的强大力量也维护了法兰克的相对稳定。

2. 层层效忠的封建等级

教师设问：同学们知道如今欧洲依然存在的贵族体系从何而来吗？

教师引导学生分析：这与法兰克王国形成的封君封臣制是密不可分的。土地分配的多层分封使国王的封臣们也可以吸收自己的封臣，并把部分土地作为采邑分赐给他们，从而又成为他们的封君。值得一提的是，封臣只效忠于分赐土地给他的封君，双方互为主从，互为承担权责，形成“我的封臣的封臣，不是我的封臣”的局面。贵族之间复杂的封建君臣关系，逐渐形成了不同的等级，他们有着不同的贵族头衔。

教师设问：从“法兰克王国等级示意图”中我们可以得出法兰克王国内有着怎样的封建等级？

教师引导学生分析：国王是最高封建领主，其下有公爵、伯爵、主教等大封建主，再下是中小封建主，直到拥有少量土地或无地的骑士们。至此形成西欧完整的封建等级制度。

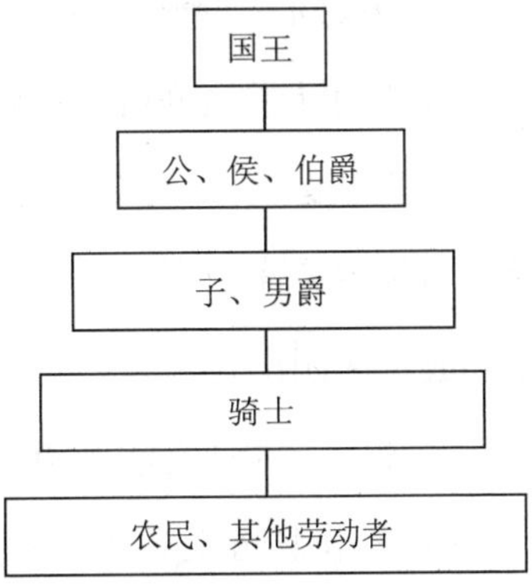

法兰克王国等级示意图

3. 骑士制度为核心的军事秩序

教师设问：请看右图，国王正在为哪些人佩带宝剑？

教师引导学生分析：他们是骑士。在封建等级制度当中，骑士是最底层的贵族阶层。加洛林王朝时期，骑士制度逐渐形成。封建主把封土授予骑士，骑士则给予军役回报，有义务效忠封建主，随时到前线作战。可以说，骑士是王国内的职业军人，他们主要的社会职责是从事战争、战斗以及与战斗有关的习武、比武等。这大大提高了王国的军事战斗能力。值得一提的是，成为骑士是每一个中古男孩的梦想，效忠国王或领主、保护教会和妇孺、锄强扶弱以及英勇作战等的优秀“骑士精神”将如荣誉般伴随他一生。

法兰克王国查理一世为骑士罗兰佩戴宝剑

——[澳大利亚]约翰·赫斯特（John Hirst）：《你一定爱读的极简欧洲史》，席玉苹译，33页，桂林：广西师范大学出版社，2011

4. 庄园式的经济秩序

材料呈现：

材料四　每年，管家都应该汇报一次我们的收入，内容包括：耕种的……土地面积，有多少猪、多少地租……有多少磨坊，有多少森林……有多少市场、葡萄园……有多少干草……有多少鱼塘……有多少蜂蜜、蜂蜡……有多少……酒……有多少母鸡……有多少个渔民、金属匠……鞋匠……有多少矿石。

——《维莱敕令》，见［美］杰里·本特利、赫伯特·齐格勒：《新全球史：文明的传承与交流》（上），第3版，魏凤莲、张颖、白玉广译，471页，北京：北京大学出版社，2007

教师设问：庄园大概包括什么内容？贵族们养尊处优的物质生活条件来自哪里？

教师引导学生分析：庄园包括土地、草场、家畜、森林、湖泊以及束缚在土地上的农奴。贵族的享受主要是剥削农民手中剩余的农业产品。他们每个季节向领主交纳粮食，为领主劳作及提供各种农副产品，而领主提供可耕种的土地甚至是工具和牲畜。这样促成了庄园出现和发展。到了加洛林时代，由于缺少繁荣城市，庄园基本上成了自给自足的社区，推动着法兰克经济的发展。

5. 基督教为主导的思想秩序

教师讲解：自496年克洛维皈依基督教始，法兰克社会开始了与罗马教会的紧密结合。

材料呈现：

材料五　有光荣历史的君王们慷慨地赐给教堂、教士或任何其他人的一切财物都应固定地留在他们手里。

——［法］基佐①：《法国文明史：自罗马帝国败落起》（第3卷），沅芷、伊信译，29页，北京：商务印书馆，1995

材料六　阿眠修道院的一个庄园（原属王室所有），有自营地47分，2个磨坊，3个啤酒坊，放牧400头牛的农场1处，石灰窑1座，还有放牧2000头猪的森林1处。……这个庄园居住着约500人，土地约为2500公顷。

——马克垚：《西欧封建经济形态研究》，165～166页，北京：中国大百科全书出版社，2009

材料七　泽普蒂曼尼恩的伯爵伯尔纳的妻子杜奥达，为教育她的儿子让人于841/843年写的一本《手册》。杜奥达让她的儿子要记住三点：真诚信仰上帝，忠于国

① 弗朗索瓦·皮埃尔·吉尧姆·基佐（François Pierre Guillaume Guizot），法国著名的政治家和历史学家。

王，忠于家族传统。

——［德］汉斯–维尔纳·格茨（Hans-Werner Goetz）：

《欧洲中世纪生活（7—13世纪）》王亚平译，30页，北京：东方出版社，2002

教师设问：基督教在法兰克王国的影响力渗透于哪些方面？

教师引导学生分析：在材料五中，国王对教会慷慨的赠与并给予保障，这是罗马教廷与法兰克王国之间建立政治联盟的体现。国王寻求教会的支持以确立和维护王权的权威，而教会则借助与国王的联盟关系得到军事保护。材料六中，教会拥有众多的土地和生活资源，说明教会拥有雄厚的经济实力，这也是法兰克王国一种重要的经济力量。材料七说明，信仰上帝已成为法兰克人文化教育的重要一环。这应该得益于法兰克王国在文化上的修为，如统一《圣经》的文本，收集、抄写古代希腊罗马作品，在修道院和教堂设立图书馆和学校等。这些措施无论在知识的传授还是民众的教化方面，都起到了非常重要的作用。

三、新文明的奠基——法兰克王国的历史地位

材料呈现：

材料八　“并非所有东西都归国王所有”，是欧洲政府思维的基石。从私有财产权出发，衍生出人权观念，是西方价值的核心。政府权力必须有所限制，这样的观念之所以勃兴，其实是因为这些政府从一开始就处处受限。

——［澳大利亚］约翰·赫斯特：《你一定爱读的极简欧洲史》，

席玉苹译，29页，桂林：广西师范大学出版社，2011

材料九　如果封臣们是忠诚的，那么，封地的占有应该是稳定的、安宁的；这是法律，是人们心目中既定的道德规律。

——［法］基佐：《法国文明史：自罗马帝国败落起》（第3卷），沅芷、伊信译，

29页，北京：商务印书馆版，1995

材料十　封建制的明确的责任原则束缚了人，也稳定了社会关系。每个地方社区都有自给自足的经济，被割裂的社区之间很少交往……孕育法兰克社会民主与自治的精神，产生了权力和义务的规范，日后成为欧洲文明的精髓。

——陈乐民：《欧洲文明的进程》，43～44页，北京：生活·读书·新知三联书店，2014

教师设问：法兰克文明孕育了哪些西方文明的精髓？

教师引导学生分析：分析材料八可以得出，对私有财产的保护衍生出了人权的观念。分析材料九可以得出，封君封臣的权利义务关系体现出了契约的精神。分析材料十可以得出，由领主掌握的地方政治权而孕育出的自治的精神。如此种种，使法兰克王国对欧洲新文明的形成提供了一个新的发展方向。因此，法兰克文明被认为是西方中世纪时期的标志性文明。

设计点评

本微课通过引用大量的文献资料及权威学者的论述，从欧洲文明发展的视角对法兰克王国的政治、经济、思想等社会秩序进行了概括性介绍，其中涉及民主、自治、法治、契约、人权、基督教化等新观念，可以帮助学生对欧洲文明精髓的形成有初步的了解。本微课塑造出的法兰克王国，是一个与罗马既有关联但又迥然有别的西方文明形象。

微课设计二：上帝的力量——信仰时代下的法兰克王国

设计意图

通过史料呈现与阅读，在史料中提取有效的信息，使学生了解基督教教会对法兰克文明形成和发展的影响，感知欧洲中世纪时代下的法兰克王国。

设计方案

材料呈现：

材料一　高卢教会的黄金时代，是在法兰克人信奉基督教以后才开始的。

——［德］恩格斯：《法兰克时代》，见《马克思恩格斯全集》（第19卷），544页，北京：人民出版社，1963

教师设问：材料中体现出教会与信奉基督教的法兰克人的关系如何？

教师引导学生分析：在法兰克王国，教会和法兰克人的关系是密切的。大部分人认为，法兰克王国胜于其他日耳曼国家一筹的原因就是法兰克人皈依了基督教会，并利用它为创建和巩固法兰克封建国家服务。到底基督教教会对法兰克王国的影响有多大？

一、王国重建的伙伴

教师设问：法兰克人占据高卢后，他们发现统治自己所占领的这个社会，是非常棘手的事情，为什么呢？阅读以下材料思考。

材料呈现：

材料二　他们目不识丁，在他们所制造出的混乱中，一息仅存的罗马政府政权终于断了气，而商业交易和所有城镇都在萎缩。各拥武装的蛮族首领们纷纷自立为王，建立起小邦小国；王国之间自相残杀，迅速楼起迅速楼塌。

——［澳大利亚］约翰·赫斯特：《你一定爱读的极简欧洲史》，席玉苹译，28页，桂林：广西师范大学出版社，2011

教师引导学生分析：蛮族文明的落后，经济的萎缩，社会的不安定都是"棘手"的原因。而蛮族文明的落后是关键的。当法兰克人进入罗马高卢地区时，他们发现，要面临的统治难题是始料未及的。在这样的情况下，法兰克人需要能帮助其建立新社会的伙伴。

教师设问：阅读以下材料，是什么力量在法兰克王国初建期起到了积极的作用？

材料呈现：

材料三　当王权兴起而又缺乏管理人才时，受过教育的神职人员充斥了国王的军队和宫廷，掌握了国王的财政和军事大权，政治作用又远在贵族之上。

——陈乐民：《欧洲文明的进程》，80页，北京：生活·读书·新知三联书店，2014

教师引导学生分析：我们发现，是教会帮助毫无国家统治经验的法兰克人逐渐建立和发展一套适合当时法兰克生产力水平的统治秩序。这是在墨洛温王朝的建立者克洛维转信基督教后开始的。

二、王权的支持者

教师设问：阅读以下材料，请思考教会对王权持怎样的态度？

材料呈现：

材料四　教皇格里高利一世[①]（590—604）颁布《牧师守则》，要求教士僧侣为蛮族

① 格里高里一世（Gregory I），意大利教皇。

服务，强调信徒必须顺从蛮族统治者。

——许序雅：《论基督教在法兰克封建化过程中的作用》，载《贵州大学学报（社会科学版）》，1986年第2期

教师引导学生分析：材料中强调信徒对蛮族统治者的必须顺从，说明教会是王权坚定的支持者。尤其自公元754年，教皇斯蒂芬二世（Pope Stephen II）亲自为加洛林家族的矮子丕平实施加冕礼后，"君权神授"的观念从此开启并在之后的几百年间逐渐转化为一种社会认同。

教皇利奥三世为查理大帝加冕

——［美］自杰里·本特利、赫伯特·齐格勒：《新全球史：文明的传承与交流（上）》，第3版，魏凤莲、张颖、白玉广译，474页，北京：北京大学出版社，2007

教师设问：教会为何支持蛮族王权呢？

教师引导学生分析：教会支持蛮族王权的原因是复杂的。其中一个主要的原因是西罗马帝国灭亡后，罗马教会必须要在新环境下寻找保护者和依靠者，保障教会的安全以便重振昔日的权势。而法兰克王国从克洛维到查理大帝，为了巩固统治和进行扩张，也深知需要罗马教会这样一个有力的精神工具。

三、王国的大地产者

材料呈现：

材料五　他[①]时常说："你们看！我们的国库一向是多么贫乏。你们看！教堂是怎样地把我们的财富汲干了！"

——［法兰克］都尔教会主教格雷戈里：《法兰克人史》，［英］O. M. 道尔顿英译，寿纪瑜、戚国淦译，345页，北京：商务印书馆，2012

教师设问：阅读材料，我们可以发现，法兰克人改信基督教后，对教会最直接的影响是什么？

教师引导学生分析：教会在高卢的财产大量增加。

① 他，指法兰克国王希尔佩里克一世（Chilperic I）。

材料呈现：

材料六　高卢教会的全部土地，不是少于而是多于土地总面积的三分之一。

——［德］恩格斯：《法兰克时代》，见《马克思恩格斯全集》（第19卷），546页，北京：人民出版社，1963

教师设问：教会财产的增加主要体现在哪里？

教师引导学生分析：从材料中我们看出教会在法兰克王国拥有众多的土地，成为名副其实的大地产者。

材料呈现：

材料七　当时这些修道院都占有广大的地产，散布各地，组成若干庄园。有大量依附于它，为它耕作的劳动者。寺院内居住着大量修士，还有各种仆役、手工业者。

——马克垚：《西欧封建经济形态研究》，170页，北京：中国大百科全书出版社，2009

教师设问：教会拥有的大量土地是如何管理的？

教师引导学生分析：教会地产的管理，是按照过去罗马皇帝管理庄园的办法进行的：教会把土地分成小块出租给农民，收取现款或实物地租，每个庄园交给一个管家（通常是神职人员）来管理。教会要求修道士从事农业和各种体力劳动。

材料呈现：

材料八　如果要取得在主人的森林里伐木、喂猪，在主人的麦茬地里放牛，在主人磨坊里磨麦等一系列权利，需要向主人交费。另外，阿布拉黑必须向教会纳十一税，并交一笔军役税——免除军役的代价——“两块儿羊肉、8只鸡、30颗鸡蛋、100块木板和木瓦板、12块桶板、6个环箍和12只火把”。

——［美］时代-生活图书公司编著：《骑士时代：中世纪的欧洲公元（800—1500）》（彩图版），侯树栋译，94页，济南：山东画报出版社，北京：中国建筑工业出版社，2001

教师设问：教会拥有的财产只有土地吗？

教师引导学生分析：除了拥有土地，教会还拥有土地上的资源以及劳动人民，成为劳动人民的剥削者。正是如此，教会对庄园的经营使得庄园的手工技艺发展起来，这对中世纪的法兰克经济发展起了积极作用。在教会的示范和带动下，法兰克人较成功的适应了高卢等地较高的生产力发展水平。

四、文化的领导者

材料呈现：

材料九　修道院和教堂里面设立了手抄本的图书馆；全赖九世纪以来所抄的稿本，几乎所有拉丁作家的著作才能保存到现在。

——[法]瑟诺博斯(Charles Seignobos):《法国史》(上册)，沈炼之译，100页，北京：商务印书馆，1972

教师设问：阅读材料，请思考教会在哪个领域贡献极大？

教士抄写典籍

——[澳大利亚]约翰·赫斯特:《你一定爱读的极简欧洲史》，席玉苹译，34页，桂林：广西师范大学出版社，2011

教师引导学生分析：法兰克人的文化起点是极低的。根据记载，查理曼曾花费很多的精力和时间去学习修辞学、辩论术以及天文学，而且他还努力学写字。因此，教会实际上在文化领域便充当了领导者的角色。教会收集、抄写古代希腊、罗马作品，有几个修道院和教堂还设立了手抄本的图书馆。

教师讲解：虽然教会保存古希腊罗马的学术主要目的是用以支持基督教的教义，但客观造成的结果，就是教会在文化传统上起了承前启后的作用。在教会的努力下，罗马帝国末期流行的正在衰退的拉丁文化传统得以保留。这不仅对于宗教事业，而且对于封建政府的工作也是必要的。尽管这些教会学校充满迷信、神学色彩，但它们毕竟是日后的大学之先驱，为中世纪中期兴起的大学提供了一大批著名的教师。

基督教教会不但参加了法兰克王国创建的过程，而且还在政治、经济、意识形态各领域内加速了法兰克封建化的进程。受基督教普世主义的影响，随着法兰克王国的征服步伐，基督教的信教面在中世纪的欧洲得到了不断地扩大。可以说，法兰克王国对中世纪基督文明的奠基作用是不可忽视的。

设计点评

本微课以法兰克王国的基督教化为视角，突出法兰克王国基督教化的同时，也展现出基督教教会对法兰克王国社会不可忽视的影响力。无论是政治、经济还是文化领域，本微课展现出当基督教的宗教力量与蛮族统治相结合后，法兰克王国为西罗马帝国灭亡后欧洲新文明的诞生起到了承上启下的作用。

教学资源

资源1：当时，许多教堂遭到克洛维的军队的抢劫，因为他还牢牢的陷在异教的错误里。碰巧有一只很大的、非常美丽的广口瓶，连同其他用于教堂仪式的装饰物一起被抢走了。但是那个教堂的主教派遣使者去见国王，向他提出要求，如果其他圣器不能归还的话，至少要让他的教堂收回这只瓶子。国王听了这话，向使者说："跟我们到苏瓦松去，因为所有的战利品都要在那里分配。如果我抽签抽中了那只瓶子的话，我一定满足主教的愿望。"当他们来到苏瓦松，全部战利品都公开陈列着的时候，国王说道："最英勇的战士们！我请求你们在我的那份东西之外，不要拒绝再让给我那只瓶子。"（他所指的就是我刚才提到的那只广口瓶）这话说出以后，所有敏锐一些的人都回答说："最光荣的国王！我们眼前所有的一切都是您的，我们本人是服从您的权利的。只要您认为合适，您现在就做吧，因为谁也没有强大到敢向您说个不字。"一个爱自负，好嫉妒，而又容易激动的战士听到了这些话以后，举起他的战斧，砍向这只瓶子，高声喊道："除了你自己抽中的你那份东西以外，这只瓶子你一点也拿不到手！"

——（法兰克）格雷戈里：《法兰克人史》，寿纪瑜、戚国淦译，85～86页，北京：商务印书馆，2012

资源2：我，兴马克，琅城主教，从此时起将忠于我的主人查理，犹如一个封臣忠于其主人和主教忠于其国王那样，并将服从他犹如一个封臣服从于主人那样。同时，因为我是基督的主教，我还要在我的愿望与力量所及的范围内，服从于上帝的意志和国王的安全目的。

——选自马克垚：《西欧封建经济形态研究》，98页，北京：大百科全书出版社，2009

资源3：封臣脱去帽子，卸下武器，然后跪下来，把两手合拢（向上指）放在领主的两手之间，并承认自己是领主的“人”（homme，homo）。到了10世纪，封臣和领主在那之后互相再亲亲嘴成了一种普遍的做法。通过这种效忠仪式，封臣就变成了领主“嘴上和手中的人”。但是，这种仪式又增加了与庇护制和土地占有权相联系的第二个部分，即，由封臣作出宗教性忠诚（“fealty”）宣誓。封臣把手放在《圣经》或圣物上，保证他对他的领主的忠诚（fides，fidelitas）。领主常常随后对封臣做出某种象征性的封地仪式。他把某种诸如一面旗、一个十字架或一把钥匙的东西递交给封臣，以此象征授予采邑。终于，每个封臣都要宣誓效忠。

——哈罗德·J. 伯尔曼：《法律与革命——西方法律传统的形成》，贺卫方、高鸿钧、张志铭等译，371页，北京：中国大百科全书出版社，1993

资源4：众所周知，由于我无衣无食，所以请求您的恩典，允许我委身于您的保护之下。为此，您应帮助维持我的衣食，我将尽一切力量服务于您并使您满意。在我的一生中，一定给您一个自由人的服务与尊重，并且无权脱离您的权力与保护。我的一生将永远留在您的权力与保护之下，由之，我们双方如有一方要更改这协定的条件，则需付对方以若干索里第的罚金，但协定仍然有效。①

——马克垚：《西欧封建经济形态研究》，88页，北京：中国大百科全书出版社，2009

资源5：要是我们不再遵守我们祖先的惯例，那么在今天我们怎么能够取胜呢？他们修建教堂，把一切希望寄托在上帝身上；他们尊崇殉教者，敬重主教；因此他们屡屡得胜；常常靠着上帝的帮助用刀剑和盾牌去征服敌人。而我们呢？我们非但不敬畏上帝，反而摧毁他的神圣场所，杀害他的圣职人员，我们轻蔑地把圣徒们的遗物毁坏、抛弃。只要我们在做这样的事情，胜利就不会属于我们。②

——［法兰克］都尔教会主教格雷戈里：《法兰克人史》，［英］O. M. 道尔顿英译，寿纪瑜、戚国淦译，430～431页，北京：商务印书局，2012

资源6：查理曼同时利用教士把被墨洛温朝君主所舍弃的古代知识文化传统重新连

① 本则资源为墨洛温王朝时期的一份委身文书程式。
② 本则资源为法兰克国王贡特拉姆（Guntram，公元561—592年在位）斥责将领时所说的话。

接起来。他邀请各国著名学者来到他的宫廷来，特别是来自英国和意大利的学者。他们恢复了阅读和写作拉丁文（甚至写拉丁文的诗）的习惯。

——［法］瑟诺博斯：《法国史》（上册），沈炼之译，99页，北京：商务印书馆，1972

资源7：中世纪早期，修道院是西欧文学的中心。在这幅手抄本插图中，一位修士正在抄写手稿，一位进行着几何计算，第三位在切割羊皮纸，还有两位在修缮房屋，下面的一位正在敲钟，要召集修士和周围社区的人来举行宗教仪式。

——转引自［美］杰里·本特利、赫伯特·齐格勒：《新全球史：文明的传承与交流》（上），第3版，魏凤莲、张颖、白玉广译，477页，北京：北京大学出版社，2007

资源8：

查理大帝塑像，现存于法国卢浮宫

资源9：

封臣接受象征着其与封君紧密关系的宝剑，封君接纳他们为行使权威的伙伴

——［美］杰里·本特利、赫伯特·齐格勒：《新全球史：文明的传承与交流》（上），第3版，魏凤莲、张颖、白玉广译，467页，北京：北京大学出版社，2007

欧洲的精神领袖：基督教的传播

学术引领

“基督教文化是西方的主流文化，渗透在西方社会的各个领域。”赵冰在《论基督教对西方文化的影响》（载《社科纵横》，2014年第6期）一文中如此论述基督教的重要性。

基督教诞生于公元1世纪前后的巴勒斯坦地区，有创世论、原罪说、救赎论、摩西十诫等教义。基督教诞生初期，屡遭罗马统治者的残酷迫害。随着教会发展和帝国的衰落，到公元4世纪晚期，基督教被定为罗马帝国国教。中世纪，基督教迅速壮大，不仅在精神、文化领域控制一切，在经济、政治上也高高凌驾于世俗社会之上。考察公元后欧洲的发展历程，基督教在政治、经济、慈善公益、文学艺术等各个方面，扮演着十分重要的角色。因此，了解基督教创立、发展的历史，认识基督教文化是深刻理解西方社会的前提。

一、基督教的起源

基督教起源于公元1世纪前后古罗马帝国统治下巴勒斯坦地区，相传为犹太民族的拿撒勒人耶稣所创立。它是犹太人在反抗罗马统治的斗争中，逐渐发展成为有自己教义、经典、组织和礼仪的新宗教。

基督教产生、壮大于罗马帝国统治的异族地区，这与帝国统治的严酷有关。李天祜在《基督教的产生及其早期学说的演变》（载《兰州大学学报（社会科学版）》，1984年第2期）一文中认为，罗马的军事独裁压得犹太族下层人民透不过气来，同时他们的物质生活条件愈来愈恶化，前途漆黑一团，起义与反抗又被残酷地镇压了下去，看不见有任何出路，他们遂处于极端痛苦和绝望之中。同时他们在与统治阶级的斗争中，感到自己软弱无力时，也会相信有一种超自然的力量神支配着自己的命运。在这种社会基础上，宗教情绪就在奴隶、贫民、无产者、渔人、小手工业者和小商贩等中间加强了起来，他们意欲在精神上寻找安慰，消极地反抗罗马的统治，基督教是处在悲惨的境况中而丧失了解放希望的劳动群众精神上的安慰。罗马帝国愈腐败，基督教传播得愈迅速。

基督教最初属犹太教的下层派别，公元1—2世纪间逐步同犹太教分裂，成为新的宗教。刘爱兰在《从民族宗教到帝国宗教——基督教的产生与发展历程》（载《中央民族大学学报（哲学社会科学版）》，2002年第1期）一文中指出，作为一种意识形态，基督教源流主要来自犹太教及东方神秘宗教。早期基督教的原罪说、"救世主"的观念以及一神论的思想显然来自犹太教，而神为了拯救信徒而复生、赎罪献祭等思想则是受到东方宗教的影响。

赵林在《论基督教与犹太教的文化差异》（载《宗教学研究》，1997年第2期）一文中指出，基督教与犹太教的文化差异主要体现在道德主义与律法主义、内在信仰与外在仪式的区别之上。早期基督教徒凭借着一种唯灵主义的信仰和动机论道德观，超越了直观的禁忌仪式和侧重于规范外在行为效果的犹太教。从犹太教"末世论"到基督教"救赎说"的理论发展意味着基督教最终摆脱了犹太教的浅薄的现世主义和狭隘的民族主义藩篱，成为一种关于灵魂得救的福音和普世主义的宗教。

二、早期基督教的发展

早期基督教在欧洲的发展与罗马帝国密切相关。早期基督教是“受迫害者”的宗教。随着罗马帝国的衰落，帝国统治集团为稳固其统治，改变对基督教的迫害政策，大力扶持利用基督教，甚至在帝国境内强制性推行基督教。

基督教传播初期，罗马统治者把基督教视为非法宗教而进行迫害。陈钦庄在《基督教简史》（89～90页，北京：人民出版社，2004）一书中认为，基督教在罗马被认为是非法宗教，受到打击，原因有四点：一是基督教拒绝把皇帝当作神来崇拜；二是基督教宣传“天国近了”和末日来临的思想；三是基督徒否定希腊、罗马的一切崇拜；四是基督徒既和社会划出距离，社会人士对基督徒也疑虑很重，指责他们“淫乱”“喝人血，吃人肉”，在坟墓中或洞穴中做礼拜等。群众对基督徒有反感，密告他们的很多，有时甚至群起而攻之。毛丽娅在《试析基督教走向世界的原因》（载《宗教学研究》，2004年第3期）一文中指出，从公元64年罗马帝国皇帝尼禄借罗马城发生大火，以“纵火”罪名捕杀基督徒开始，到311年发布“宽容敕令”以前，在这长达200多年的时间里，一方面，罗马帝国政府的高压政策，并没有遏制基督教的发展；另一方面，早期基督教也逐渐失去往日“反抗”气息，日益符合统治者的需要。在这段时间里，基督教会史上称之为“护教士”的教会上层人士利用一切机会尽力争取罗马帝国政府的承认与保护，以阐述神学的形式向罗马帝国统治者靠拢。基督教由一个饱受“迫害”的宗教，逐渐为罗马帝国统治集团所注意、信仰，最后为罗马帝国皇帝接受、利用。无疑，当时罗马帝国不断被削弱甚至出现瓦解迹象的社会结构，以及逐渐失去其往日凝聚力的传统信仰给基督教的国教化提供了良好的政治气候和适宜的土壤，而基督教成为罗马帝国的国教，这是促使基督教迅速走向世界的重要原因。

陈钦庄在《基督教简史》（97～98页，北京：人民出版社，2004）一书中指出，随着基督教被定为国教，基督教势力增长。首先，基督教教产增加。4世纪以后，教会成为大地产主，除欧洲本土外，罗马教会在非洲和东方各省都拥有大量的土地。其次，基督教教徒增加。4—5世纪，大批人员加入基督教，他们不仅是出于信仰，更多的是出于获得实利和生活保障。公元300年，基督教的教区在北意大利约有5～6个，在高卢有26个；公元400年，北意大利达77个教区，高卢则为70个。

三、基督教教义

基督教的教义主要来自《圣经》。虽各宗派说法不一，但基本教义大致相同，主要可归纳为下述几个方面：其一，“创世说”。即上帝用六天时间创造了世界。其二，“原罪说”。基督教经典称，人类世世代代都有罪，人一生下来甚至在母腹中就有了罪。其三，“救赎说”。基督教认为，人既然犯了罪，就需要付出“赎价”来补偿，而人又无力自己补偿，所以上帝就差遣其子耶稣基督为人类受死亡、流出血以赎信徒的罪。“人只有信耶稣基督，才能免去一切罪。”其四，“天堂地狱说”。人死后其灵魂将根据生前是否信耶稣决定上天堂或下地狱。

张艳红在《大众媒介功能反思——以基督教原罪说为视角》（载《暨南学报（哲学社会科学版）》，2011年第5期）一文中认为，“原罪”一词来源于基督教的创世纪传说：亚当、夏娃受到诱惑，偷吃了明辨善恶的禁果，成为了有思维能力的真正的“人”，也因此受到“上帝”的惩罚，被逐出伊甸园。基督教认为，原罪的本质是人类自我意志的不断膨胀，这种与生俱来的、无法洗脱的罪性与恶根衍生了人类所面临的一切罪恶、灾难、痛苦和死亡，成为人类无法挣脱的宿命。后世教义所谓的“七宗罪”，即饕餮、贪婪、懒惰、淫欲、傲慢、嫉妒和暴怒，事实上就是“原罪”的具象，体现了人类自我中心主义对人性的侵害。原罪理论作为一种有着深厚文化积淀，并得到广泛传播和接纳的宗教哲学理论，主张“人性本恶”，力图教化人们只有笃信上帝，把对外的反抗引向对内的改革和反省，才能获得灵魂的救赎，这种观点也是西方“罪感文化”的根源。

赵复三在《基督教与西方文化》（载《中国社会科学院研究生院学报》，1987年第4期）一文中认为，公元1世纪基督教提出的来世观念，是从当时希腊流行的东方神秘宗教中吸收的。后来发展的基督教神学思想则认为，人摆脱不了自我中心，因而有罪；这个“罪”不是社会意义上的犯法有罪，而是指人由于以自我为中心而在精神上陷于无穷痛苦的一种内心状态，这就是所谓与生俱来的“原罪”。那么，怎样才能得到救赎即解脱呢？靠自己，无异于想揪着自己的头发把自己提起来，是永远不可能的。靠他人吗？至多也只能同情地“相濡以沫，相嘘以湿”。有哪个人能够救赎他人？于是基督教提出，上帝为爱世人而“倾出”自己，以他自己的一部分化身成人即耶稣，以救赎世人，使人从自我中心转到以神与世人（即客观外界）为中心，从自我中心这个樊笼中解脱出来，精神上“得救”。救赎思想在公元1世纪已经出现，11世纪后在基督教会内逐渐成为教义的中心。在当时，如果用哲学语言来讲这个道理，大概只有极少数人能接受；基督教则是以一个活生生的形象——基督耶稣来说服人、打动人，增强了其传播的便利。

基督教的核心教义是博爱。唐莹玲在《试论基督教的博爱与刑事惩罚的关系》（载《宗教学研究》，2004年第1期）一文中认为，基督教的博爱即爱邻人，包含着公平、正义、宽恕等方面。基督教主要强调博爱对人的灵魂产生作用，不仅对人此生的灵魂产生作用，还要对人死后的灵魂产生作用。这是基督教博爱的一个主要特点，因此，耶稣把爱的诫命作为“我们如何得永生”这一问题的唯一正确答案。

四、中世纪欧洲的基督教

中世纪是欧洲历史上的一个重要时期（主要是西欧），指的是自西罗马帝国灭亡（公元476）到东罗马帝国灭亡（公元1453）的这段时期。在这一时期，欧洲没有一个强有力的政权来统治，封建割据带来频繁的战争，社会经济发展滞缓，人们生活在没有希望的痛苦之中。传统上，人们普遍认为，这一阶段是欧洲文明发展的缓慢时期，因而中世纪的欧洲被称为“黑暗时代”。

林中泽在《论基督教的崛起对西欧社会的影响》（载《华南师范大学学报（社会科学版）》，1990年第2期）一文中认为，人们在理解中世纪前期混乱局面的时候，多半是站在罗马人那个狭窄的角度上来看问题的。的确，中古前期罗马故土上的一切都显得满目疮痍，远远不能与罗马繁荣时期的景况相比。但是，如果我们把立足点放宽到整个西欧——即把原先落后的蛮族也放进我们的视线之内，那么我们便不得不相信，欧洲又向前迈进了一大步。众多的“蛮族”部落由氏族社会直接转入了中世纪的文明轨道，这些原始图腾的崇拜者在短短一两个世纪内便成了虔诚的基督徒，以及他们在与罗马人的长期接触中最终被迫与后者相融合。这一切，都离不开基督教那种神奇的教化作用。

赵林在《基督教对欧洲中世纪文化复兴的重要影响》（载《暨南学报》（哲学社会科学版），2012年第4期）一文中认为，在“蛮族”大入侵所造成的“黑暗时代”，基督教会无可争议地扮演了一个文化接力手和文明教化者的角色。它一方面用“变异”的方式传承着古典文明火种，另一方面用基督教信仰来洗涤蛮族的野性。事实上，日耳曼各部族最初的文明教化过程是与其皈依罗马大公教会的过程相同步的，他们从一开始所接受的文明化世界观和价值观就是基督教的。当那些凶悍的日耳曼人冲入罗马帝国时，他们最初都是听着基督教的赞美诗和忏悔词开始摆脱野蛮状态、走向文明教化的。

不仅如此，赵林还指出，基督教会以其坚定的信仰和日益强大的组织（虽然它也成为导致教会腐败和各种社会弊病的重要原因），一方面顽强地保存和传承着古典文明的火种，另一方面在与封建王权争权夺利的同时创造了一种独具特色的基督教文化。正是由于教会坚持不懈的努力，基督教成功推动了中世纪的文化复兴运动，促进了大学的兴起和学术的发展，开创了具有基督教唯灵主义色彩的中世纪文学艺术。这一系列文化复兴和文化创新工作，都极力推动欧洲社会摆脱蒙昧，重建文明，并为西方近代的文化变革活动奠定了重要的基础。从这种意义上来说，中世纪基督教会不仅成为传承古典文化的唯一接力手，而且也成为培育中世纪文化的辛勤园艺师和开启西方近代文化的无心插柳者。

基督教在社会管理方面也起到了一定作用。耿亮在《从古典走向中世纪的基督教》（载《南京晓庄学院学报》，2001年第3期）一文中认为，在西罗马帝国灭亡后的极度动乱与衰退的世界里，基督教是能够保存下来的唯一有组织的力量。它拥有无数坚信来世和天国的教徒，他们具有坚定的信仰、布道的热情、殉教的勇气、严肃的纪律、优良的道德品质，以及禁欲、简朴和互助、互救的生活方式，这些都使基督教成为乱世的中流砥柱，担负起挽救文化、重塑文明的历史重任。而基督教的组织机构是教会，它从起初只是信徒的简单组合或一种小型集会，发展成以教皇制和修道院制为主体的严格而强有力的组织系统。因此，对中世纪前期的西欧来说，基督教会是最强有力的社会组织。

白虹在《中世纪基督教会与大学的诞生》（载《世界宗教文化》，2007年第3期）一文中认为，大学的产生和中世纪欧洲的基督教会有着十分密切的关系。公元4世纪，随着罗马帝国对基督徒迫害的停止，并进而确定基督教为国教，教会就拥有了国家的教育大权。开始的时候，各地教会在教堂或者主教座堂旁设立学校，一方面培养教会的神职人员，一方面教导民众识字和算术。6世纪时著名学者波埃修（Anicius Manlius Severinus Boethius）提出了知识分子所必须掌握的“七艺”①，包括涉及学问形式的“语法”“修辞”和“辩论”，以及涉及学问内容的“算术”“音乐”“几何”和“天文”。后来这“七

① 七艺的起源可追溯到古代希腊。“七艺”是指进入大学后首先要学的入门课程，即语法、修辞、逻辑、天文、音乐、数学、几何。其中，语法、修辞、逻辑三门是最基础的课程，叫“低阶”；还有四门叫“高阶”，即天文、音乐、数学和几何。因翻译不同，如“语法”译为“文法”、数学译为“算术”。

艺”成为最早的巴黎大学的共同必修课程。在整个“黑暗时期”，罗马基督教会成了欧洲古代文化的承担者和传播者，开启了后来大学教育的先声。

五、基督教的特质与传播

基督教能实现全球性传播，也是由其自身特质决定的。基督教教义中的赎罪论、天堂地狱说等对广大人民群众有很大吸引力。赵林在《基督教与西方文化》(107页，北京：商务印书馆，2013）一书中认为，基督教发展初期，面对罗马政府大规模迫害，他们就像《圣经》里耶稣所教导的，以一种非暴力、不抵抗的方式来回应，你打我左脸，我把右脸也伸过去让你打，他们采取以德报怨、以爱报恨的回应方式，这是一种柔弱的和平主义。与当时罗马人的暴戾和堕落状况相比，基督徒们在信仰和道德方面表现出一种极高的精神境界。面对迫害，基督徒们在十字架上表现出一种视死如归的崇高精神，从而感动了越来越多的罗马人。

欧洲传教士、冒险家之所以热衷传播基督教，王华在《世界近代史背景下的殖民文化问题》(载《清华大学学报（哲学社会科学版）》，2008年第5期）一文中指出，从基督教文化根源来看，主要因素有两个：一个是上帝的“选民”观念，另一个是基督教的传教传统。“选民”观念源于《圣经》，声称全能的神凭绝对意志挑选世人，选中者即为选民，否则即为弃民。加尔文的宗教观对英国产生了极大的影响，教士和民众都认为英国是上帝恩宠的国家，因而表现出强烈的上帝选民感和特殊使命感，并深深地浸入它的社会文化中。基督教同样有古老的传教传统，比如传说中的十三门徒就是最早的宣教圣徒。在基督教士看来，将上帝的福音传播给世界，让更多迷途的羔羊皈依基督是上帝赋予他们的光荣职责。新教改革之后，宣教活动更在19世纪掀起空前的热潮，敬业的基督教士的足迹几乎踏遍世界每一个角落，传教士们更是成为近代殖民扩张的先驱。

六、基督教对社会的积极影响

基督教诞生后的两千多年，始终处于西方世界的统治地位，因此它对于民众生活的影响已经渗透进社会的各个领域，如道德、慈善事业、经济、文学艺术等。傅宏基在《图解基督教》(288页、290页，西安：陕西师范大学出版社，2007）一书中指出，基督教对社会的积极影响也是多方面的。道德方面，在早期的罗马帝国，人们依然保持着一些残忍而野蛮的习俗，例如：父母残杀不想留下的亲生骨肉，特别是女孩；或将其随意抛弃；奴隶或罪犯被丢进斗兽场，在观众面前与猛兽厮杀，人与人之间毫无同情怜悯之心，任意剥夺他人生命；等等。除此之外，堕胎、淫乱、自杀等也极为普遍。对此，善良而虔诚的基督徒大力谴责，并以自己的实际行动为这些“异教徒”作出榜样。逐渐，这些文明的举动被更多人接受。而在罗马帝国正式接纳基督教作为其国教后，列位皇帝更先后颁布以基督伦理道德为原型参照的罗马帝国新法。从而彻底禁止了这些对生命毫无怜悯之情的行为。今天，基督教国家仍然默守着这些历史长达两千年的古老道德观并从单纯的“尊重一切生命”的理念出发，形成一套完备的社会福利体系。不得不承认的是，在现代西方社会的福利、法制、社会、政治等一系列机构中，所秉持的基本思想仍来自基督教的影响。

基督教文化是西方文化的重要组成部分，对西方社会各个领域都产生着深远的影响。深入学习和考察基督教产生、发展的历史，有利于全面理解基督教文化，客观认识现实社会中的宗教现象，进而对深刻了解西方社会也有着十分重要的意义。

微课设计

微课设计一：早期基督教的传播：从受迫害者到贵为国教

设计意图

引导学生了解基督教教义，认识基督教诞生及早期传播的过程，理解基督教内存的文化价值是其迅速发展壮大的重要原因。

设计方案

材料呈现：

里约热内卢基督像

教师介绍：第20届世界杯足球赛、第31届夏季奥运会分别于2014年、2016年在巴西举行。在东道主巴西的宣传片中，有一尊巨型雕像令人印象深刻，这就是里约热内卢基督像。巨型基督像高38米，左右手的指间距达到了23米。从远处望去，基督身着长袍，双臂平举，就像庇护孩子一样拥抱着里约热内卢这座城市。雕像巨大的十字架造型，庄重、威严，给每一个参观者带来心灵的安宁和震撼。

教师讲述：里约热内卢基督像告诉我们，19世纪建国的巴西是信仰耶稣的基督教国家。统计也表明，当今世界，基督教信仰人数约占全球总人口的30%，是世界第一大宗教。

教师设问：基督教诞生于何处？主要的精神信仰有哪些？在早期，它是如何实现快速传播的？

一、基督教的起源：救世主的降临

材料呈现：

材料一　基督教产生于公元1世纪，发源于巴勒斯坦，形成、发展于罗马帝国时期。

——陈钦庄：《基督教简史》，18页，北京：人民出版社，2004

教师介绍：基督教的诞生地位于今天以色列的耶路撒冷。耶路撒冷是闻名世界的历史古城，相传基督教的创始人耶稣出生在耶路撒冷以南17千米处的伯利恒，成年后的耶稣在巴勒斯坦及其周围地区传教，被罗马当局处死后，葬于耶路撒冷城内。

教师设问：基督教的发源地是今天的耶路撒冷。基督教教会的原始组织、宗教思想来源于何处呢?

材料呈现：

材料二　基督教原是公元1世纪时犹太教的一个新宗派。它的经典、仪轨、节期的某些形式和内容，都与犹太教有着一定关联和承续性；但犹太教对基督教的影响，主要在于宗教思想方面。

——王德才、王浩：《图说世界宗教文化》，153页，长春：吉林人民出版社，2008

教师引导学生分析：从组织、宗教思想的源头上讲，基督教来源于巴勒斯坦地区的犹太教。公元前后，罗马人征服巴勒斯坦，对犹太人进行残酷镇压。下层犹太人多次起义，起义失败使一些下层人民期待“救世主”出现，来拯救受苦受难的民众。于是犹太下层民众中出现一种流传“救世主”将要来临的秘密教派，这个教派后来就演变为基督教。

二、基督教的教义：寻找幸福

教师介绍：基督教的基本教义集中在《圣经》。可以说,《圣经》是基督教思想的摇篮。

材料呈现：

材料三　原罪论《圣经》中称人类的始祖亚当和夏娃受蛇的诱惑，偷吃“禁果”犯了罪，成为整个人类的原罪过。传给子孙后代，成为人类一切罪恶和灾祸的根由。

救赎论　基督教认为人类既有原罪，又无法自救，上帝圣父差其独生子耶稣降世为人，受死亡，流出宝血以赎信徒的罪。

摩西十诫　上帝耶和华在西奈山上通过晓谕以色列人头领摩西而给他们十条诫命。具体内容是：1. 除耶和华以外不可敬拜别的神；2. 不可拜偶像；3. 不可妄称耶和华上帝的名；4. 当纪念安息日守为圣日；5. 当孝敬父母；6. 不可杀人；7. 不可奸淫；8. 不可偷盗；9. 不可作假见证陷害人；10. 不可贪恋别人的一切。

——三则材料均出自李雅娟、王德才：《基督教常识》，54页、56页、64～65页，长春：吉林人民出版社，2009

教师设问： 基督教教义讲了什么？在罗马帝国的严酷统治下，基督教教义有哪些吸引信徒的地方呢？

教师引导学生分析： 分析基督教教义，我们发现，其一部分讲述如何建立神人关系，由此延伸出信徒应信上帝，对其他神排斥。如救赎说、“摩西十诫”的第一诫等；一部分论述相信上帝的人应该如何对待父母、他人等，是人与上帝关系在社会现实中的延伸。基督教教义中的“摩西十诫”等通过约束人的个体行为，对社会起到一定维系作用；“天堂说”等给了苦难的人们以幸福的希望和安慰，对下层人民来讲颇具吸引力，基督教也因此得到越来越多人的认同。

材料呈现：

材料四 《旧约》虽然强调律法，但仍贯穿着爱的思想。亚当和夏娃违背了“不吃善恶树上的果子”的约定，但耶和华仍用皮子做衣服给他们穿；以色列人一再背叛耶和华，但耶和华仍引领他们出红海，进到“流着奶和蜜”的迦南地。《旧约》中耶和华神曾几次因不满人的罪恶想要灭绝人类，又都怜悯人类，爱（agape）就是怜悯。《新约》更强调爱，新约本身就是爱的约定……因此，基督教所讲的“爱”是神对人的爱，是人对神的爱，更是人与人之间的相互友爱。

——刘春晓：《基督教精神与西方文化传统》，

载《郑州大学学报（哲学社会科学版）》，2008年第6期

教师引导学生分析： 在基督教众多教义、思想中，宣扬对人类的“博爱”是其核心。博爱，就是对全人类的广泛的爱，是无私的，是一种奉献。“博爱”包含着对社会、对邻居的义务。

教师设问： 基督教为什么要宣扬对人类“博爱”呢？

教师引导学生分析： 基督教将“博爱”看作信徒进行自我修行的方法和接近上帝、来世进天堂的途径。博爱教义是人类智慧的结晶，从人类的发展历程看，基督教提出了博爱思想，是人类伦理走向成熟的表现。

三、基督教的传播：定为国教

教师设问： 基督教诞生后，其首先在罗马帝国统治地区迅速传播。基督教为什么能在异族统治地区实现快速传播呢？

材料呈现：

材料五　现实生活越是绝望，对理想生活的希望就越是强烈。在罗马，那些在此生此世享受不到幸福的奴隶、无产者和贫民，他们就满腔的热忱转向另一个世界。这种热忱的期望使得他们非常容易接受基督教的信仰，因为基督教所宣扬的正是关于一个幸福彼岸的福音。

——赵林：《基督教与西方文化》，104页，北京：商务印书馆，2013

教师引导学生分析：基督教给了苦难的犹太人希望，罗马帝国对犹太人统治越严酷，信仰基督教的下层民众就越多。在传播初期，因为教义、习俗的差异，罗马人对这些异教徒怀疑、害怕，帝国统治者也借机大肆迫害基督教徒。正如生活在公元2—3世纪的拉丁教父德尔图良（Tertullianus）所言："基督徒的鲜血成为基督教会的种子。"①迫害反而使基督教越来越壮大。

教师设问：诞生初期的基督教主要在下层人民中间传播，但经常遭受迫害，所以被称为"被迫害者的宗教"。对罗马上层社会人士而言，基督教有吸引力吗？

材料呈现：

材料六　基督徒们在十字架上表现出一种视死如归的崇高精神，从而感动了越来越多的罗马人。在这种情况下，虽然罗马统治者不断迫害基督徒，但基督教信仰仍然像燎原之火一样迅速地蔓延开来。最初是在弱势群体中间，但是它的这种道德主义和崇高精神很快就感召了罗马中上层社会的一些有良知的人们。他们感觉到在这个堕落的罗马世界中，如果还有人保持着崇高的道德和真诚的信仰，这些人就是基督徒了，所以他们也开始逐渐改变了对基督教的态度。

——赵林：《基督教与西方文化》，107页，北京：商务印书馆，2013

教师引导学生分析：由史料可见，因为信仰，基督教徒表现出更高的道德水平，基督教展现出强大的吸引力，越来越多的各阶层人士加入基督教。英国历史学家爱德华·吉本（Edward Gibbon）也认为，"基督教徒纯真、严谨的品德"是其在罗马帝国内成长的重要原因。②

---

① 赵林：《基督教与西方文化》，107页，北京：商务印书馆，2013。

② ［英］爱德华·吉本：《罗马帝国衰亡史》（上册），黄宜思、黄雨石译，235页，北京：商务印书馆，1997。

教师介绍：当然，基督教为实现传播的目的，自身教义和组织也在不断更新和发展。

材料呈现：

材料七　伊利尼乌[①]是基督教的里昂主教。在2世纪晚期的《斥异端篇》中，他提出要积极支持罗马帝国；把政权、法律都说成是神所设立的，是对世人的管教。

——陈钦庄：《基督教简史》，88页，北京：人民出版社，2004

教师引导学生分析：基督教早期的神学家努力改造基督教的教义，使其能为罗马统治者谅解和接受。这也是其迅速发展，最终为罗马统治者重用的原因。

材料呈现：

材料八　而在313年，这一宗教被宣布为合法，到了325年，君士坦丁皇帝（约285—337）宣称，由于他得到基督的护佑，在最近的内战中赢得了胜利。通过充当大公教会主教的庇护者，他使自己的地位得到巩固，同年他还主持了第一次最高宗教会议。此时，基督教得到了极大的特权，朝着成为帝国惟一的官方宗教之路顺利发展，这一步步的过程在379年到395年在位的皇帝狄奥多西一世（Theodosius the Great）治下实现的。

——［英］约翰·布克（John Bowker）主编：《剑桥插图宗教史》，
王立新、石梅芳、刘佳译，235～238页[②]，济南：山东画报出版社，2005

材料九　到公元403年，基督教思想家普鲁登修（Prudentius）已经认为，罗马帝国的政治、经济体制为基督教传播救世福音提供了最理想的基础和条件。他指出，帝国的边界就是基督教世界的边界。

——［荷兰］彼得·李伯庚（Peter Rietbergen）：《欧洲文化史》（上册），
赵复三译，118页，南京：江苏人民出版社，2012

教师介绍：古罗马帝国的君士坦丁大帝为稳定统治，对基督教采取怀柔政策。公元313年，他颁布《米兰敕令》，宣布基督教成为罗马帝国所允许的合法宗教。公元392年，罗马政府正式定基督教为国教。从此，基督教在罗马帝国全境广为传播。罗马帝国是一个横跨欧、亚、非三洲的大国，基督教很快传播到罗马帝国势力所及的北非、中东、欧洲等地。

---

① 伊利尼乌（renaeus），也译为伊利奈乌。

② 第236、237页为“耶稣的话语和教导”及插图。

设计点评

本微课从里约热内卢基督像导入，围绕古典时期到中世纪基督教产生和传播的过程，引导学生了解基督教的教义，并理解基督教内存的文化价值是其迅速发展壮大的重要原因。整个微课设计新颖，结构清晰，通过设问，既启发了思维，又培养了能力，升华了思想。

微课设计二：中世纪“信仰时代”的来临

设计意图

引导学生了解中世纪基督教在欧洲的传播，认识基督教对欧洲中世纪文明发展的影响，理解基督教文化的价值。

设计方案

教师讲述：中国不是一个基督教国家，但在我们的生活中有很多基督教的影响存在。比如，在年轻人中，一年中最热闹、最时髦的节日就是圣诞节；有些中国人的婚礼也在教堂举行；很多人喜欢把十字架作为饰物挂在胸前，等等。今天，全世界范围信仰基督教的人口超过20亿，基督教是当之无愧的第一大宗教。

教师设问：观察基督教发展为世界第一大宗教的历程，我们发现，基督教发展的“黄金时期”是在欧洲的中世纪。中世纪基督教是如何发展的？又有哪些影响呢？

一、“黑暗”与“光明”共存的中世纪

教师讲述：在欧洲，人们通常将自西罗马帝国被日耳曼人灭亡（公元476）至东罗马帝国结束（公元1453）的这段时期称为中世纪①。

材料呈现：

材料一 “中世纪”一词是从15世纪后期的人文主义者开始使用的。这个时期的欧

① 另有说法认为，中世纪结束于文艺复兴和大航海时代。

洲没有一个强而有力的政权来统治。封建割据带来频繁的战争，造成科技和生产力发展停滞，人民生活在毫无希望的痛苦之中，所以中世纪或者中世纪早期在欧美普遍称作“黑暗时代”，传统上认为这是欧洲文明史上发展比较缓慢的时期。

——晏立农主编：《图说基督教文化》，112页，长春：吉林人民出版社，2009

教师设问：欧洲的中世纪为什么有“黑暗时代”之称？

教师引导学生分析：欧洲的中世纪是从“蛮族”——日耳曼人消灭西罗马帝国开始的。由于仍处于社会文明发展程度较低的阶段，日耳曼人灭亡罗马帝国后，不能建立有效的统治和管理。之后近一千年时间，欧洲处于割据战乱局面，社会、经济、文化等发展缓慢，故有些学者称这段时间为“黑暗时代”。

材料呈现：

材料二　从以上的立场看待现代西方，我们就会发现，无论是其日新月异的技术创新传统，还是以地方自治为根据的民主宪政，都受惠于“黑暗时代”之赐。欧洲的“黑暗时代”，实际上是世界文明的一个高峰。

——薛涌：《“黑暗时代”不黑暗：中世纪的再发现》，载《书城》，2011年第9期

材料三　自从进入11世纪以后，西方就开始了文化全面振兴的历程，至13世纪达到了中世纪基督教文化的繁荣与鼎盛。作为现代文明的核心要素之一的城市是在中世纪兴起的，正是在城市兴起的基础上，中世纪欧洲产生了一项独特的创造，即作为现代文化教育的高级形式的大学，它是中世纪留给后人的一笔宝贵遗产，其光芒哺育了近现代文明。

——田薇：《中世纪宗教文化观念的历史影响和当代意义》，

载《中国人民大学学报》，2000年第3期

教师引导学生分析：中世纪欧洲文明发展缓慢，有许多不合理的地方。但它保存了古希腊、古罗马的文明；近代大量的伟大成就，如文艺复兴、近代科技、近代高等教育等，都在这一时期奠定了基础。所以，中世纪欧洲“黑暗”与“光明”共存。

二、中世纪“信仰时代”的主角：基督教

材料呈现：

材料四　中世纪的西欧被称为教会的黄金时代，或称为信仰的时代。为什么教会在中世纪的地位如此重要？教会是封建主阶级的组成部分。教会组织和国家世俗政权组

织，同为中世纪统治阶级统治人民的工具。

——陈钦庄：《基督教简史》，117页，北京：人民出版社，2004

教师设问：中世纪为什么被称为“信仰时代”？

教师引导学生分析：中世纪的欧洲，长期的战乱极大地破坏了社会生产力，社会经济停滞不前，人们长期生活在没有保障的社会中，对现实的绝望情绪不断加重。欧洲人的精神不断走向悲观和虚无，他们企盼着通过一种宗教寄托，寻找一条脱离苦海的精神出路。因此，欧洲的中世纪通常也被人们称为“信仰时代”。

材料呈现：

材料五　在这一文化构成中，希腊罗马文化、基督教文化和蛮族文化，分别提供了理性、信仰和习俗三大基本要素。其中，基督教作为旧世界文明的继承者和保存者，为中世纪文化奠定了最主要的根基，构成中世纪文化的核心理念；就此而言，中世纪文化在本质上是一种信仰文化形态。

——周剑：《欧洲中世纪早期的基督教文化》，

载《内蒙古民族大学学报（社会科学版）》，2007年第1期

教师设问：在“信仰时代”，基督教为什么受到人们的青睐？基督教为苦难中的人们提供了希望和精神上的慰藉，这是中世纪基督快速传播的原因之一。另外，基督教会和世俗政权的结合，也是基督教快速传播、成为“信仰时代”主角的原因。

教师介绍：中世纪的欧洲，基督教不仅在精神、文化方面控制一切，在经济、政治上也高高凌驾于世俗社会之上。经济上，基督教不仅成为欧洲最大的庄园主，占据着约占西欧三分之一到二分之一的土地；而且通过与世俗政权的争夺，逐渐居于分崩离析的封建王国之上，成为欧洲最大的权力控制者。

三、主宰一切：基督教对欧洲中世纪的影响

1. 中世纪文明重建的主要力量：教会对社会的管理、救助

材料呈现：

材料六　正当蛮族用战火销毁古罗马最后残迹的时候，基督教却扮演了一个不同的角色——它在西罗马灭亡之后的西欧大混乱中充当了秩序的代表，在无政府状态中行使了政府的职能。……此外，教权的存在也使得西欧中世纪的王权无法发展到专制的极

限，因而避免了重蹈罗马帝国的复辙，同时又制止了领地的进一步分割，在一定限度内以一种较为合理的渐进程式扶植了代表秩序与安定的世俗政权。

——林中泽：《论基督教的崛起对西欧社会的影响》，载《华南师范大学学报（社会科学版）》，1990年第2期

教师设问：基督教为什么能成为中世纪早期欧洲文明重建的主要力量？

教师引导学生分析：日耳曼人消灭西罗马帝国后，西欧社会陷入割据战乱，缺乏统一、稳定的中央政权。但是，基督教却拥有无数具有坚定信仰、严格纪律、优良道德的信徒，成为当时唯一的、强有力的社会组织。值得注意的是，笃信教义的基督徒本身也具有互助互救的生活方式和信念。这些因素都促使基督教积极参与欧洲文明的重建与管理。

材料呈现：

材料七　基督教会的领袖们却热诚地献身于社会公共事业。它承担起了许多原先由帝国政府履行的政治职责，它通过保留罗马的管理体系，采用罗马的管理方法，有效地掌管着教会在西欧各地的财产，并施展各种财政手段，使罗马教会成为当时的主要金融机构。由此进行维修公共建筑，开凿新运河，保障供水，移民荒地，给穷人发放粮食，安置和救济灾民。

——耿亮：《从古典走向中世纪的基督教》，载《南京晓庄学院学报》，2001年第3期

教师设问：在欧洲中世纪早期，基督教积极参与文明重建，有哪些具体表现呢？

教师引导学生分析：中世纪，教会承担起了许多原先由罗马帝国政府承担的职责。比如，帮助政府建立财政制度、给士兵发饷、救济难民等。教会还从事恢复生产、重建家园的工作。针对欧洲农业落后局面，教会改进马、牛、羊饲养方法等活动，甚至还带头垦荒。可以说，基督教是西欧封建时代前期重建社会文明的主要力量。

2. 基督教会对古典文化的延续

材料呈现：

材料八　在中世纪早期，与世隔绝的修道院成为在蒙昧野蛮的海洋里保留残存知识的“挪亚方舟”。这些远离凡尘的修道院是虔诚的修道士们与上帝进行灵性交流的场所，但是在战火纷飞的动荡年代里它们也无意中成为保留古典文化遗产的一片净土。修道院往往都拥有一个小规模的图书馆，里面除了拉丁文本的《圣经》和早期教父的神学手稿

之外，还藏有拉丁古典作家西塞罗、维吉尔、奥维德、塔西佗等人的著作抄本。

——赵林：《基督教对欧洲中世纪文化复兴的重要影响》，

载《暨南学报（哲学社会科学版）》，2012年第4期

教师设问：教会为什么能承担保护古希腊、罗马文化的角色？

教师引导学生分析：在“蛮族”入侵和割据战乱面前，教会利用自身强大的势力和影响力，使古典文化免遭毁灭性摧残。正因为如此，古典文明才没有随着西罗马帝国的灭亡而消失。

材料呈现：

材料九　修道僧必须不但要在基督教教义方面，而且还要在作为神圣的经典语言和仪式语言的拉丁文方面，指导他们的信徒。他们不得不教授读和写，以及那些为教会事务和仪式所必需的艺术和科学，如书法、绘画、音乐，尤其是年代学和历法知识。

——［英］克里斯托弗·道森（Christopher Dawson）：《宗教和西方文化的兴起》，

长川某译，49页，成都：四川人民出版社，1989

教师设问：教会不仅保存了古典文化，还是传播古典文化的主要力量。那么，基督教为什么有传播文化的作用呢？

教师引导学生分析：教会人员是中世纪唯一有知识的阶层。他们为了传播基督教，不得不教给信徒门读和写，在自觉与不自觉中将拉丁文化的各种成果传播开来。可见，在欧洲，教会既是一种宗教团体，又是贯穿整个中世纪最为典型的文化组织。教会对当时欧洲文化的延续具有不可替代的积极意义。

3. 中世纪教会对教育的贡献

教师介绍：基督教不仅是古希腊、罗马文化的承继者，也是西欧文明的载体和古希腊、古罗马文化的传承者。基督教为中世纪欧洲的教育打下了坚实的基础。

材料十　无论是修道院学校，还是大教堂学校，所开设的课程基本上在“七艺”范围之内。“七艺”是古希腊、罗马的传统课程，到6世纪左右，西欧卡西奥多隐修院的修士们已将古代罗马学校设立的课程文法、修辞和逻辑这“三艺”与算术、几何、音乐、天文这“四艺”合并为“七种自由艺术”，并加以保存和应用，使之成为中世纪世俗和宗教教育的基础。

——毛丽娅：《论基督教对中世纪早期西欧文化的影响》，

载《四川师范大学学报（社会科学版）》，2000年第2期

教师设问：欧洲中世纪的学校有哪些类型？学校主要教授什么？

教师引导学生分析：教会不仅保存和翻译古代希腊、罗马时期的作品，起到了承前启后、传播文化的作用，教会还直接创办了学校，主要是修道院学校和主教驻地的大教堂兴办的大教堂学校。这两类学校构成了中世纪学校教育的主体。教学内容方面，教会学校以讲授文法、修辞、逻辑、算术、几何、音乐、天文"七艺"为主。

材料十一　在大学的发展过程中，教会的确起到了重要的作用，可以说功不可没，正是由于教会的大力扶持，大学才得以逐渐羽毛丰满，形成规模。虽然大学后来回过头来反对教会，但是它的根基还是深深地扎在基督教文化之中，这一点是毋庸置疑的。

——赵林：《基督教与西方文化》，176页，北京：商务印书馆，2013

教师设问：教会对大学的产生、发展有什么影响呢？中世纪欧洲涌现的大学对后来社会发展又有哪些积极作用呢？

教师引导学生分析：欧洲中世纪出现的大学，如最早建立的巴黎大学，就是在基督教大教堂学校的基础上发展起来的。大学的出现，使得教育的职能逐渐从教会分离出来，为后来的文艺复兴、宗教改革和近代启蒙运动提供了重要阵地。中世纪大学的办学理念、教学体系、学位制度等，也为近代高等教育制度提供范例。综上所述，中世纪基督教为近代西方教育打下了基础。

教师介绍：基督教对中世纪的文学、艺术、建筑、道德、慈善公益事业等也有着深刻的影响。尽管中世纪的教会有设立宗教裁判所打击"异端"，阻碍科学进步，压抑人性等消极的一面；但从总体上来讲，基督教在特定的历史条件下，对继承和传播古典文化起到了承上启下的客观作用，为西欧社会发展作出重大贡献，这是应该给予充分肯定的。

设计点评

本微课反映出了基督教在中世纪的发展状况，以及它对中世纪欧洲各方面的影响，使学生认识到中世纪欧洲文明从社会发展层面到教育、文化等，都深深打上了基督教的烙印，基督教在构建中世纪西方文明中起到了不可或缺的作用。本微课材料丰富，运用合理，起到了很好的史论结合作用。

教学资源

资源1：“《圣经》是基督教的圣书，是一部著名的巨著，自中世纪以来，有‘唯一的书’和‘书中之书’的称号。从世界文化史上看，一千多年来没有第二部书能够像它那样对西方文化产生过那么巨大而深远的影响。它与世界上许多信仰基督教的民族的精神生活至今仍有着千丝万缕的联系。他们多少代人的风俗习惯、语言、文化和思想观点基本上都是在《圣经》的影响之下形成的。在西方人看来，尽管你读过许多书，只要你没有读过《圣经》，你就不能算是博览群书。”“《圣经》中的许多神话故事、典故和人物形象，已经与古希腊神话一样，深入到了世界各国人民的日常生活，成为口头语，为世界人民所熟知和习用。例如大卫代表勇敢，所罗门代表智慧，‘犹大’意指叛徒，‘犹大的接吻’意指口蜜腹剑，‘该隐与亚伯’意指骨肉相残，‘巴别塔’意指未能实现的计划，‘迦南’意为希望之乡，‘亚当的绿洲’意为世界乐园，‘参孙的头发’意指力量的源泉，‘花豹的斑点’意指本性难移，‘喝干苦杯’意为饱尝辛酸、历尽艰难，‘墙上的字’意指凶兆，‘偷吃了禁果’意指心明眼亮，‘诺亚的方舟’意为避难所，‘拿着橄榄枝’意为做出友好的姿态……这些典故都已成为世界人民的口头语。”

——牛庸懋：《漫谈〈圣经〉》，载《外国文学研究》，1985年第1期

资源2：发生于14—16世纪的意大利文艺复兴通常被看作是欧洲中世纪文化与现代文化之间的重要分水岭，但是早在这场意义重大的文艺复兴运动发生之前，在中世纪蒙昧闭塞的精神氛围中，就已经悄然涌动着一股文化复兴的暗流，这股暗流是由基督教会所推动的。在蛮族大入侵所导致的“黑暗时代”以及其后的封建社会中，正是基督教会以其超越性的宗教理想和强有力的组织体系，坚持不懈地推动了“加洛林王朝文艺复兴”和“12 世纪文艺复兴”，培育了西欧大学和学术思想的幼嫩根苗，开创了独具特色的文艺风格，从而为后来的意大利文艺复兴奠定了重要的基础。

——赵林：《基督教对欧洲中世纪文化复兴的重要影响》，

载《暨南学报（哲学社会科学版）》，2012年第4期

资源3：十字架代表受苦，就是说，对苦难的肯定。对痛苦的价值的肯定，就是指人有一种可以在痛苦中（十字架）转化出生机（复活）的信念，因此能够采取一种不逃避的态度。……所以很多基督教的传教士可以放弃自己本来安舒的生活，离开自己本来的家乡，来到一些很穷苦的地方去传教。他们为什么找苦来受呢？就是基督教里面的那种十字架精神，让他能够有胆量去选择受苦，不追求当下感官的快乐，而去追求精神的快乐。

——温伟耀：《面对现代化的洪流：基督教与儒学的回应》，

载《江海学刊》，2012年第1期

资源4："因为我饿了，你们给我吃；渴了，你们给我喝；我作客旅，你们留我住；我赤身裸体，你们给我穿；我病了，你们看顾我；我在监狱里，你们来看我。"——这段出自《马太福音》的圣经内容，所讲述的是耶稣对"好玛利人的比喻"；此外，早期犹太教会堂对于贫穷的人的布施，以及《圣经・旧约》中上帝为饥饿的以色列人送来食物的典故，这一切都深深地铭刻在基督教教徒的心中，教会更不遗余力地建设各种慈善机构，效仿这些善良的行为。

——傅宏基：《图解基督教》，292页，西安：陕西师范大学出版社，2007

资源5：圣教会为把"耶稣降生"的神圣奥迹作为恒久纪念，年复一年地向普世人类传报这个"关于万民的大喜讯"，因而以"耶稣诞生"作为世界纪元的标准。这个标准逐渐被普世人民所公认，形成了现今的公元纪年法。现在全世界通用的公元纪年，就是从"耶稣诞生"那年（中国西汉平帝元始五年）算起，称为主年（annus Domini）。耶稣诞生前叫公元前（英文简写B C，意为基督之前）。

——白华：《公元、世纪、年代》，载《中国天主教》，1996年第6期

资源6："罗马统治也是基督教教义发生历史演变的根本社会根源。""从原始基督教到后来成为罗马国教的基督教，其宗教教义发生了很大的改变。在这里出现的不仅是基督教的历史，而且还是作为社会根源的罗马统治直接影响基督教产生、演变历程的历史。"

——关春华、卜祥记：《恩格斯晚年对基督教起源问题的分析初探》，

载《北京行政学院学报》，2011年第4期

资源7：基督教关于人类与世界最终命运的教义。基督教认为，人死后灵魂即受上

帝审判（称为“小审判”或“私审判”），无罪者进天堂，有罪者下地狱。天主教还认为有小罪而补赎未完之人，暂入炼狱接受一定的处罚，刑满仍可进天堂。新教则不承认此说，认为到世界末日，耶稣基督将重新降临世间，已死之人将全部复活，未死者亦有身体变化，他们共同接受审判，称为“大审判”、“公审判”或“最后审判”；仍判进天堂者享永福，入地狱者受永罚。

——李雅娟、王德才：《基督教常识》，66～67页，长春：吉林人民出版社，2009

资源8：中世纪大学的诞生，使得国民教育的职能逐渐从教会分离出来，大学逐渐取代教会成为专门的教育机关。这为后来的文艺复兴、宗教改革和近代启蒙运动提供了重要阵地。更具有意义的是，尽管世界各国、各民族自古以来就发展出了各种较高水平的教育机构，如希腊雅典的学院和中国的书院等，但是，西欧中世纪形成的大学所提供的办学理念、组织原则、教学体系、学位等级制度等，却是近现代世界高等教育制度的直接先驱。

——白虹：《中世纪基督教会与大学的诞生》，载《世界宗教文化》，2007年第3期

中世纪的社会元素：西欧庄园的特点

学术引领

庄园是中世纪西欧社会经济的一个显著特色，是构成中世纪西欧社会的一个基本单元，它在欧洲封建制度确立的过程中起了重要的作用。欧洲自文艺复兴以来，“中世纪”（Middle ages）就被看成是人类历史发展中一个漫长而毫无目标的迂回时代——由于蛮族入侵引起罗马帝国的崩溃，几乎造成当时欧洲文化的毁灭——甚至被称为“黑暗时代”（dark ages），西欧庄园也长期处于被忽视、被误读的境地。

随着历史研究的深入，越来越多的学者认为，中世纪独特的文明对后来乃至今天欧洲的发展起到了不可忽视的作用。有学者认为，中世纪其实不乏人类文明亮点：（中世纪）封建制度、庄园领主制度以及行会制度是应对时代需求的积极结果。

因此，重新认识和评价西欧庄园，既是历史研究中不可或缺的部分，也有助于更全面深入研究欧洲历史、解答诸如“资本主义为什么会在欧洲兴起”等一系列命题。

一、西欧庄园的概念

1. 西欧的地理概念

谢丰斋在《世界中古史：公元5—15世纪的古代世界》（160页，北京：世界知识出版社，2009）一书中指出，中古“西欧”地区主要是指法兰克、英吉利、德意志、意大利、西班牙和葡萄牙等王国，中古西欧居民主要是日耳曼人、高卢人和凯尔特人。西欧属于基督教文化圈，1055年基督教大分裂以后，西欧信奉天主教。

2. 庄园的历史概念

美国学者布莱恩·蒂尔尼（Brian Tierney）、西德尼·佩因特（Sidney Painter）在《西欧中世纪史》（第6版，袁传伟译，177～179页，北京：北京大学出版社，2011）一书中认为，一个领主单独管辖的特别区域的农业种植园叫作庄园（manor）。有时乡村和庄园是相当一致的，也就是说，一个农民的村落形成一个领主特有的庄园。但是，有时一个庄园包括两个或两个以上的乡村，而有时一个大乡村可分为两个或两个以上的庄园。一个领主剥削其佃户的协议通常叫作庄园制度（manorial），或者叫作领主制（seignarial）。

比利时历史学家亨利·皮朗（Henri Pirenne）在《中世纪欧洲经济社会史》（乐文译，56～60页，上海：上海人民出版社，2001）一书中指出，“庄园”一词在拉丁语系中为“cour”，在德语中为“hof”，在英语中为“manor”。在庄园里集合着农舍、谷仓、牛栏、马厩等，还有照料这一切的家奴，作为主人心腹的管理人（从忠于主人的农奴中挑选出来，这种最初可以撤换的代理人，不久便成为世袭的）。所有在庄园管辖下的土地分为三个部分：领主保有地、佃农份地以及公地。每个庄园形成一个司法单位，同时也形成一个宗教单位。因此，庄园不仅是一种经济单位，而且还是一种社会组织。据估计，12—15世纪，全欧城市人口从未超过其全部人口的十分之一，故中世纪本质上是一个农业社会，庄园经济无疑占据着一个重要的地位。

二、西欧庄园的产生、发展与衰落

1. 西欧庄园的起源

有学者认为，庄园制度起源不可考，如布莱恩·蒂尔尼、西德尼·佩因特在《西欧中世纪史》（第6版，袁传伟译，179页，北京：北京大学出版社，2011）一书中指出，人们对庄园制度的起源与早期的发展情况尚不清楚。在法国，有些由罗马时期的奴隶或殖民地居民所耕种过的大规模种植园幸存下来，进入中世纪时在新领主的管辖之下。在英格兰，法兰克人居住的部分法兰西地区和日耳曼西部，由一个首领及其追随者建立起乡村，乡村中的农民从属于这个首领，他们一开始就负有为这个首领服务的义务。在9—10世纪所出现的混乱形势下，若没有士兵的保护，没有人会感到安全。正如前文所述，有些村民自愿地屈服于一个武士，其他的人被迫照着这样做。另外，经国王和大领主授权，许多村民受基督教会的封建主支配，即受修道院或者大教堂教会的支配。

但也有学者认为庄园制度起源于罗马的隶农制，如谢丰斋在《世界中古史：公元5—15世纪的古代世界》（8～9页，北京：世界知识出版社，2009）一书中指出的，面对危机的爆发，罗马社会出现了两个重要的变化：一是拥有大地产的奴隶主、庄园主开始采取新的经营方式，用租佃的方法经营土地，把土地大块出租给包租人；二是奴隶向隶农转化，以提高劳动者的生产积极性。释放的奴隶可以有自己的家庭，以家庭为单位为奴隶主进行生产经营。奴隶主经营方式的变化，标志着一种新的封建性生产关系正在萌芽。

2. 西欧庄园的发展

有学者认为，西欧庄园制是在蛮族征服罗马帝国过程中得以快速发展的。何国松在《世界文明简史一本通》（173～174页，北京：北京工业大学出版社，2012）一书中指出，在“蛮族”征服罗马帝国的过程中，封建的生产关系逐步形成。地主把土地分成小块，由原来的奴隶或隶农独立经营，但他们必须向土地所有者纳租服役，而保留下来的罗马大地主，也改用交纳地租的自由佃农和依附佃农来耕种。

平民在战乱中无奈的选择也促进了西欧庄园制的发展。法国历史学家马雷（Malet）在《西方大历史》（胡祖庆译，90页，海南：海南出版社，2008）一书中认为，西欧和中欧在9世纪和10世纪连续受到北欧人和匈牙利人的入侵，这不仅使许多地区受到严重破坏，同时也造成封建势力的割据。他们所到之处，农田、桥梁和道路全部受到破坏，教堂和修道院则被抢劫一空，甚至遭到焚毁。在这种情况下，凡是无力自保的平民莫不寻求封建领主的保护，于是便形成领主和附庸之间的封建关系。

3. 西欧庄园的衰落

有学者认为，西欧庄园的衰落是生产力发展的结果，如谢丰斋在《世界中古史：公元5—15世纪的古代世界》（170页，北京：世界知识出版社，2009）一书中认为，伴随着9世纪以后生产力水平的逐步提高，剩余农产品增加，（手工业者）来到教堂、城堡周围或渡口、桥梁、要隘等交通路口上，生产和出售他们的产品，形成了集市，而后诞生了中世纪的工商业城市。城市的兴起和争取自治权的过程，就是不断压缩和瓦解庄园制的过程。14—15世纪，西欧社会生产力处于全面调整阶段，封建的、以庄园生产为主体的自然经济全面瓦解，这是资本主义生产关系产生的前提。

三、西欧庄园的特点

1. 西欧庄园是相对封闭、独立完整的经济单位

（1）西欧庄园生产目的

谢丰斋在《世界中古史：公元5—15世纪的古代世界》（169页，北京：世界知识出版社，2009）一书中指出，庄园是自给自足的经济单位，一切生产主要是为了满足领主及其家属的生活消费。

何国松在《世界文明简史一本通》（178～179页，北京：北京工业大学出版社，2012）一书中指出，除盐、铁和贵族需要的奢侈品之外，庄园可生产本身所需要的一切产品，它是一个农业和手工业相结合的、自给自足的经济单位。庄园中的每一个农户，也以家庭手工业与农业相结合，生产着自己所需用的布匹等日用品，很少需要对外交换。因此每一个农户以及每一个封建庄园，都基本上是一个自给自足的自然经济的细胞。

（2）西欧庄园的布局

谢丰斋在《世界中古史：公元5—15世纪的古代世界》（169页，北京：世界知识出版社，2009）一书中认为，中世纪时期，庄园遍布西欧各地。庄园与村庄不完全相同，有的庄园包括一个或几个村庄，有的则只是一个村庄的一部分。一个典型的庄园一般由封建主的城堡，农奴的农舍群、教堂、耕地、牧场、森林、河流，还有磨坊、面包炉等自然景物和人文景物所组成。

（3）西欧庄园的土地构成

谢丰斋在《世界中古史：公元5—15世纪的古代世界》（169页，北京：世界知识出版社,2009）一书中认为，庄园的土地分为两部分：一部分最好的土地为领主的自营地，另一部分划给农奴作份地。农奴必须在耕种领主自营地之后，再耕种自家的份地。

美国学者詹姆斯·威斯特福尔·汤普逊（James Westfall Thompson）在《中世纪经

济社会史（下册）》（耿淡如译，373页，北京：商务印书馆，1963）一书中认为，一个典型的庄园实际上包括有七种不同类型的土地：（1）领主的自留地，是严格地属于领主自己的，部分由自留地上的特种农奴来耕种，部分由农村的农奴来耕种；后者的服役是强制的；（2）领主的“围地”，那是自留地的一部分，租给贱农或租户农民的；（3）庄园农奴的租地，即散布在耕地的三种地区上的分条“码地”；（4）干草地；（5）森林地；（6）荒地；（7）教区教士的领地，即有时称为“上帝部分的土地”。

（4）西欧庄园的人员组成

领主：拥有土地的国王、公爵或伯爵等大封建领主贵族、骑士等，还有一个重要的领主是教会。

管家：有学者认为，管家或代理人管理村民事务或替领主收税。

农民：农民可以分几种。文聘元在《中世纪的故事：中世纪的历史与文化（话说西方·第三卷）》（14～15页，上海：上海社会科学院出版社，2009）一书中认为，农民有维兰、农奴、佃农、茅舍农、奴仆等几种，封建主的庄园里还有一些奴隶，不过这些奴隶与古罗马的奴隶可不一样，他们一般不种地，而是服侍庄园主一家子，实际上是家仆。他们物质生活比农奴还好，不足之处是可以像凳子、椅子一样随便买卖。

（5）西欧庄园的耕作方式

朱迪斯·M. 本内特、C. 沃伦·霍利斯特在《欧洲中世纪史》（第10版，杨宁、李韵译，169页，上海：上海社会科学院出版社，2007）一书中认为，西欧庄园普遍采用轮耕制：中世纪的欧洲基本上肥料稀缺，因此保持土壤肥性的最佳方法就是把它空着不耕作。早先的轮耕制度只用两块地。自8世纪始，更有效率的三块地轮耕就出现了，并渐渐普及。三块轮耕地以三年为一个循环单元：一块春天种植，秋天收成；一块秋天种植，次年初夏收成；一块留空。也有些农村甚至在此基础上更进了一步，实行利用四块地、甚至五块地的更复杂的轮耕制度。

2. 西欧庄园是相对独立的政治集团

布莱恩·蒂尔尼、西德尼·佩因特在《西欧中世纪史》（第6版，袁传伟译，179页，北京：北京大学出版社，2011）一书中认为，一个领主通常行使对他的农民的裁判权，这种权力以前曾属于国王及其官吏。有司法权的领主支配着佃户的人身和财产，所有的领主至少有部分这样的权利。在法兰西的大部分地区和日耳曼西部的领主，甚至对他人拥有生杀大权；在诺曼底和英格兰，“高等法官”通常是公爵和国王。领主有时会把农民吊起来鞭打，在平常则用较轻的方式随意惩罚农民。

3. 西欧庄园是领主对农民进行剥削的制度保障

领主通常是骑士及其以上的封建贵族阶级（即“战斗的人”）和教会（即“祈祷的人”），而他们的生活保障是对庄园内的农民（即“劳动的人”）进行剥削。

谢丰斋在《世界中古史：公元5—15世纪的古代世界》（170页，北京：世界知识出版社，2009）一书中认为，农奴必须在耕种领主自营地之后，再耕种自家的份地，他们每周通常要服役三至四天。除此之外，还要从事打柴、筑路、修宅、运输等各种杂役，农民还必须向领主交纳实物地租和各种杂税摊派，如结婚税、财产税以及教会的什一税①等，因此中世纪西欧农奴的生活极为艰苦。庄园制度使农奴和依附农民世世代代生活在封建剥削的压迫之下。

布莱恩·蒂尔尼、西德尼·佩因特在《西欧中世纪史》（第6版，袁传伟译，179页，北京：北京大学出版社，2011）一书中认为，作为一个地主，他从租他的地的农民那里收取地租，农民主要是以劳役的方式来缴租。佃户提供的劳役量变化很大，一般一周服劳役三天，领主接受他的佃户所生产的各种产品。除此之外，农民还要向当地教会缴纳什一税。

四、西欧庄园的地位和作用

1. 西欧庄园促进了西欧封建制度的确立

谢丰斋在《世界中古史：公元5—15世纪的古代世界》（167～168页，北京：世界知识出版社，2009）一书中，详细地阐述了西欧庄园在西欧封建制度确立过程中所起到的作用。他指出，公元8世纪初，查理·马特（Charles Martel）改变了墨洛温王朝（或梅罗文加王朝，Merovingian Dynasty）早期实行的无条件“赠地”制度，实行采邑制度，他把没收的叛乱贵族的土地作为采邑，分封给新起中小贵族，受领者以服兵役为条件，向他宣誓效忠。采邑制改革加强了中小封建主阶层的实力，奠定了西欧骑士制度的基础，同时也是西欧封君封臣制度的萌芽。查理大帝及其子路易统治时期，法兰克的封建化过程基本完成，采邑分封制和封臣制大为兴盛，分赐采邑的教、俗封建主，都成为国王的封臣。封臣从国王那里领得采邑，向国王行臣服礼，并宣誓效忠。国王与封臣的关

① 什一税（tithe），农民生产的农产品的十分之一。

系即封君——封臣关系，封君有义务保护封臣的正当权益。后来，国王的封臣如公爵、伯爵、主教等大封建主，也可以吸收自己的封臣，并把部分土地作为采邑分赐给对方，从而结成新一层的封君封臣关系。这样，以国王为最大封建主，其下有公爵、伯爵、主教等大封建主，再下为中小封建主，一种金字塔式的封建等级制度形成。在这种等级系列中，下级封臣只服从上一级的封君，对于更上一级封君的封君，则没有服从义务，即所谓的“我的附庸的附庸不是我的附庸”。这是西欧封建等级制度的重要特点。9世纪以后，西欧封建制度基本确定，采邑一词逐渐为“封土”一词所代替，封土即转化为世袭领主的采邑。领主们在采邑上实行的管理方式即为庄园制。

因此，正如何国松在《世界文明简史一本通》（177页，北京：北京工业大学出版社，2012）一书中指出的那样，西欧封建制度确立的基本内容，是农奴制形成、庄园制形成和等级制的建立。

2. 西欧庄园在战乱中确立了区域性的政治稳定局面

朱迪斯·M. 本内特、C. 沃伦·霍利斯特在《欧洲中世纪史》（第10版，杨宁、李韵译，173～174页，上海：上海社会科学院出版社，2007）一书中指出，到了11世纪，农奴的数量大幅度上升，先前的奴隶和自由农都加入到这行列。对奴隶来说，成为农奴是一种进步；对奴隶主来说也是好事，因为这样他们就免去了提供食宿的义务；对自由农来说，如果在战乱时期成为了农奴，倒也不是坏事：当维京人和其他武装侵略者袭来之时，顺从庄园制度就可以获得领主的保护。失去生命还是失去自由？在这样的情况下，成为农奴甚至可以说是个更好的选择。

法国学者J. 阿尔德伯特（J. Aldebert）、英国学者德尼兹·加亚尔（Deniz Gajall）、法国学者贝尔纳代特·德尚（Bernadette Deschamps）等在《欧洲史》（蔡鸿滨、桂裕芳译，212～213页，海南：海南出版社，2000）一书中认为，对于10世纪普遍的暴力现象，庄园即使曾积极参与过，但是实际上是对无政府混乱状态的反抗，而不是造成混乱的原因。由于公共权力已完全消失，的确有必要建立新的政治和社会制度。因此，不应消极地看待庄园的出现——如没有国家，一切中央权力消亡——而且也要从积极的方面考虑，把它看作是得不到任何承认的地方权力在没有公共权力的情况下，自下而上的一种重建活动。

3. 西欧庄园在战乱中一定程度上保护并促进了农业和经济的发展

法国学者雅克·勒高夫（Jacques Le Goff）在《中世纪文明（400—1500年）》（徐家

玲译，58～60页，上海：格致出版社、上海人民出版社，2011）一书中认为，人们不应忘记的是，一旦蛮族部落定居下来，新的主人们就得制定一套切合实际的土地发展策略。三圃制（3年轮作）耕作方式的缓慢发展意味着处于耕作中的土地面积能够增加，谷物的品种也多了。采用装有轮子和犁壁的不对称形犁以及在农业装备上更大量地使用钢铁，有可能更经常地翻耕土地且犁地更深。随着可耕地的数量、产量、作物品种的增加，营养增加了，其最初的结果之一是人口的增加。10—14世纪，欧洲人口可能翻了一番。按照J. C. 罗素（J. C. Russell）的观点，西欧人口从约600年的1470万增加到950年的2260万以及1348年黑死病之前的5440万。按照M. K. 贝内特（M. K. Bennett）的观点，整个欧洲的人口从约700年的2700万增加到了1000年的4200万以及1300年的7300万。

4. 西欧庄园为西欧近代化的实现准备了条件

何国松在《世界文明简史一本通》（173～174页，北京：北京工业大学出版社，2012）一书中指出，这些新地主日益熟悉罗马隶农制的剥削形式，与他们原来对下属的“比较温和的隶属形式”相适应，于是封建的生产关系逐步形成。他们把土地分成小块，由原来的“奴隶”或隶农独立经营，但他们必须向土地所有者纳租服役。而保留下来的罗马大地主，也改用交纳地租的自由佃农和依附佃农来耕种。因此，奴隶和隶农的处境，较前有了一定的改善。封建制比奴隶制进步、优越，促进了生产力发展。

黄敏兰在《英国庄园：近代化的发源地》（载《中华读书报》，2006-02-15）一文中指出，庄园生活史就是一部凭借法律的力量去争取权利和摆脱不合理负担的历史。农奴利用法律手段与领主抗争、较量，从而极大地改变自己的命运。这种抗争持续了几个世纪之久，最终农奴以各种方式走上了“自由之路”。英国乃至西欧最早实现近代化实非偶然。

斯塔夫里阿诺斯在《全球通史：从史前史到21世纪》（第7版修订版，吴象婴、梁赤民、董书慧、王昶译，189～190页，北京：北京大学出版社，2012）一书中认为，罗马帝国结构及其古典文明无可挽回地消亡后，西方才能毫无束缚地朝新的方向奋进。因而能在中世纪发展出新的技术、新的制度（包括庄园制度）、新的观念等新的文明。到了近代，这种新的文明，如早期农业文明必然战胜部落文化一样，远远胜过欧亚其他地区乃至全世界的文明，从而显示出了它的优越性。

五、关于“西欧庄园”的几个争议问题

1. 西欧庄园的存在是否具有普遍性

一种说法是认为西欧庄园是普遍性的。例如，封建制度的格言是：“没有无土地的领主，也没有无领主的土地。”再如，马克垚在《西欧封建经济形态研究》（173～177页，北京：中国大百科全书出版社，2009）一书中认为，在西欧大陆较为普遍地存在一些较大的典型的庄园，英国则更是西欧庄园制度比较典型的国家。从1086年土地大调查起，到1348年黑死病时为止，是英国庄园的极盛时期。当然，也有部分学者持不同意见。马克垚在《西欧史学界对庄园制度的研究》（载《世界历史》，1981第5期）中作了较详细的阐述，介绍了相关史学研究者对庄园制存在的广泛性怀疑。

2. 对比中国、日本庄园的特点

有学者认为西欧庄园制是真正意义上的典型的封建制度，而中国、日本则不然。文聘元在《中世纪的故事——中世纪的历史与文化·绪言（话说西方·第三卷）》，（1～2页，上海：上海社会科学院出版社，2009）一书中认为，“封建”一词，顾名思义就是“封土”的意思。封建制度就是得到受封的土地以后，可以建邦立国的制度，至少可以在受封的土地上自主经营。这种制度的主人一般是贵族、诸侯，在欧洲也可以叫“领主”。所以，封建制度总是与封建诸侯、封建贵族联系在一起的。秦汉以来的中国社会，并不是这种经典的封建制度，诸侯王只是一种暂时性的设置或辅助性的设置，并不是一种常设制度，更不是一种占主流地位的体制。实际上，秦汉以来的中国社会是一种官僚社会，朝鲜、越南也是这种官僚社会。日本的情况特殊一些，幕府体制下，地方大名实际上就是割据贵族。因此，日本中古社会具有封建社会或贵族社会的特征。

3. 西欧庄园的复杂性与典型性

需要认识到的是，人类历史的任何一个事件、制度的发展都是渐进的。西欧庄园由于其存在地区之广、各地具体情况不同、涉及时间之长等原因，必然会呈现出形态各异、发展不一的情况。法国学者马克·布洛赫（Marc Bloch）在其著作《封建社会（上册）》（张绪山译，399页，北京：商务印书馆，2004）中认为，关于西欧各地庄园农民承担租佃负担的花样繁多的论述就可以来印证西欧庄园的多样性：在封建社会第一阶段，不同地区的庄园间差异之大、花样之多，莫过于租佃负担。因此，在实际的教学

中，应该是选取典型性的庄园（如法国、英格兰等地的）进行概述。

在阅读了相关的书籍文献后，我们认识到尽量还原西欧庄园在历史中原本的面貌及其发挥的历史作用，对我们更深入地研究和了解中世纪历史，以及思考欧洲近代资本主义兴起和发展之原因都起到重要的作用。

微课设计

微课设计一：西欧庄园："黑暗时代"的星光

设计意图

通过探究西欧庄园对中世纪文明进程乃至近代欧洲资本主义产生与发展中所起的作用，引导学生初步认识西欧庄园的价值，进而思考中世纪是否真是"黑暗时代"，培养用文明史观看待历史问题的能力。

设计方案

教师讲述：一直以来，"中世纪"都被看成是人类进步征途中一个漫长而毫无目标的迂回时代，甚至被称为"黑暗时代"①。事实真的如此吗？今天，我们就一起来学习中世纪历史重要的组成部分——"西欧庄园"。一起探寻它在当时及后来所起的作用，也许你对中世纪历史的印象会有所改观的。

一、西欧庄园：战乱中的避难所，平民的安全岛

材料呈现：

材料一　对自由农来说，如果在战乱时期成为农奴，倒也不是坏事；当维京人和其

① 古希腊"黑暗时代"（dark ages），又称"荷马时代"（Homeric Age），也叫"英雄时代"（Heroic Age）。是迈锡尼文明灭亡后，古希腊地区重回氏族部落时期的时代，约公元前12—前9世纪。

他武装侵略者袭来之时，顺从庄园制度就可以获得领主的保护。失去生命还是失去自由？在这样的情况下，成为农奴甚至可以说是个更好的选择。

——[美]朱迪斯·M. 本内特、C. 沃伦·霍利斯特：《欧洲中世纪史》，第10版，杨宁、李韵译，173～174页，上海：上海社会科学院出版社，2007

教师设问：材料说明了什么问题？

教师引导学生分析：罗马帝国灭亡后，西欧陷入了长时间的战乱。各种武装力量为争夺领土、权力展开了残酷的战争。而战争中，手无寸铁的平民受害最深。对于平民而言，活着是首要考虑的问题，而庄园是拥有武装力量的领主建立的，起码在一定程度和范围内保证了生命的安全性。因此，庄园也自然成为战乱中平民的“避难所”和“安全岛”。

二、西欧庄园：经济恢复和发展的有力保证

材料呈现：

材料二　人们还不应忘记的是，一旦蛮族部落定居下来，新的主人们就得制定一套切合实际的土地发展策略。……

……

……三圃制（3年轮作）耕作方式的缓慢发展意味着处于耕作中的土地面积能够增加……谷物的品种也多了。……采用装有轮子和犁壁的不对称形犁以及在农业装备上更大量地使用钢铁，有可能更经常地翻耕土地且犁地更深。……

——[法]雅克·勒高夫：《中世纪文明：400—1500年》，徐家玲译，58～60页，上海：格致出版社、上海人民出版社，2011

教师设问：对于庄园主来说，庄园的重要作用是什么？这又引起什么后果？

教师引导学生分析：庄园是庄园主（领主）所有生活物质的来源，因此，他们天然地会保护和促进庄园生产的发展，这其实客观上促进了庄园农业经济的恢复和发展，甚至引发了所谓的“农业革命”。

三、西欧庄园：文明进程的一小步

材料呈现：

材料三　奴隶制是一种最残酷的剥削制度，奴隶毫无人身自由可言，他们的一切劳

动果实都被奴隶主侵占，他们的劳动完全是被迫的，毫无积极性可言，只要有可能，他们就会怠工逃跑，争取自由。

——文聘元：《中世纪的故事：中世纪的历史与文化》，7页，上海：上海社会科学院出版社，2009

教师设问：罗马帝国时期奴隶生活状况如何？

教师引导学生分析：罗马帝国是奴隶社会，奴隶生活悲惨。奴隶反抗激烈，社会矛盾尖锐。

材料呈现：

材料四　与古代的奴隶身份相比，农奴的地位稍微高些。农奴的日常生活要遵守村社的习惯，他在村社有发言权。最重要的是这些习惯保证了他拥有自己土地的权力，并且可以把土地传给继承人。

——[美]布莱恩·蒂尔尼、西德尼·佩因特：《西欧中世纪史》，第6版，袁传伟译，182页，北京：北京大学出版社，2011

教师设问：对比罗马时期奴隶生活，中世纪庄园农奴生活如何？

教师引导学生分析：中世纪的农奴生活比奴隶有了一定的进步，社会地位有了提升，获得了一定的生产积极性。

四、西欧庄园：近代化的土壤

材料呈现：

材料五　中世纪的全盛期是10—13世纪，其标志是人口的稳定增长。许多新的农业村落的建立、城镇的发展和原有乡村周围可耕地的稳定扩大，都证实了这一点。在那个时期所取得的每一项成就——辉煌壮观的建筑、秩序井然的政府组织、封建骑士制度和大学——都取决于朝气蓬勃、发展壮大的农民社会所增加的农业财富。

——[美]布莱恩·蒂尔尼、西德尼·佩因特：《西欧中世纪史》，第6版，袁传伟译，182页，北京：北京大学出版社，2011

材料六　军事、政治和经济权力在领主手中的集中，鼓励了自治封建诸邦的发展。

——[美]布莱恩·蒂尔尼、西德尼·佩因特：《西欧中世纪史》，第6版，袁传伟译，166页，北京：北京大学出版社，2011

教师设问： 中世纪对西欧近代的发展起到了什么作用？

教师引导学生分析： 由于庄园制度适应了当时的历史状况，中世纪经济逐渐在废墟中恢复和发展。经济的发展又反过来促进了社会的发展，并催生了新的文明种子——资本主义萌芽，并使西欧在近代领先于世界。同时，有着“独立的王国”特点的庄园客观形成了西欧近代对抗中央王权专制的传统，深刻影响着近代西欧资本主义制度的产生和发展。

教师讲述： 通过以上知识的学习，我们认识到“庄园领主制度……是应对时代需求的积极结果”。①它在罗马帝国崩溃后的人类文明进程中起到了重要的作用，无异于中世纪这个“黑暗时代”闪耀的点点“星光”。它也让我们坚信：即使在最艰难的时刻，人类前行的步伐仍旧没有停止，人类的进步的力量依旧强大！

设计点评

本微课通过材料分析，引导学生认识到西欧庄园是一种适应中世纪社会发展状况的制度，对中世纪政治、经济、文明及近代欧洲发展产生了重要作用，中世纪并非纯粹的“黑暗时代”。本微课很好地运用了基于文明视角分析历史的方法，有助于学生客观、全面地评价历史现象。

微课设计二：西欧庄园：传说中的浪漫之地？

设计意图

通过了解西欧庄园的产生、内容、特点、地位，引导学生对中世纪西欧庄园形成较为深刻的印象，并认识西欧庄园的历史局限性，初步培养学生探究能力与求真的精神。

设计方案

教师讲述： 电影和电视剧中的庄园印象是乡村清新的空气、高大优美的树木、一望无际的绿色田野、雄伟壮丽的城堡。还被地产商拿过来做噱头，和别墅、贵族联系在一

① ［美］布莱恩·蒂尔尼、西德尼·佩因特：《西欧中世纪史》，第6版，袁传伟译，580页，北京：北京大学出版社，2011。

起。历史上中世纪的西欧庄园真的是如此吗?

一、西欧庄园的产生与基本概况

教师讲述：西欧庄园存在时间为公元9—14世纪，这一时期是欧洲中世纪时期，是西欧的封建化形成和发展时期。

材料呈现：

材料一　法兰克王国等级间权责关系示意图。

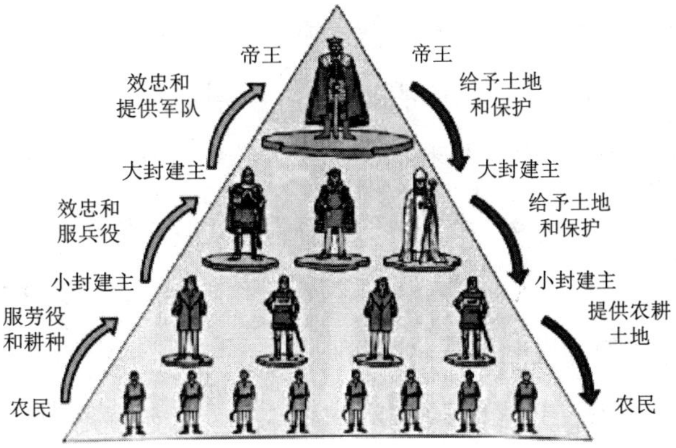

教师引导学生分析：这些拥有封地的各级封建主、教会把他的封地划成“庄园”形式经营，他们就成为了庄园的“领主”。一个领主至少控制一个庄园，大领主可以拥有几百个甚至几千个庄园。一个小的庄园有十几户人家，一个大的庄园有五六十户。而在封建时代，所有的土地都进行了分封，于是就有了“没有无土地的领主，也没有无领主的土地”的说法。因此，“（西欧）封建制就是庄园制”①，“欧洲的封建制度是以庄园为基本单位的”②。可见，要了解西欧中世纪的历史，“庄园”是一个绕不开的话题。

二、西欧庄园并非是“浪漫之地”

1. 庄园建立的初衷

材料呈现：

材料二　庄园是自给自足的经济单位，一切生产主要是为了满足领主及其家属的生活消费。

——谢丰斋：《世界中古史：公元5—15世纪的古代世界》，169页，北京：世界知识出版社，2009

① 天津师范大学历史文化学院侯建新：《大国崛起・走向现代・英国（上）》解说词。
② 中国社会科学院世界历史研究所郭方：《大国崛起・走向现代・英国（上）》解说词。

材料三　每年，管家都应该汇报一次我们的收入，内容包括……有多少磨坊，有多少森林，有多少土地，有几座桥，有几艘船；有多少自由人；有多少市场，葡萄园，有多少人为我们酿酒；有多少干草、薪材、火炬、厚板和其他木材；有多少废弃的土地；有多少果树、坚果树，大还是小；有多少嫁接的树；有多少花园……

（管家）还必须仔细地提供手工制作或准备所有东西：猪油、熏肉、腊肉……奶酪、黄油、麦芽酒、啤酒、蜂蜜酒、蜂蜡、面粉，所有这些都应该清楚地提交给我们……

（管家还必须保证）在每一庄园，卧室里一年四季都有床罩、靠垫、枕头、床单、桌布；用铜、铅、铁和木头制成的器皿……

——［美］杰里·本特利、赫伯特·齐格勒：《新全球史：文明的传承与交流》（上），第3版，魏凤莲、张颖、白玉广译，471，北京：北京大学出版社，2007

教师设问：从材料可以看出，庄园生产的目的是什么？

教师引导学生分析：庄园的产生本就是中世纪君主在战乱中希望通过给下属“领地”来巩固自己统治的一种“无可奈何”的选择，这就使得庄园的存在目的是政治的需要，可以说是赤裸裸的政治交易，并无浪漫可言。同时，庄园生产是为了满足领主生活需要而进行的。

2. 领主对农奴的剥削

材料呈现：

材料四　佃户为了报答领主让他在共有牧场上放牛吃草，要给领主一些奶酪，以此作为地租；如果在树林里喂猪，就要用优良的猪肉作为地租付给领主；在河里捕鱼，则必须给领主一部分鱼；在树林里拾集枯死的树枝，就必须为领主提供木柴。这些名目繁多的租金项目几乎是无限制的，家禽、水果、蔬菜和羊毛等等都要收租费。

——［美］布莱恩·蒂尔尼、西德尼·佩因特：《西欧中世纪史》，第6版，袁传伟译，179页，北京：北京大学出版社，2011

教师设问：庄园内的农奴在哪些方面受到领主的经济剥削？

教师引导学生分析：领主为了满足自己及其家人的生活需要，总是想方设法地盘剥农奴。庄园内的农奴除了要耕种领主的自营地外，还要为领主做各中杂役，缴纳各类税赋，各类名目繁多的租金。种种的盘剥，必然造成农奴生活的困苦，引发对领主的怨恨，何来浪漫？

3. 农奴地位卑微

材料呈现：

材料五　一个领主用种种办法来控制他的村民的生活。作为一个地主，他收农民的地租，并受到农民的服侍。另外，他的权力高于佃户中的任何人，也就是说，佃户是他的奴隶，更通俗地说是半自由的农奴（到10世纪，完全是奴隶身份的佃户日趋减少）。最后，一个领主通常行使对他的农民的裁判权，这种权力以前曾属于国王及其官吏。

——［美］布莱恩·蒂尔尼、西德尼·佩因特：《西欧中世纪史》，第6版，袁传伟译，179页，北京：北京大学出版社，2011

材料六　他们①不能离开出生的庄园。……若没有得到其领主的同意，是不能与外村人结婚的。

随着庄园制度的发展，农奴渐渐地受领主的司法权管辖。……有司法权的领主支配着佃户的人身和财产，所有的领主至少有部分这样的权利。在法兰西的大部分地区和日耳曼西部的领主，甚至对他人拥有生杀大权……

——［美］布莱恩·蒂尔尼、西德尼·佩因特：《西欧中世纪史》，第6版，袁传伟译，179～180页，北京：北京大学出版社，2011

材料七　领主有时会把农民吊起来鞭打，在平常则用较轻的方式随意惩罚农民。中世纪的农奴和现在自由劳动者相比，其地位之低，是令人吃惊的。

——［美］布莱恩·蒂尔尼、西德尼·佩因特：《西欧中世纪史》，第6版，袁传伟译，182页，北京：北京大学出版社，2011

教师设问：庄园制下的农奴处境如何？

教师引导学生分析：政治、司法甚至是宗教等方面权利的丧失，使农奴完全依附于领主，他们只是领主为了获得生活必需品的“会说话的工具”。伴随着庄园制的兴起和发展，农奴的处境，可想而知，毫无任何“浪漫”可言，地位也更为卑微。

4. 庄园生产力低下

材料呈现：

材料八　由于封建主的种种残酷的压迫和剥削，也由于生产力的低下，庄园农奴

① 他们，指农奴。

的物质生活是非常困苦的。他们的衣饰十分简陋。一般人只穿内衣、上衣、裤子，有时候年纪大一点的人才有一件外衣。裤子一般是短裤，天冷时则穿上一对套裤，用绳子吊在腰间。鞋子非常粗劣，用带子系紧在脚背上，夏天一般赤足。女人的装束也大致相似，只是上衣稍为长一些：他们的食物也是粗恶不堪的。麦糊或燕麦粥加一点盐，是经常的食物。此外还有葱或豆类、干菜和腌菜。喝的是清水，有时还有一点黑面包和干酪……农奴的居屋也都简陋不堪，多半是用木头搭成架子，中间编以树枝，涂上一层泥，用茅草盖顶而成。房屋很狭小，长度大致为宽度的一倍，中间有门相通，人畜共处。

——刘启戈：《西欧封建庄园》，23～24页，北京：商务印书馆，1962

材料九　尽管中世纪时期农奴的命运确实比罗马奴隶好得多，尽管他们的处境在1050至1300年左右之间有所改善，但他们的生活仍然非常原始、令人可怜，非现代人所能理解。他们住在小得可怜的简陋的茅舍中，茅屋用编织成的枝条建成，上面涂以泥巴。……茅舍的地板大都与光地相差无几，往往潮湿、阴冷。至于床，它们一般不过是个支架而已，除此之外，房间内也就没有什么家具了。有这么一种说法：一顿上好的饭通常由两道饭菜组成，一道是粥状的麦糊，一道是麦糊状的粥。这并不完全是笑谈。水果几乎闻所未闻，蔬菜种类不多，限于洋葱、韭菜、萝卜、甘蓝，做法一概是煮成稀汤。……歉收的可能性一直存在，此况下农奴受到的影响远甚于领主，因为不论年成怎样，领主向农奴要的粮食一点不少。那时农奴不得不把一切都交给领主，眼巴巴地看着自己的孩子慢慢地饿死。更让人揪心的是，孩子就要饿死了，谷仓里的一点存粮却不敢动用，那是来年的种子，动用了它，也就没有什么指望了。

——［美］菲利普·李·拉尔夫（Philip Lee Ralph）、罗伯特·E.勒纳（Robert E. Lerner）、斯坦迪什·米查姆（Standish Meacham）、爱德华·伯恩斯（Edward Burns）：《世界文明史》（上卷），赵丰等译，548～549页，北京：商务印书馆，1998

教师设问：在庄园里，奴隶的生活水平如何？

教师引导学生分析：由于中世纪总体生产水平的低下，且领主对奴隶重重盘剥，导致农奴处在相当低的生活水平中。他们终日劳作，却衣不遮体，食不果腹，连基本的生活保障都无从保证，浪漫从何谈起？

三、西欧庄园的瓦解

材料呈现：

材料十　9世纪以后，西欧的社会生产力水平有了很大提高。……手工业者……来到教堂、城堡周围或渡口、桥梁、要隘等交通路口上，生产和出售他们的产品，在交通路口形成贸易集市。……往往在一个集市的基础之上，一座中世纪的工商业城市诞生了。

——谢丰斋：《世界中古史：公元5—15世纪的古代世界》，170页，北京：世界知识出版社，2009

教师设问：从材料中可以看出，西欧庄园衰落的原因有哪些？

教师讲述：公元12—13世纪，随着西欧生产力的发展，商品经济、货币关系的发展和城市的兴起，自给自足的庄园经济遭到严重破坏，14世纪之后，庄园基本瓦解。

通过本课的学习，我们基本掌握了“西欧庄园”这个概念，也认识到了中世纪的庄园并不是乐土，也并不浪漫。生活在其中的奴隶们并不富足，与今天欧洲乡村那些浪漫、悠闲、贵族气十足的庄园并不是一个概念。

设计点评

本微课着眼于“西欧庄园”的概念解读，对西欧庄园的基本概况进行了学习。同时，通过大量生活化的材料，帮助学生理解西欧庄园领主在政治、经济、司法、宗教等方面对奴隶进行剥削与压迫，导致了奴隶生活困苦与地位低下。使学生认识到西欧庄园是少数领主而非广大奴隶的乐园，有助于澄清当下对“西欧庄园”的一些误解。

教学资源

资源1：立字人某某，谨致崇高庄严之某某大人阁下：

如众所周知，我因衣食缺乏，无以为主，请求大人本笃信上帝之虔诚，与慈爱为怀之善心，准许我委身于大人监护之下，我已如此作了。以后您必须供给我衣食，予我以帮助和救济，我将尽我的力量为您服务，不负您的援助与保护。

在我活着的时期，我将在合乎我一个自由人身份的情形下，为您服务，维护您的荣誉。我不得脱离您的统治与监护，将毕生投靠在您的势力与保护之下。因此，您我之间，如一方欲解除此种契约，必须付与对方若干先令作为赔偿；此种谅解，永久不得破坏。

（因此，将此种合同缮写两份，立约双方，各执一份）①

——法学教材编辑部《外国法制史》编写组：《外国法制史资料选编》（上册），185页，北京：北京大学出版社，1982

资源2：如果有农奴想离开他的领主，他需用下述罪名中的任何一项来反对他的领主：第一，领主不公正地奴役他；第二，领主的想法危及他的生命；第三，领主与他的妻子通奸；第四，领主故意拔剑攻击他；第五，在农奴把自己交给领主后，领主有能力保护他却并没有这样做。如果领主违背了上述任何一项，那么他的农奴可以无条件地离开他。

——［美］丹尼斯·舍曼、A.汤姆·格伦费尔德、杰拉尔德·马科维茨等：《世界文明史》，第4版·精装本，李义天、黄慧、阮淑俊等译，204页，北京：中国人民大学出版社，2012

资源3　每年，管家都应该汇报一次我们的收入，内容包括：耕地的人赶着牛耕种的土地面积，佃户应该耕种的土地面积；有多少猪，多少稻，多少债务；没有我们的允许，森林里有几次打猎行为……有多少磨坊，有多少森林，有多少土地，有几座桥，有几艘船；有多少自由人；有多少市场，葡萄园，有多少人为我们酿酒；有多少干草、薪材、火炬、厚板和其他木材；有多少废弃的土地；有多少果树、坚果树，大还是小；有多少嫁接的树；有多少花园……所有这些，管家们都应该让我们知道，分门别类并按照次序提交给我们，以便我们能了解我们所拥有的财富的数量……

（管家）还必须仔细地提供手工制作或准备所有东西：猪油、熏肉、腊肉……奶酪、黄油、麦芽酒、啤酒、蜂蜜酒、蜂蜡、面粉，所有这些都应该清楚地提交给我们……

（管家还必须保证）在每一庄园，卧室里一年四季都有床罩、靠垫、枕头、床单、桌布；用铜、铅、铁和木头制成的器皿……

——［美］杰里·本特利、赫伯特·齐格勒：《新全球史：文明的传承与交流》（上），第3版，魏凤莲、张颖、白玉广译，471，北京：北京大学出版社，2007

① 本则材料是7世纪法兰克王国的委身制度和特免制度文件中的第一条“农民请求委身文件”。

资源4：在圣日耳曼修道院的庄园中，有一个名叫纳伊雷（Neuillay）的小乡村，我们看到“奴隶伊莱克塔斯（Electeus），和他的妻子，一个佃农，名叫拉迪纳（Landina）”。伊莱克塔斯大约有二十英亩地产，他和妻子没有孩子。另一个奴隶希德伯尔杜斯（Hildeboldus）和他的妻子贝特尼尔迪斯（Bertenildis，半自由人）与前者拥有同样多的地产，不过要供养九个孩子，这是乡村中最大的家庭。最穷的农民是高塔马鲁斯（Gautmarus），有关他的记载是：“高塔马鲁斯——一个奴隶和他的妻子（一个半自由人），名叫西加尔西斯（Sigalsis），他们的孩子叫西克利伏尔杜斯（Siclevoldus）和西克莱尔杜斯（Sicleardus），他们住在纳伊雷村，拥有一个农场的四分之一面积，农场中有可耕地1.5布纳里亚（bunaria，约等于五英亩），草地1阿尔帕特（arpent，不足半英亩）。他们支付整个农场的四分之一租金。”高塔马鲁斯也许是以替领主或者较富裕的农民劳动来勉强糊口的。三个家庭一组的农民拥有48英亩左右的土地，他们的工作内容和缴纳的租金如下：“他们用大车把货物运到安茹，五月里把货物运到巴黎；他们要缴纳军役税：2只羊、8只鸡、30个蛋、100块木板和木瓦、12根木棒、6个裙环和12个火把；必须把两车木头运送到苏特尔（Sutre）；用木栅在领主法庭里围起4杆（perch，1杆等于五又二分之一码）长的围栅；在草地上围起4杆长的栏栅；收成时节要做的事更多，他们必须在冬季犁地8杆，春季犁地26杆；与苦力和劳工一起用大车把粪肥运到领主的地里，每人支付人口税四便士。”①

——［美］布莱恩·蒂尔尼、西德尼·佩因特：《西欧中世纪史》，第6版，袁传伟译，180～181页，北京：北京大学出版社，2011

资源5：领主可以在以下几个方面从采邑上获利。第一，领地上的收成直接归领主所有。通常，领地占到整个采邑的四分之一到三分之一；但它也以条地的形式被分散到敞地的各个地方。领地由奴隶（如果他们还是奴隶的话）、付薪的劳动者、特别是农奴来耕种。第二，领主可以从佃农缴付的地租里获利。付租的形式可以是现金、货品（有时候是收成的一部分，或者一定数量的鸡蛋、母鸡或者其他商品），也可以是劳动。自由农只用现金和货物付租；农奴则还要付出劳动。第三，领主可以征收草地、林地、水磨、榨汁机和炉子的使用费。使用费通常会很高，因此有的农民不得不找别处放养家禽家畜，或者使用手推磨。如果不幸被抓，那就不得不使用领主提供的

① 本则材料为9世纪上半叶巴黎附近的圣日耳曼（Saint-German）大修道院的财产目录记载。

设备，当然还得付钱。这些费用里，有的是所有佃农都要付的，但有一些只有农奴需要支付。比如说，当土地传承给下一代时、或年轻女性结婚的时候征收的费用。第四，采邑内的司法权也可以带来利益。采邑内的法庭起到解决纠纷、惩罚违法行为和强行执行的功能；当然，几乎所有业务都得付费。采邑内的司法机构和中世纪的其他司法机构一样，都是很赚钱的。

——［美］朱迪斯·M. 本内特、C. 沃伦·霍利斯特：《欧洲中世纪史》，第10版，杨宁、李韵译，174页，上海：上海社会科学院出版社，2007

资源6：佃户为了报答领主让他在共有牧场上放牛吃草，要给领主一些奶酪，以此作为地租；如果在树林里喂猪，就要用优良的猪肉作为地租付给领主；在河里捕鱼，则必须给领主一部分鱼；在树林里拾集枯死的树枝，就必须为领主提供木柴。这些名目繁多的租金项目几乎是无限制的，家禽、水果、蔬菜和羊毛等等都要收租费。总之，领主接受他的佃户所生产的各种产品。除此之外，农民还要向当地教会缴纳什一税（tithe，农民生产的农产品的1/10）。

——［美］布莱恩·蒂尔尼、西德尼·佩因特：《西欧中世纪史》，第6版，袁传伟译，179页，北京：北京大学出版社，2011

空气自由的城市：西欧中世纪城市的特点

学术引领

西欧中世纪的城市被普遍认为是近代资本主义的发源地。随着西罗马帝国的灭亡，古代欧洲的城市也沦为一片废墟。但在11世纪左右，西欧城市却迎来了全面的复兴，不仅成为西方近代资本主义经济的源头，而且其“自由的空气”更孕育了近现代的文明。

刘景华在《中世纪城市对近代文明因素的孕育》（载《贵州社会科学》，2012年第6期）一文中认为，中世纪城市兴起后，在经济、社会、文化、思想和政治等方面孕育着近代文明的诸多因素，这些因素在适宜的环境和气候中进一步发展，最终促成了近代西欧文明的诞生。总的来看，中世纪城市孕育的近代文明因素至少包括新的经济理念、新的经济方式、新的社会力量、新的文化教育、自由平等观念和新的政治形式等方面。

一、中世纪西欧城市的兴起

雷恒军在《中世纪西欧城市的商人自治研究》（载《陕西理工学院学报（社会科学版）》，2011年第3期）一文中指出，城市的出现是人类社会发展进步的必然结果，但在中世纪西欧的商业城市兴起之前，城市在人类的社会生活中一直居于次要的、附属的地位。主要表现为：城市人口在居民总数中只占极少数，城市在经济上依附于农村，在政治上依附于国家行政权力，历史上的城市往往是因权力兴而兴，因权力衰而衰。中世纪西欧商业城市的兴起，一举改变了城市的传统角色，城市开始由依附于乡村转变为支配乡村，开始由依附于国家权力转变为逐步独立于国家权力，进而支配国家权力。进入近代以后，城市的产业——商业和手工业逐渐成为西方社会财富的主要创造者，城市的主人——商人和手工业者逐渐成为西方国家统治阶级的主体，城市的文化——商业文化逐渐成为西方社会的主流文化。所以说，近代的西方文明在很大程度上源于中世纪的城市文明。

关于西欧中世纪城市的起源和兴起历来就众说纷纭，美国学者詹姆斯·威斯特福尔·汤普逊在《中世纪经济社会史（下册）》（耿淡如译，421页，北京：商务印书馆，1963）一书中谈到中世纪城市的起源时指出："就城市的发展来说，基本的共同原则是：这些城市中心起源于同一个有原动力的和积极的因素，就是贸易。"雷勇在《西欧中世纪的城市自治——西方法治传统形成因素的社会学分析》（载《现代法学》，2006年第1期）一文中认为，经济发展尤其是商品经济发展是城市兴起的直接推动力。

谢丰斋在《欧洲城市兴起的双向根源》（载《光明日报（理论·世界史）》，2013-01-17）一文中指出，西欧中世纪城市的起源有两种情况：小城市（以集镇为主）主要起源于当时的农业拓垦运动，而大、中城市（又称"中心地"城市）则大多得力于以对外贸易为主的长途运输。

沈芝在《再述西欧中世纪城市的起源》（载《历史教学》，2005年第8期）一文中认为，城市是在逃亡的农奴、商人、封建主等各阶级各阶层的合力下逐渐产生乃至壮大的。同时，中世纪从古代原始社会、古典社会乃至基督教义中承继下来的平等自主理性等观念，也为西欧中世纪城市的诞生奠定了思想基础。

尽管关于西欧城市的兴起有种种不同的观点，但学术界的主流观点依然认为，城市的兴起乃是当时商业复兴的产物。比如詹姆斯·威斯特福尔·汤普逊在《中世纪经济社会史（下册）》（耿淡如译，409～415页，北京：商务印书馆，1963）、刘景华在《西欧中世纪城市新论》（3～40页，长沙：湖南人民出版社，2000）等书中都指出，开始，商人们都是一些永远奔波于旅途之上的行商，但是在旅行的间隙，尤其是在海道、江河和公路不能通行的气候恶劣的季节，结成团体的商人们必然会聚居在某些地点；此外，当商业规模越来越大的时候，商人们也需要一个固定的地点进行货物的存储与转运。因此，商人们就在一些交通便利并且有足够的安全保障的地方建立了住所。在当时的欧洲，符合这两个条件的地方很多原本就是封建城堡或者寺院城垣的所在地，并且往往兴建了较大的进行定期贸易的市集。商人们在这些城堡或者寺院的边上建立了新城区，并且不断地扩大地盘，吞并旧城区，最终导致了一个工商业中心——城市的形成。

二、城市是商人的聚集地

如上文所述，商人无疑是新兴城市的缔造者。而作为商业中心的城市的形成，也促进了当地工业的成长。首先，商品贩运需要运输、装卸等附属用具和设备的配合；其次，城市居民为了维持日常生活，也需要很多各行各业的手艺人，如面包师、酿酒师、屠夫、铁匠等；更重要的是，随着生产力的提高和商业的发展，城市本身已经成为一个商品的生产地，大量农村的手工艺人被吸引到城市，从事各类商品的生产。因此，比利时学者亨利·皮雷纳[①]（Henri Pirenne）在《中世纪的城市》（陈国樑译，96～97页，北京：商务印书馆，1985）一书中认为，手工业者也成为城市居民的一部分。而詹姆斯·威斯特福尔·汤普逊在《中世纪经济社会史（下册）》（耿淡如译，421页，北京：商务印书馆，1963）一书中指出，商人和手工业者的界限并非完全泾渭分明，一些手工业者亲自携带自己制造的东西到市场上甚至直接在自己的窗槛上售卖，因此，在某种意义上，他们也是商人。

由此可见，商人成为西欧中世纪城市的主要居民。沈芝在《行会与市民社会》（7页，北京：中国社会科学出版社，2009）一书中转引亨利·皮雷纳的观点认为，11、12世纪城市兴起后，引起了西欧封建社会内部阶级关系新的变化，其新变化的主要表现是市民的兴起。商人聚居地的最初的市民阶级，不仅仅包括那些长途跋涉的商人，还包括满足一切经商所必需的用品的人。

① 亨利·皮雷纳，在上海人民出版社出版的《中世纪欧洲经济社会史》一书中译为亨利·皮朗。

三、中世纪西欧城市的自治

1. 中世纪西欧城市自治的形成

（1）城市市民的自由

亨利·皮雷纳在《中世纪的城市》（陈国樑译，78页，北京：商务印书馆，1985）一书中指出，正如农业文明使农民成为通常处于奴隶地位的人一样，商业使商人成为通常享有自由身份的人。

雷勇在《西欧中世纪的城市自治——西方法治传统形成因素的社会学分析》（载《现代法学》，2006年第1期）一文中指出，城市经济发展的社会后果是它逐渐改变了人民的生活观念。大批的农奴、自由农和小贵族纷纷抛弃传统的庄园而奔向城镇，由封闭的生活转向开放的生活，由奴役的地位转向较为自由的地位。

但是，赵文洪在《中世纪西欧城市与私人财产权利的发展》（载《史学月刊》，1998年第2期）一文中指出，与封建领地的关系使得自城市兴起至自治，很多城市人人身并不自由。在法国北部以及在教会领地上，许多城市的大部分人口自很早起就委身于本地教堂圣徒的保护之下，尽管他们享有在城市从事工商业的自由，但至少身份上仍是圣徒的农奴，每年都得向神父交一些钱。可见，城市市民的真正自由还需要争取法律保障。

美国学者贾恩弗兰科·波齐（Gianfranco Poggi）在《近代国家的发展——社会学导论》（沈汉译，40页，北京：商务印书馆，1997）一书中指出，在中世纪西方，城市的发展不只是生态学那种独特的定居，稠密的定居居民专心地从事城市生产和商业经营，而且还是政治上的自治统一体。这种自治权常常通过反对勒索他们的敌对势力、对付来自领地统治者及其代表或封建势力，或者是来自西方的明白可见的阻力而取得。

中世纪西欧城市市民们采取了各种手段，要求封建领主以特许状的方式限制封建治权，并使他们所享有的事实上的自由获得法律上的认可，成为合法权力所确认的自由权。雷勇在《西欧中世纪的城市自治——西方法治传统形成因素的社会学分析》（载《现代法学》，2006年第1期）一文中指出，“以法律的方式去限制权力”这一西方法治传统在中世纪许多城市特许状（charter）中得到体现。城市或市镇通过“自治联盟”取得自治，通常就是凭借封建权力授予的“特许状”来实现的。封建权力（有时包括教会权力）通过特许状这一独特的政治法律文件确立起自己与城市和市镇之间的权利与义务关系。通过特许状，许多自治城市的市民不再负担封建义务，他们拥有自己立法和执行自己司法的权力，还拥有像封建王公在自己领土上那样征税、铸币和市场管理的自由与权利。特许状在某种程度上讲意味着城市内部的实质自由和权利。

冯正好在《中世纪西欧的城市特许状》（载《西南大学学报（社会科学版）》，2008年第1期）一文中指出，西欧封建国王和领主们对金钱的渴望和追求以及城市市民对政治和经济权力分享的需要使他们之间极易达成一种妥协的关系——“赎买”出现——封建主给城市颁发特许状，确认城市及市民享有一定的特权，而市民在获得这些特权的同时必须给国王和封建主支付大量金钱。同时，中世纪西欧城市“特许状”也是中世纪西欧城市市民阶级为了争取各项自治权利和各种特权，与国王以及各封建主长期斗争的结果和产物。而斗争的主要对象是教会领主，他们反对教会领主的运动也更为猛烈。中世纪西欧城市通过长期的、艰难的、反复的斗争，通过和平或暴力等不同的方式获得了一定的自由或自治，并且这种权利和自由最终以获得“特许状”的方式得到了认可和保障。

冯正好在《中世纪西欧的城市特许状》（载《西南大学学报（社会科学版）》，2008年第1期）一文中引用美国学者席勒·斯旺森（Heather Swanson）《英国中世纪的城镇》一书中的观点指出，特许状授予城市居民各种特权是为了使市民们更好地从事商业交易，这些权利主要包括：市民可以在城市里自由流动，这是市民享有的个人自由；市民可以随时向城市法庭提出诉讼请求和控告，这是司法自由；市民可以控制自己的财产，并随便处置它们，这是承认城市市民财产私有制。与城市外的居民相比，城市市民在经济活动上有很多的经济优势和优先权。这些经济上的优先权组成城市市民享有的特权的核心。

（2）城市治权的转移

英国学者昆廷·斯金纳（Quentin Skinner）在《现代政治思想的基础》（段胜武、张云秋、修海涛等译，5页，北京：求实出版社，1989）一书中指出，中世纪城市的“自治”——在当时被称为“自由”，具有对内和对外两个维度的含义。对外而言，城市认为它们有权使自己的政治生活摆脱任何外来干涉，并确定自己的主权；对内而言，城市认为它们亦有相应的权利以自己认为适当的方式管理内部事务，即实现城市市民的自我治理。

沈芝在《从西欧中世纪城市特征看近代城市的起源》（载《新视野》，2006年第2期）一文中认为，城市的自由乃至市民的自由，一方面表现在它同封建领主之间的关系，另一方面表现在城市制度和城市生活中。中世纪城市是一个自治团体，这种自治，同样一方面是相对于封建领主统治的自治，另一方面则是自我管理或自我统治。

就城市同封建领主之间的关系而言，冷霞在《中世纪西欧城市自治研究——近代法溯源》（见何勤华主编：《外国法与比较法研究（第1卷）》，90～91页，北京：商务印书馆，2006）一文中引用法国历史学家查尔斯·佩蒂特-杜泰利（Charles petit-dutaillis）《中世纪法国公社》一书中的观点指出，城市，被赋予了公社的尊严以及某种统治权，具有任命其司法行政长官以及自治的权利，不再属于平民或者农奴的阶层。作为一个集体领主，城市成为了封建社会的一员。

雷勇在《西欧中世纪的城市自治——西方法治传统形成因素的社会学分析》（载《现代法学》，2006年第1期）一文中指出，在中世纪宏观社会制度下，作为单个的个人是不享有自由和权利的。个体只有拥有“公民权”才能分享这种权利。而自治城市成为“共同体”为生活在城市内部居民联合提供了空间，让个人有机会参与城市的自治生活，从而获取中世纪意义上的自由和权利。在城市内部，城市居民在很多情形下通过行会组织形成“小群体”权力去抗衡城市内部其他权力体系，尤其是市政府权力。城市作为“共同体”，培养了人们“一种共同承担责任的兴趣”，激发了“一种自从古希腊和古罗马衰落以来已经不复存在的自信心、权威和作为公民的自豪感”，最终形成了中世纪的市民社会。

总之，城市特许状的颁布满足了城市市民们对自由的向往，完成了对自由个体的塑造，而城市领主与城市市民之间的封建契约及城市市民间的平等契约的达成则实现了城市治权的转移，这一切都为中世纪城市自治制度的确立奠定了基础。

2. 中世纪西欧城市的自治制度

中世纪西欧新生的城市需要重新确定社会的权力中心，重铸统治权威，以维护城市的社会秩序，促进城市的经济发展，并且保护市民们已经取得的种种来之不易的自由权利。

德国政治经济学家和社会学家马克斯·韦伯（德语：Max Weber）在《非正当性的支配——城市的类型学》（康乐、简惠美译，127～129页，桂林：广西师范大学出版社，2005）一书中指出，城市的自治机构已经发展出类似今天的“三权分立”的体制，城市政府通常被分为相互间有着制约关系的立法、行政和司法机构。市民大会是城市的立法机关，具有决定城市重大问题的权力。而在自治权比较大的城市还设置了选举执行官或“市长”，这些官员一旦被选举产生就拥有比较大的权力（但是任期不长，一般一年一选）。当然，他们对权力的行使都受到严格的限制和制约。

在封建领主司法权转变为城市独立司法权这一问题上，陈兆旺在《西欧中世纪城市自治的制度分析》（载《甘肃行政学院学报》，2012年第2期）一文中指出，城市“特许状”绝大多数都规定了城市享有独立的司法审判权，这也是工商业发展以后，为了方便审理经贸领域的案件给商人设置了特殊的法庭，以减少商业活动中频繁出现的纠纷，实际上是商人所拥有的司法特权最后多成为城市整体所享有的特权。当然，马克斯·韦伯在《非正当性的支配——城市的类型学》（康乐、简惠美译，127～129页，桂林：广西师范大学出版社，2005）一书中也指出，一般国王或领主依然掌握着最高的刑事司法权、最高司法权与相当的立法权。这里司法自治实际上也体现了国王策略性地支持城市自治，然而立法权本身却仍牢牢掌握在国王及其法庭的手中。国王之所以授予城市特别的司法权，是为了拉拢它们一起对付封建贵族，因此，若就此而言，城市亦可说是封建时期典型斗争下的受益者。黄洋、付昱在《欧洲中世纪城市的兴起与市民社会的形成》（载《探索与争鸣》，1998年第2期第45页）一文中指出，在司法审判过程中同时也体现出城市市民的自治和参与。诉讼案件由市民组成的法庭和陪审团按照城市的法律进行审理。由市民组成的陪审团保证了执法的民主性和公正性。事实上，现代西方国家的陪审员制度就是从中世纪流传下来的。

四、中世纪西欧城市自治的意义

邹旭怡在《论西欧中世纪城市兴起的影响》（载《时代经贸（学术版）》，2008年第17期）一文中认为，11世纪城市的兴起极大地改变了西方社会的面貌，社会分工扩大，加剧了人们的相互依赖程度，促进了人的社会化；快节奏、多变幻的城市生活，改变了传统的社会准则和行为标准，提高了人类的文明程度；民族与商业力量的联合作用，开启了人类精神的自由，使人变得更为理性和现实。正是中世纪西欧城市的兴起，才孕育了近代乃至现代西方文明。

陈兆旺在《西欧中世纪城市自治的制度分析》（载《甘肃行政学院学报》，2012年第2期）一文中指出，民主政治的确立是一个漫长的过程，当前人们普遍感觉到探索和实践因地制宜地适合国情的民主形式的重要性，而中世纪的城市普遍试验着各种民主制度形式。美国学者詹姆斯·威斯特福尔·汤普逊在《中世纪经济社会史（下册）》（耿淡如译，430页，北京：商务印书馆，1963）一书中指出，市民在百年或百年以上的时期中曾试用过各式各样政府组织方案，也发明过几乎一切可以想象得出的组合形式，例如，单一元首和多数元首制、直接和间接选举制度、优先选举权和普遍选举权、等级代表制、比例代表制、长任期和短任期制、轮流任职制。

沈芝在《西欧中世纪盛期城市文化评述》（见刘海岩主编：《城市史研究（第22辑）》，281～283页，天津：天津社会科学院出版社，2004）一文中认为，中世纪城市所具有的独立性、自治性及在西欧资本主义产生过程中所起的作用是主要的。而与此同时，孕育在中世纪城市中的西欧中世纪盛期城市文化所产生的历史作用也是不能低估的，如它进一步促进了西欧城市经济的发展，文化与经济的相互促进，日益在城市的发展中显现出来。中世纪盛期西欧的文化艺术，影响了各种思想意识的表达形式，如教育、建筑、文学以及哲学、政治理论等，都有重要的创新。

西欧中世纪的城市自治运动，在经济、政治和思想文化领域，促进了封建领主阶级灭亡和资产阶级的兴起，城市成为自由的乐土，加速了西欧从传统农耕社会向近代工业社会的转变，从封建主义向资本主义乃至现代化进程的过渡。史学阅读使我们对中世纪西欧城市的兴起原因和城市自治制度以及意义有了更为深刻的了解。中世纪西欧城市的兴起不是简单的商品经济发展的产物，它有深刻的经济、政治、阶级社会和思想根源，而“空气自由的城市”也对近世西欧社会的发展产生了深远影响。这为教师的设计提供了新的思路，提供了更多的素材。

微课设计

微课设计一：自由之风，风起何方

设计意图

引导学生了解中世纪西欧城市的兴起，知道中世纪西欧城市是商人的聚集地，通过对城市自治内容的分析，初步认识“城市的空气使人自由”。

设计方案

教师讲述：公元5世纪，日耳曼人的冲击使得曾经盛极一时的西罗马帝国终于走向灭亡。自此之后的几百年里，西欧大地一片空旷萧条：曾经繁华的城镇转眼成了废墟，农村荒草丛生，手工作坊停产，市井沉寂。然而，从10世纪以后，大大小小的城市和城镇突然像春笋般冒了出来，散布在西欧各个地方。城市的兴起给发展着的西欧社会注入了生机和活力，也孕育了更新的经济关系和社会力量，最终导致西欧发生深刻的变化，导致世界历史进入一个新的时代。中世纪德意志谚语说："城市的空气使人自由。"那么，这股"自由"之风，究竟从何而来？就让我们回到中世纪，去感受西欧城市的自由。

一、渴望呼吸自由——从庄园到城市

西欧封建社会生产的基本组织形式就是庄园。仔细观看图片并阅读材料。

材料呈现：

材料一：

欧洲中世纪庄园

材料二　对阿布拉黑来说，春天是特别繁忙的季节，除了耕种自己的土地，他还必须把大量时间用于修道院自营地上的劳动。……

……

伸腰展臂，阿布拉黑准备出门了……他的妻子……也面临着一天的劳动，劳动的艰巨至少不亚于阿布拉黑。

在领主的自营地上，阿布拉黑整天忙于耕作，恨不得有三头六臂。……经常出现在他头脑中的是管事和他的助手，他们可以处罚他——甚至会鞭笞他——如果认为他偷懒的话。

——［美］时代-生活图书公司编著：《骑士时代：中世纪的欧洲（公元800—1500年）》（彩图版），侯树栋译，91页、93页，济南：山东画报出版社，北京：中国建筑工业出版社，2001

教师设问：根据上述材料，西欧的庄园具有怎样的特点？

教师引导学生分析：庄园是自给自足的经济单位，生产和生活设施齐备。居民的主要生活用品，都在庄园内生产。庄园里有法庭，各种诉讼案件由封建领主裁决。农奴依附于封建领主，世世代代被束缚在土地上。此外，农奴除了要为封建领主耕作，还要承担各种劳役，向领主捐献农副产品，交纳各种杂税。

那么这种束缚究竟是怎样被改变的呢？

材料呈现：

材料三　中世纪的城市，本质上是市民的家乡……城市经济的发展是相当高的，因为它所代表的人口相当多，而且相当活跃地从事于工商业的经营。

——［比利时］亨利·皮朗：《中世纪欧洲经济社会史》，乐文译，163～164页，上海：上海人民出版社，2001

材料四　中世纪的城市呈现出一幅非常不同的景象。商业和工业使城市成为当时的样子。城市在商业和工业的影响下不断成长起来。

——［比利时］亨利·皮雷纳：《中世纪的城市》，陈国樑译，82页，北京：商务印书馆，1985

教师设问：根据材料，城市是怎样发源的？它又具有怎样的特点？

教师讲述：公元10—11世纪西欧生产力有了显著提高，农具和耕作技术日益发展。铁犁的使用开始普及，耕地面积的增加及荒地的大片开发，使农业生产率显著增长，收获量增加，农业产品的剩余日渐增多，可以纳入到商品流通的市场中去。一些出身于农家的商人，因为是非长子而无法继承祖辈份地，他们开始四处奔波，从这个镇到那个镇，从这个集市到那个集市，从这个市场到那个市场，等等。在这个奔波的间隙，结成团体的商人们必然会聚居在某些地点，当商业规模扩大后，他们也需要一个固定的地点进行货物的存储与转运。这样，商人们在一些交通便利且有足够安全的地方建立了住所。而在当时的欧洲，这样的地方多数就是封建领主的庄园所在地。商人们在这些庄园旁边建立了新城区，并且不断扩大地盘，吞并旧城区，最终导致了一个工商业中心——城市的形成！

商业的发展同时也刺激了工业和农业生产的发展。所以，农业、手工业、商业贸易等因素的发展，是欧洲中世纪城市产生的最直接、最主要的经济动因。而商人也就成为城市中最为主要的居民。

因为商人们离开了原来的土地，四处漂泊，从事各种商业活动，所以由土地带来的束缚越来越小。随着城市的不断发展壮大，为了更好地发展商品经济，商人们也渴望着拥有越来越多自由的权利。为此，商人们付出了怎样的努力，他们能得偿所愿吗？

二、努力触碰自由——城市自治的争取

1. 罗马时代自治传统的继承

材料呈现：

材料五　在地方自治这个制度中，我们看到了古罗马文明留给近代欧洲的遗产。……它是罗马世界一切要素中还残存着的惟一真实、惟一法定的制度。

——［法］基佐：《欧洲文明史》，程洪逵，沅芷译，34页，北京：商务印书馆，2005

材料六　商业促使那里工业的出现，随着商业的发展，贝加莫、克雷莫纳、洛迪、维罗纳，所有古罗马的“城镇”，所有古罗马的“自治市”（municipes），重新出现了新的生气，比之它们在古典时代所曾具有的生气更加蓬勃得多。不久它们过度的积极性谋求向国外扩展……把地中海激起它们的积极性的那种有利因素带给欧洲大陆。

——［比利时］亨利·皮雷纳：《中世纪的城市》，陈国樑译，57～58页，北京：商务印书馆，1985

教师设问：从材料中，我们得到了怎样的信息？

教师引导学生分析：罗马帝国时代就有了城市自治制度的传统。在古代罗马不断征战的过程中，无暇顾及各地方城市的管理与控制，使得各大城市拥有相当的自主权。当然，随着罗马帝国的稳定，其城市自治权也逐步丧失，但是城市自治制度并未消散。在中世纪的这些城市中，古罗马城市自治的经历与制度性的遗产成为中世纪城市自治的诉求者援引的“合法”来源。

2. 从农奴到“自由人”

教师讲述：随着商业的繁荣，那些外出进行商业活动的商人远离原来的土地，摆脱了对土地的依赖，逐渐由过去依附于封建领主的农奴转变成为实际上的“自由人”。这种“自由”最终是怎样得到确认的呢?

材料呈现：

材料七　亨利二世在授予诺丁汉城的特许状中规定：任何人不管他是在什么地方出生的，只要在和平时期在诺丁汉城住满一年零一天，而在这期间没有被任何人提出申诉或控告，那么此后除了国王以外其他的任何人对他都不再有领主权，即他成为了自由人。

——冯正好：《中世纪西欧的城市特许状》，
载《西南大学学报（社会科学版）》，2008年第1期

材料八　任何个人来到这个市镇，只消住满一年零一天，就可免受其先前主人的追捕；而且，新来者虽然须经全体市民一致同意才能留住该市，但只要无人对那一年零一天提出非议，就可算是一致同意了。①

——［美］M. E. 泰格（Michael E. Tigar）、M. R. 利维（Madeleine R. Levy）：
《法律与资本主义的兴起》，纪琨译，83页，上海：学林出版社，1996

教师引导学生分析：从材料中可以看出，远离了原来的土地的农奴，其“自由”的身份实际上都是以特许状这一“特权”形式存在的。但这些特权不仅是朝夕不保的，而且他们的一切财富、利益都可能面临领主的掠夺。因此，他们围绕着特权与利益的争端也不断升级，以工商阶层为主导的市民开始了持续的争取自治权利的过程。

3. 争取城市自治的斗争

教师讲述：在中世纪的欧洲，封建领主才是城市的主人。城市的自治是他们以“特

① 本则材料为英国不列特尔市的特许状。

许状”的形式授予的。一方面，城市的商业繁荣可以为封建领主们带来各种各样的奢侈品；另一方面，商贸活动带来的资源的自由流动，特别是劳动力的自由流动会给封建经济造成一定的危害，同时商人们为自身利益发展不断争取城市更高级别的自由权如城市司法权和官员任免权等都威胁着领主们对城市的掌控。因此，领主与城市中以商人为主导的市民阶层之间的对峙就逐渐成为不可避免之事。在与封建领主争夺自治权的斗争中，法国琅城起义是一个代表。

材料呈现：

材料九　琅城是兴起于法国东北部教会土地上一个城市，这里是法国毛纺织业中心……地主教高德理……向市民征收苛捐杂税，进行敲诈勒索。为了寻求自由发展，12世纪初，琅城发起集资赎回自治的活动，市民纷纷响应，很快筹集了一大笔赎金，市民用这笔赎金向主教高德理和法国国王路易六世，一次性赎买了琅城的自治权。然而，时隔不久，当主教高德理把手中的赎金挥霍殆尽之后，就中途变卦，撕毁赎城协约，取消了琅城的自治权，恢复了他的统治。1112年，琅城市民发动起义，起义市民高呼“公社”、“自治”等口号……怒杀高德理及其手下的帮凶。随后，市民们成立了琅城公社……

……1128年，在琅城市民的压力之下，国王路易六世不得不签发“特许”证书……琅城最终赢得了自治。

——马世力、陈光裕：《一本书读懂世界史》，107页，北京：中华书局，2009

三、感受自由之风——城市自治的实现

1. 城市自治的形式

材料呈现：

材料十　特许状授予城市居民各种特权是为了使市民们更好地从事商业交易，这些权利主要包括：市民可以在城市里自由流动，这是市民享有的个人自由；市民可以随时向城市法庭提出诉讼请求和控告，这是司法自由；市民可以控制自己的财产，并随便处置它们，这是承认城市市民财产私有制。

——冯正好：《中世纪西欧的城市特许状》，

载《西南大学学报（社会科学版）》，2008年第1期

教师设问：根据材料，中世纪城市的自治是以何种形式得到确认的？

教师讲述：中世纪西欧城市通过长期的、艰难的、反复的斗争，通过和平或暴力等不同的方式获得了一定的自治权。这些自治权多以契约的形式得到确认，这些契约就是城市自治特许状。

2. 城市自治的权利

作为城市宪法性制度的特许状，规定了城市自治机构组成以及市民的基本权力和特权。

材料呈现：

材料十一　农奴一旦进入该市①，立即成为自由人，虽然有些动产留在原地仍归原先领主所有，本身却可免除各种封建义务。

——［美］M. E. 泰格、M. R. 利维：《法律与资本主义的兴起》，纪琨译，83页，上海：学林出版社，1996

材料十二　亨利二世授予沃灵福德（Wallingford）的特许状："……我保证我所有的沃灵福德市民在我的整个英格兰和诺曼底的土地上都有安全和平，并且无论他们在哪里……"

——冯正好：《中世纪西欧的城市特许状》，载《西南大学学报（社会科学版）》，2008年第1期

材料十三　1120年，康拉德公爵在授予弗赖堡居民的特许状中规定：每一个市民（burger）必须有一块宽50英尺长100英尺的土地，他只须为此每年付1先令租金……居民通过附带自由出卖和遗赠特权的继承权利来拥有土地。

——冯正好：《中世纪西欧的城市特许状》，载《西南大学学报（社会科学版）》，2008年第1期

材料十四　1127年，威廉·克里托伯爵授予的圣奥梅尔特许状确认市民古已有之的牧草权和免除军役权（为保卫佛兰德郡而服役除外），免除市民的若干封建税和封建劳役，如骑士税和诉讼税，城堡驻军的非正当勒索、税金及封建人头税。

——冯正好：《中世纪西欧的城市特许状》，载《西南大学学报（社会科学版）》，2008年第1期

① 该市，指法国圣昆坦市。

材料十五　1156年亨利二世授予牛津的特许状批准牛津市民继续享有在亨利一世时期的所有自由、习俗和特权，包括他们（牛津市民）的商人行会在自治城市中的商业垄断权。

——冯正好：《中世纪西欧的城市特许状》，
载《西南大学学报（社会科学版）》，2008年第1期

材料十六　1130年，英王亨利一世给伦敦颁发的特许状规定："伦敦市民享有充分的权力任命他们所愿的伦敦市民为市长，并任命任何一人或他们所愿的伦敦市民为法官，负责处理按照国王的法令而提出的申诉，遇有讼案即审理；此外无论何人均不得对伦敦人民行使司法权力。凡属市民均不得因任何纠纷而到市区之外进行投诉……对他们之中的任何人等不得强迫施行。任何市民若因依国王法令而提出申诉而受到控告，得立誓表明其伦敦市民身份，这样就可以在市内进行审理。"

——冯正好：《中世纪西欧的城市特许状》，
载《西南大学学报（社会科学版）》，2008年第1期

教师设问：根据材料，这些用来确认城市自治的特许状，规定了城市自治拥有哪些权利？

教师引导学生分析：从材料中我们不难看出，中世纪西欧城市纷繁芜杂的特许状，确认了市民的身份自由；保障市民的人身安全；确认市民在城市中的土地自由和土地所有权；免除市民各项封建赋税；确认市民享有某些特定的经济特权；确认城市享有独立的司法审判权；明确城市享有一定政治和行政管理权等。

教师讲述：由此，我们可以判断，通过这些特许状，城市自治在一定程度上得以实现。

西欧中世纪城市的自治，在很大程度上促进了商品经济的发展，并使得中世纪西欧的城市率先突破封建主义的牢笼，成为西欧资本主义萌芽的载体。同时，它也为近代资本主义宪政制度的起源和发展奠定了基础，从而推动了西欧社会的变革。

设计点评

本微课设计围绕"理解中世纪西欧城市自治的基本内容"这一核心目标，从城市的兴起、城市自治的争取、城市自治的实现三个方面引导学生了解中世纪西欧城市自治的基本情况。教师在设计前进行了大量的文献阅读，形成了自己的理解。针对初中学生特

点，教师引用了大量图文材料，由浅入深将核心目标分解后逐一解决，线索清晰，应能在课堂很好解决本课的问题。

微课设计二：自由之风，吹向何处

设计意图

通过引导学生对西欧中世纪的城市与东方的城市进行比较，了解中世纪西欧城市自治的特点，探究中世纪西欧城市自治在西欧近代化进程中所产生的影响。

设计方案

教师讲述：在西欧封建制度的瓦解过程中，城市发挥了巨大的促进作用。可以说，西欧中世纪城市的发展是促进资本主义萌芽的重要因素。

材料呈现：

材料一　我认为它①比任何后来的革命更为重要，甚至也比文艺复兴运动和印刷术的发明和罗盘针的发现，或比十九世纪的革命和由此而产生的所有产业上的革命，更为重要。因为这些后来的革命，只是十二到十三世纪伟大的经济社会转化的从属的后果而已。

——［美］詹姆斯·威斯特福尔·汤普逊：《中世纪经济社会史》（下册），耿淡如译，407页，北京：商务印书馆，1963

教师讲述：那么，如此重要的中世纪西欧城市的自治究竟呈现出怎样的特点？这样的城市又在历史发展的长河中起到了怎样的作用？

一、特点：空气自由的城市

要了解中世纪西欧城市的特点，必须把它与同时代东方城市进行比较。首先从城市的起源来看，二者是不同的。

① 它，指城市运动。

1. 商业兴城

材料呈现：

材料二　大道既隐，天下为家，各亲其亲，各子其子，货力为己，大人世及以为礼，城郭沟池以为固。

——《礼记·礼运》

材料三　食者国之宝也，兵者国之爪也，城者所以自守也。此三者，国之具也。

——《墨子·七患》

教师设问：阅读材料，中国早期城市的兴起具有怎样的特点？

教师引导学生分析：从材料中不难看出，中国早期城市都是政治中心和军事据点，不具有商业城市的性质。在后续的发展过程中，东方国家基本未受到外来大规模的入侵和破坏，国家独立存在，多数古典城市保存下来，这些城市主要由封建专制国家的中央或地方官府、封建军队或其封建统治势力继承与建设，带有浓厚的政治军事中心的特色。而西方中世纪时期的城市又是怎样的呢？

材料呈现：

材料四　在中世纪，有一些城市不是从前期历史中现成继承下来的，而是由获得自由的农奴重新建立起来的。在这些城市里，每个人的唯一财产……就只有他的特殊的劳动。

——马克思和恩格斯：《德意志意识形态（节选）》，见《马克思恩格斯选集》（第1卷），第2版，105页，北京：人民出版社，1995

材料五　中世纪城镇对于西欧而言，代表着新生事物。除去少数例外的情况，这些城镇是独立自主的，真正的商业实体，依靠工商业交易的收益而存在。

——［美］C. 沃伦·霍莱斯特：《欧洲中世纪简史》，陶松寿译，147页，北京：商务印书馆，1988

教师设问：阅读材料，中世纪西欧城市的兴起与东方城市有着怎样的不同？结合所学知识分析其原因。

教师引导学生分析：从公元4世纪开始，曾经辉煌无比的罗马帝国遭遇了日耳曼蛮族的入侵并最终解体。阿拉伯帝国的大规模征服战争以及海盗的猖獗，使西欧社会治安恶化，商业经济衰落，西欧古典城市普遍消亡。

公元9世纪，西欧领主土地所有制、人身依附关系、封建等级制和封建庄园制的形成，标志西欧封建制度的确立。封建庄园农奴虽无人身自由，但有简单的生产工具和微薄的家业，他们以艰苦的劳动推动了西欧农业生产的发展。10—11世纪，西欧生产力得到飞速发展，使庄园有剩余农产品与外界交换。随着农产品和交换的增加，庄园出现了手工业农奴。他们最初用手工业品向领主交租，后来承受外来订货。订货日多，有利可图，许多手工业农奴开始逃离庄园到关隘、渡口、教堂等交通要地聚居一起，从事生产、出售小商品为生。为了防止封建领主掠夺，聚居的手工业农奴在聚居点用栅栏围起，进而挖沟、筑墙自卫，形成了集市。随着商业贸易的逐渐扩大，这些逃亡农奴形成的聚居点迅速成长为新的城市。可见中世纪西欧城市多是商业复兴的结果，是典型的商业城市。

教师讲述：从城市主权的归属上看，东西方城市也是截然不同的。

2. 主权在民

材料呈现：

材料六

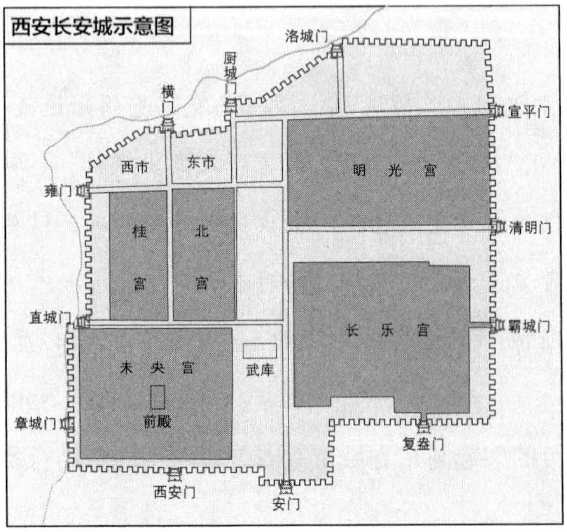

西汉长安城示意图

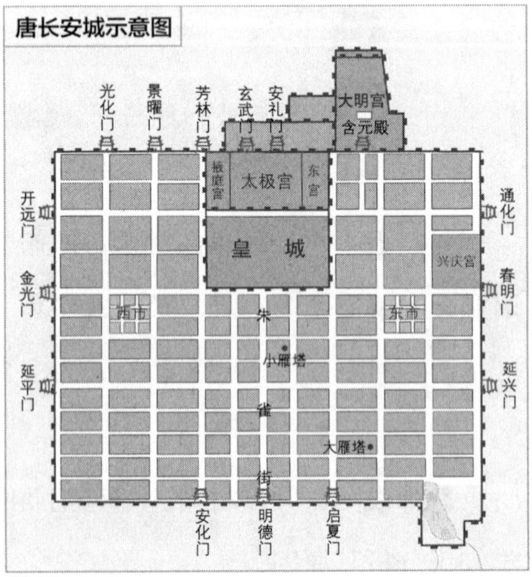

唐朝长安城平面图

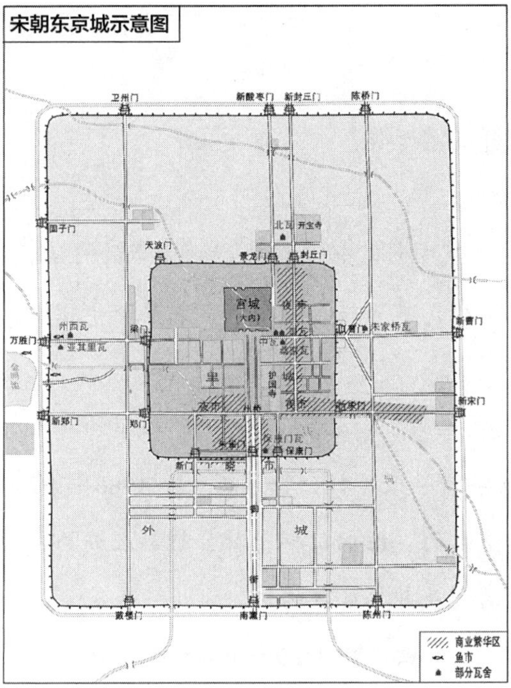

宋朝东京城

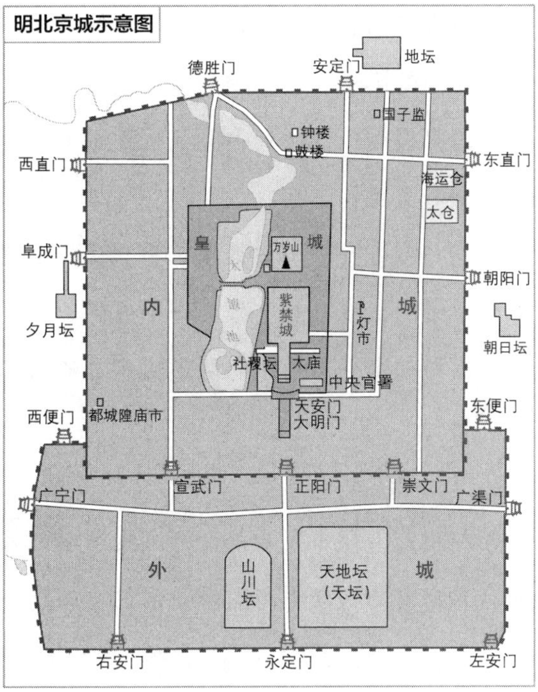

明朝北京城

材料七　古代阿拉伯半岛有两座古城雅特里布和麦加。7世纪时，伊斯兰教创立后，教首穆罕默德建立了政教合一的阿拉伯封建国家，定都雅特里布、取名麦地那（意为“先知之城”）。它成了阿拉伯国家的政治、军事中心。倭马亚王朝统治阿拉伯国家时，定都大马士革，而麦地那的政治、军事地位下降。阿拔斯王朝统治阿拉伯帝国时期，营建新都巴格达，使巴格达短期内由一个小村镇跃为阿拉伯最繁华的都会。

——吴世荣：《试论东西方封建城市的特点》，

载《贵州民族学院学报（社会科学版）》，1986年第2期

教师设问：通过以上材料，东方城市在布局和发展方面体现出怎样的特点？

教师引导学生分析：东方封建城市多是政治军事中心，是封建专制统治的象征，因此主权多掌握在君主手里。从上述两则材料我们可以看出，东方封建城市在城市建设时都将权力机构放在了突出的地位，体现了王权的至高无上。同时，其城市的兴衰命运完

全掌握在统治者手里，体现了王权的意志。所以，东方城市始终摆脱不了政治中心或者军事据点的影子。

教师设问：那么，中世纪西欧城市又是怎样的情况呢？

材料呈现：

材料八　斗争的方式有三种：第一种是用金钱向封建领主赎买得到城市的自治权；第二种是用武装和封建领主斗争夺得了城市自治权；第三种是以金钱和武装斗争相结合的方式与领主斗争终于取得了城市自治权。

——吴世荣：《试论东西方封建城市的特点》，

载《贵州民族学院学报（社会科学版）》，1986年第2期

材料九　城市生活是由行会组织和兄弟会支配的。他们目标是社会的和经济的，但是他们所有的行动都力图保护他们志同道合者的利益并拓展其远志。

——陈兆旺：《西欧中世纪城市自治的制度分析》，

载《甘肃行政学院学报》，2012年第2期

教师讲述：反观中世纪的西欧城市，则是市民取得了城市自治权。来源于古罗马的自由制度的传统被商人们带进了城市，城市市民为求得生存和经济上的发展，掀起了市民运动，开展了反抗封建领主的斗争。随着市民阶级的形成和壮大，他们逐渐走上联合斗争的道路，争取城市的自治。

教师设问：在城市自治的过程中，谁掌握着城市的主权？他们又是怎样管理城市的呢？

材料呈现：

材料十　在过去一千三百年的帝国时期，中国的统治者将治理国家的重任交给了强大的官僚体系……维持着社会与政治秩序。

……在欧洲各国，权力被众多的相互牵制的势力所分割。

——［英］安格斯·麦迪森（Angus Maddison）：《中国经济的长期表现：公元960—2030年》，第2版，伍晓鹰、马德斌译，13页，上海：上海人民出版社，2008

材料十一　城市①的自治机构已经发展出类似今天的“三权分立”的体制，城市政府通常被分为相互间有着制约关系的立法、行政和司法机构。市民大会是城市的立法机

① 是指西欧中世纪城市。

关，具有决定城市重大问题的权力。而在自治权比较大的城市还设置了选举执行官或“市长”（mayor），这些官员一旦被选举产生就拥有比较大的权力（但是任期不长，一般一年一选）。当然，他们对权力的行使都受到严格的限制和制约。

——陈兆旺：《西欧中世纪城市自治的制度分析》，

载《甘肃行政学院学报》，2012年第2期

教师引导学生分析：从材料中不难看出，中世纪西方城市有了自治权，封建领主无权干涉城市的内政，市民的人身自由权利得到城市机关的保护，市民获得了自由，并且建立各种自治机构来管理城市。从全体公民大会到选举制，有限任期制等，中世纪的西欧城市在实践中实现了统治权的突破，重新确立了社会的权力中心。

教师讲述：最后，从历史发展的角度，东西方城市对后世产生了不同的影响，决定了近代以来世界历史发展的脉络。

3. 近代萌芽

材料呈现：

材料十二　天下事无大小皆决于上。

——《史记·秦始皇本纪》

材料十三　首都君士坦丁堡的丝织品盛名欧洲，但由国家经营，最大的丝织品作坊设在皇宫，产品大部分供宫廷贵族、各级贵族和官吏使用外，小部分才在国内外市场出售。

——吴世荣：《试论东西方封建城市的特点》，

载《贵州民族学院学报（社会科学版）》，1986年第2期

教师设问：通过上述材料，你认为商业在东方城市中的发展前景怎样？为什么？

教师引导学生分析：东方封建城市是封建统治的中枢，是发号施令的地方。同时，国家操纵城市经济大权为封建政治服务。当然，“重农抑商”一直是东方封建国家经济的根本准则，压制着市民的商业活动，使得市民力量始终弱小，难以开展反对封建主的运动。工商业受挫，资本主义萌芽被扼杀，东方封建城市成为了维护封建统治的堡垒。

相比之下，中世纪的西欧城市则孕育着资本主义的萌芽。一方面，它主要是工商业城市，经济意义大于政治意义；另一方面，城市拥有了自治权，可以保障自身工商业的发展，城市商人还建立了商人公会和城市同盟。如12世纪，佛兰德尔南部十七个城市建立了汉萨同盟，到14世纪时，参加汉萨同盟的城市已达八十余个。汉萨同盟有强大的经

济力量和独立的军队，它干涉一些封建国家的政治，促进了城市商品货币经济和国际贸易的发展。

教师讲述：总之，中世纪的西欧城市与东方封建城市相比，在城市起源、城市主权以及对社会发展所产生的作用方面都有自己鲜明的特点。这也就决定了它在历史发展进程中必然发挥促进西欧封建制度瓦解的作用。

二、影响：城市点亮中世纪

通过对中世纪西欧城市特点的了解，我们很容易进一步分析出城市在西欧中世纪发展进程中所发挥的作用。那么，在冲破中世纪，走进近代化的过程中，城市有哪些影响呢？

1. 实现了统治模式的转变

材料呈现：

材料十四　中世纪城市之新政治形式，乃一种代议政治，至属显然；市参议会乃由大多数之城市教区居民代表所组织。由是可知，在古代世界中所未发达之代议政治，其最初之出现于欧洲，或始于法意二国之城市。

——［美］孟罗·斯密①：《欧陆法律发达史》，姚梅镇译，216页，北京：中国政法大学出版社，1999

教师设问：上述材料中，你认为中世纪西欧城市的统治模式对后世哪些制度产生了影响？

教师引导学生分析：从材料中，我们可以看到城市中已经逐步实现了统治模式的转变。传统的统治者与被统治者之间已经初步实现了权力关系的逆转。这种市民的统治制度与近代的民主制度颇有类似之处。此外，城市中的限权制度、分权制度也都与近代的宪政制度有暗合之处。

2. 促进了封建制度的瓦解和资本主义的萌芽，加速统一国家的形成

材料呈现：

材料十五　自治城市本身所获得的种种自由权和城市内部所建立起来的各种自治制

① 埃德蒙德·孟罗·斯密（Edmund Munroe Smich），美国法学家和政治学家。

度都构成了对封建制度的挑战。

——冷霞：《中世纪西欧城市自治研究》，华东政法学院2004法学硕士学位论文

材料十六 这些君主同他们①一样有意压制贵族势力。君主单靠自己的力量是无法对付那为数众多的蜷伏在城堡中的贵族们的，贵族们一味掠夺法国的资源为一己谋利。城市自治体若没有君主的支持，也将对之无能为力。因此，君主和城市自治体事实上已结成了联盟，而在很大程度上为民族团结和独立打下了基础。

——巫三宝主编：《欧洲中世纪经济思想资料选辑》，137页，北京：商务印书馆，1998

教师设问：根据材料，试着分析中世纪西欧城市自治从哪些角度冲击了传统的封建制度？

教师引导学生分析：商品货币经济的发展瓦解了封建制度的经济基础，资本主义在日益繁荣的商业活动中开始了萌芽和迅速的成长。市民们在商业活动中积累了财富，利用货币向封建领主发出了挑战，取得了城市的自治，造成了封建主阶级的衰落和市民阶级势力的增长，使封建制度在政治上遭受打击。同时，微弱的西欧封建王权为了与强大的封建领主抗衡，开始与市民结盟。12—13世纪，英法的国王都召开过有市民代表参加的等级会议，市民登上政治舞台，王权也得到一定的壮大，封建割据势力日益萎缩，国家统一的趋势日盛。

3. 冲破了封建神学的枷锁

材料呈现：

材料十七 在西方国家，中世纪的知识分子随着城市而诞生。在城市同商业和工业（说得谦逊一点是手工业）共同走向繁荣的背景下，知识分子作为一种专业人员出现了，他在实现了劳动分工的城市里安家落户。

——［法］雅克·勒戈夫（Jacques Le Goff）：《中世纪的知识分子》，张弘译，4页，北京：商务印书馆，1996

材料十八 城市文学中最重要的一种民间创作是讽刺故事诗，其中最典型的代表是以狐狸列那为主人公的一系列动物故事。它是一种讽刺叙事诗，在动物的故事中隐寓着人的生存状态，形形色色的动物代表着社会各阶层及各种人的个性。伊桑格蓝狼代表残暴又愚蠢的贵族；狮子代表国王，象征正义和权力；骆驼代表邪恶又虚伪的僧侣；鸡、兔、鸟等

① 他们，指城市市民。

代表下层民众，往往软弱可欺；主人公列那狐是城市富商的代表，它精力充沛、机智多变，善于用各种机智而又狡诈的手段捉弄力量胜过自己的大动物，又欺凌比自己弱小的动物。

——叶楠：《中世纪西欧城市对14世纪文艺复兴的影响》，

内蒙古大学2008年硕士学位论文

材料十九　对13世纪有抱负的青年而言，他们已不满足于狭隘的庄园生活，不满足于当地的小店铺……大学是他们避开这些而向往的最佳地方，大学能够提供给他们实现抱负的机会，带给他们一切荣誉。

——叶楠：《中世纪西欧城市对14世纪文艺复兴的影响》，

内蒙古大学2008年硕士学位论文

教师设问：上述材料又向我们展示了城市发展中的哪些新气象？这些现象给人们的生活带来怎样的变化？

教师讲述：城市发展过程中，新兴市民阶级迫切需要获得大量的知识，以便增强对社会发展的适应能力，提高社会地位。他们也希望将已经获得的知识运用到社会实践当中，以便创造更多的财富。由此，中世纪城市文化逐渐诞生。

中世纪诞生的城市文化，市民中流行的诗歌、戏剧、寓言等，揭露了封建贵族们的腐朽生活，讽刺了教会僧侣们的贪婪愚蠢。后来兴起的大学，对传播城市文化起了重要的作用，使城市文化辐射的领域更加宽广。城市文化的发展冲破了封建神学对人们思想的禁锢，为传统的封建社会带来了一股清新的活力。城市架起了中世纪到文艺复兴的桥梁，城市文学与古典文学一起为14世纪的文艺复兴准备了思想基础。

中世纪在欧洲历史的发展进程中上承光辉灿烂的古希腊、古罗马文明，下接近现代的资本主义文明，是西方文明史上一个重要的阶段。而城市运动正是发端于此。詹姆斯·威斯特福尔·汤普逊在《中世纪经济社会史（下册）》（耿淡如译，407页，北京：商务印书馆，1963）中这样写道："城市运动，比任何其他中世纪运动更明显地标志着中世纪时代的消逝和近代的开端。"西欧中世纪的城市，在经济、政治和思想文化等方面加速了西欧从传统农业社会向近代工业社会的转变、从封建主义向资本主义乃至现代化进程的过渡。

设计点评

本微课设计引用大量材料，以问题作驱动，引导学生了解中世纪西欧城市自治的特点，深入探究中世纪西欧城市自治在西欧近代化进程中的作用。对比学习是历史学习的基本方法，在本微课中得到了充分的体现，让学生更加直观了解东西方城市的差别，有助于教学目标的达成。

教学资源

资源1：1040年，米兰城的中小贵族和工商业者联合起来，赶走了大主教。1045年，在米兰城内，在出身贵族的人民领袖兰佐内的领导下，小贵族和城市工商业者开始融为一体，他们的联合被称为“和平联盟”。

——冷霞：《中世纪西欧城市自治研究》，华东政法学院2004法学硕士学位论文

资源2：1. ……英国教会当享有自由，其权利将不受干扰，其自由将不受侵犯。……我们及我们的子孙后代，同时亦以下面附列之各项自由授予我们王国内一切自由民，并严行遵守，永矢勿渝。

……

12. ……除非经全国公意许可，将不征收任何免服兵役税与协助金。……

……

15. 自此以往，除为赎还其本人之身体，册封其长子为骑士，与第一次出嫁其长女以外，我们不得准许任何人向其自由民征取协助金。而为上述目的所征收的协助金数额应合理。

……

17. 一般诉讼应在固定地方审问，无需追随国王法庭请求处理。

……

39. 任何自由民，如未经同侪的合法裁判，或经国法判决，皆不得被逮捕、监禁、没收财产、剥夺法律保护权、流放或加以任何其他损害。

40. 我们不得向任何人出售、拒绝或延搁其应享的权利与公正裁判。

41. 除战时与我们敌对国家的人民外，一切商人，倘能遵照旧时的公正习惯，皆可

安全经由水道与陆路，出入英格兰，在英格兰逗留或旅行，免关税买卖。……

……

60. 我们在上述敕令中所公布的一切习惯与自由……应为全国臣民，无论僧俗，一律遵守……

……

63. 我们即以此敕令欣然而坚决昭告全国：英国教会应享自由，英国臣民及其子孙后代……永远适当而和平，自由而安宁，充分而全然享受上述各项自由、权利与特权……

——［英］詹姆斯·C. 霍尔特（James Clarke Holt）：《大宪章》，第2版，毕竞悦、李红海、苗文龙译，502～511页，北京：北京大学出版社，2010

资源3：为保证产品质量，保护产品价格，中世纪商人和手工业者开始把自己组织到一种保护性的联合体中，这就是行会。各行各业的手工业者……都建立了的行会。

——［美］时代-生活图书公司：《骑士时代：中世纪的欧洲（公元800—1500年）》（彩图版），侯树栋译，132～133页，济南：山东画报出版社，北京：中国建筑工业出版社，2001

奥格斯堡就是一个行会中心，1368年六家行会的代表被选出组成市政会，新成员进入市政厅的会场就职

德意志奥格斯堡的面包师、裁缝、酿酒工建立的行会徽章

资源4：在中世纪的欧洲，曾经有一个著名的汉萨同盟，这个商业组织成立于1161年，其最初主要的贸易路线是将运抵地中海的货物先由陆路经阿尔卑斯山过瑞士到达莱

茵河，再通过水路把货品运往北海各地贸易。

汉萨同盟成立之后，订出了一系列关于经济体系上的合作条例，不断向东垦殖，以经济手段扩充贸易根据点。期间同盟建立很多有名的城市和港口，例如在1201年建立现今位于拉脱维拉的里加港，1218年又建立了罗斯托克城等等。随着新的城市的建立，汉萨同盟拥有了越来越强的实力，建立了大规模的海上渔业，染指几乎各种产品的生产及贸易。

——理纯：《汉萨同盟兴与亡》，载《中国报道》，2011年第2期

资源5：中世纪有两位著名的藏书家还写下了著作，内容是叙述他们收集图书的活动，讨论所藏的图书以及需要收藏何种图书。其中一位是法国亚眠的大臣、福奈维尔家的理查德。他在13世纪写下了《藏书家》一书，书中谈到了不同学科的图书，其中最多的是哲学，也有医学、法律和神学。此书反映了人们对图书馆的热爱，并且书中提到的图书大部分都保存下来了。

另一位藏书家是理查德·戴·柏里。他当过教师，公务员，后来任达勒姆的主教。他早年就喜欢收集图书，后来在英格兰国王爱德华三世时任外交官，曾参观了欧洲大陆许多地方的图书馆。他购买了许多图书，还接受了许多赠书。他在1344年写了《热爱图书》一书，但直到1473年才出版，其后多次再版，广泛流传。

——叶楠：《中世纪西欧城市对14世纪文艺复兴的影响》，内蒙古大学2008年硕士学位论文

现代教育的奠基：欧洲早期大学的特点

学术引领

各国历代成功之改革，大多有“发展教育，重视人才”的内容。进入21世纪以来，随着中国改革的不断深入，“大学”作为教育机构在社会生活中扮演着越来越重要的角色。现代大学直接渊源于欧洲中世纪大学。欧洲中世纪大学产生、发展的原因以及在渐进的过程中形成的思想、特征、性质、模式等对现代大学有着重要的意义和影响，对人类思想、文明的进步、发展无疑是一个极大地推进。通过了解欧洲早期大学的起源，知道其教学的形式和制度，通过研究早期大学的特征，反映出大学本来的面貌，借以还原真正的大学精神，有利于现代教育在改革中更好地学习与借鉴。宋文红在《欧洲中世纪大学的演进》（2页，北京：商务印书馆，2010）一书中指出，人们都期待大学在推动不同文化与不同文明之间的相互理解中，在研究世界多极化、经济全球化问题的过程中，在应对本国所面临的机遇、挑战和对策方面发挥更大的作用。因此，只有研究“大学”，方能把握大学的理念和教育的真谛，方能让大学承担起21世纪的重大社会责任。

一、欧洲早期大学的起源

关于西方大学的起源，在教育史学界，一直有着不同意见。有学者认为，大学的起源应该追溯到古希腊，也有人追溯到古代埃及、罗马和中国，但是大多数的教育史学家认为，它们跟现代大学没有直接关系，大学的起源应当是欧洲中世纪诞生的大学，这种观点基本已成世界高等教育界的共识。

张斌贤在《欧洲中世纪大学的历史地位》（载《纪念〈教育史研究〉创刊二十周年论文集（18）——外国高等教育史研究》，2009）一文中认为，欧洲中世纪大学的产生，是社会多重因素相互作用的产物。工商业的发展、城市的兴起、十字军东征、11世纪至12世纪的早期学术复兴，以及市民阶层和世俗政权与教会权力的斗争，等等，都在不同程度上起了推动或催发的作用。但就每一所大学的建立而言，又各有其特殊具体的原因。瓦尔特·吕埃格（Walter Ruegg）总主编的《欧洲大学史（第1卷　中世纪大学）》（张斌贤、程玉红、和震等译，7页，石家庄：河北大学出版社，2008）一书也认为，关于欧洲中世纪大学的起源是一个非常复杂的过程。到底谁是欧洲最早的大学？有的认为是意大利的萨勒诺（Salerno）医学校，也有许多人认为是意大利的博洛尼亚（Bologna）大学，还有的认为是巴黎（Paris）大学。如果把法人团体的存在作为唯一的衡量标准，那么博洛尼亚大学就是最古老的大学；如果把各个学科的学生和教师的不同组织结合成为一个单一的法人组织作为决定性的衡量标准，那么最古老的大学当首推巴黎大学。单就组织形式而言，10世纪至11世纪，随着经济的发展，城市开始复兴。随着城市的出现，出现了商业和手工业等职业，行会这种为了保护自身的利益，联合起来对付封建势力的侵犯以及防止外来竞争而建立起来的组织开始形成。这种组织形式为最初大学的形成提供了制度上的参照。在当时环境下，聚集在设有大教堂的城市里讲课和听课的师生，仿照手工业者行会的方式组织了教师或学生行会，此后逐渐形成了由教师社团完全掌握了管理权的教师大学和学生主导的学生大学两种发展模式。英国学者海斯汀·拉斯达尔（H. Rashdall）在《中世纪的欧洲大学——大学的起源（第1卷）》（崔延强、邓磊译，10页，重庆：重庆大学出版社，2011）一书中毋庸置疑地指出，巴黎大学可以被称为教师大学的模板，而博洛尼亚则是学生大学的鼻祖。之后出现的所有大学基本上或多或少都直接继承了其中之一的成熟组织建构，但也有个别独树一帜的例外。早期大学对原型大学的模仿和复制是明显而刻意的，尽管其也因为要适应地区环境的需要而稍作调整。而那些12世纪末13世纪初涌现的新式大学则纯粹出于功利性地保持了原型大学——或是教师大学巴黎，或是学生大学博洛尼亚——所特有的宪政建构与习俗惯例，这成为中世纪大学的普遍建制。

张磊在《欧洲中世纪大学》（9～16页，北京：商务印书馆，2010）一书中对“大学”的名称进行了阐述。他认为，从称谓的演变上看，“大学”一词的英文对应词是“university”，一般认为是由“universitas”一词演变而来。但要追寻大学最初的真面目，则不单要知道“universitas”，还要了解另外两个关键词“studium”和“studium generale”，才能真正理解大学的历史演变。“universitas”一词最初是指“corporation”（公会、自治团体），与行会“guild”（gild）同义。从11世纪后半期开始一直到12世纪，结成行会这一做法得到人们的广泛认同，并演变成为一种普遍的生活方式。正是从这个时期起，泛指行业工会的“universitas”一词开始逐渐演变为专门指称由学者组成的学术性行会的专用语。在“universitas”一词只是各种行会组织的通称，还没专指后世人们常说的大学时，几乎所有的大学都被称为“studium”。所谓“studium”，指进行教育教学的场所，相当于学舍、学校、学苑等。而不知从何时开始，有的大学在“studium”后面加了“generale”，类似于今日时髦的“（世界）一流大学”这类说法。这类学苑或学校生源不限于特定地域，来自众多的国家和族群，拥有一批高水平的教师队伍。相比较于人数较少或规模较小的“studium”，这个所谓的“studium generale”指传授高深学问的场所（或曰“大学校”）。中世纪各种重要文献中提到那些档次比较高的“大学”时，经常使用的也是“studium generale”这一表述。

二、欧洲早期大学的特征

大学自从产生以后，在其发展壮大的过程中逐渐形成了初期的某些特征，其中有很多是现代大学某些特征的来源和雏形。不管是教师大学还是学生大学，这些中世纪大学在发展过程中表现出来的一致性特征，包括享有高度的自治和特权、鲜明的宗教性和国际性、明显的教学性和职业性等。当然由于历史传统和地理环境的不同，中世纪大学在结构、管理、教学等方面也体现了诸多的差异性，如体现在学科、管理、教师、学院等方面的差异。

关于中世纪大学的特征，贺国庆在《中世纪大学若干特征分析》（载《教育学报》，2008年第6期）一文中进行了阐述。他认为，如果我们用发展的眼光来辩证地看待中世纪大学的特征，就会进一步发现，早期大学的这些特点也并非一直稳定的，在几百年里，它们一直在不断努力，自治与抵抗外部干预、国际性与区域性、职业性和非功利性、民主性和等级性等貌似相悖的特征一直伴随它们发展。因为大学虽有自治权，但常常是短暂的和不稳定的，教会和世俗统治者常常对大学进行多方面的干预，企图控制大学。到中世纪晚期，国家对大学的控制逐渐代替了教会的控制，大学自治与政府干预的矛盾日益突出。大学的国际性也只是早期的特征，至14—15世纪，大学和民族国家采取了各种措施阻止而不是鼓励学生的流动，由此变成区域性。而中世纪大学由于其前身——大教堂学校和城市学校一直是服务于世俗目的的，具有职业性，但也不总是职业性或功利性的，它也培养出社会舆论的制造者、法学家、哲学家、逻辑学家和神学家，他们对中世纪文化领域的发展和繁荣作出了积极的贡献。至于民主性，也并不意味着大学成员实际上的平等，绝对的平等从来都是没有的。学生的地位或取决于他们的学术等级，或取决于他们的社会身份。

刘道玉在《从大学的起源看西方教育的精髓》（载《中国地质大学学报（社会科学版）》，2009年第1期）一文中指出，我们研究早期大学的特征，特别是比较中西大学起源上的差异，对于我们今天重建大学精神，迅速提升我国大学的学术水准，实现我国大学国际化都是十分重要的。西方大学经历了近千年的历史，不仅形成了当代一批著名的研究型大学，而且还锤炼出了西方大学教育的精髓——独立、自由、民主、质疑和批判的精神！因为独立自治是大学不可被剥夺的权利，思想自由是世界大学的通例，民主是教育的最高原则，质疑精神是通向科学宫殿的大门，而没有批判精神就没有创造。一个大学如果失去了这些精神，就是一具没有灵魂的躯壳。

三、欧洲早期大学的教学

美国学者查尔斯·霍默·哈斯金斯（Charles Homer Haskins）在《大学的兴起》（梅义征译，2页，上海：上海三联书店，2007年）一书中指出，虽然中世纪大学与现今大学差距非常之大，但它们是我们现今大学的源头和赖以发展的基础。二者基本组织结构相同，且历史的连贯性从未间断。他们创造了现代世界的大学传统，无论是最年轻的还是历史最悠久的高等教育机构都是这个共同传统的继承者，应该了解和珍视这个传统。

法国学者爱弥尔·涂尔干（Emile Durkheim）在《教育思想的演进》（李康译，225～226页，上海：上海人民出版社，2003）一书中提出一个假设：要是有一个中世纪的学生回到我们中间，听我们谈论大学、院系、学院、业士学位、执教权、博士学位、学习课程、常设课和非常设课，很有可能这样想，除了从前使用过的拉丁词被取代，其他一切照旧。只有当他坐进我们的讲演厅或课室，才会体会到已经发生的变化。他会就此看到，学术生活已经发生了转型，但依然是在中世纪为它挖就的沟渠里流动。

关于中世纪大学的课程设置和教学方法，田静琳在《中世纪大学教学研究》（载《科教文汇》，2010年第34期）一文中指出，中世纪大学没有入学考试，只要达到基本的入学年龄和水平都可以进入大学学习。大学的修业年限一般根据各大学的具体情况而定，有需要六年，也有需要十年才能获得博士学位的。起初中世纪大学大多为单科大学，后来，一般大学开始分设文、法、神、医四科或四个学院。文科准备阶段隶属于法、神、医三科，学生只有修完文科，方能分别进入被认为是“高级”学院的法、神、医三科进行学习。在文科阶段学习的主要内容是三艺（包括文法、修辞和逻辑）、四艺（包括音乐、算术、几何及天文）和三大哲学（主要包括自然哲学、道德哲学和形而上学）。在其他三科“高级”学院学习的主要内容分别包括：法科分为民法（罗马法）与教会法两科，民法以《民法类编》为法定教本，教会法以《教会法汇编》为正式课本；医科主要包括希腊人及阿拉伯人的医学著述；神科主要包括《圣经》及经院哲学家的神学著作。当然，中世纪大学课程的具体内容在不同的时期和不同的大学也一直在不断地发生着变化。教学最常用的方法是演讲（1ectio），主要由阅读、评注和介绍作业几部分构成，中间穿插不同程度的讨论。还有另外一种重要的教学方法是辩论，包括学生间的辩论和老师间的辩论。

四、欧洲早期大学的影响

当然，中世纪大学留给现代人的遗产不是某种特定的教学形式和仪式，也不是建筑物（因为中世纪大学最初并没有自己的建筑物），而是大学制度。这种制度包括四个方面：首先，是任何其他社会组织都无法比拟和取代的把教师与学生联系起来的组织或团体，即大学；其次，是一种学习课程的观念，有着明确规定的学习的时间、主题和获得学位的方式等；再次，表现为学科的划分和学院的设置，这种多学科的大学建制使得学生们不仅可以学到专业性的技能，而且也可以受到综合性的人文知识训练；最后，也是最重要的，是一种以学术为神圣的传统，无论社会如何变迁和大学体制如何改革。查尔斯·霍默·哈斯金斯在《大学的兴起》（梅义征译，16页，上海：上海三联书店，2007）一书中提到，大学的主业从来就没有变换过，即培训学生和保持学习与探究的传统。拉希达尔是这样说的，中世纪大学值得荣耀之处在于“学问的神圣化”，且这种荣耀和幻想还没有从这个星球上消失。

总之，正如张斌贤在《“大学发展不能摆脱历史”——〈欧洲大学史〉第一卷〈中世纪大学〉译介》（载《清华大学教育研究》，2005年第3期）一文中总结的，中世纪大学在其发展过程中逐渐形成的一系列制度和原则，为现代大学的建立奠定了坚实的历史基础。因为大学源于中世纪法律所具有的法人社团的性质，不仅保证了大学在中世纪异常纷繁复杂的社会环境中的生存和发展，而且为学术自治作为现代大学的基本原则的确立提供了强有力的历史依据和法律依据；中世纪大学所建立的学院、学舍制度，不仅进一步确立了西方传统的学科分类和知识分类，从而为知识的发展奠定了重要的基础，而且为大学教育的有效进行提供了制度保障；中世纪大学的学位制度不仅在制度上为现代高等教育的学位制度提供了范式，甚至其形式也经过改造一直保持至今；其他诸如招生、学生管理、学生与教师的组织、教学过程、教学方式和方法、考试以及大学在与外界交往和冲突中逐渐形成的行为模式，等等，都对16世纪以后大学的历史产生了直接和深远的影响。假如没有中世纪大学，便没有现代大学的迅速崛起。

通过阅读欧洲早期大学的相关书籍和论文，我们发现尽管自中世纪以来近千年里大学从内容、目的、性质等都发生了许多变化和拓展，但是中世纪大学形成的许多形式和制度依然保留下来。我们只有对中世纪大学的历史不断研究，才能全面、深刻地理解现代大学的本质，更好地把握现代大学的发展规律。

微课设计

微课设计一：欧洲大学之母——巴黎大学

设计意图

通过介绍巴黎大学，让学生知道欧洲早期大学的起源，了解欧洲早期大学的特征，加深对大学延续和变迁的理解。

设计方案

材料呈现：

材料一　近代中国留法名人。

蔡元培

徐悲鸿

周恩来

邓小平

冼星海

钱钟书

钱三强

教师讲述：近代中国内忧外患之际，一批先进的中国人认识到必须向西方学习，纷纷走出国门，留学的身影遍布英法美日等国。上述人物他们都曾留学法国，学成归来，在各个领域为祖国作出了重大贡献。其中钱钟书、钱三强都在巴黎大学进行深造和研究。为什么他们会选择法国作为留学之地？当时的巴黎大学有什么特别之处？让我们一起走近巴黎大学，领略欧洲早期大学的魅力。

一、巴黎大学的起源：宗教性和行会性

材料呈现：

材料二　巴黎大学建筑。

教师设问：巴黎大学这些建筑的风格有怎样的特点？

教师讲述：巴黎大学始建于12世纪末，由原巴黎圣母院大教堂学校发展而来。当时，巴黎的教师和学生组成“行会性团体”，教师和学生是师傅和学徒的关系，日常管理由教师们负责，形成了最初的教师型大学，这就是巴黎大学的雏形。他们一边教学，一边努力从教会和政府手中争取权利和自由。校名中法语Universite（英语University）都源于拉丁文的univesritas，意为社团、行会，到14世纪末，它才作为一个专有名词，用于指为法律所许可建立的学术团体，也就是大学。

1257年，巴黎大学的前身“索邦神学院”创办，可以授予“神学博士”学位，只有获学位者才有资格任教或担任神职人员，直到这时候它才具有大学的属性。1261年，“索邦神学院”开始正式使用“巴黎大学”的名称。在13世纪末到14世纪初，巴黎大学成了基督教世界最著名的神学教学中心，其特权也达到顶峰。巴黎大学就是从自治性行会组织发展到被国家法律认可的学院，又从一所神学院发展为真正意义上的大学。

教师设问：从巴黎大学的身世中，我们可以看到中世纪时期的巴黎大学有着浓厚的宗教和行会色彩。巴黎大学又还有什么其他特征呢？我们一起继续了解巴黎大学的其他特点。

二、巴黎大学的师生：国际性

材料呈现：

材料三　……德国斯采尔诺维奇大学的亚历山大·布坦斯吉教授在他的《巴黎大学与中世纪的外国人》一文中，列举了13至16世纪曾在巴黎大学执教和攻读的知名外国学者，他们当中有153名英国人、苏格兰人和爱尔兰人，200名德国人，56名荷兰人，109名意大利人，44名西班牙和葡萄牙人，41名斯堪底纳维亚人，41名斯拉夫人、匈牙利人和希腊人，并附其水平简介。另据记载，从13世纪初（1204年）到14世纪中叶（1362年），还有一批来自亚洲的学者。

不仅如此，在巴黎大学13至16世纪的校长名单中，也有不少是外国人担任的。……

——李兴业：《巴黎大学》，142～143页，长沙：湖南教育出版社，1988

教师设问：巴黎大学的师生有怎样的特点？为什么会有这样的特点？

教师引导学生分析：由于早期的大学具有宗教特色，如使用通用语言——拉丁语，使它可以跨越地区的局限，招收许多外国学生，甚至教师和校长也是外国人，具有国际性。时至今日，宗教性特征早已为现代大学所剔除，但国际性特征经过一段时期的衰微后，又成为现代大学的重要特征之一。

三、巴黎大学的人才培养：职业性和实用性

材料呈现：

材料四　人们一般认为中世纪大学的课程具有很强的神学性质。的确，在13世纪的

巴黎大学，神学学习是居于主导地位的，但这种情况并不典型。事实上中世纪大学的课程充满实用主义色彩。在大多数大学里，神学都是最不受欢迎的学科，它能吸引的学生人数最少，原因是人们认为神学太理论化了。在医、法、神三个高级学院里，民法通常是最受欢迎的领域，教会法紧随其后，然后是医学。

——贺国庆：《中世纪大学和现代大学》，

载《河北师范大学学报（教育科学版）》，2004年第2期

材料五　从人才培养来看，中世纪大学在很大程度上是职业性学校。它们训练学生掌握一定的知识，以后从事法律、医学、教学这些世俗专业或献身教会工作所用。

——杨天平、潘奇：《欧洲中世纪大学的特色》，载《现代大学教育》，2009年第1期

教师设问：中世纪大学的课程有哪些？为什么开设这些课程？

教师引导学生分析：由于受西方传统观念的影响，认为各种知识之间有等级区别，教育与教学需要根据各种知识之间的等级程度来安排。因此，在中世纪的大学中，人们必须先在基础学部掌握了作为基础知识的“liberal arts”（自由七艺）等基础学科，才能升入高级学部深造神学、法学、医学等。而这些课程主要都是为了培养社会需要的人才。所以说，早期的大学“是职业性学校”，“充满实用主义的色彩”。

四、巴黎大学的发展：独立性

教师讲述：中世纪时期的大学生学习状态如何呢？其实大部分学生并没那么认真学习，没什么好名声。当时的红衣主教曾说，巴黎大学的学生，只在冬天时才学习，在夏天里他们就东游西荡。所以，在中世纪拥有大学的城市，师生和当地居民、城市当局之间时常会发生各种矛盾冲突，有时还会发生流血事件。巴黎大学也曾经发生过这类流血事件。比如1200年，巴黎大学的学生由于同酒馆老板、巴黎市民发生冲突，遭到愤恨不已的巴黎市民的集体攻击。巴黎市民袭击了学生宿舍，造成数名学生伤亡，巴黎大学因此求助于国王。国王菲利浦·奥古斯都（Philip Augustus）为此发布了敕令，就大学的基本生存权和生命安全权作了保证，并且要求市政官员和市民宣誓遵守这一法令。

材料呈现：

材料六　规定任何被王室人员拘捕的学者都要即刻移交给教会裁判官。与此同时，巴黎市民必须宣誓尊重学者特权，并主动提供相关信息，以防止任何人对学者进行伤害

虐待。教区长同样要在一个巴黎的教堂公开向聚集在此处的学者立誓尊重学者特权，并将该誓言的精神传达到其治下的机构。

——［英］斯汀·拉斯达尔：《中世纪的欧洲大学——在上帝与尘世之间》（第2卷），崔延强、邓磊译，15页，重庆：重庆大学出版社，2011

教师设问：法令中给予巴黎大学的师生哪些特权？为什么国王要支持大学呢？

教师引导学生分析：中世纪的大学就这样在一次次的冲突当中，在与各种政治势力和各方利益的相互博弈中，逐渐拥有了财产、人身安全、管理、司法等特权。这些特权使得早期的大学具有独立性，虽然这些特权在随后的时间里不断被干预，但大学独立、自由的特点还是传承了下来，成为今天现代大学的精神。

而国王愿意支持大学，给予大学特权，一方面是因为中世纪欧洲出现了文化教育复兴，社会开始由“尚武”向“尚文”转变，统治者出于统治的需要以及自身对知识的渴求而重视知识的复兴。社会的文化复兴在一定程度上成了贤明君主的一种素质标准；另一方面大学能够为城市带来人气、声誉、经济上的诸多好处。这使大学在一次次斗争中拥有博弈的筹码，让独立自主成为可能。

五、大学特征的延续

教师讲述：有学者认为：“中世纪大学最早出现在12世纪的巴黎和博洛尼亚，它们是中世纪大学的原型，并代表中世纪大学组织的两种形式。”[①]根据学者的说法，按照不同的划分方式，巴黎大学属于自然形成的、由教师管理的规模较大的综合型大学。位于意大利北部的博洛尼亚大学，则是由学生管理的“学生大学”的原型。由于欧洲宗教势力的介入和相应特权的获得，“教师大学”类型逐渐成长起来，此后发展成为现代大学的核心模式，是现代学术专业据以发育、形成的基本组织依托。从巴黎大学分出了英国的牛津大学，从牛津大学又分出了剑桥大学，它们都是“教师大学”，所以，虽然在时间上不是最早出现，但有人将巴黎大学尊称为“大学之母”。

材料呈现：

材料七　要是有一个中世纪的学生回到我们中间，听我们谈论大学、院系、学院、

① 贺国庆：《中世纪大学和现代大学》，载《河北师范大学学报（教育科学版）》，2004（2）。

业士学位、执教权、博士学位、学习课程、常设课和非常设课，很有可能这样想，除了从前使用过的拉丁词被法语词所取代，其他一切照旧。只有当他坐进我们的讲演厅或课室，才会体会到已经发生的变化。他会就此看到，学术生活已经发生了转型，但依然是在中世纪为它挖就的沟渠里流动。

——[法]爱弥尔·涂尔干：《教育思想的演进》，李康译，225～226页，上海：上海人民出版社，2003

教师设问：现代教育与中世纪大学有何关系？

教师引导学生分析：我们了解了巴黎大学的历史，感受到早期大学的独特魅力，结合涂尔干的说法，这些早期大学的特征在历史的发展中有的延续下来，有的消失或变迁，但对现代教育均产生了深远影响，现代教育“依然是在中世纪为它挖就的沟渠里流动”。在东西方交流日益密切的今天，研究欧洲早期大学，能让我们更好地把握大学的理念和教育的真谛。

设计点评

本微课选取学生熟悉的近代留学法国的中国人物导入，设问引起学生探究的兴趣。在内容上选择具有代表性的巴黎大学为例，所有史料均围绕巴黎大学选择，紧扣欧洲早期大学的特征进行设计，使整节微课线索清晰。设计上采取层层推进的方式，从图文结合的巴黎大学简介、直观的统计数字到国内学者的论述，最后到中世纪的法令条款，由易到难，引导学生一步步认识早期大学的特征，感受大学的魅力，溯源而上，寻找现代大学之滥觞，有助于教学目标的达成。

微课设计二：牛津大学的独立自治

设计意图

通过了解牛津大学在与王权、教权、当地居民的斗争中取得自治的历程，让学生感悟早期大学在发展过程中形成的独特精神。

设计方案

一、“牛气冲天”的牛津大学：一所独立自主的学校

教师讲述： 据新闻报道，2011年英国政府曾试图让卡扎菲次子赛义夫入读牛津大学，希望以此改善英国和利比亚的关系，但遭到学校的拒绝。还有一个广为流传的故事，有一名英国女孩出生于苏格兰边远地区，中学毕业考试成绩全A，是近百年来当地唯一一个达到牛津录取线的学生。然而经过面试，教授们却认为，该生不具备牛津大学要求的创造潜质，拒绝了她的入学申请。女孩的家乡对此极为重视，找到教育大臣帮忙。教育大臣于是找到牛津大学，希望给予破格录取，而牛津大学却拒绝了。教育大臣又找到副首相出面，同样被婉言拒绝了。无奈之下，副首相只得请首相布莱尔出面说情，布莱尔亲自给牛津大学打电话力图说服校方改变原先决定。但牛津大学仍然表示不能接收，理由就是：在招生问题上，任何人无权更改学院教授的面试结论，这是牛津大学几百年来的传统。

教师设问： 牛津大学在录取学生时独立自主，敢于拒绝首相，不受政府的干预，全赖其“几百年来的传统”。那么，这种传统是如何形成的？

二、牛津大学为什么“牛”：牛津大学传统的形成过程

材料呈现：

材料一　和中世纪最早的大学一样，牛津大学不是创建的，而是逐渐形成的。早在1096年，在牛津就开始有学者从事学术和教学活动，但这种学术活动时断时续，1167年后才迅速发展起来。是年，英国国王亨利二世同法国国王发生争吵，便把英国学者从巴黎大学召回，并禁止英国学者和学生去巴黎大学讲学或求学。一些著名学者来到牛津，牛津便逐渐发展成为中世纪的大学（studium generale）。

——刘宝存：《牛津大学办学理念探析》，载《比较教育研究》，2004年第2期

教师设问： 牛津大学是如何建成的？

教师引导学生分析： “大学”的英文是“university”，是由“universitas”一词演变而

来。而“universitas”一词最初是指“corporation”（公会、自治团体），与行会“guild”（gild）同义。从11世纪后半期开始一直到12世纪，结成行会这一做法得到人们的广泛认同，并演变成为一种普遍的生活方式。在当时环境下，聚集在设有大教堂的城市里的讲课和听课的师生，仿照手工业者行会的方式组织了教师或学生行会，此后逐渐形成了由教师社团完全掌握了管理权的教师大学和学生主导的学生大学两种发展模式，早期建立的巴黎大学成为了教师大学的模板。1167年之后仿照巴黎大学模式创办的牛津大学，也同样借鉴中世纪的行会组织，经过艰苦斗争努力获得当时行会所能拥有的特许权。

材料呈现：

材料二　“行会”具有两种很鲜明的特质：第一，“行会”的各个成员地位都是平等的，并通过民主的方式来决策校务事宜。例如，校长与院长都是经过民主选举推选出来的。领导者的任期不会太长，在巴黎大学最初为一个月，后为三个月，在波伦亚大学则为一年，而后进行再次选举。第二，“行会”是一个很团结的职业化集体，为了捍卫自身的最大利益，“行会”的成员必须团结在一起，这是由当时的历史环境所限制的。团结的最大目的是取得自治的特权，他们维护自己的特权并与世俗力量和教会势力不断地进行着激烈的斗争。

——班媚：《中世纪大学自治的兴衰及启示》，

载《沙洋师范高等专科学校学报》，2009年第2期

教师设问：牛津大学为什么有独立自治的特点？

教师引导学生分析：大学行会的特质使它与生俱来有着民主、团结的特点，使自治成为可能。牛津大学跟大多数的大学一样，自成立之日起，为捍卫自身的最大利益，一方面，与教会、王权以及世俗社会进行博弈，以获得自治权；另一方面，又依附于国王和教会，与它们有着特殊的关系。牛津大学的校徽某种程度上体现了这一特点。

材料呈现：

材料三　牛津大学校徽。

教师设问：观察牛津大学的校徽，它是如何体现大学与世俗力量和教会势力的关系的？

教师引导学生分析：牛津大学校徽主体

部分由三顶王冠和一本展开的书组成。书上用拉丁文写着《圣经》的一句话“Dominus Illuminatio Mea”（“主照亮我”），体现了宗教对大学的影响。校徽的元素虽有王权和宗教色彩，但中心是一本书，书上文字翻译成英文为“The Lord is my light”，运用隐喻的方式，用光明（light）类比知识和智慧，体现了知识至上的地位，反映了牛津大学在王权和宗教之间独立自治的特点。

三、牛津大学怎么“牛”：牛津大学精神的解析

教师讲述：牛津大学成立之后，大批学者和学生的到来打破了牛津的宁静。学者、学生与牛津镇居民由于各种问题经常发生各种冲突，随之发生了一件颇具历史意义的事件。

材料呈现：

材料四　由于牛津城发生了一起学者杀害妇女事件——英国历史学者确信这纯粹是一起意外事故，因此激起了市长与市民的怒火。在市长的准许下，市民们对凶手所在的旅舍发起了突然袭击，一些学者因此被拘捕。……与此同时，被狂怒的市民当作泄愤对象的预备修士们（指在牛津修习神学和法学的学生们）……为了自身安全而选择了逃离。……一些人逃往附近的重要城镇瑞丁，另外一些人则前往伟大的原型大学巴黎，同时还有一些人迁到了剑桥。

——[英]海斯汀·拉斯达尔：《中世纪的欧洲大学——博雅教育的兴起》(第3卷)，崔延强、邓磊译，18～19页，重庆：重庆大学出版社，2011

教师设问：面对与当地居民的冲突，大学该怎么办呢？

教师引导学生分析：在牛津大学与当地居民以往的多次冲突中，为支持大学的生存和发展，教皇和英国国王都以特权令状的方式授予大学特权，拉拢大学。1209 年的牛津骚乱发生后，罗马教廷也对之表示高度关注，教会出面与国王交涉、抗争，迫使国王让步，使牛津大学获得了相当大的自治权。牛津大学就在这种教权与王权博弈的政治格局下，在一次次的冲突中，发挥它与生俱来的特质，使大学自治逐渐发展。

材料呈现：

材料五

牛津大学

材料六　800多年来，在泰晤士河畔边，这所大学培养了数以万计的政治家、思想家、科学家、文学家、诗人、企业家和银行家，其中包括47位诺贝尔奖得主、6位国王、26位英国首相、86位大主教和18位红衣主教。

——别敦荣、蒋馨岚：《牛津大学的发展历程、教育理念及其启示》，

载《复旦教育论坛》，2011年第2期

教师设问：这种大学精神最终使得牛津大学成为了一个怎样的学校呢？

教师讲述：在牛津漫步时，就像“走进了历史”。王尔德（Oscar Wilde）坐过的木凳，萧伯纳（George Bernard Shaw）倚过的书架，雪莱（Percy Bysshe Shelley）仰望过的雪松，都照原样没动地留在了这座处处都是优美的哥特式尖塔建筑的城市里。在牛津大学漫长的办学历史上，一直坚持着中世纪时就形成的大学独立、民主、自由、自治的精神，把大学看作是自我管理的学者社团，看作是探索普遍学问的场所，致力于追求知识和真理，使其成为不仅对英国而且对世界和人类历史都产生了重大影响的一流大学。

四、牛津大学依然“牛”：大学精神的坚守

教师讲述：随着时代的发展，大学自治的内涵也在不断发展，进入21世纪以来，面

对激烈的国际竞争和社会变化，牛津大学也意识到只有通过改革才能继续保持其卓越的学术品质和捍卫大学治学治校的根本原则。2004—2006年，牛津大学曾经进行了一次改革。改革结果如何呢？

材料呈现：

材料七　即使经过长期的激烈争论和反复修改，由时任牛津校长主持下经过集思广益又深思熟虑形成的那套治理改革方案最终还是遭到否定，牛津偏于保守色彩的学术派取得胜利，传统的大学—学院的联邦式治理模式及其渐进式的改革思路得以继续。这是一次“有所不为”的改革，在建立现代大学治理体制的道路上，牛津的改革的参与者们都努力在牛津这个古老又庞大的复杂机构的全体人员之中谋求最广泛的共议和共识。牛津大学成功捍卫了“大学自治，学者治校”的大学精髓。

——钟周：《一场对“大学自治、学者治校”的深入反思：2004—2006年牛津大学治理改革案例分析》，载《复旦教育论坛》，2010年第2期

教师设问：改革遭到了否决，但为什么仍然说它是成功的？

教师引导学生分析：随着社会的发展，牛津大学尽管也受到经济、市场、政府和社会的影响，但它如同“牛筋”一样坚韧，始终坚守着底线，发展了以学术自由（academic freedom）、学术自治（academic autonomy）、学术中立（academic neutrality）为核心的大学精神，这是十分难能可贵的品质，是“几百年来的传统”，也是我们今天仅有百余年历史的中国大学需要学习的地方。

设计点评

由于欧洲早期大学对后世教育的影响涉及内容较多，本微课巧妙地采取小切口——只选取大学精神的其中一点“自治”作为切入点进行设计。以牛津大学为例，通过史料呈现，介绍了欧洲早期大学的创建以及牛津大学自治的历程，最后以牛津大学今天一场遭到否决的改革结尾，更能让人对牛津大学肃然起敬，在感悟大学精神的同时，进一步引起深思。

教学资源

资源1：第一种是教会创办的，学生和教师在一个校长领导下形成一种密切配合的团体，像巴黎、牛津和剑桥等大学那样。第二种是公立大学，由学生选举出来的校长总揽校务，如波伦亚和帕多瓦等大学那样。第三种是国立大学，由帝王征得教皇认可而建立的，如西西里的腓特烈二世成立的那不勒斯大学，和卡斯蒂拉的斐迪南三世成立的萨拉曼卡大学都属于这一类。

——［英］斯蒂芬·F. 梅森（S. F. Mason）：《自然科学史》，上海外国自然科学哲学著作编译组译，108页，上海：上海人民出版社，1977

资源2：大学的形成对中世纪的城市发展也起了极大的推动作用。一方面它刺激了城市的贸易；另一方面，大学（特别是如巴黎大学等著名大学）使所在城市的影响不断扩大，这样就能进一步吸收新的居民，而在当时，居民人数的多少是衡量城市是否繁荣的标志之一。

——张斌贤：《欧洲中世纪大学的历史地位》，载《纪念〈教育史研究〉创刊二十周年论文集（18）——外国高等教育史研究》，2009

资源3：欧洲中世纪大学兴起的主要原因是由于当时城市阶层与世俗王权和教会对抗以及保障自身利益的需要，他们需求大量具有法学知识与医学知识的人才。当时的学校无法满足这一强烈要求，大学适时出现，弥补了这一缺陷。

——李丹、李化树、杨海涛：《欧洲中世纪大学的形成发展及启示》，载《衡水学院学报》，2012年第5期

资源4：大学自治是大学作为法人实体不受国家、教会、任何其他私人或公共的法人团体以及任何诸如统治者、政治家、政府官员教会负责人、政策评论家或实业家等个人干涉的自由。

——［美］爱德华·希尔斯（Edward Shils）：《学术的秩序——当代大学论文集》，李家永译，283～284页，北京：商务印书馆，2007

资源5：在现代民族国家形成之前，人类的学术研究和学术团体早已存在。很多自治的大学穿越了国家政权的更迭，在历史的绝大变迁中，承担着延续文明的重任。自治

的大学，作为一种传承和拓展人类知识体系的组织，其重要性，至少不低于政府权力。稳定而公正的政治秩序和自由的学术研究，恰如国之两翼，引领着一个国家的国民走向更自由自在和充沛丰满的生存。

——戴志勇：《相信大学自治的力量》，载《南方周末》，2014-07-17

资源6：因为有了大学，普通教育，即使还很差，却普及得多了。

——恩格斯：《自然辩证法·札记和片断》，《马克思恩格斯全集》（第20卷），531页，北京：人民出版社，1973

资源7：13世纪末……爱尔兰的托马斯写道："巴黎城就像雅典，分成三部分：第一，商人、手工业者和普通百姓，名为大城；第二，宫廷周围的贵族和大教堂，名为旧城；第三，大学生和教员们，名为大学。"

——［法］雅克·勒戈夫：《中世纪的知识分子》，张弘译，66页，北京：商务印书馆，1996

资源8：

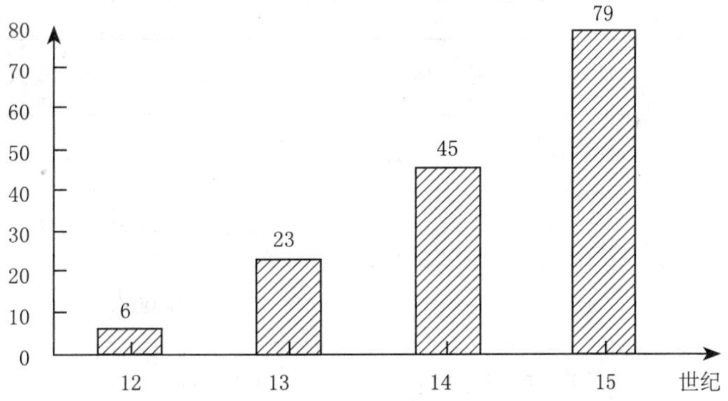

11—15世纪欧洲大学数量变化柱图

本统计主要依据拉什达尔的《欧洲中世纪大学》（第 1 卷）中的大学一览表而制作；在该表中，西班牙和葡萄牙只有 14 所大学，没有将西班牙的赫罗纳大学（Gerona）计算在内，因而至 15 世纪时共 79 所大学。而在海德·雷德-西蒙斯的《欧洲大学的历史》（第 1 卷）提供的图中有这所大学，该校约诞生于 1446 年，根据皇家特许状而成立，但只是到了 16 世纪才成为一个真正的大学。拉什达尔将这类大学称为"paper university"，因而未计算在内。

——宋文红：《欧洲中世纪大学的演进》，117页，北京：商务印书馆，2010

资源9：

巴黎大学部分年份的各科教师人数表

年　份	艺　学	神　学	法　学	医　学
1283年	183人			
1348年	514人	32人	18人	46人
1362年	441人	25人	11人	25人

——［法］爱弥尔·涂尔干：《教育思想的演进》，李康译，渠东校，145～146页，上海：上海人民出版社，2003

资源10：

中世纪大学部分时段的学生人数统计表

大　学	时　间	学生人数
博洛尼亚大学	15世纪	3000人
巴黎大学	13—14世纪	5000～7000人（最多不超过10000人）
牛津大学	1315年	1500～3000人
	1348年	1000人以下
剑桥大学	14世纪	最多不超过3000人
布拉格大学	1409年之前	1500人左右
维也纳大学	14世纪末	3600人
其他德国大学	15世纪	80～1000人

——宋文红：《欧洲中世纪大学的演进》，214页，北京：商务印书馆，2010

资源11：

描绘中世纪大学上课情景的版画

——人民网：《组图：回望人类发明之路——中世纪酝酿的科学革命》

资源12：

- 中世纪大学的类型
  - 根据大学的水平档次划分
    - Stadium generale，规模较大，类似于今日所谓的“一流大学”
    - Stadium particulare，规模较小，类似于“地方性大学”（或许属于学院乃至大专之类的高校）
  - 根据大学形成过程划分
    - 自然形成的大学
    - 因罢课（cessation）和迁校（secession）而形成的大学
    - 由教皇、皇帝或各地封建领主创办的大学
  - 根据大学内部组织结构划分
    - 学科单一型与学科综合型
    - 学部型和学院型
  - 根据大学的权力结构划分
    - 学生大学
    - 教师大学

中世纪大学的类型图

——张磊：《欧洲中世纪大学》，118～123页，北京：商务印书馆，2010

大陆法系的基石：《查士丁尼法典》的编纂

学术引领

19世纪德国法学家鲁道夫·冯·耶林（Rudolf von Jhering ）在《罗马法精神》对罗马法有一句精辟且广为传诵的评价："罗马曾三次征服世界：第一次以武力，第二次以宗教，第三次则以法律。而这第三次征服也许是其中最为平和，最为持久的征服。"[①]古罗马用强大的武力所建立的辽阔疆域，随着帝国的衰亡烟消云散；基督教在中世纪欧洲的思想垄断地位和巨大影响力，也随着近代思想解放运动和科学革命的兴起逐渐衰退。而罗马的法律，在被埋没了多年后重现天日，再度发光发热，对他的研究和模仿经久不衰。学术界一致认为，古罗马文明给当今世界文明最大的历史贡献莫过于罗马的法律和法律制度。罗马法在世界法律文明的历史长河中有着十分重要的历史地位。一部罗马法集大成之作《查士丁尼法典》，更是成为后世所谓的大陆法系的基石和渊源，影响至今。

① 江平、米健：《罗马法基础》，修订本第3版，51页，北京：中国政法大学出版社，2004。

一、罗马法的概念及特征

罗马法是罗马奴隶制国家法律的总称。

罗马法的产生、形成和发展，从始至终都是在奴隶制社会和国家的土壤之上。恩格斯在《反杜林论》①一文中指出，罗马法同时又是“以私有制为基础的法的最完备形式。”恩格斯在《社会主义从空想到科学的发展·1982年英文版导言》一文中认为，“古代罗马法——它几乎完满地反映了马克思称之为商品生产的那个经济发展阶段的法律关系。”②

由于罗马法具备了这样的本质特征，体现了商品经济的一般规律，所以在资本主义生产方式兴起后，罗马法充分地被后来的资产阶级民法所效仿和采用。也由于罗马法与现代资本主义条件进行了巧妙的结合，致使后世法律对罗马法的沿袭和修改都无法从根本上动摇罗马法私有制和商品化这一本质属性。

从《十二铜表法》到《查士丁尼法典》，罗马法经历了一千多年的发展历史。《查士丁尼法典》无疑是罗马法集大成的集中表现，也是罗马法发展到完备、成熟阶段的标志性成就。

成熟的罗马法被普遍认为有以下四个特点。

第一，法理精深。如物权理论中对所有权各种权能和自物权、他物权的划分及其相互关系的理论，至今依旧极为重要。比如，关于债的理论，《查士丁尼法典》中的《法学阶梯》部分规定：“债是拘束我们根据国家的法律而为一定给付的法锁。”③除此之外，罗马法学对后世法学方法也产生了深远影响。古罗马法学家首先总结和概括出了推断发现法律和归入适用法律的法学基本方法。

第二，概括简赅。成熟的罗马法无论在概念或语言上都精辟凝练。

第三，系统丰富。罗马法涉及的内容十分丰富，其表现在罗马法对私有制社会中商品经济中的各种各样复杂关系和变化多端的民事流转形式都有不同程度的反映。这就是为什么说罗马法“几乎完满地反映了马克思称之为商品生产的那个经济发展阶段的法律

① ［德］恩格斯：《反杜林论》，《马克思恩格斯选集》（第3卷），第2版，445页，北京：人民出版社，1995。

② ［德］恩格斯：《社会主义从空想到科学的发展·1982年英文版导言》，《马克思恩格斯选集》（第3卷），第2版，710页，北京：人民出版社，1995。

③ 转引自江平、米健：《罗马法基础》，修订本第3版，279页，北京：中国政法大学出版社，2004。

关系”的意义之所在。直至今天，在物权的形式、内容及其实现、契约的形式及其履行、继承的种类及其实现等许多方面，罗马法都是典范。

第四，程序成熟灵活。成熟的罗马法摆脱了早期僵化禁锢、形式主义的弊端，变通灵活，设置完备，主要反映在诉讼原则和司法制度的发展过程中。

二、罗马法的历史评价

美国学者赞恩（约翰·梅西·赞恩，John Maxcy Zane）在《法律的故事：最新最全译本》（第2版，于庆生译，147页，北京：中国法制出版社，2014）一书中指出：“关于法律的分类、一般理论和适用方法，现代世界完全受惠于罗马。如果没有罗马法学家若干世纪致力于罗马法精致体系一般原则的开创和具体规则的研究，我们的法律制度会是什么样子，真是难以想象。”

就法律的分类而言，许多法律分类源于罗马法，如《查士丁尼法典》中记载古罗马法学家将法律分为公法和私法，到今天依旧是一种重要的分类方法。当今在对罗马法的研究中，则多集中在对私法的研究上。

就法律术语而言，许多当代的法律术语都来源于罗马法，如“先占”“代理”“不当得利”“契约自由”“过错责任”等。

对于一般公民而言，古罗马对世界法律文明的贡献主要是它最早在世界上创建出一套程序完备的专业法庭和专业律师代理诉讼的司法制度。

在罗马人的世界里，法律占有最中心的位置，这种信奉法律至上的民族精神对罗马人的法律成就有巨大的作用。对依法治国的崇尚铸就了罗马人高度发达的法制文明和一度强盛无比的法治社会。正如澳大利亚历史学家约翰·赫斯特在《你一定爱读的极简欧洲史》（席玉苹译，202页，桂林：广西师范大学出版社，2011）一书中所言：“经济发展并不是罗马人推动革新的重点，以一套法典及一种效率卓然的军事组织将整个帝国维系于不坠，才是他们的治国精神所在。”

这种法治精神也深深地影响到了罗马人的文化。意大利学者冯·吕布托（Ulrich von Lubtow）在《罗马法对现代文化的意义》一书中指出：“几乎没有任何一个民族像罗马人那样心甘情愿、毫无怨言地躬身于神圣的法律旗帜之下。罗马人的文化史就是他的法律史。”①

三、罗马法精神的当代价值

成熟完备的罗马法在法律精神与原则方面对后世影响深远。

第一，法律面前人人平等原则。这一资产阶级革命时代的口号影响至今。这一口号和原则在理论上来自于斯多葛派的自然法思想，实践上来自罗马法。古罗马五大法学家之一的乌尔比安（Domitius Ulpianus）说：“现今所谓法律即取义于正义。事实上，它就是真善与公正的艺术。”“根据自然法，一切人生来平等。”同属古罗马五大法学家之一的保罗（J. Paul）也说过：“平等和公正即法律，例如自然法。”②在罗马法发展的实践中，从市民法向万民法的发展方向就是逐步摆脱市民法上的不平等，逐步扩大公民权，使罗马公民与外邦人法律地位逐步平等。

体现法律面前人人平等的另一罗马法原则就是“遵守你自己制定的法”。此原则形成于罗马共和国中期。公元前340年前后，罗马执政官托克瓦突斯（T. Manlius Imperiosus Torquatus）下令任何将士不得在布阵之外与敌方将军独自对阵。其子虽然杀死了对方敌将但违背了法令，托克瓦突斯遵守自己制定的法令，将自己的儿子处死，这充分体现了古罗马人对法律的崇尚。在追求最大的公平中，要维护法律的公平实施，避免执法的随意性以影响到法律的公平和公正。

第二，诚实信用原则。诚信这一当今最基本的民法原则同样可以追溯到罗马法。罗马法的诚信原则来自于诚意，指信守自己的许诺。古罗马法学家特里封宁（Tryphonin）详细的论述过诚信原则。特里封宁认为，应从整个法律秩序的角度来判断什么是符合善意，即诚信原则应该实现的公正。他举例说，某人在别人那里寄存了100元，事后因重罪被流放异邦而失去了罗马市民权，寄存合同中寄存人的债务决定于“善意”（即诚信），同时合同又受到了万民法的约束。因此，虽然流放者丧失了罗马市民权成为异邦人，但他仍按照契约拥有索回100元的权利。不过，他最终又否定了这种权利，因为从市民法角度以及整个法律秩序来看，应该没收寄存的钱。后者之所以要优于万民法，是由于一般预防性刑罚目的的缘故。西塞罗（Marcus Tullius Cicero）曾论述过类似的情况：

---

① 转引自江平、米健：《罗马法基础》，修订本第3版，4页，北京：中国政法大学出版社，2004。

② 转引自江平、米健：《罗马法基础》，修订本第3版，16页，北京：中国政法大学出版社，2004。

如果寄存人给祖国带来了战争并因此受到惩罚，那么他将失去索回寄存钱款的权利。

第三，公平分配原则，即“给他人之应有”。这一命令拥有两种形式：一为分配性正义，它按个人的功绩来建立平等，由此每人都可获得其应有；一为调整性正义，它的目的是建立一种算术式平等，即作为非自愿基础上进行的“交换”的惩罚，就如它在侵权之债中，尤其是偷窃、伤害中所体现出来的一样。罗马法学家特里封宁联系调整性正义以“各得其所”的命题进一步阐释了这个原则。古罗马五大法学家之一乌尔比安（Domitius Ulpianus）基于这一原则对“正义”做出了定义：“正直生活，不害他人，各得其所。”①

四、以《查士丁尼法典》为代表的罗马法的历史影响

著名历史学家爱德华·吉本（Edward Gibbon）在《罗马帝国衰亡史（第4卷）》（席代岳译，229页，长春：吉林出版集团有限责任公司，2008）一书中认为：“查士丁尼的胜利所获致的虚衔已成泡影，立法者的名声却能千年万世永垂不朽。”

查士丁尼大帝在总结罗马法律法制方面的贡献毋庸置疑。《查士丁尼法典》是公认最完整的罗马法典，它的横空出世，是罗马法多年累积后“法典化”成果的最集中体现。《民法大全》代表着罗马法的最高成就，历经一千四百余年经久不衰，迄今为止依旧是学术界研究的重要对象。在罗马法基础上形成的大陆法系，差不多分布于整个世界。

事实上，很难用一两句话来言明《查士丁尼法典》对后世的具体影响。不同时代、不同地域对《查士丁尼法典》内容的学习和接受是很不同的。美国学者艾伦·沃森（Alan Watson）在《民法法系的演变及形成》（李静冰、姚新华译，84页，北京：中国政法大学出版社，1993）一书中认为：“毫无疑问，罗马法在不同的时代就意味着不同的涵义，对于它的态度也就是更为普遍的文化趋向的组成部分。因而每本著作都带有它那个时代相应的痕迹。”

以《查士丁尼法典》为代表的罗马法对后世法律产生的深远影响，集中表现为“罗马法的继受”。罗马法的继受，即15—18世纪先后两次发生在欧洲历史上接受罗马法制

① 转引自江平、米健：《罗马法基础》，修订本第3版，22页，北京：中国政法大学出版社，2004。

度的历史过程。《查士丁尼法典》对后世影响的主要代表作品是法国的《拿破仑法典》和德国的《民法典》，以这两部法典为代表，又派生出许多不同的法典，从而形成枝条繁杂的民法法系。

到了19、20世纪，这种情况在法律编撰上得到更大的体现。用“旧酒换新瓶”一词来形容似乎比较贴切。美国人查尔斯·谢尔曼（Charles Sheman）在《罗马法在现代世界·序言》一文中认为：“所有十九世纪和二十世纪编撰的法典都有一个共同特点：现代的法典很大程度上可视作优士丁尼之不朽罗马法典的再次出版——它们只是与新的时代相适应了，并且穿上了新的语言学的外衣。”①

微课设计

微课设计一：伟大的《查士丁尼法典》

设计意图

通过对《查士丁尼法典》编撰过程的基本介绍，让学生初步领略《查士丁尼法典》在罗马法律发展史中的重要地位。

查士丁尼，拜占廷帝国皇帝（527—565），主持了罗马法的编纂
——徐继强：《西方法律十二讲》，81页，重庆：重庆出版社，2007

设计方案

材料呈现：

材料一　“查士丁尼一世”图片。

教师介绍：图片上的人物就是查士丁尼一世。这位皇帝即位之时，西罗马帝国早已灭亡。作为东罗马帝

① 转自江平、米健：《罗马法基础》，修订本第3版，40页，北京：中国政法大学出版社，2004。

国的皇帝，他和许多前任统治者一样，都怀揣着一颗收复失地、恢复昔日罗马帝国地中海霸主地位的心愿。雄心勃勃的查士丁尼一世通过一连串军事行动，收复了许多昔日西罗马帝国的领土。可是，真正让查士丁尼一世名垂青史的却是他主持编纂的《查士丁尼法典》。

一、《查士丁尼法典》的编纂背景

材料呈现：

材料二　皇帝的威严光荣不但依靠兵器，而且须用法律来巩固，这样，无论在战时或平时，总是可以将国家治理得很好；皇帝不但能在战场上取得胜利，而且能采取法律的手段排除违法分子的非法行径。

——［古罗马］查士丁尼：《法学总论——法学阶梯》，张企泰译，1页，北京：商务印书馆，1989

教师设问：为什么查士丁尼一世要编纂法典呢？

教师解读：在查士丁尼看来，法律是治理国家、巩固自身统治的重要手段。查士丁尼的这种治国理念其实正是继承了多年来罗马依法治国的历史传统。

材料呈现：

材料三　几乎没有任何一个民族像罗马人那样心甘情愿、毫无怨言地躬身于神圣的法律旗帜之下。罗马人的文化史就是他的法律史。

——江平、米健：《罗马法基础》，修订本第3版，4页，北京：中国政法大学出版社，2004

教师设问：这则材料反映了什么问题？

教师解读：从材料中我们可以看出，罗马人十分崇尚依法治国。罗马人的文化深深地打上了法律的烙印。事实上，自从罗马建国以来，罗马的法律制度就与时俱进，在不断地发展。罗马人的法律，从最初的停留在口头上的法律，发展为写成文字的成文法律；从原来仅适用于罗马城邦公民的法律，发展到普及罗马帝国广大民众的法律。为了维护公平与正义，罗马人发明了法庭作为公开解决法律案件的场所，他们聘请专业的律师利用证据，通过推理、辩论等方式来解决人们在生产生活中出现的法律纠纷。这在现在看来十分普遍的现象在当时的古代世界是非常少有的。罗马人在法律方面的成就远远超过了同一时期许多其他文明。

罗马人在法律方面作出了如此丰富的成果，将数百年的法律成果整理编纂成一部系统的法典就成为了罗马人的心愿。在查士丁尼之前，罗马法典的编纂运动就已经开始了。可是，之前的罗马皇帝主持制定的法典都无法囊括罗马法律所有的精华。雄心勃勃的查士丁尼一世即位后，决心顺应这一潮流，将过去多年的罗马法成果整理、编撰一部巨大的法典，完成这一项以前所有罗马皇帝都未能完成的艰巨而又伟大的事业。

二、《查士丁尼法典》的编纂过程

教师讲述：现在我们常说的《查士丁尼法典》，又被称为《国法大全》，实际上是一系列法典的总称，其中包括《查士丁尼法典》《查士丁尼法学阶梯》《查士丁尼学说汇纂》和《查士丁尼新律》四个部分，汇集了罗马法的全部精华。

1.《查士丁尼法典》的编撰

材料呈现：

材料四

查士丁尼主持编撰法典

——徐继强：《西方法律十二讲》，81页，重庆：重庆出版社，2007

教师介绍：从上图我们可以看出，为了完成这项艰巨的任务，查士丁尼亲自主持法典编纂会议，他任命当时最顶尖的罗马法学家组成一个团队对现存的法律进行整理修订。从公元526年皇帝下令开始到公元529年颁布施行，以他的名字命名的《查士丁尼法典》耗时3年才完成。然而这只是整个法典的一小部分。现在我们所认识的一系列的《查士丁尼法典》其实还包括另外三个重要的组成部分。

依法治国需要培养大批优秀的法律人才。对于许多人而言，罗马法律是一件庞然大物，让很多年轻人望而却步。事实上，无论是过去还是现在，学习法律一直是一件十分辛苦的事情。

2.《法学阶梯》的编撰

材料呈现：

材料五　法学入门教材——《盖尤斯法学阶梯》①。

教师设问：怎样才能让人们更好地了解罗马法的精髓呢？

教师解释：图中人物叫盖尤斯（Gaius），他是古罗马最伟大的五个法学家之一。盖尤斯曾写过一本帮助青年学习罗马法的入门教材——《盖尤斯法学阶梯》。这本书用非常精练的语言将罗马法的基本精髓做了介绍，难度不高，分量不大。

盖尤斯

为了激发青年人学习法律的热情，鼓励他们投身法律工作报效祖国，查士丁尼下令制定一本法学入门教材。当时的罗马法学家以盖尤斯的《法学阶梯》为蓝本，结合当时的时代需要，制定了著名的《查士丁尼法学阶梯》。该书于公元533年完成。

3.《查士丁尼学说汇纂》的编撰

教师介绍：《查士丁尼学说汇纂》是《查士丁尼法典》四部分中分量最大的组成部分，《查士丁尼学说汇纂》共五十册，里面汇编了七百年来罗马历代著名法学家的观点和学说。

教师提问：那么，为什么查士丁尼要下令将罗马法学家的观点和学说整理成册，而且给予这么重大的分量呢？

教师解释：对罗马法律作出极大贡献的有那么一群人，我们称之为法学家。罗马人

① ［古罗马］盖尤斯：《盖尤斯法学阶梯》，黄风译，北京：中国政法大学出版社，2008。

有一句谚语："法学家创造了罗马法。"可见，法学家在罗马法发展历史中的重要地位。古罗马产生了许多杰出的法学家，他们对法律的解释既大大丰富了罗马法律也大大提高了罗马法律的精确水平。罗马历史上最有名的法学家有五位，被称为五大法学家，他们的法学观点甚至直接就具备了法律效应。

在查士丁尼时代，不同法学家的观点不仅多有重复，更有很多不统一、相互冲突的地方，这极不利于法庭的公正审判。查士丁尼下令将过去历代罗马著名法学家的著作加以搜集、整理并进行摘录。从公元530年至公元533年，耗时三年，完成了以上介绍的这部《查士丁尼学说汇纂》。

至此，查士丁尼手下的法典编纂委员会先后完成了以上介绍的三部法典的编纂工作。

4.《查士丁尼新律》的编撰

在三部法典编纂完成之后，查士丁尼先后陆续颁布了168条敕令解决他统治时期遇到的新的法律问题。查士丁尼死后，法学家们将这些皇帝的敕令编纂成集，称为《查士丁尼新律》，这就是《查士丁尼法典》的最后一部分。

教师小结：《查士丁尼法典》《查士丁尼法学阶梯》《查士丁尼学说汇纂》《查士丁尼新律》四部精妙绝伦的法典，汇集了罗马法的全部精华，组成了我们今天所认识的《查士丁尼法典》。这部伟大的法典又被后世统称为《国法大全》。

《查士丁尼法典》的编纂标志着罗马法典编纂运动的完成，对于罗马人而言这是一件伟大的成就。《查士丁尼法典》对后世产生的深远影响一直延续至今，世界许多国家的法典都直接或间接地从《查士丁尼法典》汲取了精华，《查士丁尼法典》就如同一颗明珠，在世界法律文明历史长河中闪烁着耀眼的光辉。

设计点评

学习法律从来不是一件容易的事，了解法律的漫长的历史也是如此。相比于教材一小段的介绍，本微课对《查士丁尼法典》的产生背景、编纂过程做了清晰而又不失丰富的介绍，对于刚接触罗马法知识的学生来说，这种介绍是十分必要的。在介绍《查士丁尼法典》编撰过程和基本组成的同时，作者也适时的穿插了一些对罗马法知识的介绍，这既加深了对《查士丁尼法典》历史地位的理解，也是对了解罗马文明的有益补充。

微课设计二:《查士丁尼法典》中的正义

设计意图

通过《查士丁尼法典》中的案例，让学生初步体会罗马法追求的公平公正精神。

设计方案

材料呈现：

材料一　正义女神忒弥斯。

教师介绍：在当今的西方法院门外，我们总是会看到这样一尊雕像，她就是正义女神忒弥斯。她双眼被遮蔽，用公平公正来实现人们的合法利益，用法律来关怀人间。这位女神就是古罗马的法律之神。事实上，崇尚法治的罗马人经过多年的努力，创造了十分完备、系统的罗马法律。

一、《查士丁尼法典》——罗马法集大成

材料呈现：

材料二

现存意大利圣维塔利安教堂的6世纪拜占廷镶嵌画——《查士丁尼及其朝臣》

——陈志强：《盛世余晖：拜占廷文明探秘》(彩插页)，昆明：云南人民出版社，2001

教师介绍：图片中心位置的人物是东罗马帝国皇帝查士丁尼一世。他下令编纂了一部汇编式法典，史称《查士丁尼法典》，该法典是罗马法的集大成者。

《查士丁尼法典》由四部分组成，分别为法典、学说汇纂、法学阶梯以及新律，最后完成于公元530年左右。法典内容为东罗马帝国时期的皇帝敕令，以及权威的法学家对于法律的解释，还有给法律学生当作法学的入门教材等。

二、《查士丁尼法典》中的正义

材料呈现：

材料三　“正义是给予每个人他应得的部分的这种坚定而恒久的愿望。”“法律的基本原则是：为人诚实，不损害别人，给予每个人他应得的部分。”

——［古罗马］查士丁尼：《法学总论——法学阶梯》，张企泰译，5页，北京：商务印书馆，1989

教师设问：从以上材料中，你能看出什么？

教师解析：从材料中我们可以看到，《查士丁尼法典》对正义有明确而清晰的定义。正义的重点在于给予他人应得的部分，正义是罗马法律的基本原则。

教师过渡：罗马人追求公平公正，那么在具体的社会生活中，《查士丁尼法典》又是如何保障到每个罗马公民的合法利益的呢？让我们看一则案例。

材料呈现：

材料四　如果一匹租来的马被人偷走，租马的人该负什么样的责任？

——［澳大利亚］约翰·赫斯特：《你一定爱读的极简欧洲史》，席玉苹译，79页，桂林：广西大学出版社，2011

教师设问：租来的马被偷了，谁要负责，谁要赔钱呢？

教师引导学生分析：从站在租马的人立场上看：虽然是我租马，可是我也不想马被偷啊，小偷那么多，我也阻止不了，应该是偷马的人负责，我不需要赔偿。从站在出租马的人立场上看：我把马出租给了你，你能使用它，你就得负责啊。但这马是我的，你弄丢了，就得你负责。双方喋喋不休。或许这个时候有第三方声音：马被偷了是意外，每人赔一半好了。

教师介绍：看来，要践行公平正义的理念，需要把情况考虑周全，才能实现给予每个人他应得的部分。我们看看法典是怎么说的吧。

材料呈现：

材料五　他必须赔偿这匹马的价钱给马主，因为他应该好好照顾这匹马。……不过，如果这匹马是遭人以暴力夺走，租马的人就不必负责；他不必为了保护别人的马而陷自己于危境。但是，如果租马的人过了约定时间没有归还而丢失了马，即使马是被人强行夺走，他也要负赔偿责任。

——［澳大利亚］约翰·赫斯特：《你一定爱读的极简欧洲史》，席玉萍译，79～80页，桂林：广西大学出版社，2011

教师引导学生分析：从材料中我们看出，《查士丁尼法典》考虑了两种附加的情况。一种是马匹被盗的手段，一般情况下的被盗和被暴力夺取情况有很大的区别。第二种是租马的期限，在期限内和过期的情况完全不一样。看来，实现法律中的正义可不是一件简单的事情。

材料呈现：

材料六　如果某人有两个儿子，目前一个子女健在，而另一个已死亡。但这个儿子在世上留下了一儿一女。如果该人没有立遗嘱，按照市民法，他的一个健在的子女和另一个儿子所留下的一儿一女（孙子女）共同被召集来参加继承。该一儿一女与他们的叔叔共同参加他的遗产继承，因为，如果他们的父亲还活着，其父将和叔叔继承，在他们的父亲死亡时，他们作为自家继承人当然地继承了其父生前享有的一切权力和地位，也包括其父对祖父的继承权，所以，他的子女继承了他的地位，参与遗产份额的继承。

——［古罗马］优士丁尼原著、李士萍导读：《法学阶梯导读》，64页，天津：天津人民出版社，2009

教师设问：针对这个案例，法典是怎么思考和解决的呢？

教师引导学生分析：遗产继承，也是当今社会的一个大难题。我们时常看到这样的新闻或电视剧情：为了争夺大数额的遗产，豪门家族、兄弟姐妹争得或你死我活，或闹上法庭。这个案例的关键在于，大儿子死了之后，其子女（或孙子女）是否和他们健在的叔叔一样具有继承遗产的资格。法典考虑到的第一个问题是，继承资格是由这个人自己决定的。因此，如果这个人有遗嘱，法典则尊重这个人的遗嘱。接着，法典考虑到的第二个问题是，如果这个人没有立下遗嘱，其子女（或孙子女）是否具有拥有继承财产的资格。如果其子女（或孙子女）没有资格，那么财产就归二儿子，也就是他们的叔叔所有。但是，“他们作为自家继承人当然地继承了其父生前享有的一切权力和地位，也包括其父对祖父的继承权”，因此法典规定，这个人的孙子女有继承资格。

教师设问：不过法典规定到此，还没有结束。接着，法典考虑到的第三个问题是，叔叔和自己的侄子、侄女之间是否存在优先继承的问题。也就是说，财产具体怎么分配的问题。于是，法典又要考虑两种情况：一种情况是孙子女和二儿子具有一样的继承地位，三人平分财产；另一种情况是，二儿子优先享有继承资格，与死去的大儿子平分财产，然后孙子女再平分死去的大儿子的财产。现在让我们来看看法典是怎么规定的吧。

材料呈现：

材料七

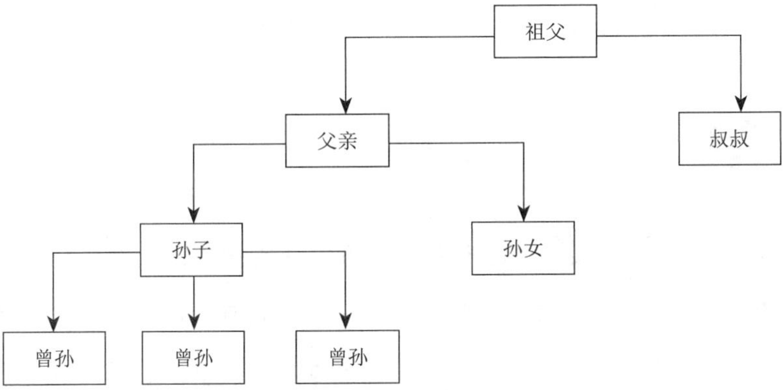

1. 如果父亲先于祖父死亡，孙子孙女代其父之位与叔叔共同继承祖父的财产。

2. 如果父亲、孙子都先于祖父死亡，三个曾孙先代孙子之位与孙女组成一支代父亲之位与叔叔共同继承祖父的财产。

3. 假设祖父财产为100元，孙子孙女代表父亲分50元，叔叔分50元；若曾孙已死，三个曾孙共分得25元。

——［古罗马］优士丁尼原著、李士萍导读：《法学阶梯导读》，65页，天津：天津人民出版社，2009

教师小结：从材料可以看出，为保证每一位继承人的合法权益，《查士丁尼法典》做了充分而周全的考虑、明确而清楚的规定。

教师总结：从以上两个案例可以看到，《查士丁尼法典》中追求的公平公正原则、诚实信用原则，以及对不同情况的多种考虑，着实让我们感叹罗马法的法律智慧对人的关怀。如果同学们仔细阅读法典中的其他案例，就会发现《查士丁尼法典》包罗之广、涵盖之细，完全超出我们的想象。虽然我们现在处理这些问题的方式或许有所不同，但不管面对的是什么样的疑难问题，前人都已经想到了。

设计点评

要理解罗马法的原则和普适性内涵绝非易事。本微课以一个个生动的小案例为切入口，以小见大地引导学生了解《查士丁尼法典》的内容，有助于激起学生的兴趣和思考，充分地实现本课所要达到的教学核心目标。在学习法律史当中，案例教学的确是一种很有用的教学策略。

教学资源

资源1：自然法并不是人心制定出来的东西，并不是各民族制定出来的一种任意的规定，而是那个支配宇宙的永恒理性的印记。……这是亘古不易之法，而不是存在于写下来的那一刹那间的法。它的来源与圣灵一样古老：因为真实、原始、首要的法无非就是伟大的天神用来支配一切的理性。

——陈金全：《西方法律思想史》，81页，北京：人民出版社，2012

资源2：一位母亲管理着她女儿的财产。后者是其父亲的继承人，他的父亲没有留下遗嘱便去世了。该母亲将她女儿的财产交给银行家来出售，并与其签订了合同。银行家按照合同约定的金额将出售所得的价款全部支付给了母亲；此后九年内，关于女儿财产的所有交易都由母亲以其名义进行。之后，母亲将女儿嫁了出去，并将其财产交给了其丈夫。这里的问题是，由于并非女儿本人，而是其母亲规定了已经售出的货物的价格，女儿是否有理由起诉银行家呢。斯凯沃拉简要地回答说，如果问题是通过支付，银行家是否在法律上解除了义务，那么他们在法律上被解除了。当然，他的意思是说解除了其合同义务。……这个问题取决于一个事实，银行家是否将商品的价金善意地支付给了无权管理的母亲。如果他们对此知情，并且母亲无力偿还的话，他们便没有被解除义务。

——[美]约翰·梅西·赞恩：《法律的故事》，于庆生译，177页，北京：中国法制出版社，2014

资源3：……希腊法的失败之处在于，它无力发现一个适合于将私法扩展、调整和适用于哪怕它自己的市民的法庭。这一缺憾不仅来自于法庭的民众性质，而且来自于法律职业阶层的缺位。罗马法的演变则发展出了这种称职的法庭和影响深远的职业，结果便是，罗马人拥有了法治。在罗马，法庭公开宣称，要将毫无疑问的法律适用于纠纷这样一种状况是不可能出现的，只要其适用似乎是恰当的即可。只要诉讼由训练有素的律师在法庭上进行代理，坚持法治就是顺理成章的。争议在于什么样的法治是可适用的，而这取决于事实，取决于产生自类推和逻辑推理的所有那些因素，它们被认为是至关重要的。这便是法学家针对一项规则接受咨询时的方法，只要诉讼由训练有素的律师来代理，它便必然被采用。

……法律不再是祭司的咒语或阶级欺骗的制度，它的命运被置于一个训练有素的职业的手中，而这个职业对所有普通市民都是开放的。自此以后，文明世界便再没有脱离这种法律的适当背景，因为凭着积累下来的经验，文明人懂得只有通过这种方式才能保护他们的权利。这种重要的文化观念，以及它在现代社会生活条件下对人际关系的适用，正是罗马留给我们的遗产。

——[美]约翰·梅西·赞恩：《法律的故事》，于庆生译，182～183页，北京：中国法制出版社，2014

资源4：罗马帝国实行一夫一妻的家长制婚姻家庭制度。婚姻制度经历了由“有夫权婚姻”向“无夫权婚姻”的演变过程。早期实行的是“有夫权婚姻”，也称“要式婚姻”。其基本特征是：丈夫享有特权，妻子无任何权利。婚姻以家庭利益为基础，被视为男女的终身结合，目的在于生儿育女，继血统，承祭祀。结婚方式有共食婚、买卖婚和时效婚。结婚以后，妻便脱离父家而加入夫的家庭，受夫权支配，其地位“嫁夫从夫”，身份、姓氏均依其夫。

共和国后半期，产生了“无夫权婚姻”，帝国时期则广泛采用这种婚姻家庭制度。无夫权婚姻不再以家庭利益为基础，而以男女双方的利益为依据。生子、继嗣降到次要地位。这种婚姻不需要履行法定仪式，只要男女双方同意，达到适婚年龄，即可成立。夫对妻无所谓“夫权”，妻没有绝对服从丈夫的义务，夫妻财产各自独立，妻的财产不论婚前婚后所得一律属自己所有。夫妻财产彼此没有继承权。后来裁判官法规定，无法定继承人时，配偶有继承权。

——徐继强：《西方法律十二讲》，82～83页，重庆：重庆出版社，2007

资源5：在古罗马，发生过一起令人头痛的案子。一个年轻人想要买座房子，经人撮合，认识了一个有房要卖的老头，而且与之达成了房屋买卖协议。协议签订后的第二天，不知是天灾还是人祸，一场大火把房子烧了。巧的是，那火只烧毁了房屋的一部分。

年轻人说，房子不要了，因为房子毁了一部分，而毁了一部分的房子根本不是他想要的房子。老头说，这可不行，我们的协议已经签订，既然已经签订，房屋自然属于你了，是福是祸你自己担着。

……

后来的古罗马皇帝查士丁尼在十分出名的《学说汇纂》这部法律汇编中说，遇到这种情况，要看剩下的房屋是否幸存一半以上，如果是一半或一半以上，则算是“合理的”，反之则不合理。

——刘星：《西窗法雨》，63页，北京：法律出版社，2003

资源6：法学家创造了罗马法。

——何勤华：《外国法制史》，第4版，81页，北京：法律出版社，2006

资源7：希腊人几乎在所有学问上都胜罗马人一筹，只除了法律。罗马人按部就班地扩充律法，将法官的裁决、司法专家的意见都囊括于内，作为法律的组成元素。罗马人的民族性比希腊人务实得多，法学思维却带有浓厚的希腊理想主义色彩。……

……

你可以看到这套法典包罗之广、涵盖之细，也看得出编者的决心，要为所有种类的人为交易订下公平公正的原则。我们现在的处理方式或有不同，但不管面对什么样的疑难杂症，我们知道，前人都已经想到过了。

面对这个伟大的知识宝殿——多少世纪众多心血的结晶，我们会自觉渺小。这就是古典情怀。

——［澳大利亚］约翰·赫斯特：《你一定爱读的极简欧洲史》，席玉苹译，79～80页，桂林：广西大学出版社，2011

千年帝国的命运：拜占廷帝国的兴衰

学术引领

拜占廷，对于很多人来说是陌生而遥远的，然而，拜占廷文明以拜占廷帝国为母体，经历千余年的演化，成为了欧洲中古时期存在时间最长、内容最丰富、体系最完整的文明。拜占廷帝国也因其悠久的历史、丰厚的文化对欧亚许多国家产生了广泛而深远的影响。

陈志强在《盛世余晖：拜占廷文明探秘》（295页，昆明：云南人民出版社，2001）一书的结语部分写道："拜占廷帝国曾是中古地中海世界最富有、最强大的国家，拜占廷文化曾辉煌了千余年，如同泥沙中的珍珠，如同黑夜中的火把，照亮了东欧西亚地区。但是，如此鼎盛的帝国终究灭亡了，土耳其人的大炮最终轰倒了千年屹立的城楼，帝国的'光荣'灰飞烟灭。"

屹立千年的大帝国，最终倒在土耳其人的大炮之下，甚至在相当长的时间里都被掩埋在历史的尘埃中，实在引人深思！

一、拜占廷帝国的历史发展

英国学者拜尼斯（Baynes，N. H.）主编的《拜占庭：东罗马文明概论》（陈志强、郑玮、孙鹏译，1页，郑州：大象出版社，2012）一书的前言部分指出，“拜占庭帝国是什么呢？它何时开始存在？又是何时结束的？关于其灭亡的年代几乎毫无争议是奥斯曼土耳其人征服君士坦丁堡的1453年。但是，关于一个特色鲜明的拜占庭帝国何时开始存在的问题却没有达成这样的共识。”

陈志强在《拜占庭帝国通史》（27页，上海：上海社会科学院出版社，2013）一书中指出，拜占庭国家的历史始于330年。这一年，君士坦丁大帝（Constantine the Great，306—337年在位）正式启用古城拜占庭为东都“新罗马”，后来该城改称为君士坦丁堡（Constantinople），意为“君士坦丁堡之城”。

法国学者罗伯特·福西耶（Robert Fossier）主编的《剑桥插图中世纪史（350—950年）》（陈志强、崔艳红、郭云艳等译，104页，济南：山东画报出版社，2006）一书认为，395年1月17日，（罗马皇帝）狄奥多西一世（Theodosius Ⅰ，379—395年在位）去世，皇位由其子霍诺留（Honorius，395—423年在位）和阿卡迪乌斯（Arcadius，395—408年在位）共同继承，他们分别统治帝国的西部和东部。从此，东罗马帝国的历史顺理成章地开始了。

拜占廷帝国的发展几经起伏。杨龙在《浅析拜占庭文明的特点和影响》（载《内蒙古农业大学学报（社会科学版）》，2010年第5期）一文中指出，6世纪的查士丁尼时代是拜占庭历史上的“第一黄金时代”，也是拜占庭文明基本成型之时。9至11世纪是拜占庭帝国历史上最繁荣的时期，被称为拜占庭发展史上的“第二个黄金时期”。从公元11世纪到1453年是拜占庭帝国的衰落时期。

二、拜占廷帝国的传统优势

西罗马帝国被日尔曼人灭亡后，西方的古典文明毁灭了。拜占廷帝国以其保存的希腊罗马古典文化成为了希腊罗马文明的继承者和保存者。

拜占廷帝国从罗马继承了巨大的历史遗产。美国学者朱迪斯·M. 本内特和C. 沃伦·霍利斯特在《欧洲中世纪史》（第10版，杨宁、李韵译，75页，上海：上海社会科学院出版社，2007）一书中认为："拜占庭在宗教上承袭基督教，在文化上承袭古希腊，而它的政府结构则大致源于罗马。我们甚至可以说，拜占庭的法律和官僚机构是从罗马晚期的政治制度直接演化而来的。""拜占庭还继承了罗马的统治思想，即重视防御和自我保存。"

杨龙在《浅析拜占庭文明的特点和影响》（载《内蒙古农业大学学报（社会科学版）》，2010年第5期）一文中认为："拜占庭帝国从罗马文化中吸收了罗马帝国的行政管理制度、官僚机构和立法制度这些罗马文化中的优秀成果，拜占庭的行政机构直接沿袭了已在西欧地区灭绝的罗马帝国的行政体制，没有与罗马帝国固有的行政体系背道而驰。另外，拜占庭帝国虽然信仰东正教，但东正教教廷与罗马教皇教廷根源统一，这在宗教上更加证明了拜占庭帝国与罗马帝国的无法割舍性。"

三、拜占廷帝国的地理特点

拜占廷帝国独特的地理优势促进了帝国经济的繁荣。徐家玲、崔艳红在《论拜占庭帝国灭亡的原因》（载《东北师大学报（哲学社会科学版）》，2001年第6期）一文中认为，拜占庭帝国处于欧亚非三洲的重要交汇点，在查士丁尼一世统治时期，帝国疆域东起两河流域上游，西至直布罗陀海峡，北达多瑙河和黑海北岸的克里米亚半岛，南抵尼罗河第二瀑布和马格里布。首都君士坦丁堡扼守欧亚大陆之咽喉，占据东西商路之要冲，"丝绸之路"和海上"香料之路"都汇集于帝国境内各口岸。繁荣的国际贸易和丰厚的海关税收，使帝国获得无与伦比的商业利益。

拜占廷帝国独特的地理优势也促进了帝国文化的繁荣。肖牛在《欧洲文化史上的重要一环——论拜占廷文化对欧洲文化发展的贡献》（载《贵州师范大学学报（社会科学版）》，1990年第2期）一文中认为："拜占廷文化还得益于它优越的地理条件。拜占廷的中心——君士坦丁堡，不仅以'丝绸之路'的终点而著称，也是当时世界商路的汇合中心。这使拜占廷文化在当时的世界文化交流中获得了得天独厚的条件。"陈志强在《盛世余晖：拜占廷文明探秘》（97页，昆明：云南人民出版社，2001）一书中指出："拜占廷的中心位于巴尔干和今天土耳其西部地区，在东面有古代的波斯和亚美尼亚文化，西南面的两河流域和巴基斯坦地区古文化积淀非常深厚，还有中古兴起的伊斯兰文化，南面有著名的文化中心亚历山大，西面和北面情况完全不同，日耳曼民族和斯拉夫民族文化发展缓慢。高水平的拜占廷文化长时期吸收融合并不断影响周边其他文化。”

四、拜占廷帝国的兴衰

1. 兴衰过程

拜占廷帝国继承和发展了罗马帝国的传统优势，再加上其独特的地理位置，在查士丁尼时代和9世纪初至11世纪初，国力强盛。美国学者朱迪斯·M. 本内特、C. 沃伦·霍利斯特在《欧洲中世纪史》（第10版，杨宁、李韵译，73页，上海：上海社会科学院出版社，2007）一书中指出，6世纪时，帝国正在扩张，在短时间内统治着几乎整个地中海沿岸，包括东部和西部。之后，它就渐渐失去了部分领土。到800年时，便只对小亚细亚和东巴尔干半岛的部分地区拥有主权了。再后来直到11世纪中叶，帝国又渐渐强盛起来。

繁盛的拜占廷帝国也潜藏着危机。斯塔夫里阿诺斯在《全球通史：从史前史到21世纪（上册）》（第7版修订版，吴象婴、梁赤民、董书慧、王昶译，242～243页，北京：北京大学出版社，2012）一书中认为，9世纪初至11世纪初，拜占廷帝国臻于极盛，这一时期在文化上是一个稳定的、和谐一致的时期。拜占廷人仍称自己是罗马人，但希腊语无论作为书面语还是口语，都是帝国通用的语言。总之，在这几个世纪中，由于同西方和伊斯兰世界逐步形成了一种适度的和平共处的关系，拜占廷是稳定、强大、富裕、自满和相当倾向于闭关自守的。

倾向于闭关自守的拜占廷帝国在11世纪后开始衰落，第四次十字军东征拉开了拜占廷帝国衰落的帷幕。

陈志强在《盛世余晖：拜占廷文明探秘》（4页，昆明：云南人民出版社，2001）一书中指出，在历史上，作为拜占廷帝国千年古都的君士坦丁堡曾经历了两次大劫难。第一次是1204年第四次十字军骑士的烧杀抢掠，标志着拜占廷帝国的衰落；第二次是1453年奥斯曼土耳其军队的炮火攻击，标志着拜占廷帝国的灭亡。前者摧毁了拜占廷帝国的“精神”，后者则消灭了其“肉体”。

2. 兴衰原因

拜占廷帝国从兴盛到衰亡，过程曲折，原因更是复杂。关于拜占廷帝国兴衰的原因，各国学者也是众说纷纭。

崔艳红在《国内外学者对拜占庭帝国衰亡原因的研究》（载《世界历史》，2002年第6期）一文中指出，关于拜占庭帝国衰亡的原因，综合国内外学者的研究成果，主要有“阶级斗争论”“小农经济破产论”“社会机体腐败论”和“时代落后论”等几种观点。“小农经济破产论”认为，小农经济的破产动摇了拜占庭帝国赖以生存的基础，是其灭亡的重要原因。崔艳红在《国内外学者对拜占庭帝国衰亡原因的研究》（载《世界历史》，2002年第6期）一文中指出，关于小农经济破产论，正如陈志强在《拜占廷灭亡的经济考察》（载《世界历史》，1990年第4期）一文中指出的，军区制管理下的小农经济瓦解和彻底破坏是拜占庭灭亡的基本经济因素，它的发展兴旺为拜占庭国家走向强盛奠定了稳定雄厚的经济基础，它的衰败促使拜占庭国势日衰，各种社会矛盾激化，加速了拜占庭国家最后的灭亡。厉以宁在《论拜占庭帝国的灭亡》（载《北京大学学报（哲学社会科学版）》，2005年第5期）一文中认为，拜占庭政府既不能保护自耕农的权益，又不能保护城市工商业者，兵源和税源都枯竭了，拜占庭帝国赖以生存的基础动摇了、瓦解了，奥斯曼帝国正是在这样的条件下灭掉拜占庭帝国的。

“时代落后论”认为，拜占庭帝国保守、停滞不前和不思进取是其落后的根源。崔艳红在《国内外学者对拜占庭帝国衰亡原因的研究（载《世界历史》，2002年第6期）一文中认为，当代拜占庭史家对拜占庭帝国衰亡的认识更为客观、科学和细致。雅典艮纳底乌斯（Gennadius）图书馆主任唐纳德·M. 尼科尔（Donald M. Nicol）在他的《拜占庭帝国的灭亡》（Donald. M. Nicol，The End of the Byzantine Empire，95页，伦敦，1979）一书中指出，导致拜占庭灭亡的原因有很多，最重要的原因就是这个帝国已经落后于时代了，帝国的居民不思改变，不愿接受新鲜事物，听任政府机构慢慢地垮下去也不愿变革。他们一直生活在过去，从不展望未来。14世纪的拜占庭学者们满足于对古典希腊学术的再发现。商人们也很快放弃了与威尼斯和热那亚的商业竞争。徐家玲、崔艳红在《论拜占庭帝国灭亡的原因》（载《东北师大学报（哲学社会科学版）》，2001年第6期）一文中认为，拜占庭帝国长期使自己陶醉在古希腊、古罗马古典文明的光环之中，以仿古和“温故”为业，无视外界的变化和发展，不思进取、不吸纳新事物，即使在侵略者的炮火已经震耳欲聋的危急时刻，还在做“地中海大一统帝国”之梦，却很少能面对现实，考虑最基本的生存问题。在这里，传统的辉煌成了他们不舍得放弃的包袱，保守、停滞不前和不思进取的思维方式，是使拜占庭灭亡的最根本原因。传统，成为了拜占廷守旧的借口与创新的障碍。

斯塔夫里阿诺斯在《全球通史：从史前史到21世纪（上册）》（第7版修订版，吴象婴、梁赤民、董书慧、王昶译，250页，北京：北京大学出版社，2012）一书中认为，拜占廷的确缺乏古典雅典的生气和荣耀。其原因在于，拜占廷所起的作用按恰当的词意来说，是保守的，它的命运注定是守旧而不是创新，它一出生就已是罗马帝国范围内的一个古老的国家。它生活在过去的权势和荣耀的阴影中，一直试图维持或恢复这种权势和荣耀。它产生了引人注目的一连串杰出的领导者——行政官员、将军、学者和神学家等。但是，由于其工作环境，他们中真正有创造力的人却为数极少。

五、拜占廷文明

1. 拜占廷文明的特点

拜占廷文明因其本身的历史地理特点而具有无可替代的独特性，在历史传统上深受古希腊罗马文化的影响。乔丹在《论拜占廷文化对欧洲文化的影响》（载《郑州航空工业管理学院学报（社会科学版）》，2005年第5期）一文中认为，拜占廷文化是在中世纪拜占廷帝国时期形成的，以君士坦丁堡为中心，以东正教为指导思想，以古希腊罗马文化为基础和内核的独特文化体系。拜占廷文化萌生于文化的沃土，它直接继承了古希腊罗马文化的宝贵遗产，有着深厚的文化传统。拜占廷帝国沟通东西，地理上的独特性促成了拜占廷文明的独特性。杨龙在《浅析拜占庭文明的特点和影响》（载《内蒙古农业大学学报（社会科学版）》，2010年第5期）一文中认为，拜占庭文明是以君士坦丁堡为其文化萌芽、发展、繁荣和向周围地区扩散、影响的中心，以古代亚洲东方文化为其重要补充，以基督教中的东正教思想为其文化的指导思想，以古希腊罗马文化为拜占庭文化形成的基础和核心的一种独特文化体系。

2. 拜占廷文明的影响

（1）拜占廷文明对西欧的影响

拜占廷文明对西欧文化影响巨大。肖牛在《欧洲文化史上的重要一环——论拜占廷文化对欧洲文化发展的贡献》（载《贵州师范大学学报（社会科学版）》，1990年第2期）一文中认为，由于拜占廷文明相对高于西欧，西欧文化在文艺复兴前一直受益于拜占廷。拜占廷对西欧文化的影响是通过拜占廷在意大利的领地、古典文献的传播以及学者交流等几大途径实现的。由于拜占廷文化通过这些渠道的传播，在文艺复兴前的西欧明显地看到拜占廷的影响。在宗教、法律和艺术方面尤其如此。

拜占廷文明对欧洲文艺复兴运动影响深远。肖牛在《欧洲文化史上的重要一环——论拜占廷文化对欧洲文化发展的贡献》（载《贵州师范大学学报（社会科学版）》，1990年第2期）一文中认为，作为古典文化继承者的拜占廷文化与欧洲文艺复兴运动有着不可分割的联系。文艺复兴在意大利的兴起固然有其深厚的历史背景和社会基础，但在文化联系上，拜占廷文化为意大利文艺复兴提供了文化基础，拜占廷学者将人文主义思想幼芽、表达方式以及古典文化遗产直接传递给了意大利文艺复兴的先驱者。乔丹在《论拜占廷文化对欧洲文化的影响》（载《郑州航空工业管理学院学报（社会科学版）》，2005年第5期）一文中也认为，拜占廷文化通过输送古籍、接纳西方学者留学以及在拜占廷领土上开展希腊化学术活动等渠道，使古典文化与意大利保持了密切联系。拜占廷文化长期在意大利的渗透，为公元13至14世纪兴起的研究古籍之风创造了条件，这也正是文艺复兴在意大利兴起的原因之一。拜占廷对意大利文艺复兴的直接影响，是晚期拜占廷学者的大量到来，他们将希腊语、人文主义思想和新的艺术风格带到了意大利。

（2）拜占廷文明对东欧的影响

拜占廷文明奠定了斯拉夫文化发展的基础。陈志强在《拜占庭帝国通史》（322页，上海：上海社会科学院出版社，2013）一书中认为，正是由于拜占庭传教士的努力，斯拉夫人不仅接受了东正教信仰，而且接受了由拜占庭人创造的文字，从此奠定了斯拉夫文化发展的基础，开始了斯拉夫人文明化的进程。拜占庭文化在东欧的传播具有深远的意义，不仅使斯拉夫人世界得到了文化启蒙，加速了斯拉夫人各民族国家的形成和发展，而且逐步形成了以君士坦丁堡为中心的东正教世界，奠定了近现代东欧文化区域的基本格局。拜占廷文明对东欧的艺术领域影响十分明显。肖牛在《欧洲文化史上的重要一环——论拜占廷文化对欧洲文化发展的贡献》（载《贵州师范大学学报（社会科学版）》，1990年第2期）一文中认为，在艺术的领域中，拜占廷的影响在保加利亚和俄罗斯表现得尤为明显。在建筑艺术中，大批拜占廷工匠来到俄罗斯修建教堂。基辅的圣·索菲亚教堂完全是希腊式的结构，后来逐渐形成了在拜占廷风格基础上与俄罗斯木构造型相结合的战盔式穹顶。在绘画领域中，拜占廷的圣像画成为了俄罗斯的绘画基础。

（3）拜占廷文明对阿拉伯的影响

拜占廷文明对阿拉伯文明的影响全面而深远。王三义在《阿拉伯文明与拜占廷文明的碰撞与融合》（载《西安电子科技大学学报（社会科学版）》，2004年第2期）一文中认为，阿拉伯人直接接受了拜占廷的土地制度，借用了拜占廷的部分官制和管理模式，吸收了拜占廷的生产方式和城市生活方式，接收和保护了拜占廷的城市建筑，保存了拜占廷大批的图书资料和艺术珍品，等等。阿拉伯人自己在许多方面加以改造，变成阿拉伯——伊斯兰化的东西。当然，拜占廷的法律制度穿越历史长空对现代欧美社会都有影响；拜占廷的艺术传之后世仍不失其光彩；拜占廷文化中的许多因素和阿拉伯文化已经融为一体。拜占廷帝国的影响深远而绵长。南斯拉夫学者乔治·奥斯特洛格尔斯基（Geory ostroyorsky）在《拜占廷帝国（324—1453年）》（陈志强译，470页，西宁：青海人民出版社，2006）一书中认为，拜占廷帝国于1453年灭亡了，但它的精神永存。其信仰、文化和关于政治生活的理念继续活跃着，不仅在那些以前曾经是拜占廷的土地上，而且在古老帝国边界以外的地区仍然能感受到它的影响，成为欧洲各国文明和政治发展的促进因素。

拜占廷帝国独特的历史、地理特点和突出的文化成就，能为我们理解拜占廷帝国的兴衰、历史地位提供很好的视角。在教学中，教师通过引导学生探究拜占廷帝国的相关史实，分析得出一定的历史结论，有利于培养学生“论从史出”的学科素养，也能更好地引导学生在分析历史中感受历史发展的复杂性、多样性，从而形成尊重历史、感悟历史的历史情怀。

微课设计

微课设计一：兴也“传统”，衰也“传统”——拜占廷帝国兴衰探源

设计意图

引导学生了解拜占廷帝国与古希腊罗马的关系，初步认识拜占廷帝国兴衰的原因。

设计方案

教师引导学生分析： 拜占廷文明在继承和保存希腊罗马古典文明的基础上起到了纵贯古今、联结东西的作用。拜占廷帝国承载着丰厚的历史遗产，这些历史遗产会成为拜占廷帝国兴盛的推力还是衰亡的根源呢？

一、拜占廷帝国"兴"之推力

1. "新罗马"的诞生

拜占廷帝国的产生和发展与古罗马关系十分密切。

材料呈现：

材料一　拜占庭国家历史始于330年，这一年，君士坦丁大帝正式启用古城拜占庭为东都"新罗马"，后来该城改称为君士坦丁堡，意为"君士坦丁堡之城"。

——陈志强：《拜占庭帝国通史》，27～28页，上海：上海社会科学院出版社，2013

材料二　395年1月17日，狄奥多西一世去世。皇位由其子霍诺留和阿卡迪乌斯共同继承，他们分别统治帝国的西部和东部。……从此，东罗马帝国的历史顺理成章地开始了。这段历史如同历史书籍提到的被冠之以"罗马人的"，或者被称作"拜占庭"的……东部帝国的历史一开始就表现出既新又旧的特点。

——［法］罗伯特·福西耶主编：《剑桥插图中世纪史（350—950年）》，陈志强、崔艳红、郭云艳等译，104页，济南：山东画报出版社，2006

教师设问： 拜占廷国家是如何建立的？拜占廷帝国与古罗马存在怎样的关系？

教师引导学生分析： 从以上材料中我们得知，拜占廷国家始于君士坦丁大帝正式启用古城拜占廷为东都"新罗马"，拜占廷帝国始于罗马帝国的分治，拜占廷帝国与古罗马的关系是一种继承和发展的关系。

2. 传统之"推力"

教师讲述： 拜占廷帝国是希腊罗马文明的继承者和保存者，拜占廷帝国从希腊罗马文明中获得了厚重的历史遗产。

材料呈现：

材料三　自君士坦丁时代起（即当代学者所强调的晚期罗马帝国时期），所谓的拜占庭文明已经开始在罗马帝国的框架内生长。这个罗马帝国的框架除了其传统的法制和行政统治秩序外，还有辽阔的跨越亚欧非三大洲的国土，包括原希腊化时期的著名中心城市，如雅典、亚历山大里亚、安条克，以及西方拉丁化地区意大利、高卢、西班牙、北非等等。

——徐家玲：《拜占庭文明》，452页，北京：人民出版社，2006

教师设问：拜占廷帝国从希腊罗马文明中获得的历史遗产为拜占廷帝国的发展提供了哪些优势？

教师引导学生分析：从材料三中我们了解到，拜占廷帝国继承了罗马帝国的传统法制和行政统治秩序，还有辽阔的跨越亚、欧、非三大洲的国土，这些都为拜占廷帝国的发展提供了古典文明的沃土。

3.“黄金时代”

教师讲述：优越的历史传统使拜占廷帝国在罗马帝国的框架内茁壮成长，创造了辉煌的中世纪拜占廷文明，也保持了相当长时期的繁荣。

材料呈现：

材料四　“6世纪的查士丁尼时代是拜占庭历史上的‘第一黄金时代’，基本上也是拜占庭文明基本成型之时。”“9至11世纪，是拜占庭帝国历史上最繁荣的时期，被称为拜占庭发展史上的‘第二个黄金时期’。”“从公元11世纪到1453年是拜占庭帝国的衰落时期。”

——杨龙：《浅析拜占庭文明的特点和影响》，载《内蒙古农业大学学报》，2010年第5期

教师讲述：从材料中我们可以概括出，6世纪和9至11世纪是拜占廷帝国发展的“黄金时代”；从公元11世纪到1453年拜占廷帝国走向衰落。

二、拜占廷帝国“衰”之根源

1.“衰亡”之路

材料呈现：

材料五　在历史上，作为拜占廷帝国千年古都的君士坦丁堡曾经历了两次大劫难。第一次是1204年第四次十字军骑士的烧杀抢掠，标志着拜占廷帝国的衰落，第二次是1453年奥斯曼土耳其军队的炮火攻击，标志着拜占廷帝国的灭亡。前者摧毁了拜占廷帝

国的“精神”，后者则消灭了其“肉体”。

——陈志强：《盛世余晖：拜占廷文明探秘》，4页，昆明：云南人民出版社，2001

教师讲述： 从材料中我们可以概括出，第四次十字军东征加剧了拜占廷帝国的衰落，奥斯曼土耳其军队攻陷君士坦丁堡，标志着拜占廷帝国的灭亡。

教师设问： 君士坦丁堡的陷落，标志着盛极一时的拜占廷文明最终湮灭于奥斯曼土耳其的扩张之中，其衰落的根源是什么呢？

2. “衰亡”之源

教师讲述： 拜占廷帝国在西罗马帝国灭亡之后还存续了1000年之久，足以说明拜占廷帝国有着强大的生命力，但负载着沉重历史遗产的拜占廷帝国没能迎来自己的新时代。其衰亡的根源是什么？

材料呈现：

材料六　虽然，在拜占庭生存的整个时期，它都在使自己适应时代的环境的变化，但命运注定它只是保存，而不是创新。因此，尽管拜占庭在长期的历史发展进程中始终保持文化生活的强大生命力，但在保守、传统和形式主义的“古董”帝国的传统思维模式的束缚下，窒息了其创造力的萌生与发展。

——徐家玲：《拜占庭文明》，519页，北京：人民出版社，2006

教师引导学生分析： 材料的内容反映了拜占廷帝国在发展过程中的一大特点，即注重保存，而不是创新。

教师设问： 拜占廷“注重保存，而不是创新”的特点源自什么因素？

材料呈现：

材料七　拜占庭从罗马不仅继承了政治结构和体系，而且也以新的方式发展了罗马的传统。拜占庭帝国的“高压政府”具有复杂的王室仪式、庞大的官僚机构和严厉的政府管理，最终超过了罗马帝国时期的规模。拜占庭统治者的这种繁琐复杂、时而显得曲折的治理方式远远超过罗马政治的防御理念，甚至在今天，“拜占庭”（Byzantine）这个词仍是“僵化、繁琐的政治策略”的同义词。

——［美］朱迪斯·M. 本内特，C. 沃伦·霍利斯特：《欧洲中世纪史》，第10版，杨宁、李韵译，75页，上海：上海社会科学院出版社，2007

教师引导学生分析： 从材料中我们了解到，拜占廷帝国之所以在“僵化、繁琐”的统治中发展自己，主要是因为拜占廷不仅继承了罗马的政治结构和体系，而且也以新的方式发展了罗马的传统。

教师讲述：拜占廷帝国生活在过去的权势和荣耀的阴影中，并且一直试图维持或恢复这种权势和荣耀，它陶醉于已有的辉煌，故步自封，不屑于学习和吸纳其他文明的优点。守旧、不创新的拜占廷帝国，最终难逃灭亡的命运。传统，成为了拜占廷帝国衰亡的根源。

盛世之后，拜占廷帝国带给我们的除了美好的回忆，还有无尽的思索。

设计点评

本微课从历史传统影响国家发展的角度，分析了拜占廷帝国兴衰的原因，突出了拜占廷帝国独特的历史传统与地理环境对帝国兴衰的影响，切口小，视野大。本微课注重引导学生从材料分析中得出历史结论，体现了“论从史出，以史为鉴”的历史教学观，值得借鉴。

微课设计二：盛世余晖——拜占廷文明的影响

设计意图

引导学生分析拜占廷帝国在建筑、绘画、宗教方面的传播与影响，初步认识拜占廷文明的特点和历史地位。

设计方案

教师讲述：1453年，拜占廷帝国首都君士坦丁堡陷落，盛极一时的拜占廷文明最终湮灭于奥斯曼土耳其的扩张之中，但帝国的精神并没有被磨灭，其宗教信仰、文化艺术和政治制度等方面的影响仍然在原拜占廷及其周边地区延续。无论是盛世时的辉煌还是落日时的余晖，拜占廷文明都如珍珠般璀璨！

一、盛世辉煌：拜占廷文明的形成与传播

1. 拜占廷文明的形成与特点

教师讲述：拜占廷文明萌生于古希腊罗马的文化沃土，继承了古希腊罗马文化的宝

贵遗产，有着深厚的文化传统。拜占廷独特的地理优势也使拜占廷文明在当时的世界文化交流中获得了得天独厚的条件。

材料呈现：

材料一　拜占庭文明是以君士坦丁堡为其文化萌芽、发展、繁荣和向周围地区扩散、影响的中心，以古代亚洲东方文化为其重要补充，以基督教中的东正教思想为其文化的指导思想，以古希腊罗马文化为拜占庭文化形成的基础和核心的一种独特文化体系。

——杨龙：《浅析拜占庭文明的特点和影响》载《内蒙古农业大学学报（社会科学版）》，2010年第5期

教师设问：材料反映了拜占廷文明具有哪些特点？

教师引导学生分析：材料一认为，拜占廷文明是集多种文明为一体的独特的混融性文明，它以君士坦丁堡为中心，补充了东方文化，吸收了基督教思想和古希腊罗马文化。它沟通东西，纵贯古今。

教师设问：拜占廷文明随着帝国的发展而繁荣，在哪些方面至今仍大放异彩？

2. 拜占廷文明的表现与传播

教师讲述：拜占廷式建筑在今天仍受到世界各地众多建筑师的青睐，其独特的风格，让人过目不忘。

材料呈现：

建造于6世纪的君士坦丁堡圣索非亚教堂，中央穹顶、支撑墙和拱壁外观

——［法］罗伯特·福西耶主编：《剑桥插图中世纪史（350—950年）》，陈志强、崔艳红、郭云艳等译，312页，济南：山东画报出版社，2006

（1）穹顶的魅力

教师讲述： 圣索非亚教堂是拜占廷帝国的典型建筑。法国学者罗伯特·福西耶主编的《剑桥插图中世纪史（350—950年）》一书写道："被誉为'神圣智慧之堂'的圣索非亚教堂于532年开始兴建。为了完成这一惊人的伟大建筑，查士丁尼毫不吝惜任何财富，最终使它成为保持拜占庭帝国权力的宗教中心，不仅皇帝本人和首都人民把它看做是帝国权力的象征，就连帝国周围的外邦人——各斯拉夫民族，也将圣索非亚教堂视为他们自己的首都。"①

教师设问： "神圣智慧之堂"的圣索非亚教堂有什么独特之处？

材料呈现：

材料二　教堂高耸的穹顶距离地面55米，其惊人的跨度有77米之广……圣索非亚大教堂因此成为几个世纪以来拜占庭教堂建筑仿造的蓝本：规模庞大、无与伦比，厚重的建筑，从外观上看似乎很不雅观地蜷伏在地面上，但内部却装饰着光彩夺目的镶嵌画。上帝被安排在醒目的位置，使帝国君主随时可以感受到他的权力和威严。

——［法］罗伯特·福西耶主编：《剑桥插图中世纪史（350—950年）》，陈志强、崔艳红、郭云艳等译，156～157页，济南：山东画报出版社，2006

圣索非亚大教堂内部的壮丽景观。建于6世纪查士丁尼皇帝统治时期。其原址是一座显示上帝智慧与威严的教堂，也叫做圣索非亚教堂。查士丁尼耗费上万人力将其重新修建，希望它能超越以往所有的建筑

——［法］罗伯特·福西耶主编：《剑桥插图中世纪史（350—950年）》，陈志强、崔艳红、郭云艳等译，159页，济南：山东画报出版社，2006

教师引导学生分析： 从图片和材料中，我们可以概括出圣索非亚大教堂的特点：规模庞大、建筑厚重、内部装饰着光彩夺目的镶嵌画。几个世纪以来，圣索非亚大教堂成为了拜占廷教堂建筑仿造的蓝本。

① ［法］罗伯特·福西耶主编：《剑桥插图中世纪史（350—950年）》，陈志强、崔艳红、郭云艳等译，156页，济南：山东画报出版社，2006。

材料呈现：

材料三　在艺术的领域中，拜占廷的影响在保加利亚和俄罗斯表现得尤为明显。在建筑艺术中，大批拜占廷工匠来到俄罗斯修建教堂。基辅的圣·索菲亚教堂完全是希腊式的结构，后来逐渐形成了在拜占廷风格基础上与俄罗斯木构造型相结合的战盔式穹顶。

——肖牛：《欧洲文化史上的重要一环——论拜占廷文化对欧洲文化发展的贡献》，载《贵州师范大学学报（社会科学版）》，1990年第2期

教师引导学生分析：从材料中我们可以得知，圣索非亚大教堂对东欧国家的建筑艺术产生了重要影响，俄罗斯表现得更加明显。

教师设问：圣索非亚大教堂内部装饰着的光彩夺目的镶嵌画是拜占廷文明的艺术精华。拜占廷的镶嵌画有何独特之处？

（2）镶嵌画之美

镶嵌画是最具拜占廷特点的绘画艺术形式，其奢华与炫丽无与伦比。

材料呈现：

现存意大利圣维塔利安教堂的6世纪拜占廷镶嵌画——《查士丁尼及其朝臣》

——陈志强：《盛世余晖：拜占廷文明探秘》（彩插页），昆明：云南人民出版社，2001

材料四　镶嵌画的基本材料是天然彩色石料，被切割成大小基本相等的各种形状的小石块，约1平方厘米，有时彩色玻璃碎块也可以代替罕见的石料。艺术家首先在平整的石膏画底上勾画出描绘对象的轮廓和画面线条，然后根据色彩的需要将五颜六色的石块和玻璃黏贴上去，最后，使用金片填充背景空白处。镶嵌画经最后抛光完成，在灯光

的照耀下，光彩夺目，即使在昏暗的烛光中也不时闪出奇光异彩。

——陈志强：《拜占庭帝国通史》，297页，上海：上海社会科学院出版社，2013

教师设问：从图片和材料中，我们可以概括出拜占廷镶嵌画有何特点？

教师引导学生分析：拜占廷镶嵌画的基本材料是天然彩色石料或彩色玻璃碎块，颜色鲜艳、光彩夺目，且色泽持久。

教师讲述：镶嵌画起源于古典时代的希腊，普及于罗马帝国时期，拜占廷艺术家将这种艺术形式发展到了最高阶段。

教师设问：拜占廷镶嵌画作品丰富，工艺水平高，对其他地区产生了哪些影响？

皇后塞奥多拉，意大利拉文纳圣维塔利安教堂（建于6世纪）唱诗班镶嵌画细部

——[法] 罗伯特·福西耶主编：《剑桥插图中世纪史（350—950年）》，陈志强、崔艳红、郭云艳等译，145页，济南：山东画报出版社，2006

材料呈现：

材料五　拜占廷艺术对西欧艺术的影响更为明显，特别在意大利，拜占廷建筑艺术和镶嵌壁画成为文艺复兴前的主要艺术形式。威尼斯的圣·马克教堂就是君士坦丁堡的圣·阿波斯教堂的翻版；腊万纳的圣·维塔尔教堂的镶嵌壁画完全是拜占廷模式。

——肖牛：《欧洲文化史上的重要一环：论拜占廷文化对欧洲文化发展的贡献》，载《贵州师范大学学报（社会科学版）》，1990年第2期

教师引导学生分析：材料指出了拜占廷镶嵌画对西欧的影响，对意大利的艺术影响显得更为深远，尤其是在文艺复兴前。

教师讲述：拜占廷的建筑艺术与绘画艺术深深地影响着西欧文明，其精神信仰则开启了斯拉夫民族的文明之旅。

（3）东正教世界的形成

材料呈现：

材料六　正是由于拜占庭传教士的努力，斯拉夫人不仅接受了东正教信仰，而且接受了由拜占庭人创造的文字，从此奠定了斯拉夫文化发展的基础，开始了斯拉夫人文明

化的进程。……拜占庭文化在东欧的传播具有深远的意义，不仅使斯拉夫人世界得到文化启蒙，加速了斯拉夫人各民族国家的形成和发展，而且逐步形成了以君士坦丁堡为中心的东正教世界，奠定了近现代东欧文化区域的基本格局。

——陈志强：《拜占庭帝国通史》，322页，上海：上海社会科学院出版社，2013

教师设问：拜占廷文化对斯拉夫人在哪些方面产生了巨大的影响？

教师引导学生分析：从材料中可以得知，在长期的发展中，斯拉夫人在宗教和文化上深受拜占廷文明的影响。

教师讲述：拜占廷文明与斯拉夫民族文明不断融合，逐步形成了具有共同信仰并有别于西欧的东欧世界，拜占廷首都君士坦丁堡也被东欧斯拉夫人看作是他们共同的宗教和文化起源的中心。

拜占廷文明在其生命的发展过程中铸造的辉煌成就影响了整个东西方世界，为世界文明留下了宝贵的精神财富，但盛极一时的拜占廷帝国最终湮灭于奥斯曼土耳其的扩张之中，唯有其不朽的文明如同落日下的余晖，普照着大地。

二、落日余晖：拜占廷文明对后世的影响

1. 奠定文艺复兴的基础

材料呈现：

材料七　拜占廷文化通过输送古籍，接纳西方学者留学以及在拜占廷领土上开展希腊化学术活动等渠道，使古典文化与意大利保持了密切联系。拜占廷文化长期在意大利的渗透，为公元13、14世纪兴起的研究古籍之风创造了条件，这也正是文艺复兴在意大利兴起的原因之一。拜占廷对意大利文艺复兴的直接影响，是晚期拜占廷学者的大量到来，他们将希腊语、人文主义思想和新的艺术风格带到了意大利。

——乔丹：《论拜占廷文化对欧洲文化的影响》，

载《郑州航空工业管理学院学报（社会科学版）》，2005年第5期

教师设问：拜占廷文明对文艺复兴运动产生了怎样的影响？

教师引导学生分析：从材料中我们了解到，拜占廷文化使古典文化与意大利保持了密切的联系，奠定了文艺复兴的基础，是文艺复兴在意大利兴起的原因之一。

教师引导学生分析：拜占廷帝国与阿拉伯军队长期冲突，并最终被奥斯曼土耳其人

灭亡，其文化的影响力对阿拉伯世界是否仍然强烈而持久？

2. 照亮阿拉伯文明的世界

材料呈现：

材料八　阿拉伯人直接接受了拜占廷的土地制度，借用了拜占廷的部分官制和管理模式，吸收了拜占廷的生产方式和城市生活方式，接收和保护了拜占廷的城市建筑，保存了拜占廷大批的图书资料和艺术珍品，等等。阿拉伯人自己在许多方面加以改造，变成阿拉伯——伊斯兰化的东西。

——王三义：《阿拉伯文明与拜占廷文明的碰撞与融合》，

载《西安电子科技大学学报（社会科学版）》，2004年第2期

教师引导学生分析：从材料中，我们了解到拜占廷文明对阿拉伯文明影响深远：阿拉伯文明在制度建设、生产生活方式、建筑、艺术和文物资料等方面都受益于拜占廷文明。拜占廷文明是阿拉伯文明的重要来源之一。

教师讲述：拜占廷帝国虽然已倒塌，但其深厚的文化对东欧、西欧和阿拉伯世界影响深远，其盛世辉煌与落日余晖仍然照耀千古。

设计点评

本微课从圣索非亚教堂、镶嵌画的特点、东正教的传播，以及拜占廷文明对文艺复兴、阿拉伯文明的影响这一角度，突出了拜占廷帝国在建筑、绘画以及宗教方面的巨大成就，让学生认识到拜占廷文明的历史地位，视角独特，立意新颖。

教学资源

资源1：拜占庭（Byzantine）这一名称最初是指位于博斯普鲁斯海峡的古城拜占庭。该城市始建于古希腊商业殖民时代，4世纪君士坦丁大帝（Constantine the Great，306—337年在位）在古城旧址上扩建罗马帝国的东都，此后，拜占庭城迅速发展，成为地中海第一大都市，而拜占庭这个名字也因此闻名于世。

然而，在中古欧洲并不存在所谓“拜占庭帝国”，也没有任何民族自称是“拜占庭人”。当时，原罗马帝国东部被称为“东罗马帝国”（the Eastern Roman Empire），其君主自称“罗马皇帝”，当地的居民则自称“罗马人”，连他们的首都也冠以“新罗马”。那么，我们使用的“拜占庭帝国”、“拜占庭国家”和“拜占庭人”等名称究竟从何而来？这些称谓实际上是近代学者在其研究工作中开始使用的。1526年，德国学者赫罗尼姆斯·沃尔夫（H. Wolf）在最初奠定《波恩大全》编辑基础工作中，首次使用“拜占庭的”一词，以示这部丛书的内容有别于古希腊和近代希腊的历史文献。1680年，法国学者西维奥尔·杜康也使用这一名称作为其《拜占庭史》一书的题目，用来说明这个以古城拜占庭为首都的东地中海国家的历史。从此，学者就将涉及这个古国的事物冠以“拜占庭的”，东罗马帝国也被称为“拜占庭帝国”。在历史文献中，“拜占庭”大多指这个城市，而非我们今天的含义。

——陈志强：《拜占庭帝国通史》，27页，上海：上海社会科学院出版社，2013

资源2：

德拉克洛瓦（Delacroix）：《十字军进入君士坦丁堡的入口处》
（*Entrance of the Crusaders into Constantinople.* 巴黎）

——［法］罗伯特·福西耶主编：《剑桥插图中世纪史（950—1250年）》，
李增洪、李建军、陈志坚等译，483页，济南：山东画报出版社，2008

资源3：……1453年年初，穆罕默德二世开始部署围攻君士坦丁堡的部队。据不同史料记载，参加这次战役的攻城部队有10万～20万人，其中包括奥斯曼土耳其帝国精锐的禁卫军加尼沙里兵团上万人和阿纳多利亚军团数万人。穆罕默德二世还将50多门大炮，分成14个炮群，其中最大的巨炮费时两个月才从铸造地阿德里安堡运到君士坦丁堡城外。此外，土耳其军队集中了120艘战船于马尔马拉海和南北两条海峡水面，其中15艘是大型军舰。外围战役于4月以前完成，奥斯曼土耳其军队攻占了所有通往君士坦丁堡的道路，在距离城墙1200米的地方扎下军营。

4月6日，攻城战正式开始，50多门重炮一起开火，一时间石弹横飞，轰鸣声震天动地，一枚周长近两米的巨型石弹击中主城门圣罗曼努斯门，摧毁一座城楼。……

海上进攻从19日开始，奥斯曼土耳其军队先攻占了君士坦丁堡的滩头阵地，而后强攻黄金角湾，企图冲破湾口的粗大铁链，从城墙薄弱点攻城。……

……

5月29日礼拜四，凌晨子时，奥斯曼土耳其军队开始了征服君士坦丁堡的总攻。穆罕默德二世下令水陆并进、三面同时发起攻势，进攻的重点是主城门圣罗曼努斯城门，他要求各部队要不间断地连续进攻，直至破城。……这时，一面土耳其战旗在城中升起，城市陷落的丧钟响彻全城，土军已从其他方向攻入城市，拜占庭帝国末代皇帝仍然阻挡在穆罕默德二世进城的道路上，直到敌人将他团团围住，最终战死，君士坦丁堡陷落了。

——陈志强：《拜占庭帝国通史》，268～272页，上海：上海社会科学院出版社，2013

资源4：

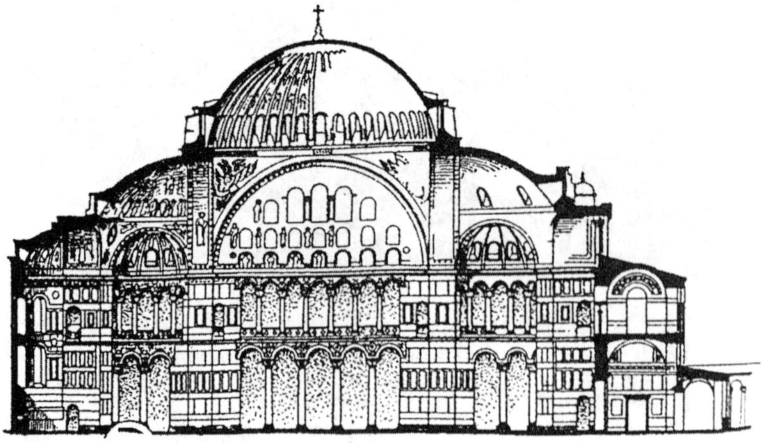

圣索非亚教堂剖面图

——陈志强：《盛世余晖：拜占廷文明探秘》，134页，昆明：云南人民出版社，2001

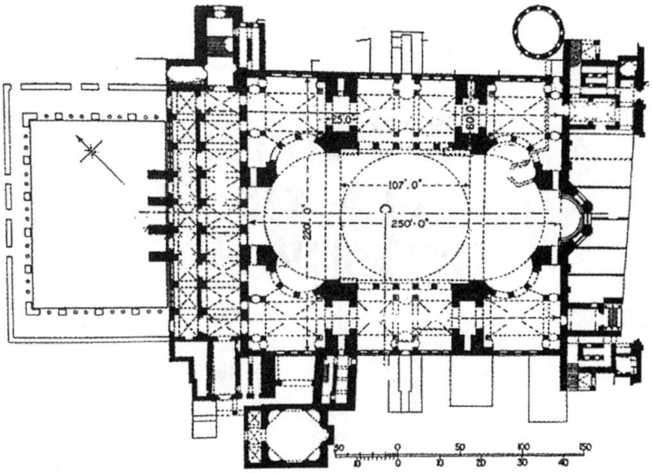

圣索非亚教堂平面图

——陈志强：《盛世余晖：拜占廷文明探秘》，135页，昆明：云南人民出版社，2001

资源5：最使人惊讶的是圣索非亚教堂宏伟的大厅，它由前大厅、主厅、侧厅和后厅构成。它长76.2米，宽67米，占地5106.7平方米，相当于14个篮球场大小。中心穹顶距离地面50多米高，由4座巨型扶壁作为支撑，每个扶壁需要30人才能合抱过来。扶壁之间有跨度32.6米的大型拱形墙壁连接，中心穹顶即架设在这些拱墙上。为了减轻重量，这个巨大的穹顶使用梯形薄浮石覆盖。而在穹顶连接拱墙的部位设计的一圈40个拱形长窗堪称精妙绝伦，这一精巧的构思解决了中心大厅的采光问题，使得太阳光在白天任何时候都可以射入教堂。中心穹顶周围的球形穹顶梯次降低，与前厅和回廊连接，形成了巨大的内部空间，可以容纳近万人同时举行祈祷仪式。这在古代世界可以说是世界之最了。

——陈志强：《盛世余晖：拜占廷文明探秘》，134～135页，昆明：云南人民出版社，2001

学习与模仿：日本大化改新的内容

学术引领

6世纪末7世纪初，日本面临的国内外形势需要进行一场社会变革。孙立祥在《日本三次社会转型及其历史启示》（载《华中师范大学学报（人文社会科学版）》2013年第3期）一文中指出，在东亚大陆，隋、唐帝国的先后建立既给日本提供了学习样板，也使大和朝廷倍感“国际压力”；而新罗交好大唐王朝，进一步加深了其“民族危机感”。在日本国内，落后的氏姓贵族制度和部民奴隶制度严重阻碍了生产力的发展，导致部民与奴隶主之间、豪族与豪族之间、豪族与王室之间的矛盾渐趋激化。593年，推古女王立贤明的厩户皇子为皇太子，是为圣德太子，总摄朝政的圣德太子揭开了大化改新的序幕。608年，圣德太子遣小野妹子再度衔命出使隋朝，并派遣高向玄理等四名留学生和南渊请安等四名学问僧同船前往中国留学，首开日本海外留学之先河。645年6月中旬，革新派发动宫廷政变，建立起以轻皇子为孝德天皇、中大兄皇子为皇太子、中臣镰足为内大臣、僧旻和高向玄理为国博士的革新政权。646年1月1日，孝德天皇颁布《改新之诏》，一场向大唐帝国全面学习的社会变革运动——大化改新，全面展开。

一、大化改新的背景

王毅在《论日本大化改新的成败》（载《世界历史》，1983年第3期）一文中指出，大化改新的背景有几个方面。首先，是隋唐文化对日本上层的强烈影响。唐朝是当时世界上最强盛的国家之一，又毗邻日本。自推古王朝开始，日本就向中国正式派出遣隋使，大量吸取中国文化。大化改新的发难者中大兄皇子和中臣镰足在政变前就曾“手把黄卷，自学周礼之教于南渊先生所”。南渊请安和当时的高向玄理都是唐朝的留学生，他们带回了隋唐的先进文化制度，和僧旻一起对大化改新后新体制的设计起了重要的作用。僧旻和高向玄理又被任命为新体制下的“国博士”，担任了朝廷最高顾问。在他们眼中，隋唐的律令制度当然是最理想的。其次，是日本中央集权的历史需要。6世纪末，隋朝建立不久，连续于598 年、613年和614年三次出兵高丽。唐继隋业，于644年、647年两次出兵高丽。后来，唐朝又和新罗联合，于663年在白村江海战中击败日本，这使得日本王权受到巨大冲击。隋唐帝国的沉重压力使日本产生了对外关系危机感，加上国内贵族开始在政治上作乱，使加强中央集权、统一国力成为当务之急。于是，引进高度中央集权化了的隋唐体制也就成为偶然之中的必然。

佘秋月在《中日法律文化交流之日本仿唐原因》（载《知识经济》，2012年第3期）一文中指出，“国书事件”①带来的巨大压力，是日本仿唐的外部原因。公元6世纪以后，东亚大陆在经历了几个世纪的分裂动荡后重新走向统一，强盛的隋唐不只是一统中国，同时还在构筑以其为中心的东亚世界秩序，纳日本、新罗、高丽、琉球、安南、南诏等周边国家与地区为一体，归属于隋唐世界。面对这一形势，日本感到了巨大的压力。公元607年，发生的“国书事件”，凸显出日本对这一压力的忧虑与抗争，表明它一不要册封，二要力争与隋唐王朝对等交往的愿望。但东亚大陆形势的发展迫使日本除了革新自强外，已别无选择。

当然，促进这一行动的不单是日本的主动努力，还有唐王朝的积极态度和实际支持。唐前期的对外开放十分有利于文化的交流，域外到唐朝来朝贡、经商、学习的人员都受到朝廷的欢迎。日本使节和留学生还能享受由中国官方提供的法定待遇，特别是留

① 所谓“国书事件”，据《隋书·倭国传》记载，隋炀帝大业三年（607），日本的推古朝派出了以小野妹子为首的第二次遣隋使到达洛阳，向隋炀帝献上了以“日出处天子致书日没处天子，无恙”为开头语的国书。炀帝阅后十分生气，便吩咐负责外交事务的鸿胪卿说：“蛮夷书有无礼者，勿复以闻。”

学生往往被选入唐朝的高等学府，由专门的学者负责授课，有时还能得到皇帝的关眷，当时日本留学生一律被安排在国子监学习。唐朝国子监有六学：国子学、太学、四门学、律学、书学和算学，各学招生对象不同。唐玄宗命国子监的四门助教赵玄默在鸿胪寺（唐政府在六部下设的一个接待各国使者的官方机构）教授这些留学生们的功课。日本留学生们在中国学习几年甚至几十年。这对中日之间的法律文化交流起了很大的作用。

康庆余在《大化改新前后中日文化交流异常活跃的原因探析》（载《渭南师范学院学报》，2012年第4期）一文中指出，公元6世纪末至7世纪初，日本面临着深刻的社会危机，迫切需要学习隋唐先进的政治经济制度，改变日本的落后状况。这时与日本一水之隔的中国隋唐帝国不仅经济繁荣，典章制度完备，而且奉行对外开放政策，这一切使得大化改新前后中日文化交流出现了前所未有的盛况。

二、留学生和学问僧

范广融在《遣隋唐使中留学生及学问僧对日本历史文化的贡献》（载《云南民族学院学报（哲学社会科学版）》，2000年第4期）一文中指出，隋唐时期，随遣隋使和遣唐使到中国从事佛学、技能艺术、法制等学习研究的学问僧和留学生是中日交流史上的重要人物。从事佛教研究的称为学问僧或留学僧，从事学问、艺术和技能等学习研究的称为留学生。刚从蒙昧状态走出的日本大和朝廷借助遣隋使和遣唐使团向中国派出了为数不多的长短期学问僧、留学生。他们到中国进行多方面的学习，吸取汉文化的精华，回到日本后用所学知识协助朝廷推动了日本社会的发展。

最早记录与中国有交往的日本史书是成书于公元7世纪初的《日本书纪》和《古事记》，而中国记载有关与日本列岛交往的史籍则更早。据《隋书·东夷传》记载，在短暂的30余年中，日本遣隋使已有4次之多，而且其中3次都有学问僧、留学生随同前来。

唐代时，日本向中国派出了更多的使团，随之而来的留学生、学问僧也大量增加。在唐朝289年的时期内，日本先后向中国派遣了16批遣唐使。

在遣唐使中，属于留学生、学问僧的其实为数不多。在日本史书上能查找到的遣唐学问僧、留学生及随行、翻译等共有149人。

潘树林在《日本遣隋使略论》（载《西南民族学院学报（哲学社会科学版）》，1999年第S6期）一文中指出，日本多次派出遣隋使和遣隋留学生，学习中国的先进文明，对日本历史和中日关系的发展产生了深远的影响。所以留学生的推动也是中日文化交流异常活跃的原因。

三、大化改新的内容

孙义学在《大化革新与中国文化》（载《东北师大学报（哲学社会科学版）》，1981年第3期）一文中指出，大化二年（646），天皇颁发革新诏书，开始革新运动。革新诏书包括四个方面的内容：第一，废除皇室和各级贵族的领地与部民（朝廷的手工业部民除外），一律收归国有，成为公地、公民。官吏按官位、职位和功劳从国家领取食封。第二，改革官制和统治机构，废除世袭氏姓贵族的称号臣、连、国造、伴造等及其控制国家军政的特权，制定新的官制和冠位制，实行官僚化的中央集权制，建立京师和全国行政区域。第三，建立户籍、计账，实行班田收授法。国家对六岁以上公民，班给口分田，每六年调整一次，男子二段，女子为其三分之二，死后归公，唯宅地和园田永世占有。奴婢也授田，给良民的三分之一，这是国家为了保障贵族和富裕公民拥有奴婢而交给户主的。第四，改革税制，实行租庸调制。

大化四年，新政府根据国博士高向玄理和僧旻制订的方案，设置了八省百官的中央政府机构和三级制（国、郡、县）的地方行政机构。到孝德天皇白雉三年（652），“班田既讫”，革新纲领在畿内和东国等主要地区基本实现。通常所说的大化革新主要指这个阶段而言。

大化革新的中心问题，是以唐朝律令制度为典范，建立以天皇为中心、以律令制为根本的中央集权制国家。在日本，作为较完备的律令制度是在8世纪初建立的。因此，我们有理由认定，大化革新也是到8世纪初完成的。

四、大化改新的性质

一般认为，大化改新是日本历史上具有重要意义的两次社会政治经济大变革之一。然而，对于大化改新的性质，国内外学者众说纷纭，主要有原始公社制延续说、奴隶制确立说、奴隶制巩固说、封建制确立说、封建制巩固说。对此，学者们展开了激烈的博弈。

1. 原始公社制延续说

这种观点主张，大化改新只是以新的方式使日本的古代王权以新的统治方式得以延续。王毅在《论日本大化改新的成败》（载《世界历史》，1983年第3期）一文中指出："由于部民制的存在，大化前代并不是典型的奴隶制"，"大化体制的本质虽是前代的继续，但改革前后，日本社会确定出现了需要变革的征兆。""大化改新给已经走向穷途末路的古代王权打了一针强心剂，使旧体制得以改头换面再延续了一个时期，以致日本未能及时建立起适应社会发展状况的封建新秩序。"王军有在《大化改新性质博弈论——兼论日本律令时代的封建性》（载《学术探索》，2012年第5期）一文中指出，原始公社制延续说的主要论据有：①部民制带有浓厚的原始社会色彩，不是典型的奴隶制；②大化改新并没有实质改变具有原始氏族社会色彩的部民制；③日本封建社会在镰仓幕府时期初步形成。

2. 奴隶制巩固说

这种观点主张，大化改新前日本已经进入奴隶制社会，大化改新只是使奴隶制得到加强。王文定在《试论大化革新的性质》（载《日本研究》，1985年第2期）一文中提出了对于大化革新性质的主张："我国目前流行大化革新封建说，把大化革新看做是日本奴隶制的结束和封建制的开始。……另一种则把大化革新看做奴隶制国家的改革，其结果是奴隶制得以加强，而不是封建制的开端，我是持此说的。"奴隶制巩固说的主要论据有：①改新后官户、家人、公私奴婢仍具有奴隶的本质；②公地制属性为奴隶制土地国有制；③租庸调不是封建地租，仍是纳贡；④班田农民不是农奴。

3. 封建制确立说

王军有在《大化改新性质博弈论——兼论日本律令时代的封建性》（载《学术探索》，2012年第5期）一文中，通过比较分析后认为，日本大化改新是一次社会变革，其确立的社会具有明显的封建制特点，大化改新使日本封建制社会得以确立。持封建制确立说的学者认为，日本经过大化改新进入到封建制社会，但对于大化改新之前的社会性质却持有不同见解，分为奴隶制过渡说、原始公社制跳跃说。

（1）奴隶制过渡说。这种观点主张，大化改新使日本从奴隶制社会进入到封建制社会，其代表人物为日本的早川二郎，中国的接培柱、贾建梅、王顺利、武安隆、孙义学、张玉祥、禹硕基等人。王顺利认为："日本统治集团中的革新势力认识到唐朝均田制为日本摆脱经济危机提供了契机。他们将豪强贵族占有的土地和部民收归国有，变为国家'公地'、'公民'，然后班给'公民'一定数量的土地，国家征得'租'（稻谷）、'庸'（劳役）、'调'（土物产品）。于是，部民奴隶转化为封建国家的农民，奴隶主土地所有制转化为封建的国家土地所有制。”[1]奴隶制过渡说的主要论据有：①改新前的部民制、奴婢制为奴隶制；②大化改新使部民奴隶转变为班田农民（封建农民）；③大化改新使奴隶主土地所有制过渡为封建国家土地所有制；④过分强调残余的奴隶制现象不切实际。

（2）原始公社制跳跃说（从原始公社制跳跃至封建制）。这种观点主张，大化改新使日本从原始公社制社会（或向奴隶制的过渡时期）跳过奴隶制社会直接进入到封建制社会，其代表人物为中国学者吴廷璆、王金林。吴廷璆在《大化改新前后日本的社会性质问题》（吴廷璆：《吴廷璆史学论集》，232～235页，北京：人民出版社，1997）一文中认为，大化改新以前日本社会既非单纯的氏族社会，也不是奴隶社会，而是一种过渡性的社会。改新运动自上而下地摧毁了氏族残余的势力，“解放”了部民，实现了中央集权的政治，确立和巩固了国家的封建制度。王金林在《日本古代部民的性质》（载《历史研究》，1981年第3期）一文中认为，日本社会的发展，在某些方面与世界上一些国家是不同的，它没有经历过典型的奴隶占有制社会发展阶段。自原始公社瓦解之后，日本便进入了直接向封建社会过渡的历史阶段，大化改新前的几百年间，就是这整个的过渡时期。

原始公社制跳跃说的主要论据有：①部民的公社关系特点的存在决定了革新前非奴隶制；②大化改新使奴隶主土地所有制过渡为封建国家土地所有制。

五、大化改新的意义

我们把大化改新作为了解日本古代社会的切入点，原因在于大化改新可以被视为日本历史的一个重要转折。它是一场古代日本以学习和模仿古代中国唐朝政治经济制度为主要内容的改革。在这一过程中，体现了日本民族善于学习的特点，对当下中国改革开放学习世界先进文明成果、实现社会转型亦有借鉴意义。

武安隆在《浅论大化改新》（载《历史教学》，1983年第10期）一文中指出，从公元645年政变到公元702年《大宝律令》颁布，改新运动历时半个世纪，废除了氏族贵族和皇室私有土地、部民的奴隶制度，确立了国家作为最高地主直接剥削班田农民的封建制度，同时建立了中央集权的政治制度。日本社会由此实现了自奴隶制到封建制的转变。从社会发展史的意义上说，大化改新堪与明治维新并论，是日本历史上具有划时代意义

① 王军有：《大化改新性质博弈论—兼论日本律令时代的封建性》，载《学术探索》，2012（5）。

的事件。孙立祥在《日本三次社会转型及其历史启示》(载《华中师范大学学报(人文社会科学版)》,2013年第3期)一文中指出,日本通过大化改新、明治维新、战后改革三次“开国”,成功实现了由奴隶社会向封建社会、由封建社会向天皇制资本主义社会、由天皇制资本主义社会向民主制资本主义社会的全面转型。而每次社会转型的结果,一方面跨越式前移了本国的国际“站位”,另一方面也潜伏下祸国殃邻之隐患。日本能够与时俱进完成三次社会转型并实现跨越式发展,既缘于日本民族的“幸运”和“机智”,也缘于日本民族对外来文明少有的鉴别取舍能力,还缘于日本民族服膺强者和与强者为伍的一贯秉性。尤其日本民族在三次社会转型中形成的“与时俱进变革,强即侵略扩张,最终挑战先生”这一行事习性,值得后发国家中国和守成国家美国引为鉴戒。

大化改新是我们了解日本古代史的一扇窗口,通过史学阅读,使我们对日本的印象不只是停留在表面的善于学习,而是对日本为什么要向唐朝学习、如何结合自身实际向唐朝学习有了更加深刻的理解。以至于美国学者、日本问题研究专家鲁思·本尼迪克特(Ruth Benedict)在《菊与刀——日本文化的类型》(吕万和、熊达云、王智新译,41页,北京:商务印书馆,1996)一书中发出了这样的感慨:“在世界历史上,很难在什么地方找到另一个自主的民族如此成功地有计划地汲取外国文明。”向他人学习,向自然学习,这是一个人、一个民族、一个国家乃至整个人类社会适应自然和顺应潮流的根本途径,这是学习大化改新的价值所在,也成为本微课设计的切入点。

微课设计

微课设计一:学习与模仿,大化改新学了什么

设计意图

在探究日本学习和模仿中国唐朝制度的过程中,引导学生认识日本大和民族通过向唐朝学习促进了自身的发展与进步,感悟向先进文明学习是一个国家、一个民族进步的推动力。

设计方案

教师讲述：日本是当今世界上汲取外来文明较为成功的国家，而对其成功经验的解析可谓见仁见智。通过对日本历史上大规模学习、引进、消化、吸收世界先进文明的研究，可以发现日本成功的重要原因之一是它善于学习和模仿。下面我们将通过比较日本大化改新和中国隋唐文化逐一寻找答案。

材料呈现：

材料一

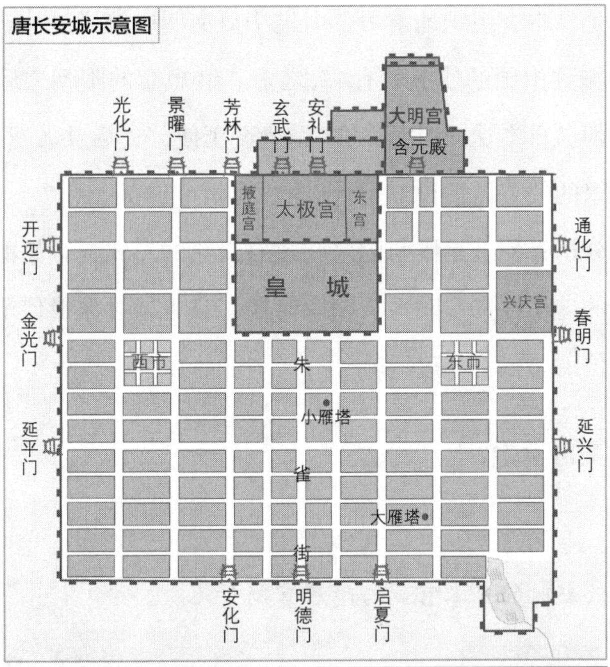

唐长安城示意图

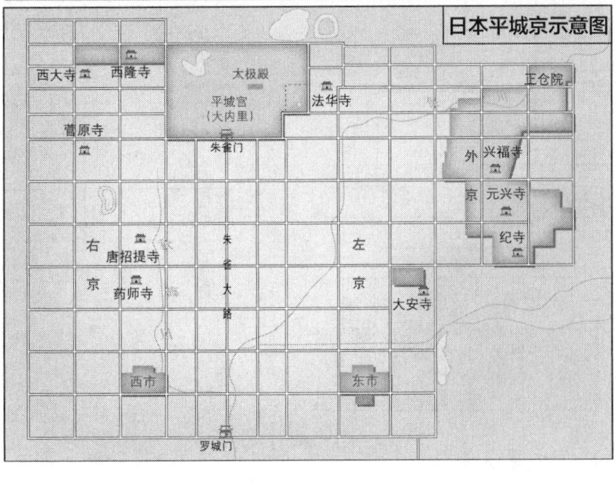

日本平城京示意图

教师设问：从对唐朝都城长安和日本都城平城京图的对比中，我们能发现唐朝和日本在城市布局方面有何相似之处？

教师引导学生分析：唐朝长安城和日本平城京的宫城都坐北朝南、有东市和西市、有棋盘式街道，甚至连名称与走向都相同。

教师讲述：唐朝和日本在城市布局方面如此相似，原因是什么，让我们一起来探讨。

一、一群来自东方的学生

教师讲述：日本很早就通过朝鲜对中国有所了解，间接地引进了一些生产方式，如水稻的栽培等。但是日本有组织地学习、引进华夏文明应该说是从隋朝开始的。在隋朝短短38年间，日本派到中国的使节就有4次之多。继短命的隋朝之后，华夏文明步入了其鼎盛时期——唐朝。日本从630年第一次派遣遣唐使，先后共派遣了19次。

教师设问：频繁的使节派遣说明了什么？

教师引导学生分析：使节是国与国之间政府交流的形式，频繁的使节派遣充分说明日本学习外来文明的迫切性和主动性。隋唐时期，日本通过派遣使节、留学生学习和引进华夏文明是全方位的。

二、一群勤奋的学生

材料呈现：

材料二　大化改新时的日本官制与隋唐官制对比。

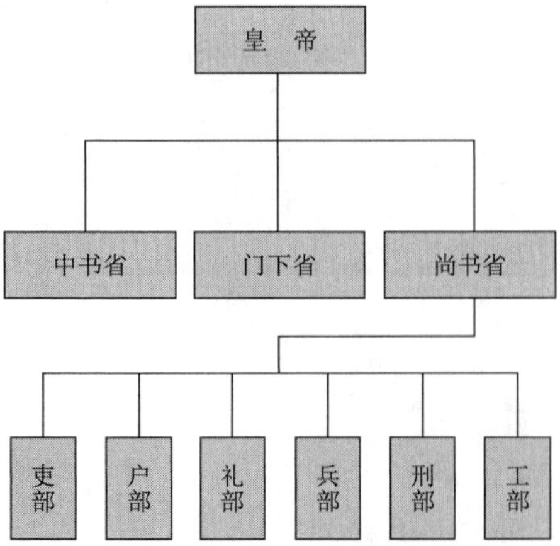

隋唐的“三省六部制”

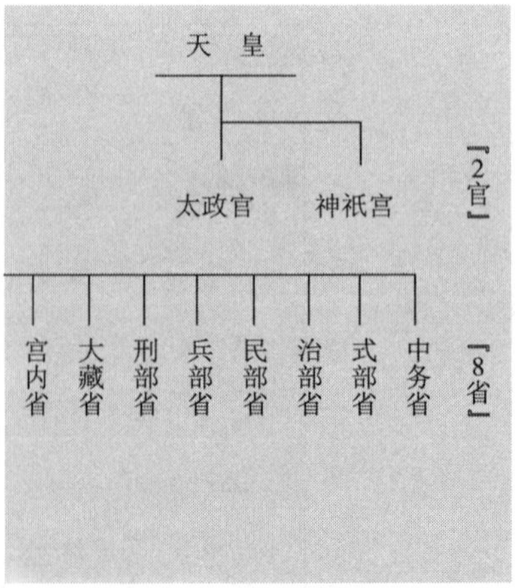

日本的“二官八省制”

材料三　部分假名和汉字的对照表。

假名 漢字	a	i	u	e	o
	あ ア	い イ	う ウ	え エ	お オ
	安 安 阿	以 以 伊	宇 宇 宇	衣 衣 江	於 於 於
k/g	か カ	き キ	く ク	け ケ	こ コ
	加 加 加	幾 几 钱	久 久 久	計 計 介	己 己 已
s/z	さ サ	し シ	す ス	せ セ	そ ソ
	左 左 散	之 之 之	寸 寸 页	世 世 世	曾 曾 曾
t/d	た タ	ち チ	つ ツ	て テ	と ト
	太 太 多	知 知 千	川 川 川	天 天 天	止 止 止

材料四　中国唐朝服饰和日本和服对照。

教师设问：大化改新学习和模仿的对象是谁？结合材料及所学知识，列举体现“学生”勤奋学习的内容。

教师引导学生分析：模仿中国唐朝。体现“学生”勤奋学习的内容有：日本从政治、经济、思想、文化全方位学习和模仿唐朝。

教师讲述：政治上模仿唐制设立典章制度，日本的《大宝律令》《养老律令》都是以隋唐制度为典范的，政府部门的设置也是一律仿照唐朝。农业方面，由于日本的风土、气候颇似中国的长江流域，因此中国的农业生产方式也较适合于日本。日本的水稻种植，无论是稻种、农具还是耕作技术，都是从中国传入的。中国的节令也随着农历的传入而日益为日本人民所接受。文化上极力推崇儒家文化，圣德太子更是把儒教定为国教。另外，中国的医学、建筑、文字、服饰等也深受日本人民景仰和喜爱。8世纪日本先后建造的平城京、平安京都是仿长安而建立的。

相传9世纪日本空海大师根据汉字偏旁创造了平假名，吉备真备创造了日本假名，日本开始有了自己的文字。如果文字是文明最重要的标志的话，那么华夏文明对日本文明的影响由此可见一斑。

儒家思想作为日本传统文化最重要的思想来源之一，对日本的影响也是深远的、根深蒂固的，已融入日本文明的血液，影响并塑造了日本的民族精神和品格。儒家的“志士仁人，无求生以害仁，有杀身以成仁”的精神，与日本神道相结合，成为日本武士道的根基。

三、学有所获

1. 提升日本社会的文明程度

材料呈现：

材料五　从学术、技术、文艺、音乐以及佛教及其建筑、雕刻、佛画，此外还有服装、器具和生活样式等各方面都向唐朝学习了。

——[日]井上清：《日本历史》，闫伯纬译，35页，西安：陕西人民出版社，2011

教师设问：结合材料分析日本向唐朝学习了什么？

教师引导学生分析：学习了唐朝的政治制度、社会生活方式及各种技术，使日本社会发生了巨大的变化，在各个领域提升了日本社会的文明程度。

2. 实现了日本社会的转型

日本对华夏文明的引进、吸收促成了其大化革新，这次重大变革正是以僧旻、南渊请安、高向玄理等为代表的在华留学生的影响下，以“法式备定”的唐制为蓝本，使日本废除了部民制，建立了中央集权国家，完成了日本从奴隶社会向封建社会的转变。

3. 强化了日本善于学习的特性

材料呈现：

材料六　我闻海西有大隋，礼仪之国，故遣朝贡。我夷人，僻在海隅，不闻礼仪……冀闻大国惟新之化。①

——魏征等撰：《隋书》卷八十一，1828页，北京：中华书局，1973

材料七 “他们怀着感激的心情虔诚地迎接葡萄牙人”。“种子岛领主时尧，不计其价之昂贵，买西洋铁炮二尊，珍藏在家中”。

——于桂芬：《西风东渐——中日摄取西方文化的比较研究》，32页、31页，北京：商务印书馆，2001

教师引导学生分析：从上述材料看，日本人学习外来文明表现出了很强的主动性和灵活性，这种主动性从古至今都表现得淋漓尽致，而通过向唐朝学习实现日本社会的转型与发展，强化了日本善于学习的特征。

由于岛国的地理条件，使日本长期处于相对封闭的环境之中，因而其眼界十分狭窄，中国、印度、朝鲜等几个亚洲国家成了古代大和民族所认识世界的全部，所以日本看待辉煌的华夏文明可谓高山仰止。另外，更由于自然资源贫乏，频繁的火山爆发、地震等恶劣的自然环境，日本无形之中形成了谦卑的民族心理，对外来的新鲜事物充满了好奇。1543年，葡萄牙人把步枪带入了日本，引起日本人极大的兴趣，谦卑、好奇成了日本主动学习的巨大推动力。

教师讲述：“在世界历史上，很难在什么地方找到另一个自主的民族如此成功地有计划地汲取外国文明。”②的确，日本学习外来先进文明是十分成功、令人羡慕的。向他人学习、向自然学习，这无疑是一个人、一个民族、一个国家乃至整个人类社会适应自然和顺应潮流的根本途径。

设计点评

本微课通过对比导入，引起学生探究的兴趣。内容上紧紧围绕“善于学习和模仿”这一特征进行史料的选取，使整节课线索清晰。设计上采取层层推进的方式，从图文结合的中日都城平面图、直观的文字服饰图到日本学者的论述，最后到学有所获，由易到

① 大业三年（607），圣德太子亲自委派大礼小野妹子为使节，出使隋朝。第二年，即日本推古十六年，倭王再次派遣隋使来中国，随同来的还有8名留学生和学问僧学习中国的政治文化，后来都成了日本改革的中坚。

②［美］鲁思·本尼迪克特（Ruth Benedict）：《菊与刀—日本文化的类型》，吕万和、熊达云、王智新译，41页，北京：商务印书馆，1996。

难，引导学生一步步认识大化改新的内容，感受日本大和民族善于学习的精神，寻找现代日本文化之滥觞，有助于调动学生的思维，体验自主学习的快乐和成就感。

微课设计二：留学生、学问僧与日本社会变革

设计意图

通过了解留学生和学问僧在大化改新方面的建树，引导学生初步理解留学生和学问僧同大化改新的关系，进而认识留学生与学问僧在推动日本社会变革中的价值和意义。

设计方案

教师介绍：“1978—2008年，中国总共有105万人出国留学，回国学生比例为25%；2008—2013年，出国人数为185万，超过过去30年总和，回国学生比例为61%。”这是广东卫视2014年7月24日《郎眼看财经》节目里的几组数据，它引发了人们对当今中国的“留学热”的热烈讨论。今天，大量的中国人自费到海外特别是美国留学，中国成为一个巨大的留学流出国。而1400多年前的中国则相反，隋唐时期的中国是当时世界上最大的留学流入国，特别是与中国一衣带水的日本，派遣大量留学生和学问僧随着遣隋使、遣唐使到中国来学习。他们为什么要到中国来？到中国学了些什么？对日本有何影响？下面我们来学习一群“海龟”是如何出国学习，并推动的日本改革——大化改新的。

一、派遣留学生和学问僧——大化改新的前奏

教师讲述：5世纪时大和国统一日本。大和的最高统治者称为大王，后来改称天皇。7世纪的时候，日本处在奴隶社会，阶级矛盾十分尖锐。世袭贵族占有大量土地、奴隶及部民，权势很大。地方贵族反抗中央贵族，政局十分混乱。

公元593年，推古女皇继位，圣德太子主管朝政。他非常崇尚中国文化，并致力于建立中央集权国家，加强与中国的交往。为了学习佛法和隋朝的文物制度，他曾前后三次向中国派出遣隋使，并有留学生和学问僧同行。从事佛教研究的称为学问僧或留学僧，从事学问、艺术和技能等学习研究的称为留学生。

遣唐使时期（630—894），日本吸收中国文化达到顶峰，大批的日本留学生、学问僧漂洋过海来到中国，掀起了一次大规模向盛唐学习的热潮。据史书记载，高向玄理、南渊请安等人是日本派往中国的留学生、学问僧，他们于608年赴隋，唐时回国，其中高向玄理、南渊请安在中国留学长达32年。他们目睹了隋亡唐兴，中国政治稳定，经济发达，文化繁荣，认为日本必须以唐为样板，建立以天皇为中心的中央集权国家。他们先后学成归国后，宣传唐朝的文武制度，在日本统治者上层形成了一股仿效唐政进行改革的潮流。①

呈现材料：

材料一　据《延喜式》卷30载，日本朝廷在任命了遣唐使后，对他们赠物。其中留学生、学问僧得到的物品仅次于大使，高于判官，几乎等于副使。……此外，日本朝廷还托使人带黄金等物给在中国久留的留学生、学问僧。仁明朝的学问僧圆载、请益僧②圆仁曾得到日本朝廷各二百两黄金的资助。

——范广融：《遣隋唐使中留学生及学问僧对日本历史文化的贡献》，载《云南民族学院学报（哲学社会科学版）》，2000年第4期

教师提问：日本朝廷为什么要资助这些留学生、学问僧？

教师引导学生分析：首先，使他们能有较好的物质条件在中国长期学习。其次，对他们抱有极大的期望，给予他们尽可能多的物质鼓励。历史上看，这些留学生、学问僧对促进日本的社会、文化发展起到了极其重要的推动作用。

645年6月，中大兄皇子和中臣镰足受其师南渊请安（留学中国32年）的影响，任命高向玄理（留学中国32年）等为“国博士”，充当改革顾问，并发动宫廷政变，成为大化改新的前奏。

二、重用留学生和学问僧——改革方案的规划

在南渊请安、高向玄理等留学生、学问僧的辅助下，仿中国首建年号“大化”。646年1月，孝德天皇颁布改新诏书，在政治、经济等方面进行了一系列社会改革，这就是日本历史上有名的大化改新。

① 李宝珍：《论日本留学生在日本历史发展中的作用》，载《河南大学学报（社会科学版）》，1998（5）。

② 请益，即学人请师示诲之意。多指学人受教后，就尚未透彻明白之处，再进一步请教之意。请益僧，这里指日本入唐求法的僧人。

材料呈现：

材料二　大化二年（646年）元旦，发布改新诏书；诏书由四条组成：（1）凡皇室、贵族领有的土地（屯仓、田庄）和人民（部民、部曲）一律收归国家，成为“公地公民”。国家给贵族以“食封”和“禄”。（2）划分京师及地方行政区划（国、郡、里及坊等），选任各级行政官员。整顿军事、交通制度。（3）编制户籍、计帐，行班田收授之法、统定租额。（4）废除旧赋役，统定庸调额。

——武安隆：《浅论大化改新》，载《历史教学》，1983年第10期

教师设问：从改革内容上看，日本大化改新如何学习中国唐朝？

教师引导学生分析：从改革内容上看，无不模仿唐制，例如，在政治上改革行政制度，废除世袭的氏姓制度，建立中央集权的封建国家，并仿唐制设立中央地方行政机构和官制；在经济上仿隋唐“均田制”，实行“班田收授法”，土地收归国有，国家定期按人口把土地分给农民耕种，向他们收取赋税，使原来被贵族控制的农民转为国家公民；在法律上仿照唐朝律令，先后制定了《大宝律令》等一系列律令。大化改新标志着日本由奴隶社会向封建社会的过渡。

三、留学带来的发展——大规模引进隋唐文化的尝试

教师设问：遣唐留学生、学问僧由于派遣的批次多、数量大，对日本的贡献应该说是广泛而深远的。他们在唐学习的门类较多，涉及历史、法制、礼仪、艺能、技术、佛教等方面。这些知识文化在日本的传播成了日本文化发展的内动力。

呈现材料：

材料三　日本历史学家井上清说：“平安京可以说是万事都仿效长安，是长安的翻版。……”他对奈良时期日本寺院建筑的评价为：“奈良时代大型寺院的宏伟建筑，安置在其中的各种各样的佛像雕塑，画在墙壁和棚顶的佛画以及使用的各种工艺品，都是卓越的艺术品。这些无名的制作者巧妙地吸收中国技术的能力是惊人的。他们把随时代而发生变化的中国形式一个个几乎原原本本地抄袭过来……这种艺术与其说是日本文化的一部分，还不如说是中国佛教艺术的一个流派。”

——范广融：《遣隋唐使中留学生及学问僧对日本历史文化的贡献》，载《云南民族学院学报（哲学社会科学版）》，2000年第4期

教师提问： 学者井上清认为日本的建筑如何受中国文化的影响?

教师引导学生分析： 从材料中可以看出，日本寺院建筑受中国佛教艺术的影响十分深远。如果没有学问僧、留学生的传播，“无名的制作者”是无法巧妙地吸收中国技术的。

中国文化对日本的影响非常明显地体现在城市建筑、汉字、服饰、茶道等方面，两国的宫城都坐北朝南，都有东西两市、棋盘式街道，朱雀大街名称与走向相同；平城京的唐招提寺是唐代高僧鉴真东渡日本后主持兴建的；中国汉字对日本文字的重大影响；中国服饰、茶道对日本的服饰、茶文化有重大影响；自觉的、大规模的文化引进可以看出日本民族有强烈的危机意识，具有善于学习、坚忍服从等特点。遣唐留学生、学问僧回日本传播唐文化，这些学者中，像吉备真备、最澄、空海等都因回日本后，在文化教育、佛教艺术等方面有杰出贡献而名载日本史册。

设计点评

本微课设计围绕留学生、学问僧与大化改新的关系，留学生、学问僧对大化改新的影响进行设计，角度比较新颖。通过教学素材的一一呈现，教学问题设置的环环相扣，改革内容与唐文化的层层对比，学生不仅认识到大化改新的具体内容，感受日本大和民族善于学习的精神，学生从探讨这些文化现象的历史根源中，初步学习分析历史问题的能力。

教学资源

资源1： 日本通过大化改新、明治维新、战后改革三次“开国”，成功实现了由奴隶社会向封建社会、由封建社会向天皇制资本主义社会、由天皇制资本主义社会向民主制资本主义社会的全面转型。而其每次社会转型的结果，一方面跨越式前移了本国的国际“站位”，另一方面也潜伏下祸国殃邻之隐患。日本能够与时俱进完成三次社会转型并实现跨越式发展，既缘于日本民族的“幸运”和“机智”，也缘于日本民族对外来文明少有的鉴别取舍能力，还缘于日本民族服膺强者和与强者为伍的一贯秉性。尤其日本民族在三次社会转型中形成的“与时俱进变革，强即侵略扩张，最终挑战先生”这一行事习性，值得后发国家中国和守成国家美国引为鉴戒。

——孙立祥：《日本三次社会转型及其历史启示》，

载《华中师范大学学报（人文社会科学版）》，2013年第3期

资源2：……中日文化交流呈现高度发展的原因是由双方特定的社会政治条件决定的。对日本来说迫切需要学习隋唐，以改变国内的政治环境。对隋唐来说，国家的统一，政局的稳定以及开明的外交政策，为日本学习隋唐提供了条件。正是这两方面因素的有力结合，使得中日文化交流在隋唐时代出现了高潮，也正是由于特定的社会政治条件共同促成了中日交往的盛况，因此，一旦这种促使中日文化交流的条件发生变化或消失，双方的交往必然趋于衰落。

从唐朝方面看，“安史之乱”之后，中央集权的统一局面为分裂形势所代替，据地自雄的节度使林立各地，内战此起彼伏，社会经济严重破坏，阶级矛盾日趋激化。朋党相争，宦官专柄，朝政日非。在这种严峻形势下，统治者穷于应付内部问题，无暇外顾，再也没有条件执行显国威，徕远①人了，这样便自然使中日交往由高潮转入低潮。

在日本方面，社会变革已经完成，政治改革亦告结束，不再向唐朝学习典章制度和礼法了。加之唐朝后期政治动乱不堪，旧制度破坏而新制度尚未定型。对日本来说，在政治上已不再有什么可以取法之处，这些将大大减少日本天皇和统治集团派遣唐使的积极性，随着两国间官方交往的逐渐削弱，双方的文化交流也就不能同日而语了。

研究大化改新前后中日文化交流高度发展的历史状况，给我们最大的启示是：开放的对外政策、积极吸收异国先进文化的态度，是一个国家国力的强盛，政治经济文化繁荣的重要条件。日本大化改新前后大规模地输入大唐文化，唐朝开明的对外政策，不仅对日本的发展起到了巨大的推进作用，亦无形中促进了唐朝自身的发展。因此，我们一定要坚信党的对外开放政策，坚信它是中华民族的强国之路，是社会主义事业发展的强大动力。

——康庆余：《大化改新前后中日文化交流异常活跃的原因探析》，

载《渭南师范学院学报》，2012年第4期

资源3：隋唐时期，中日两国间的友好往来十分频繁，在中日关系史上写下了光辉的一页。其中，隋朝是继汉开唐的重要时期。在隋朝短短三十八年间，日本就多次派出

① 徕远，指招抚边远地区臣民。

遣隋使和遣隋留学生，学习中国的先进文明，对日本历史和中日关系的发展产生了深远的影响。……

根据我国史书和日本史书的记载，有隋一代，日本派到中国的使节共四次。

第一次遣隋使是600年由日本摄政圣德太子派遣的。《隋书》记载："开皇二十年，倭王姓阿每，字多利思比孤，号阿辈鸡弥，遣使诣阙。"《北史》对这次遣隋使也作了同样的记载。第二次遣隋使是607年派遣的。这年7月，圣德太子遣大礼小野妹子和通事鞍作福利出使隋朝。《隋书》载："大业三年，其王多利思比孤遣使朝贡。""大业四年三月壬戌，百济、委、赤土、迦罗舍国，并遣使贡方物。"小野妹子608年3月完成使命。随后，隋炀帝派遣文林郎裴世清回访日本。裴世清一行十三人随同小野妹子于608年4月到达日本筑紫，在日本受到隆重礼遇。《隋书》记载当时的盛况说："倭王遣小德阿辈台，从数百人，设仪仗，鸣鼓角来迎。"裴世清等完成朝命后，于608年9月启程回国。这时，日本又遣小野妹子为大使，吉士雄成为小使，鞍作福利为通事，与隋使同往，另派留学生、学问僧8人随行。《日本书纪》记载说："是时，遣于唐国学生倭汉直福因、奈罗译语惠明、高向汉人玄理、新汉人大国。学问僧新汉人日文、南渊汉人请安、志贺汉人惠隐、新汉人广齐并八人也。"《隋书》所载"复令使者随清来贡方物"，即是指这次遣隋使。小野妹子将裴世清一行送回中国就留下鞍下福利和留学生、学问僧，于608年9月回日本去了。《日本书纪》载："秋九月，小野臣妹子等至自大唐，唯通事福利不来。"是为日本第三次遣隋使。

614年，日本又派出第四次遣隋使。《日本书纪》载，614年6月，"遣犬上君御田锹、矢田部造于大唐"，615年9月，"犬上君御田锹、矢田部造至自大唐"。此后没几年，隋朝就告灭亡，而由唐朝替代了。

——潘树林：《日本遣隋使略论》，载《西南民族学院学报（哲学社会科学版）》，1999年第S6期

资源4：公元六三六年，中臣镰足和苏我入鹿同在遣唐使所开设的私塾学习。

出生于世代司神职的低等贵族之家的中臣镰足和当时权倾朝野的苏我毛人之子的苏我入鹿，尽管两人身份相差悬殊，两人仍结下了深厚的友谊，但是，走上独裁者道路的入鹿作出讨伐敌对势力山背大兄王（即圣德太子之子）的决定，坚持要进行正义之战的镰足苦劝无果，遂与入鹿分道扬镳。入鹿作为独裁者大权独揽，而镰足则下野与中大兄

王子共商讨伐入鹿大计。

公元六四五年六月十二日，镰足在新罗百济高句丽使节的欢迎宴上刺杀了入鹿。

公元六四五年，中大兄王子（即之后的天智天皇）和中臣镰足（即之后的藤原镰足）等人将圣德死后专政弄权的入鹿打倒。在此政变后着手一系列政治改革，统称为大化改新。

——电影《大化改新》出版：日本NHK，编剧：池端俊策，导演：片冈敬司

阿拉伯文明的兴起：伊斯兰教的传播

学术引领

斯塔夫里阿诺斯在《全球通史：从史前史到21世纪（上册）》（第7版修订版，吴象婴、梁赤民、董书慧、王昶译，222页，北京：北京大学出版社，2012）一书中指出，伊斯兰教“不仅是一种宗教信仰，而且是一种社会和政治制度以及具有普遍性指导意义的生活方式。如同语言为阿拉伯世界打下基础一样，宗教信仰也为伊斯兰教文明提供了基础”。伊斯兰教不仅为信徒们提供了宗教戒律，为个人和社会公众生活提供了明确教训，而且也对信徒的衣食住行及伦理道德作出了明确而应遵照执行的规范。这一特点，有利于阿拉伯地区形成以宗教为纽带的统一体，最终促进了阿拉伯地区思想、政治、军事上的统一。自公元7世纪起，随着伊斯兰教的传播和发展，它对阿拉伯地区的文化也产生了重要影响。阿拉伯地区的文明达到了很高的水平，文学、建筑及科学成就巨大，在阿拉伯帝国之后相当长一段时期内，都保持领先地位。

一、伊斯兰教的产生

伊斯兰教，中国旧称“大食教”“天方教”“回教”“清真教”等。公元7世纪初由麦加古莱什部落人穆罕默德创立于阿拉伯半岛。公元7世纪至17世纪，在伊斯兰的名义下，曾经建立了倭马亚、阿拔斯、法蒂玛、印度德里苏丹国家、土耳其奥斯曼帝国等一系列大大小小的封建王朝。伊斯兰教的产生，是由自然环境、社会信仰、商路的改变等多种因素共同作用的结果。

6世纪末至7世纪初，阿拉伯半岛正处在原始氏族部落解体、阶级社会形成的大变革时期。从现实的生存需要分析，罗万艳在《应运而生的宗教——浅析伊斯兰教的产生》（载《神州》，2013年第26期）一文中指出，由于沙漠特殊而且恶劣的自然环境，贝杜因人为了养骆驼和羊，不得不逐水草而居。水草地稀少，为了生存，贝杜因人以十几个家族为单位，组成一个游牧群体，群体联合起来组成部落。许多中小部落为了保障自身安全，纷纷投靠强大的部落，寻求保护。这样就使贝杜因人走向联合，各部落之间不再轻易进行战争。612年，穆罕默德公开向麦加一般群众传教，他号召大家联合起来，并得到一致赞许，体现了当时人心厌乱、渴望统一。

李静霞在《当世界提起阿拉伯》（16页，北京：世界知识出版社，2005）一书中指出，从当时社会信仰分析，崇拜对象的繁多，标志着阿拉伯社会的分裂和动荡。这种社会矛盾只能通过宗教的发展才能得到整合。阿拉伯人通过不断的征战，强大的部落征服了比较弱小的部落，在原来大大小小的神中产生了一些主要的神，安拉便是这种主要的神之一。

从商业贸易方面分析，罗万艳在《应运而生的宗教——浅析伊斯兰教的产生》（载《神州》，2013年第26期）一文中指出，商路的改变，造成了半岛南部和西部经济的衰退。麦加、麦地那等城镇的过境贸易急剧衰败，商业贵族收入骤减，许多靠商队谋生的贝杜因人和城市居民生路断绝，从而加深了社会危机。

从外来侵略方面分析，525年，埃塞俄比亚人在拜占庭的支持下派兵侵占也门。570年埃塞俄比亚驻也门总督亚布拉哈率兵进犯麦加，途中因遭瘟疫而退兵，但战乱破坏了当地的社会生活。575年，波斯出兵逐走埃塞俄比亚人，在也门确立了统治。拜占庭和波斯两大帝国为争夺和控制阿拉伯商道对半岛进行了长期的掠夺战争。外来的入侵以及生活的危机等威胁，成为阿拉伯人奋发图强、要求民族统一、抵御外敌的动力，促进了阿拉伯人民族意识的觉醒。这种觉醒，就是呼唤着一个能够使阿拉伯人联合起来强大起来的宗教出现，伊斯兰教就肩负着这种使命而诞生。

二、伊斯兰教的精神内涵

1. “万物非主，唯有真主”

《古兰经》（第2版，马坚译，382页、386页，北京：北京社会科学出版社，2003）说：“除真主外，绝无应受崇拜的”“穆罕默德是真主的使者。”①这种一神教的信仰代替多神教，使6世纪末7世纪初松散的阿拉伯部落有了统一的指导思想。凡是信仰真主“安拉”的人，也就是穆斯林，都是兄弟姐妹，打破了阿拉伯氏族部落的血缘关系，确立了以宗教为基础的社会，使伊斯兰教在当时的阿拉伯部落形成强大的凝聚力，为建立政教合一的国家提供了基础。

伊斯兰教主张绝对顺从真主及他在世间的使者或代理人。吴云贵在《伊斯兰教简史》（51页，北京：中国社会科学出版社，1981）一书中认为，“伊斯兰”的本意是“和平”，意即“顺从”真主的意志，便可在“伊斯兰秩序”下求得和平、幸福和安宁。从一开始，伊斯兰教就把建立国家和社会秩序与人们对真主和使者的信仰、崇拜联系在一起。

马建龙在《伊斯兰文化之美——以阿拉伯古典名著〈一千零一夜〉为例》（载《中国宗教》，2007年第2期）一文中指出，“认主独一”是伊斯兰文化的内核和基石。“伊斯兰”意为“顺从”“和平”，伊斯兰文化以人对造物主安拉的绝对、独一的崇拜和顺从为美。“顺从之美”是伊斯兰美学的前提和底蕴，是伊斯兰文化最高层次的美。

《古兰经》说：“谁服从使者，谁确已服从真主。”（《古兰经》，第2版，马坚译，64～65页，北京：中国社会科学出版社，2003）经文明确表述伊斯兰教的政治主张中，首要的一条就是敬畏并顺从真主以及顺从他的使者和当局的主事人或执政者。而顺从使者和顺从当局的主事人或执政者，则是敬畏并顺从真主的一个重要标志。

① “真主”，俗称“安拉”。伊斯兰教认为，除安拉之外别无神灵，安拉是宇宙间至高无上的主宰。信安拉是伊斯兰教信仰的核心，体现了其一神论的特点。穆罕默德是真主安拉派遣到人类的最后一位先知和使者，凡信仰安拉的人都应服从他的使者。

刘月琴在《伊斯兰文化理论及实践（下）》（载《西亚非洲》，2006年第9期）一文中指出，伊斯兰教认为人的命运是由安拉决定的，人之福祸也是由安拉安排好的。作为安拉的“奴仆”，应听任命运的安排，这是安拉赐予他的。人的逆境是安拉对他的考验，是修炼的过程，人应“坚忍”，这是一种高尚的美德，在逆境中坚忍是优秀的穆斯林。于是，服从就被真主造化成了一种穆斯林的人格或“民族性格”，它与伊斯兰教的产生同时存在。

2. 无处不在的宽容友善

《古兰经》是伊斯兰教唯一的经典，无处不渗透着宽容、友善的思想。经文指出：“你们当为正义和敬畏而互助，不要为罪恶和横暴而互助。”[①]“互助”就是力所能及地鼓励人们互相帮助，铺平行善之道，杜绝作恶和为敌之路。金存浩在编译《〈古兰经〉中的数字奇迹》（载《中国穆斯林》，2013年第3期）一文中指出，《古兰经》中“惩罚”重复了117次，反之，《古兰经》基本概念之一“饶恕”一词，则重复了234次，说明伊斯兰教主张宽恕多于惩罚。

马注在《清真指南》（204页，银川：宁夏人民出版社，1988）一书中所言：“能慈骨肉者，谓之独善；能慈同教者，谓之兼善；能慈外教者，谓之公善；能慈禽兽、昆虫、草木者，谓之普善。”伊斯兰教积极提倡的是普善，是穆斯林修行的其中一方面。作为穆斯林必须与人为善，给他人带来善与益，平安与安宁，真心表达美好祝愿，给人带来舒心宽松的心境，以此树立穆斯林的美好形象。马建龙在《伊斯兰文化之美——以阿拉伯古典名著〈一千零一夜〉为例》（载《中国宗教》，2007年第2期）一文中指出，有人把伊斯兰教兴盛的原因统归于武力征服，其实武力征服只是一方面，许多时候异教徒只要缴纳人丁税就可以保留旧的信仰，伊斯兰教在宗教宽容方面比基督教、犹太教做得好。

三、伊斯兰教对阿拉伯文明的影响

在阿拉伯帝国（632—1258）境内，通行全国的阿拉伯语和占统治地位的伊斯兰教意识形态，是阿拉伯—伊斯兰文化形成的前提。阿拉伯帝国绚丽多彩的文化处处渗透着

① 《古兰经》第2版，马坚译，76页，北京：中国社会科学出版社，2003。

伊斯兰教的因子，随处可见伊斯兰教的影子，在阿拉伯文化的骨子里头深深地打下伊斯兰教的烙印。

661年起，四大哈里发时期结束，继之而起的是以家族掌权的王朝时代。伊斯兰教进入阿拉伯帝国时期，经历了倭马亚王朝（661—750）时期和阿拔斯王朝（750—1258）时期。刘家和、王敦书在《世界史·古代史编（下卷）》（96～100页，北京：高等教育出版社，2011）一书中指出，穆斯林向来比较重视天文学和数学，因为穆斯林必须根据星宿来确定礼拜的方向。帝国时期，随着农业和航海的发展，他们更加重视天文学的研究。在艺术方面，也是体现着伊斯兰教的特色。阿拉伯的艺术，以建筑艺术最具特色，并且集中地表现在清真寺的结构和装饰方面。清真寺以圆顶寺为主体，大圆屋顶下有本堂和回廊，还有半圆形的凹壁和马蹄形的拱门，侧面矗立着指示礼拜方向的尖塔。圆顶寺坐落在四方形或长方形套院的中央，墙壁用镶嵌细工和各种图案装饰。伊斯兰教反对偶像崇拜，所以在清真寺中，几乎都是植物和几何图案，而没有人和动物的画像和雕像。在哲学方面，法拉比是把阿拉伯哲学推向顶峰的人物。他承认物质世界的存在，运动是物质的特性，但他强调宇宙万物都是起源于安拉，“万物唯自安拉出”。他解释说，安拉流出第一精神，第一精神流出天体精神，天体精神再流出最高天体。各级精神就这样依次流出，自最高的安拉精神，递降至最低的人类精神，表明他的哲学思想也受到伊斯兰教的影响。

马建龙在《伊斯兰文化之美——以阿拉伯古典名著〈一千零一夜〉为例》（载《中国宗教》，2007年第2期）一文中指出，《一千零一夜》是阿拉伯文明在文化上的集中反映，它处处渗透着伊斯兰教对人们生产生活的影响，深深地打上了伊斯兰教的烙印。《一千零一夜》中人物数量众多，各有特点。但无一例外的是，所有正面人物都具有“顺从”之美。以《辛伯达航海旅行的故事》为例，主人公辛伯达先后七次航海旅行，其间遭遇过山崩海啸的自然灾害、野兽毒虫的攻击、妖魔鬼怪的威胁。每当身处险境之时，辛伯达不是悲观失望、选择放弃，而是祈求安拉的帮助，并且每次都能化险为夷。但他绝不会得意忘形，而是感念安拉，赞美安拉。故事结尾处，主人公的一段内心独白，集中表现了他的“顺从”之美。

从伊斯兰教的产生、精神内涵以及对阿拉伯文化的影响，可以知道伊斯兰教从诞生之初就跟阿拉伯文明不可分割地紧密联系在一起。伊斯兰教的产生和发展过程也就是阿拉伯国家的形成过程，两者是一体的、同步的。伊斯兰教的唯一经典《古兰经》规定了伊斯兰教的基本信仰、教法、宗教义务和作为穆斯林必须恪守的道德规范。它不仅是伊斯兰教的经典，也是阿拉伯国家关于宗教、政治、经济、军事和法律制度的经典。所以，探讨伊斯兰教在阿拉伯国家统一过程中的作用以及对阿拉伯文化产生的影响有着深远的价值和意义。

微课设计

微课设计一：信仰的力量——历史选择了伊斯兰教

设计意图

通过了解伊斯兰教的产生，使学生认识穆罕默德以伊斯兰教为纽带，推动阿拉伯地区的统一。

设计方案

教师讲述：伊斯兰教是世界三大宗教之一，它对阿拉伯半岛的统一和世界文明的发展都有独特的价值。今天我们一起来了解伊斯兰教的产生。

一、一个时代的诞生

教师设问：伊斯兰教是怎样产生的呢？

教师讲述：公元7世纪初，伊斯兰教由麦加古莱什部落人穆罕默德创立于阿拉伯半岛。伊斯兰教是在内忧外患中诞生的。

从内部矛盾来说，6世纪末至7世纪初，阿拉伯半岛正处在原始氏族部落解体、阶级社会形成的大变革时期。自然条件恶劣，地处沙漠，干旱少雨，水草稀少，为了生存、争夺有限的资源，部落间相互仇杀，而且思想涣散，半岛盛行多神和偶像崇拜，麦加城中心的克尔白神殿供奉有360多尊各氏族部落神的偶像，有的崇拜日月，有的崇拜山水等诸神，没有一个统一的信仰。

从外来侵略的角度来说，公元6世纪，拜占庭和波斯两大帝国为争夺和控制阿拉伯商道，对半岛进行了长期的掠夺战争。商路的改变，造成了半岛南部和西部经济的衰退。麦加、麦地那等城镇的过境贸易急剧衰败，商业贵族收入骤减，许多靠商队谋生的贝杜因人和城市居民生路断绝，从而加深了社会危机。外来的入侵以及生存的危机，成为阿拉伯人奋发图强、要求民族统一、抵御外敌的动力，促进了阿拉伯人民族意识的觉醒。在这种内忧外患的情况下，伊斯兰教在610年应运而生。

二、信仰的力量

教师讲述：每年都有数以百万计的穆斯林从全球不同的国家、不同的方向蜂拥而至麦加参加朝觐。朝觐期间，他们聚集在麦加周围，一起祈祷、一起吃饭、一起学习。是什么力量促使世界各地的穆斯林在同一时间往同一个方向做同样的事情？是宗教信仰的力量。

让我们回到7世纪前后，看看这种伊斯兰教信仰的力量在阿拉伯半岛的统一过程中发挥了哪些积极有效的作用？

1. 思想上的统一

材料呈现：

材料一　穆罕默德创立了严格信仰一神的伊斯兰教，就是要通过消灭偶像崇拜的传统习惯，引导阿拉伯各部落在信仰宇宙唯一之神的基础上，突破氏族部落的樊篱，为建立统一国家扫清思想上的障碍。

——郭永胜：《试论伊斯兰教的产生与阿拉伯统一国家形成的关系》，
载《内蒙古师范大学学报（哲学社会科学版）》，1998年第1期

材料二　顺从真主就实际上是要顺从安拉的使者，顺从穆罕默德的领导。所以，伊斯兰教实质上是穆罕默德用以建立自己的统治，实现在这个半岛上政治统一的思想工具。

——高岚：《伊斯兰教的起源和阿拉伯的政治统一》，
载《云南教育学院学报》，1994年第4期

教师设问：上述材料说明，阿拉伯国家的统一首先需要什么条件？

教师引导学生分析：统一首先要有统一思想，要在思想上有一个统一信仰，只有这

样才可以打破原有的氏族部落狭隘，把阿拉伯人联合起来。6世纪末7世纪初，阿拉伯地区混战不休、多神崇拜，人们渴望统一。伊斯兰的原意为“顺从”“服从”，指顺从和服从宇宙独一无二的最高主宰安拉及其意志，以求得两世的和平与安宁。穆斯林意为“顺从真主者”“皈依者”，即皈依并信仰真主安拉、信仰安拉的使者。“万物非主，唯有真主”，伊斯兰教严格的一神教反映了人们要求建立统一国家的愿望，而伊斯兰教以一神教代替多神教，为建立统一的阿拉伯国家奠定了思想基础。穆罕默德巧妙地运用了宗教来推动政治的统一，使之为政治服务。在当时的阿拉伯地区，宗教信仰比国家和政府更加容易为人们接受。因为国家和政府就是意味着“统治”“征服”，带有强制性质。而宗教是相对自由宽松，信仰的是“安拉”，所以更容易凝聚民众。

2. 政治上的统一

材料呈现：

材料三　第二件事是建立了以“乌马”为形式的政教合一的神权政体——穆斯林公社。这个“乌马”也是未来伊斯兰帝国的雏型。这个公社以共同的信仰取代了过去各部落氏族的血统关系。在这个公社里，穆斯林必须在伊斯兰教的旗帜下加强内部统一，一切争端必须由穆罕默德裁决，禁止“家族复仇”。①

——刘月琴：《伊斯兰教的产生和阿拉伯半岛统一国家的形成（下）》，载《西亚非洲》，1984年第1期

材料四　穆罕默德建立的不仅是一个纯宗教的精神王国，还是一个实实在在的世俗政权实体，所有信徒都在他的统治之下。

——刘月琴：《论伊斯兰教与政治的关系——历史与现状的比较》，载《西亚非洲》，1993年第2期

教师设问：材料中反映了穆罕默德利用什么组织来推动阿拉伯地区的统一?

教师引导学生分析：原来的部落都是分散在各地，处于松散无组织的状态。麦地那时期（622—632）穆罕默德利用伊斯兰教建立起来的“乌马”打破了氏族部落的划分。实际上，“乌马”既是一个的宗教实体，又是一个行政机构，还具备军事功能。“乌马”建立之前，穆罕默德是“安拉的使者”，是安拉在人间的代言人。“乌马”建立后，“一切

① 本则材料记录的是穆罕默德为了实现统一，于麦地那时期（622—632）之初进行的三件大事之一。另外两件事是建立“先知清真寺”和发表各民族共同遵守的《麦地那宪章》。

争端必须由穆罕默德裁决”，他便成为一个集军、政、教大权于一身的国家领袖。伊斯兰教用“乌马”这种方式推动了阿拉伯地区政治上的统一，并形成了早期国家的雏形。

3. 军事上的统一

材料呈现：

材料五　阿拉伯半岛统一战争一开始，穆罕默德就通过布道活动，建立起政教合一的宗教公社，组织穆斯林大军，推行一系列军事、政治、宗教制度，使参战者意志统一，目标明确，把进攻麦加看成是争取自身解放的斗争，是为“真主”而战，从而为战争胜利奠定了坚实的基础。

——邓蜀生、张秀平、杨慧玫主编：《影响世界的100次战争》，55～56页，南宁：广西人民出版社，2003

教师设问：从材料中可以看出，哪些因素有利于战争取得胜利？

教师引导学生分析：政教合一的宗教公社、参战者意志统一、目标明确等都是战争能够取得胜利的有利因素。那么，这些有利的因素来源于什么？是什么在起推动作用？战争的胜利离不开士兵的英勇善战，伊斯兰教能够凝聚人心，士兵的思想高度统一，所以作战非常英勇，视死如归。目标很明确，“把进攻麦加城看成是争取自身解放的斗争”。这种信念的引领，为阿拉伯的统一提供了有利的军事保障。

4. 缓和社会矛盾

材料呈现：

材料六　伊斯兰教大大的超越了她所诞生的时代，她禁止活埋女婴，主张妇女有财产继承权，提倡赈济贫民，向孤儿、乞丐和过路人施舍；她主张停止部族之间的血亲复仇，限制高利贷，善待和释放奴隶。……伊斯兰教不仅对阿拉伯非穆斯林，甚至对犹太人和基督徒都具有很大的吸引力。

——何洋：《论阿拉伯帝国成功崛起的原因》，载《民族论坛》，2008年第2期

教师设问：为什么说“伊斯兰教大大的超越了她所诞生的时代”？

教师引导学生分析：6世纪初末7世纪初的阿拉伯半岛，在文明邻邦的眼中，是游牧蛮族的偏僻之壤，其主要特征是部落间的劫掠和血族复仇日趋频繁和残酷，阶级矛盾、民族矛盾尖锐。而这时的伊斯兰教能够提倡尊重生命，重视女性，乐善好施，主张和平，给人民带来了积极向上的思想引领，特别是广大下层贫民更是渴望一个稳定和谐的

生存环境。伊斯兰教这种进步的价值观在当时就起到了缓和社会矛盾的作用，符合了阿拉伯人民的需要，有利于半岛的统一。

7世纪初，伊斯兰教从诞生开始就跟阿拉伯国家的统一紧密联系在一起，穆罕默德就是以伊斯兰教为纽带促进阿拉伯地区思想上、政治上和军事上的统一，利用伊斯兰教的经典教义缓和社会矛盾，符合当时阿拉伯民众的需要，促进了阿拉伯地区的社会发展，为阿拉伯地区的统一奠定了深厚的社会基础。

设计点评

本微课通过讲述伊斯兰教产生的背景，帮助学生从思想上、政治上、军事上以及缓和社会矛盾等方面认识伊斯兰教在阿拉伯统一过程中发挥的作用。本微课设计不仅材料丰富，内容典型，能够反映和突出主题，而且思路清晰，能突出教学目标。设计中的问题有梯度，符合初中学生的认知水平。

微课设计二：阿拉伯帝国献给世界的礼物

设计意图

引导学生了解阿拉伯世界在文学、建筑及科学方面的成就，让学生初步认识阿拉伯帝国在文化上的贡献。

设计方案

教师介绍：同学们，大家认识“苏打”“酒精”“樟脑”吗？这些名称，你知道最早是来源于哪个国家？

其实，我们今天使用的一些化学用品的名称，如苏打、酒精等都是来自阿拉伯语，这些化学术语通过阿拉伯著作的拉丁语译本流传开来。

自公元7世纪起，阿拉伯地区的文明达到很高的水平，其文学、建筑及科学成就，在阿拉伯帝国之后相当长一段时期内，仍然保持领先地位，直至文艺复兴，世界科学中心才由那里转往欧洲。阿拉伯地区的文明程度很高，离不开伊斯兰教的影响以及它有利的地理位置。它处于东西方文明交流的枢纽地带，有利于兼容并包，博取众长。我们今天来了解阿拉伯国家的文化成就。

一、绚丽多姿的阿拉伯文学

材料呈现：

材料一 《一千零一夜》对西方各国的文学、音乐、戏剧、绘画等文艺领域曾发生过较大的影响。如意大利薄伽丘的《十日谈》、法国莱辛的诗剧《智者纳旦》、西班牙塞万提斯的《堂·吉诃德》等名著，在取材和写作风格上都或多或少、直接或间接地受到过《一千零一夜》的影响。《一千零一夜》独特的艺术魅力和它通俗易懂的特点，使它得以在全世界广泛流传，深受欢迎，不愧是一部具有世界性意义的阿拉伯名著。

——李穆文主编：《阿拉伯文明》，169页，西安：西北大学出版社，2006

材料二 《一千零一夜》以朴素的现实主义与浪漫主义相结合的创作手法，向世人展现了独特的魅力。它曾被高尔基誉为民间口头创作中“最壮丽的一座纪念碑”，真是名至实归。

——《世界文明之旅》编委会主编、李楠编著：《阿拉伯文明读本》，99页，北京：中国档案出版社，2005

教师设问：同学们读过《一千零一夜》吗？里面主要讲了什么故事？材料说明了它在文学史上地位如何？

教师讲述：《一千零一夜》又名《天方夜谭》，是著名的古代阿拉伯民间故事集，这本书其实并不是某一位作家的作品，它是中近东地区人民在几百年的时间里收集、提炼和加工而成的故事。涉及的人物上至帝王将相下至商贾僧侣，还有天仙魔鬼，反映了阿拉伯社会各阶层的生活状况，刻意表现劳苦大众纯朴善良、勤劳勇敢的本质和追求美满生活的强烈愿望。情节曲折离奇，通俗易懂，语言丰富优美、流畅自然、诗文并茂，很好地体现了民间文学的本色。它是古代阿拉伯人生活的百科全书，形象地再现了中世纪阿拉伯国家以及周边国家的社会风貌和风土人情，是我们研究中古阿拉伯社会状况的珍贵资料。

阿拉伯古代文学，在阿巴斯王朝（750—1258）时期达到顶峰，从而使之在世界文学中占有瞩目的位置。《一千零一夜》是阿拉伯文学的代表性著作，对后世影响深远。14—17世纪文艺复兴时期的作品《十日谈》《堂·吉诃德》等名著都是故事性很强，在取材和写作风格上都或多或少、直接或间接地受到过《一千零一夜》的影响。以《一千零一夜》为代表的阿拉伯文学无论是写作形式，还是写作内容，以至写作风格，都对中世纪的欧洲文学产生过影响。

二、别具特色的建筑艺术

材料三　阿拉伯的艺术，以建筑艺术最具特色，并且集中地表现在清真寺的结构和装饰方面。清真寺以圆顶寺为主体，大圆屋顶下有本堂和回廊，还有半圆形的凹壁和马蹄形的拱门，侧面矗立着指示礼拜方向的尖塔。……伊斯兰教反对偶像崇拜，所以在清真寺中，几乎都是植物和几何图案，而没有人和动物的画像和雕像。

——吴于廑、齐世荣主编，朱寰、马克垚本卷主编：《世界史·古代史编》(下卷)，96～97页，北京：高等教育出版社，2011

教师设问：清真寺为什么都是以圆顶为主？它的装饰为什么没有人和动物的画像和雕像？

教师引导学生分析：关于清真寺以圆顶寺为主体的说法很多，其中一种说法认为，从圆顶空间本身的听觉效果上讲，圆顶可增加建筑物内的回音，起到“在清真寺中诵读古兰经时声音传的更响亮、唤起大家内心强烈共鸣”的作用。这种圆顶结构具有强烈集中性和内向感，这与宗教仪式所需的神圣感、主从分明的需求是一致的。清真寺都有着精美的装饰图案，因为伊斯兰教反对偶像崇拜，所以在清真寺中，几乎都是植物和几何图案，而没有人和动物的画像和雕像。这些细节都体现阿拉伯建筑的特点，是阿拉伯建筑特有的风格。欧洲建筑、中国建筑和伊斯兰建筑被称为世界三大建筑体系。阿拉伯建筑艺术是世界建筑艺术的组成部分之一，它在世界建筑史上占据举足轻重的地位。

三、丰富多彩的科学成就

材料呈现：

材料四　外科医生已知道消毒，知道用麻醉药使病人安眠，以免痛苦。在好几百年前，他们差不多就能用现代的治疗法治疗伤寒、霍乱、瘟疫、白内障、出血等症候。

——马坚：《阿拉伯文化在世界文化史上的地位》，载《回族文学》，2006年第4期

材料五　从12世纪被译成拉丁文起，《医典》始终被欧洲的医学院校用作医学教科

书，仅在15世纪的最后30年内，这部著作就用拉丁文出版过15个版次，它在西方医学史中的影响是空前的。

——王凯：《〈医典〉——阿拉伯的医学百科全书》，载《科学与文化》，2007年第2期

教师设问： 在好几百年前，阿拉伯人差不多就能用现代方法治病说明了什么？为什么《医典》被多次出版？

教师引导学生分析： 材料说明阿拉伯医学非常先进。现代的治疗方法是经过不断地探索、总结、反复实验与论证得出来的。他们差不多就能用现代的方法治疗一些疾病，说明阿拉伯人对医学的研究是超前的。

阿拉伯医学成就对后世影响深远，特别是阿拉伯医学成就中最具代表性的《医典》，它成书约于1011—1013年间，12世纪时这部经典著作译成拉丁文，成为当时医学界最重要的文献，欧洲各大学采用做教本，直到17世纪后半期还在各地出版，很受欢迎。《医典》被多次出版，说明它经得起时间的考验，证明它的科学性。

教师讲述： 医学史家把公元8世纪到11世纪末12世纪初称为阿拉伯医学的全盛时期。这个时期名医辈出，希波克拉底、盖伦、阿维森纳并称“医界三大明星”。阿拉伯医学领先于世界，阿维森纳对钩虫病作出科学的诊断，认为这是由寄生虫造成的，这个发现比欧洲早几百年。他的《医典》一书代表了当时阿拉伯医学的最高成就，因此阿维森纳被誉为“医中之王”。《医典》中有许多关于卫生和预防的处方是后来几个世纪中所有卫生书籍的主要来源。12世纪时，这部经典著作译成拉丁文，成为最重要的文献，欧洲各大学采用做教本，直到17世纪后半期还在各地出版，很受欢迎。随着各种医学著作在欧亚的传播，阿拉伯的医学成为沟通欧亚医学的桥梁，促进了世界医学的发展。

材料呈现：

材料六　阿拉伯帝国在天文学领域取得的巨大成就，主要包括对天文观测设施的建设和仪器的制作。为了满足天文观测的需要，阿拉伯人发明创造了很多仪器设备，例如星盘、日晷、象限仪、平纬仪、方位仪、天体仪和地球仪等。最初阿拉伯人是仿制希腊的星盘，但是在他们兼容和创新精神的推动下，很快就青出于蓝而胜于蓝，阿拉伯的星盘后来驰名欧洲。

——王艳峰：《文化桥梁：阿拉伯帝国的兴衰》，132页，长春：长春出版社，2010

材料七　阿拉伯天文学家，把他们辛勤劳动的、永垂不朽的成绩保存在天上，我们

看一看一个普通天球仪上所记载的星宿的名称，就可以很容易地看到这些成绩。

——[美]希提（Philip k. Hitti):《阿拉伯通史》(下册)，马坚译，685页，北京：商务印书馆，1979

教师设问：是什么原因使阿拉伯帝国的观测设备这么先进？从天球仪上记载的星宿名称就可以看到阿拉伯天文学家的成就，这说明了什么？

教师引导学生分析：一开始阿拉伯人是“仿制”，是模仿和学习希腊人的先进技术，可以看出阿拉伯人善于学习和吸取别国优秀的文明成果。但阿拉伯人不仅仅停留在学习别人的层面上，还有着兼容和创新的精神，发明了很多先进的天文观测设施和仪器，阿拉伯的天文仪器驰名欧洲。天上很多星宿的研究成果都来源于阿拉伯天文学家，由此可见阿拉伯的天文学取得很大的成就。

他们在天文学上取得如此巨大的成就，除了阿拉伯人本身的优秀品质外，还有哪些有利的条件？在阿拉伯帝国时期，占星学和算命天宫图很受欢迎，占星术有很多方面都用到天文学知识。另外，农业的发达，海上航运的兴盛，礼拜朝向的正确判定，都需要掌握天文学，推动了天文学的发展。阿拉伯人系统研究天文学，是从阿拔斯王朝（750—1258）开始的，在阿拉伯世界，有巴格达、开罗和科尔多瓦三个天文学研究中心。倭玛亚王朝约700年在大马士革建造了最早的天文台。8世纪中叶阿巴斯王朝建立后，巴格达逐渐成为世界天文学的中心。829年，哈里发麦蒙建造了著名的巴格达天文台，它为阿拉伯天文学的发展打下了坚实基础。

另外，阿拉伯天文学家托勒密（克罗狄斯·托勒密，Clau dius Pto lemqeus）形成了著名的“托勒密体系”。两个世纪以后，哥白尼在对月球运动进行计算时，所用方法和他是一样的。阿拉伯天文学家们处在托勒密和哥白尼之间，起了承前启后的作用。

阿拉伯帝国建立以后，其文明长期保持着很高的水平 ，其文学艺术、建筑、医学、天文学等文化成就，即使在帝国之后很长时期内，都始终保持领先地位。帝国在科学文化上一贯的兼容并包、兼收并蓄大大推动了那个时代的文学艺术、建筑和科学各方面的进步和发展。阿拉伯帝国的文化成就给人类社会的发展留下了不可磨灭的印记。

设计点评

本微课以日常生活中的苏打、酒精等作为引子，引发学生关注身边的阿拉伯文化，然后展示材料分析阿拉伯国家在文学艺术、建筑、医学和天文学方面的贡献以及对世界的影响，理解阿拉伯人兼容并包，勤奋创新的科学精神。设计选取的材料能够很鲜明地反映微课的主题，具有一定的代表性。

教学资源

资源1：沙漠民族对绿色有着特殊的感情，它象征着生机。伊斯兰教诞生于沙漠覆盖着的阿拉伯半岛，因此崇尚绿色。经典描写在另一个“世界”里享受“乐园”生活的人，穿着的是“绿袍”。在现实生活中，绿袍是穆罕默德及他以后继承人大典的礼服和穆斯林婚礼时新郎、新娘的吉服。

当代，绿色被伊拉克定为伊斯兰教的教色，在埃及被定为国色，它也是伊斯兰世界各国国旗的基色。

——郑勉之：《伊斯兰教常识答问》，22～23页，南京：江苏古籍出版社，1992

资源2：公元691年，第五任哈里发阿卜杜·马立克在耶路撒冷修建了岩石清真寺，这是伊斯兰教早期最著名的清真寺之一。整个建筑呈八角形，全部用石砌成，一圈大方石柱和圆柱撑起一个巨大的圆顶，圆顶表面及八角檐梁铺满彩色瓷砖，镶嵌装饰图案，并刻有精美的《古兰经》经文，圆顶下面放着“圣石”。整个大殿金碧辉煌，壮丽无比，世所罕见，被认为是保存至今的最古老的伊斯兰教遗迹。

——王德新主编：《阿拉伯文化选读》，166～167页，北京：北京大学出版社，2012

资源3：在产科接生方面，阿拉伯人创造了许多新器械和新方法。阿拉伯医师的外科手术在10世纪已达到较高水平。能够开刀、割痔、拔牙、切开气管，用猫肠线缝合伤口。绑扎大动脉止血更是一大突破，比欧洲人早600年。

——纳忠、朱凯、史希同：《传承与交融：阿拉伯文化》，287页，
杭州：浙江人民出版社，1993

资源4：白塔尼生于美索不达米亚北部的哈兰，原系萨比教徒，后来改奉伊斯兰教，曾在拉卡的天文台观测天象长达40余年。他在希腊天文学理论的基础之上，根据长期的

天体观测，运用精确的数学计算和严密的逻辑推理，著有《恒星表》（亦称《萨比天文历表》）。他改进了天体运行的计算方法，所得数值的精确度超过前人。……白塔尼的《恒星表》也被译成拉丁文，对基督教欧洲的天文学影响甚大，曾经被哥白尼和拉普拉斯等人多次引用。

——李穆文主编：《阿拉伯文明》，209～210页，西安：西北大学出版社，2006

资源5：阿拉伯的物理学家对各种物质的密度进行了深入的研究。他们经过精确测量所列密度表的数据与现代测量的数据十分接近。他们还利用力学原理制造杠杆、天平和各种工具、仪器。阿拉伯的科学家在物理学上取得最突出成就的是在光学研究方面，这应归功于两位著名光学家：肯迪和伊本·海赛姆。肯迪不仅是著名的哲学家，也是成就突出的光学家。

——王德新主编：《阿拉伯文化选读》，143页，北京：北京大学出版社，2012

资源6：贾希利叶时期流传下来的最著名的阿拉伯文学作品要属《悬诗》，“悬诗”的阿拉伯语音译为“穆阿莱葛特”，意即“被悬挂的（诗）”。《悬诗》创作于约6世纪，都是一些长篇抒情诗。在贾希利叶时期，麦加周围的各部落每年都要聚集在麦加附近的欧卡兹举行盛大集市。诗人们在集市上争妍斗艳，竞相赛诗，高声朗诵自己的诗作，藉此夸赞本部落的荣耀和显示自己的才华。凡是公认的赛诗佳作用金水誊写在细麻布上并被悬挂在克尔白神庙的外墙上供人鉴赏。这就是有关“悬诗”由来的通说。至8世纪，流传下来的悬诗才被搜集、考订、辑录，共有7篇。毫无疑问《悬诗》的作品都是由贾希利叶的著名诗人所作。其中最负盛名的两位诗人，是被喻为诗哲的乌姆鲁勒·盖斯（500～540年）和骑士诗人安塔拉·本·舍达德（525—615年）。

——《世界文明之旅》编委会主编、李楠编著：《阿拉伯文明读本》，83页，北京：中国档案出版社，2005

后 记

本书是教育部基础教育课程教材发展中心何成刚主持编写的“史学阅读与微课设计”丛书中的一册。具体分工如下：

张宏杰（广东省东莞市石龙第三中学）撰写“古埃及文明的见证：金字塔的建造”；陆虎（广东省东莞市东华初级中学）撰写“两河流域文明的曙光：《汉谟拉比法典》的价值”；李志先（广东省东莞市厚街湖景中学）撰写“古印度社会秩序：种姓制度的影响”；雷绍宇（广东省东莞市中堂实验中学）撰写“脱离苦难的途径：佛教的产生与传播”；罗永学（广东省东莞市横沥中学）撰写“海洋文明的发源：希腊城邦和雅典民主”；王英俊（广东省深圳市龙岗区平湖中学）撰写“东西文化交流的桥梁：亚历山大帝国的扩张”；冼除荣（广东省东莞市万江第三中学）撰写“罗马的辉煌：罗马城邦与帝国的扩张”；夏玲（广东省东莞市横沥中学）撰写“西方文明的摇篮：希腊罗马古典文化的成就”；石惟灵（广东省东莞市望牛墩中学）撰写“罗马废墟上的新文明：法兰克王国的社会秩序”；邓义文（广东省东莞市塘厦初级中学）撰写“欧洲的精神领袖：基督教的传播”；蓝东平（广东省东莞市光明中学）撰写“中世纪的社会元素：西欧庄园的特点”；陈尚行（广东省东莞中学松山湖学校）撰写“空气自由的城市：西欧中世纪城市的特点”；钟小敏（广东省东莞市松山湖实验中学）撰写“现代教育的奠基：欧洲早期大学的特点”；潘兴（广东省东莞市望牛墩中学）撰写“大陆法系的基石：《查士丁尼法典》的编纂”；王军民（广东省东莞市虎门第五中学）撰写“千年帝国的命运：拜占廷帝国的兴衰”；李四华（广东省东莞市南城阳光实验中学）撰写“学习与模仿：日本大化改新的内容”；李礼洪（广东省东莞市塘厦初级中学）撰写“阿拉伯文明的兴起：伊斯兰教的传播”。

夏辉辉、唐正才、何成刚共同确定了本书的写作思路，参与了全书的修改完善和统稿定稿工作。

本书亦是夏辉辉主持的省级课题“中学历史教学核心目标的研究”（GDJY-2014-A-b270）的部分成果。感谢为本书间接提供大量史学研究成果的专家学者。感谢《中学历史教学参考》《历史教学》《历史教学问题》《中学历史教学》等刊物为部分研究成果发表提供的专业支持。